The Rhetoric of the Gospel

Theological Artistry in the Gospels and Acts _The 2nd Edition

복음서의 수사학

C. 클리프턴 블랙 지음
권 오 창 옮김

기독교문서선교회

기독교문서선교회(Christian Literature Center: 약칭 CLC)는 1941년 영국 콜체스터에서 켄 아담스에 의해 시작되었으며 국제 본부는 미국 필라델피아에 있습니다.

국제 CLC는 59개 나라에서 180개의 본부를 두고, 약 650여 명의 선교사들이 이동도서차량 40대를 이용하여 문서 보급에 힘쓰고 있으며 이메일 주문을 통해 130여 국으로 책을 공급하고 있습니다.

한국 CLC는 청교도적 복음주의 신학과 신앙서적을 출판하는 문서선교 기관으로서, 한 영혼이라도 구원되길 소망하면서 주님이 오시는 그날까지 최선을 다할 것입니다.

The Rhetoric of the Gospel
Theological Artistry in the Gospels and Acts
The 2nd Edition

Written by
C. Clifton Black

Translated by
Ohchang Kwon

Copyright © 2013 by C. Clifton Black
Originally published in English under the title as
The Rhetoric of the Gospel: Theological Artistry in the Gospels and Acts
by Westminster John Knox Press,
Translated and used by the permission of
Westminster John Knox Press,
100 Witherspoon Street, Louisville, Kentucky 40202-1396

All rights reserved.

Korean Edition
Copyright © 2017 by Christian Literature Center
Seoul, KoreaSeoul, Korea

추천사 1

정 성 국 박사
아세아연합신학대학교 신약학 교수

수사적 접근에 대한 연구서나 번역서가 부족한 국내 성서학계에 반가운 번역이 아닐 수 없다. 최근 두드러지는 성경 해석 방법론의 특징은 여러 방법들 사이의 상호 보완과 결합이다. 수사학이 모든 형태의 커뮤니케이션에 내재해 있는 점을 고려할 때, 수사적 접근은 다양한 성경 해석 방법들을 포용할 수 있는 플랫폼이 될 수 있다. 몇 가지 이유에서 신학생, 목회자, 전문 연구가들의 필독을 권한다.

첫째, 본서는 수사적 접근을 독자 친화적인 언어로 설명하면서도 개론서 이상의 내용을 담고 있다. 저자는 수사적 접근이 성경의 역사적, 문학적, 신학적 측면을 포괄할 수 있다는 점을 성공적으로 보여준다. 꼼꼼히 읽는다면, 성경 해석 방법의 어제와 오늘과 내일을 읽을 수 있을 것이다.

둘째, 본서는 해석학의 기술적인 주제를 다루면서도 독자의 마음을 뜨겁게 하는 드문 책 가운데 하나다. 상대적으로 수사적 연구가 부족했던 복음서와 사도행전을 연구 대상으로 다루면서, 저자는 귀에 익은 본문들에서 참신하고 깊이 있는 신학적 결론들을 도출해낸다. 개인적으로, 『복음서의 수사학』(*The Rhetoric of the Gospel*: *Theological Artistry in the Gospels and Acts*)이라는 제목이 말해 주듯이, 수사적 기교 또한 결국 신학적 동기에 의해서 통제된다는 저자의 핵심 주장에 깊이 공감했다.

셋째, 본서는 수사학적 접근이 성경 해석뿐만 아니라 교회의 강단에 어떤 도움을 주는지에 대해서도 유익한 통찰을 제공한다. 설교자가 지녀야 할 덕목과 통과해야 할 훈련에 대해서도 수사학은 침묵하지 않는다. 성경해석학 전공자인 역자의 충분한 이해를 통한 편안한 번역은 단숨에 책의 마지막 장에 이르게 한다.

추천사 2

김 경 식 박사
웨스트민스터신학대학원대학교 신약학 교수, 한국복음주의신약학회 총무

블랙 박사의 책 『복음서의 수사학』은 신약성경 연구의 빈틈을 메꾸어 줄 의미 있는 내용으로 가득하다. 신약성경은 역사, 신학 그리고 문학이라는 세 개의 다리가 있는 의자와 같다. 신약성경을 연구할 때 흔히들 '역사'(history)와 '신학'(theology)을 이야기한다. '역사'는 신약성경에 기록된 내용이 과거 AD 1세기에 역사적으로 발생한 사건에 관한 기록이라는 측면과 관련되어 있다. 이와 맞물려 신약은 '신학,' 즉 역사적 사건을 통해 예수 그리스도 안에서 이루신 하나님의 구원 계획을 담고 있다. 하지만, 신약성경은 '역사'와 '신학'을 '수사학적 기법'(rhetoric)을 통해 전달하고 있다는 사실은 종종 소홀히 여겨져 왔다.

블랙 박사의 책은 신약성경의 문학적이고 수사학적인 측면을 새롭게 조명하며 신약성경의 수사 비평이라는 미개척지의 세계로 우리를 안내하는 길잡이 역할을 하고 있다.

첫째, 본서는 역사 비평과 수사 비평이 서로 조화될 수 있는지의 기본적이면서도 중요한 질문에 답을 제공한다는 점에 있어 귀중한 안내서이다.

둘째, 본서는 수사 비평의 방법을 따라 복음서와 사도행전을 해석하고 설명하는 노력을 하고 있다. 문체, 인물화 등의 실례를 복음서와 사도행전의 실례를 제시하며 분석하고 있어 단순히 수사 비평 이론만을 제공하는 차원을 넘어서 신약 본문을 풍부하게 해석하고 이해할 수 있는 통찰력을 제공한다.

마지막으로 본서는 설교자들을 염두에 두고 있어, 수사학적 차원에서 신약을 해석하는 이론적 측면뿐만 아니라 실용적인 측면도 지니고 있다. 따라서 설교 강단을 풍요롭게 만드는 안내서 역할을 하고 있다.

신약성경은 단순히 교리서 혹은 역사적 사건만을 기록한 역사책이 아닙니다. 지금까지의 신약성경 해석은 주로 과거에 무슨 일이 일어났는지(what), 그리고 이 사건들이 어떤 신학적 의미가 있는지(why)에만 집중해 있었다.

그 결과 신약성경이 당시 수사학적 기법을 가지고 신학을 전달한다는 점을 충분히 이해하지 못했다. 더구나 주어진 본문보다는 본문 배후의 역사적 정황에만 해석자의 관심이 집중되어 텍스트 자체를 깊이 들여다보는 세심함이 부족했던 것 또한 사실이다. 동시에 어떤 면에서는 신약 텍스트에 집중하는 이들도 주로 문법적 분석, 단어 연구, 문장 구조 정도에 집중하는 미시적 접근을 하고 있었다. 이제 블랙 박사의 책은 이보다 한 차원 더 나가 신약 텍스트의 수사학적 측면을 보는 우리의 해석학적 안목을 열어 주고, 역사와 신학이 수사학적 장치에 의해 전달되는 과정을 좀 더 자세히 보게 하는 안내자 역할을 하고 있다.

국내 신약학계는 복음서와 사도행전 본문을 형성하고 있는 '역사'와 '신학'을 중시하면서도 또 하나의 중요한 요소인 '수사'학적 측면을 이해하려는 노력이 상대적으로 미흡했다. 이와 관련된 전문 서적과 번역서들이 절대적으로 부족한 현실이기도 하다. 이제 그 빈틈을 채울 또 하나의 유용한 방법론과 실제를 『복음서의 수사학』을 통해 접할 수 있게 되었다. 신약성경 해석의 도구들을 쌓아 놓는 창고가 더 풍성하게 되었다.

추천사 3

헤럴드 아트리지(Harold Attridge) 박사
예일대학교 교수

블랙은 신약 수사학을 독창적이고도 통찰력 있게 탐구한다. 그의 탐구는 기본 안내서에 국한되어 있지 않으며 그의 통찰은 신약성경 중에서도 가장 뻔한 구절에만 제한되어 있지 않다. 그는 테오프라스토스(Theophrastus)의 『캐릭터』(Character)와 롱기누스(Longinus)의 『숭고에 관하여』(On the Sublime)를 포함한 넓은 범위의 고대 이론을 독자들에게 소개한다. 그리고 그 이론들이 누가복음의 비유라든지 제4복음서의 마지막 만찬 담화, 혹은 사도행전의 난해한 내러티브 등과 같은 전혀 예상 못한 구절과 어떤 관련이 있는지를 보여준다.

마지막에는 독자를 고려하여 고대 수사학의 명수 어거스틴(Augustine)과 퀸틸리아누스(Quintilian)를 예로 들어, 설교에 적절한 비유적 수사법에 초점을 맞춘다. 어떤 기독교 웅변가인 설교자라도 본서를 통해 엄청난 도움을 받을 수 있을 것이다.

M. 유진 보링(M. Eugene Boring) 박사
브라이트신학교, 텍사스기독대학교 교수

언어의 힘을 인정하는 모두를 위한 책이 여기에 있다. 신약성경이 말하는 믿음을 소통해야 하는 이들을 위해 쓰였지만 수사학과 성경에 의구심을 갖는 이들에게도 역시 추천한다. 이번에 개정된 클리프턴 블랙의 2001년 소논문 모음집은 절제미와 함께 말하고자 하는 바를 전달하고 매료하며 그것을 자신의 글에 구현해 낸다.

존 T. 캐롤(John T. Carroll) 박사
유니언장로회신학교 교수

복음서 및 사도행전 수사 연구에 대한 클리프턴 블랙의 날카로운 논문들의 개정 증보판인 본서는 일련의 선별적 조사를 통해 신약 문서에 나타난 수사학적, 신학적 기교를 조명한다. 독자들은 신약 수사 분석에 대한 이 시대의 다양한 접근법을 볼 수 있는 기회를 얻을 것이다.

일곱 장은 2001년판을 새롭게 개정해서 내놓았고, 누가복음을 테오프라스토스의 유쾌하도록 통렬한 인물 묘사와 함께 엮어 대화로 풀어 나가는 장이 새롭게 추가되었다.

또 다른 새로운 장에서는 오늘날 설교 기법에 유익함과 영감을 주고자 1세기 로마의 법률가이자 수사학 교사인 퀸틸리아누스의 지혜를 파헤친다. 이 부분들은 책을 가치 있게 하는 그야말로 보석이다. 대담하고 예리한 성경 해석가인 클리프턴 블랙은 특히 그 표현력에서 최고 수준을 보여준다. 복음서 및 사도행전에 나타난 수사적, 문학적, 신학적 기교에 대한 신선하고도 깊이 있는 감상으로 독자들을 인도하는 와중에도 자기 자신의 멋들어진 단어 표현, 문학적 기교, 신학적 감각으로 반드시 독자들을 즐겁게 만들고 만다. 설교자, 신학을 공부하는 학생 및 교사가 읽기에 매우 좋은 책이면서도 유익한 자료이다.

토마스 G. 롱(Thomas G. Long) 박사
에모리대학교 교수

고대 수사학과 복음에 대한 한 권의 책이 학문적이고, 지혜로우면서도, 적절하고도 재치 있는 것이 과연 가능할까?

클리프턴 블랙의 책이라면 위의 질문에 대한 대답은 분명히 긍정적이다. 이번에 개정 증보된 블랙의 탁월한 『복음서의 수사학』은 신학생이나 설교자 모두에게 훌륭한 자료이다.

본서의 여러 가지 탐스러운 내용들 중 한 가지만 꼽자면 블랙이 나이든 변호사이자 수사학자인 퀸틸리아누스를 설교학 강의실 앞에 세우는 장이다. 이 장에 이르러서는 지적인 전기와 유머와 통찰이 서로 불꽃을 튀기면서 소리를 내는 듯했다.

트로이 W. 마틴(Troy W. Martin) 박사
세인트사비어대학교 교수

　수사 비평이 신약 복음서 및 사도행전의 내러티브 자료를 관통하는 경우는 매우 드물다. 이런 측면에서 클리프턴 블랙의 책은 일종의 희소성이 있으며, 바로 이 점이 본서를 주목하게 만들고 가치 있게 다루도록 하는 부분이다. 블랙은 신약 내러티브 세계 내 여러 인물, 연설 및 설교들을 만들어 내는 신학이 무엇인지 탐구하기 위해 완전한 수사학 공구함을 들고서 고전적 접근과 신수사학적(New Rhetorical) 접근 등을 폭넓게 사용한다.

　신수사학 안에서도 기독교 신학 및 실제를 돕고자 일종의 '개종된' 신수사학적 체계'가 있어서 거기서 나오는 여러 목소리가 있다면, 본서는 노련한 수사학자가 그 목소리들 간의 대담을 모아놓은 것이다. 이 대담에서 역사와 수사학은 한 가지 믿음, '하나님이 예수 그리스도를 통해 모든 인류와 창조 세계의 구원을 위해 몸소 일하고 계셨고 지금도 그러하다'라는 믿음 안에서 긴밀하게 협력한다.

　마치 값비싼 진주처럼 본서에 담긴 보물은 '복음서 및 사도행전이 기독교 진리를 독자에게 전하고자 사용했던 기교와 주장에 관심을 갖는 모두를' 풍요롭게 할 것이다.

　적극 추천한다!

프란시스 J. 말러니(Francis J. Moloney) 박사
오스트레일리아가톨릭대학교 교수

본서는 유쾌한 책이다. 클리프턴 블랙은 고전 수사학의 눈으로 본 신약 내러티브들에 대한 일관성 있는 신학적 감상을 자신의 독특한 재치와 명쾌함으로 독자들과 나눈다. 설교를 다룬 마지막 장은 유익하지만 충격적일지도 모른다.

듀안 F. 왓슨(Duane F. Watson) 박사
말론대학교 교수

클리프턴 블랙은 복음서 및 사도행전의 수사학으로 여행하는 우리의 인솔자로서 우리 마음을 사로잡는다. 블랙은 복음서와 사도행전을 여행하는 동안 이 문서들의 기교와 구조적 특징을 감상하도록 우리를 도와준다. 우리는 이 문서들의 형성 및 그 목적과 내용에 대해 최신 정보를 입수하게 될 것이다. 이 여행은 고립된 상태에서 진행되지 않는다. 해석에 대한 전통적인 여러 질문들과 방법들이 시종일관 이 여행에 관여하기 때문에 그렇다. 블랙이 묘사하는 작품에 나타난 기교에 필적할 만한 그가 가진 불꽃 같은 수사적 표출은 이 여행을 유쾌하게 만든다.

윌리엄 H. 윌리먼(William H. Willimon) 박사
듀크신학교 교수

클리프턴 블랙은 말씀을 사랑하며 학자로 살아왔다. 본서에서 블랙은 세상을 바꾼 문서를 기록한 초대 기독교 설교자들의 창의적인 기교에 놀라움을 표하고 있다. 예수 그리스도의 진리에 관한 무언가는 전례 없는 문학 기교의 증폭을 요했다. 말씀이란 예술을 여행하는 데 클리프턴 블랙보다 더 나은 안내자는 없었을 것이다.

2판 서문

클리프턴 블랙 박사

프린스턴신학교 신약학 교수

주님의 말씀을 통해 우리는 새 포도주는 낡은 가죽 부대에 넣지 않는다는 사실을 안다(막 2:22).

오래된 포도주를 새 가죽 부대에 넣으면 어떻게 될까?

예수님이 이 질문에 대해 직접적으로 언급하지 않았다는 이유로 웨스트민스터존낙스출판사(Westminster John Knox Press) 직원들은 2001년 처음 출간된 본서를 다시 발행하는 것이 적절하다고 생각한 것이 분명하다. 그 배려에, 그리고 특별히 편집을 담당하여 성실하게 조언해 준 마리앤 블리켄슈타프(Marianne Blickenstaff)와 다니엘 브레이든(Daniel Braden) 두 사람에게 깊은 감사를 표한다. 초판과 마찬가지로 본서는 수년간 수행된 유사한 연구를 모아 최신 자료를 고려하여 새롭게 개정한 결과물이다.

제4장과 제9장은 2판을 위해 새롭게 추가되었다. 본서는 필자가 가장

편안하게 느끼는 영역인 고전 수사학에 바탕을 두고 있긴 하지만 학자, 사역자, 신학을 공부하는 모든 단계의 학생들을 대상으로 아우를 수 있는 광범위한 접근법을 취하기를 고수하고 있다. 이 탁자에 있는 음식은 누구나 와서 먹어도 된다.

마음껏 드시라!

초판 서문에 밝힌 많은 도움을 준 손길에 더하여, 프린스턴신학교(Princeton Theological Seminary) 신약학 박사(Ph.D.) 과정 중에 있는 멜라니 A. 하워드(Melanie A. Howard)의 도움이 컸음을 밝힌다. 참고 문헌을 정리하는 과정에서 그녀가 준 도움은 최근 자료들과 상호 작용하며 내 생각을 정리하는 데 귀중한 역할을 했다. 또한 본서에 대해 비평하고 격려해 준 유니언장로회신학교 존 T. 캐롤(John T. Carroll) 박사와 프린스턴신학교 조지 L. 팔세니오스(George L. Parsenios) 박사에게도 감사드린다.

2012년 6월 24일, 세례 요한 탄생 축일에
뉴저지 프린스턴에서

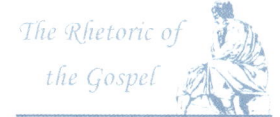

초판 서문

클리프턴 블랙 박사

프린스턴신학교 신약학 교수

수년 전 필자의 친구이자 편집장인 존 벌퀴스트(Jon Berquist) 박사가 신학생들을 위해 신약 수사 분석 입문서를 써달라고 요청했다. 그 시기에 이미 이 영역을 소개하는 몇몇 좋은 개론서들이 출판되어 있었기 때문에 그렇게 기회를 얻고도 흥분으로 심장이 뛰거나 하지 않았다.

그런데, 그 이후로 하루하루 날짜가 흘러가면서 두 가지 호기심에 주목했다.

첫째, 신약 수사 연구의 가장 많은 부분이 서신서에, 그리고 다소 놀랍게도 요한계시록에 할애된 것을 보았다.

둘째, 많은 주변인들이 사람들이 주로 다루는 구절에서 동떨어져 있는 부분에 대해 필자가 했던 몇 가지 문학 연구에 대해 고마움을 표시해 주었다. 이 일은 필자가 벌퀴스트 박사의 친절한 요청을 약간의 수정을 거쳐 늦게나마 받아들이고, 더 편리하다는 구실을 들어 본서에 포함된 복음서 및 사도행전에 대한 그간의 연구물들을 자신 있게 모으는 데 힘이 되었다.

이 모험에 격려를 해 준 몇 사람들은 목사님들이었다. 신학생 및 다른 학계의 동료들과 함께 설교자들은 필자가 본서를 쓰는 내내 주된 독자로 염두에 둔 그룹이다. 본서가 그들의 손에 있기를 간절히 바란다. 더욱이 본서가 기본적으로 설교 준비의 기술에 대해 어떤 실용적인 지침도 제공하기를 거부하고 있긴 하지만 그럼에도 불구하고 그들에게 도움이 되면 좋겠다.

본서에 엮인 각 장들은 원래 십여 년에 걸쳐 여러 책과 학술지 등에 출간되었던 연구물이다. 이미 실렸던 소논문들을 새로운 목적으로 사용하도록 너그러이 허용해 준 모든 출판사에 진정으로 감사를 표한다. 논문들의 모든 내용은 약간이든 대부분이든 필요에 맞게 수정했다. 또한 본서 전체에 걸쳐 보충 설명과 참고 문헌을 개정하고자 성심껏 노력했다. 수사 비평 영역은 필자가 완전히 다룰 엄두조차 내지 못할 만큼 그간 방대해졌다. 여기서 다루지 못한 부분에 대해서는 독자들의 이해를 구할 뿐이다.

조금 전 언급했듯 챌리스출판사(Chalice Press) 학술서 편집장인 존 벌퀴스트 박사에게 빚을 졌다. 그 외에도 여러 사람들에게 많은 빚을 졌다. 본서의 몇몇 장들은 내게 신약의 많은 부분을 가르쳤던 학자들의 연구물들로부터, 그들의 모든 결론에 완전히 동의할 수 없던 경우까지 포함해서 직접적인 영향을 받았다.

수사학 연구를 처음 소개해 준, 콜로라도주대학교(Colorado State University) 대화소통(Speech Communication) 분야 초빙 교수이자, 채플힐에 있는 노스캐롤라이나대학교(University of North Carolina)의 고전학 분야 패디슨 교수로 있는 조지 A. 캐네디(George A. Kennedy) 명예 교수께 감사드린다. 또한 여기 실린 글들의 초기 원고를 읽어준 주에트 M. 베슬러(Jouette M. Bassler), R. 알렌 컬페퍼(R. Alan Culpepper), 베벌리 로버츠 가벤타(Beverly Roberts Gaventa), 제임스 B. 글라스콕(James B. Glasscock), 조엘 B. 그린(Joel B. Green), 에이미-질 레빈(Amy-Jill Levine), 존 R. 레빈슨(John R. Levison), 빅키 E. 피탈드(Vickie E. Pittard), 프랭크 틸만(Frank Thielman), 듀안 F. 왓슨(Duane F. Watson), 로렌스 M. 윌스(Lawrence M. Wills), 패트릭 J. 윌슨(Patrick J. Willson) 등 학문적 조예가 깊은 많은 동료들에게 감사드린다.

여전히 남아 있는 결점이나 실수가 있다면 결코 그들의 책임이 아님을 알린다. 그러한 부분에 대해서는 듣고도 완전히 주의를 기울이지 못한 필자에게 책임이 있다. 기술적인 부분과 참고 문헌 조사에 대한 부분에 도움을 준 남감리회대학교(Southern Methodist University) 박사 과정 중인 저스틴 미첼(Justin Mitchell)과 프린스턴신학교 박사 과정 중인 칼리 플렁켓(Callie Plunket) 두 사람에게 감사드린다. 마지막으로 항상 그러하듯 헤리엇(Harriet)과 캐롤린(Caroline)의 깊은 애정에 말할 수 없는 고마움을 표한다.

2000년 6월 29일
성 베드로 및 성 바울 기념 축일에

한국어판 서문

클리프턴 블랙 박사
프린스턴신학교 신약학 교수

영어 단어 '레토릭'(rhetoric)이라는 말은 함축된 의미가 다양하다. 이 단어는 흔히 공허하거나 위선적인 언사를 가리키는 데 사용된다.

이런 표현이 있다.

"그 정치인이 하는 일이라고는 레토릭 밖에 없었다"(The politician offered only mere rhetoric).

즉, 말만 할 줄 안다는 의미이다. 하지만 고대 그리스와 로마에서 레토릭이라는 말은 중립적이거나 긍정적인 의미도 담고 있었다. 아리스토텔레스는 레토릭을 "경우에 따라 사용 가능한 설득 수단을 찾아 내는 재능"(the faculty of discovering in each case the available means of persuasion, *Rhetoric* 1.2.1335b)이라고 묘사했다.

300여 년이 지난 후 사도 바울과 같은 시대를 살았지만 그보다 어렸던 퀸틸리아누스(Quintilian)는 레토릭을 "말을 잘하는 방법에 관한 지식"(– knowledge of how to speak well, *Education of the Orator* 2.15.38)이라고 정의했다. 본서는 레토릭이 갖는 바로 이 긍정적인 의미에 관심을 두었다. 최초의 그리스도인들은 복음 전파자들이었다. 그들은 "복음의 진리"(갈 2:5, 14)에 확신을 가졌으며 다른 사람들에게 이 진리를 설복시키려 노력했다. 그들이 노력한 것은 느긋하거나 태평스러운 일이 아니었다.

필자가 본서에서 입증하려고 애쓰듯이 신약성경의 복음서 네 권과 사도행전의 저자들은 예수님을 그려 내고 예수님의 복음을 전하는 일에 무척이나 조심스럽고 정교한 표현 기법을 사용했다. 이들은 당대 최고 수준의 의사 전달 기술을 사용하여 예수님과 그 교훈이 자신들에게 미쳤던 감동을 표현했다.

마태, 마가, 누가, 요한의 복음서가 오늘날까지 모든 그리스도인들뿐만 아니라 사실상 종교나 믿음이 달라도 모든 사람에게도 시금석이 되고 있다는 사실로 이들이 이룩한 업적은 증명된다. 성경의 복음서 저자들이 "무엇"을 말했는지에 대해서만이 아니라 "어떻게" 말했는지에도 주의를 기울이면, 예수 그리스도를 더 정확하고 더 우아하며 더 충실히 선포하는 일에 도움이 될 것이다.

그런 바람에서 본서를 독자 여러분들에게 내놓는 바이다. 본서를 널리 읽히도록 수고해주신 기독교문서선교회(CLC) 여러분들에게 진심 어린 감사를 드리는 바이다.

2017년 1월 25일
성 바울 회심 축일에

역자 서문

권오창 목사
미국 웨스트민스터신학교 성경해석학/신약학(Ph.D. Cand.)

본서를 비평 방법론 범주에 따라 구분하자면 수사 비평(Rhetorical Criticism)에 관한 책으로 분류할 수 있다. '비평'이라는 용어에 익숙하지 않은 독자라면 이 용어를 '분석법' 혹은 '해석법'으로 대체해서 읽어도 무방하다. 다시 말해 본서는 사복음서와 사도행전에 수사학이라는 렌즈를 가져다 대면 어떻게 보일까 하는 질문에 응답하는 책이다.

아무런 해석 행위가 가미되지 않은 소위 '순수한' 성경 읽기란 존재하지 않는다는 사실을 의식하고 있는 성경 독자라면 어떻게 성경 본문의 의미를 읽어 내고 또 전달/설교해야 하는가에 대해 고민해 본적이 있을 것이다. 이러한 고민을 공유하고 있는 한 성경 독자로서, 그리고 본서를 먼저 읽어 볼 수 있는 특권을 누린 역자로서 본서가 가진 다음의 몇 가지 강점을 이 지면에 나누는 것으로 역자 서문을 갈음하고자 한다.

먼저 본서는 수사 비평의 기술을 처음부터 끝까지 나열하고 있는 입문서는 아니지만 입문에 도움이 되는 많은 요소들을 갖추고 있다. 예를 들면, 과거 퀸틸리아누스나 키케로의 고전 수사학에서부터 최근 신수사학에 이르는 수사 비평 배경 역사를 간략하지만 알차게 제공하는가 하면, '참고 문헌' 도입 부분에서는 단순히 참고 문헌을 제공하는 것을 뛰어넘어 수사 비평 필독서들에 관한 친절한 안내자가 되어준다.

특별히 본격적으로 수사 비평에 관심을 갖고 깊이 연구하려는 독자들에게는 이 부분이 더할 나위 없이 유용하리라 믿는다. 뿐만 아니라 수사 비평의 넓은 스펙트럼을 실질적인 적용 사례들을 통해 보여줌으로써 수사 비평이란 방법론이 성경을 읽는 데 어떤 해석의 빛을 던져줄 수 있는지를 구체적으로 보여준다.

따라서 본서는 학술적인 내용을 담고 있음에도 불구하고 성경 해석에 관심이 있는 누구에게나 도움을 줄 수 있는 요건을 갖추고 있다.

저자의 관심은 수사학을 통해 본문의 의미를 해석하는 일에만 그치지 않고 수사학이 설교자에게 가져다주는 통찰력에까지 미친다. 물론 수사학 자체가 '설득'이란 요소와 떼려야 뗄 수 없고, 이러한 점에서 신약 저자들이 수사학적인 요소들을 신학적 진리를 표현하는 데 사용했다는 사실을 고려한다면 저자의 관심 자체가 그리 새로운 것은 아니다.

그러나 저자가 수사학을 설교에 적용할 때 보이는 태도는 수사학을 해석에 적용할 때 보이는 설명적인 접근 태도와는 사뭇 다른 듯하다. 저자는 수사학과 설교의 관계를 단순히 설명하기보다는 수사학이라는 도구를 통해 설교의 본질에 대한 회복을 고취시키는 데 주력하는 듯하다. 정기적으로 설교를 하고 있는 (혹은 앞으로 할) 독자들이 있다면 제8장과 제9장을 읽는 가운데 설교의 내용뿐 아니라 설교에 대한 자신의 태도 및 설교하는 습관 등 여러 가지 실질적인 부분들을 재점검할 수 있는 기회를 얻게 될 것이라 기대한다.

신수사학이 널리 알려진 후 최근 십여 년간 성경학계는 수사학과 성경 해석의 연결 고리에 다시 한 번 주목하고 있다. 현대 수사 비평 연구 흐름의 중심에 본서의 저자이자 현재 프린스턴신학교에서 교편을 잡고 있는 클리프턴 블랙 박사가 서 있다. 현재진행형인 쟁점들에 대한 저자의 입장에 동의하지 않는 독자들도 분명 있을 것이다.

하지만 오히려 그 점이 본서의 독서를 더 풍성하게 만들어 주길 바란다. 본서 제목에 걸맞은 저자의 유려한 문체와 수사적 표현들을 번역하는 가운데 많은 어려움을 겪은 것도 사실이지만 본서가 특정 입장을 뛰어넘어 현대 수사 비평의 지평을 보여주는 좋은 자료라는 점을 상기할 때 지금은 어려운 번역을 마친 피로보다는 보람이 더 크다. 모쪼록 본서가 많은 독자들에게 사랑받아서 한국의 성경 해석학계에 아주 조금이나마 기여할 수 있길 소망한다.

본서를 추천해 주신 정성국 박사님과 김경식 박사님 그리고 출판을 담당해 주신 기독교문서선교회(CLC)에 감사를 드린다.

2017년 1월
눈이 소복이 쌓인 필라델피아에서

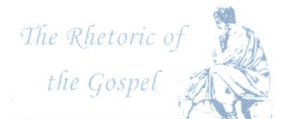

목차

추천사 1 정성국 박사(아세아연합신학대학교 신약학 교수) _ 5
추천사 2 김경식 박사(웨스트민스터신학대학원대학교 신약학 교수) _ 7
추천사 3 헤럴드 아트리지 외 7명 _ 10
2판 서문 _ 16
초판 서문 _ 18
한국어판 서문 _ 21
역자 서문 권오창 목사(미국 웨스드민스터신학교 성경해석학/신약학 박사 과정) _ 23
약어표 _ 28

제1부 서론

제1 장   신약 연구 내 수사학적 질문들 _ 39

제2부 복음서

제 2 장   마태가 그린 믿음 _ 78
제 3 장   감람산에서 하신 말씀 _ 123
제 4 장   데오빌로여, 테오프라스토스를 만나라 _ 173
제 5 장   "아버지께서 내게 주신 말씀들을 그들에게 주었사오며" _ 208

The Rhetoric of the Gospel
Theological Artistry in the Gospels and Acts
The 2nd Edition

제3부 사도행전

제 6 장　쓸모없는 피쎌 자세히 들여다보기 _ 246
제 7 장　초대 기독교 설교의 수사 양식 _ 280

제4부 설교

제 8 장　비유 설교 노상에 만나는 네 정거장 _ 314
제 9 장　한 늙은 변호사의 설교자를 위한 조언 _ 343

제5부 결론

제 10 장　맺는 말 _ 382

참고 문헌 _ 391
주제 색인 _ 430

약어표

∗ 일반 ∗

//	and parallel(s), parallel to
alt.	altered (adapted)
AT	author's translation
b.	born
BCE	before the common era (= BC, before Christ)
ca.	circa, around
CE	common era (= AD, anno Domini)
chap.	chapter
contra	against
d.	died
ed(s).	editor(s), edited by
e.g.	*exempli gratia*, for example
esp.	especially, location of a quote
ET	English translation
et al.	*et alii*, and others
(et) passim	(and) here and there, throughout
ibid.	*ibidem*, in the same place (as immediately preceding)
idem	the same author (as immediately preceding)
i.e.	*id est*, that is
L	Hypothetical Lukan Tradition or Source

lit.	literally
M	Hypothetical Matthean Tradition or Source
n.	(foot)note
N.B.	*note bene*, note carefully
NF	*neue Folge*, new series
no./#	number
NT	New Testament
OT	Old Testament
pace	contrary to the opinion of, yet with all due respect to
pr.	prologue
Q	Hypothetical tradition or source for both Matthew and Luke
repr.	reprinted
rev.	revised
trans.	translator(s), translated by
v., vv.	verse, verses
vol.	volume
vs.	versus

✽ 고대 문헌들 ✽

그리스와 로마 수사학자

De or.	Cicero, *De oratore* = *On the Orator*
Eloc.	Demetrius, *De elocutione* = *On Style*
Inst.	Quintilian, *Institutio oratoria* = *Education of the Orator*
Inv.	Cicero, *De inventione rhetorica* = *Invention of Rhetoric*
Opt. gen.	Cicero, *De optimo genere oratorum* = *The Best Kind of Orator*

Or.	Cicero, *Orator* = *Orator*
Part. or.	Cicero, *Partitiones oratoriae* = *The Parts of Oratory*
Per. id.	Hermogenes of Tarsus, *Peri ideōn* = *On Types of Style*
Poet.	Aristotle, *Poetica* = *Poetics*
Rhet.	Aristotle, *Ars rhetorica* = *The Art of Rhetoric*
Rhet. ad Alex.	Anaximenes of Lampsacus (?), *Rhetorica ad Alexandrum* = *Rhetoric for Alexander*
Rhet. ad Her.	Cornificius (?), *Rhetorica ad Herennium* = *Rhetoric for Herennius*
Subl.	Longinus, *On Sublimity*

그 밖의 그리스와 라틴 작가

Eth. Nic.	Aristotle, *Ethica Nicomachea* = *Nicomachean Ethics*
Hist.	Thucydides, *History of the Peloponnesian War*
Mem.	Xenophon, *Memorabilia*
Phaedr.	Plato, *Phaedrus*
Polit.	Plato, *Politicus* = *Politics*
Resp.	Plato, *Respublica* = *The Republic*
Soph.	Plato, *Sophista* = *Sophist*
Wars	Herodotus, *Persian Wars*

구약 외경

2 Esd.	2 Esdras (= *4 Ezra*)
1–4 Macc.	1–4 Maccabees
Sir.	Sirach (= Ecclesiasticus)
Tob.	Tobit

구약 위경

2 Apoc. Bar.	*2 Baruch (Syriac Apocalypse)*

1 En	*1 Enoch*
Ep. Arist.	*Epistle of Aristeas*
4 Ezra	*4 Ezra* = 2 Esdras
Jub.	*Jubilees*
Sib. Or.	*Sibylline Oracles*
T. Benj.	*Testament of Benjamin*
T. Jos.	*Testament of Joseph*
T. Levi	*Testament of Levi*
T. Naph.	*Testament of Naphtali*
T. Reu.	*Testament of Reuben*

그 밖의 유대 작가

Ant.	Josephus, *Jewish Antiquities*
J.W.	Josephus, *Jewish War*
LXX	Septuagint

랍비 문헌

b.	Babylonian Talmud (before a tractate)
m.	Mishnah (before a tractate)
t.	Tosefta (before a tractate)

1-2세기 신학자

Barn.	*Barnabas*
1 Clem.	*1 Clement*
Herm. Sim.	Shepherd of Hermas, *Similitudes*
Ign. Eph.	Ignatius, *To the Ephesians*

교부

Adv. haer.	Irenaeus, *Adversus (omnes) haereses* = *Against (All)*

	Heresies
1 Apol.	Justin Martyr, *First Apology*
Ap. Const.	*Apostolic Constitutions*
Conf.	Augustine, *Confessiones* = *Confessions*
Doctr. chr.	Augustine, *De doctrina christiana* = *Christian Instruction*
Gos. Thom.	*Gospel of Thomas*
Hist. eccl.	Eusebius, *Historia ecclesiastica* = *Church History*
Serm.	Augustine, *Sermones* = *Sermons*
Trin.	Augustine, *De trinitate* = *The Trinity*
Util. cred.	Augustine, *De utilitate credendi* = *The Usefulness of Believing*

* 현대 자료 *

사전, 백과사전, 다른 참고 자료

ABD	*Anchor Bible Dictionary*. Edited by D. N. Freedman. 6 vols. New York: Doubleday, 1992.
ANRW	*Aufstieg und Niedergang der römischen Welt: Geschichte und Kultur Roms im Spiegel der neueren Forschung*. Edited by H. Temporini and W. Haase. Berlin: W. de Gruyter, 1972–.
IB	*The Interpreter's Bible*. Edited by G. A. Buttrick et al. 12 vols. New York: Abingdon Press, 1951–57.
IDB	*The Interpreter's Dictionary of the Bible*. Edited by G. A. Buttrick et al. 4 vols. Nashville: Abingdon Press, 1962. Supplementary volume, 1976.
LSJ	*A Greek-English Lexicon*. Compiled by H. G. Liddell

	and R. Scott. Revised by H. S. Jones and R. McKenzie. 9th ed. with rev. supplement. Oxford: Oxford University Press, 1996.
NIB	*The New Interpreter's Bible.* Edited by L. E. Keck. 12 vols. Nashville: Abingdon Press, 1994–2004.
RAC	*Reallexikon für Antike und Christentum.* Edited by T. Klauser et al. Stuttgart: Hiersemann,1950–.
TDNT	*Theological Dictionary of the New Testament.* Edited by G. Kittel and G. Friedrich. Translated by G. W. Bromiley. 10 vols. Grand Rapids: Wm. B. Eerdmans Publishing Co., 1964–76.

간행물

AfER	*African Ecclesial Review*
AsJT	*Asia Journal of Theology*
AThR	*Anglican Theological Review*
Bib	*Biblica*
BibInt	*Biblical Interpretation*
BJRL	*Bulletin of the John Rylands University Library of Manchester*
BMCR	*The Bryn Mawr Classical Review*
BR	*Biblical Research*
BSac	*Bibliotheca sacra*
BTB	*Biblical Theology Bulletin*
CBQ	*Catholic Biblical Quarterly*
ChrMin	*The Christian Ministry*
CritInq	*Critical Inquiry*
Di	*Dialog*
EstBíb	*Estudios bíblicos*

ExpTim	*Expository Times*
Greg	*Gregorianum*
HSCP	*Harvard Studies in Classical Philology*
HTR	*Harvard Theological Review*
HUCA	*Hebrew Union College Annual*
Int	*Interpretation*
JBL	*Journal of Biblical Literature*
JBPR	*Journal of Biblical and Phenomenological Research*
JLT	*Journal of Literature and Theology*
JR	*Journal of Religion*
JSJ	*Journal for the Study of Judaism in the Persian, Hellenistic, and RomanPeriods*
JSNT	*Journal for the Study of the New Testament*
Neot	*Neotestamentica*
NTS	*New Testament Studies*
PR	*Philosophy and Rhetoric*
ProEcc	*Pro ecclesia*
PRSt	*Perspectives in Religious Studies*
PSB	*Princeton Seminary Bulletin*
QJS	*Quarterly Journal of Speech*
RelSRev	*Religious Studies Review*
ResQ	*Restoration Quarterly*
RevExp	*Review and Expositor*
SBLSP	*Society of Biblical Literature Seminar Papers*
Sem	*Semeia*
SJT	*Scottish Journal of Theology*
SM	*Speech Monographs*
SR	*Studies in Religion / Sciences religieuses*
ZNW	*Zeitschrift für die neutestamentliche Wissenschaft und*

die Kunde der älteren Kirche

주석 및 논문 시리즈

AB	Anchor Bible
ABG	Arbeiten zur Bibel und ihrer Geschichte
ACNT	Augsburg Commentary on the New Testament
AnBib	Analecta biblica
ANTC	Abingdon New Testament Commentaries
AnVlad	Analecta Vladaton
BETL	Bibliotheca ephemeridum theologicarum lovaniensium
BPC	Biblical Performance Criticism
BZNW	Beihefte zur Zeitschrift für die neutestamentliche Wissenschaft und die Kunde der älteren Kirche
CCJSV	Cambridge Classical Journal Supplementary Volume
CHS	Center for Hermeneutical Studies
ConBNT	Coniectanea biblica: New Testament Series
CWS	Classics of Western Spirituality
ÉC	Études et commentaires
ECC	Eerdmans Critical Commentary
ESEC	Emory Studies in Early Christianity
FBBS	Facet Books: Biblical Studies
FF	Foundations and Facets: Literary Facets
FRLANT	Forschungen zur Religion und Literatur des Alten und Neuen Testaments
GBSOT	Guides to Biblical Scholarship: Old Testament
HCP	A History of Christian Preaching
HTKNT	Herders theologischer Kommentar zum Neuen Testament
HUT	Hermeneutische Untersuchungen zur Theologie
IBC	Interpretation: A Bible Commentary for Teaching and

	Preaching
JSNTSup	Journal for the Study of the New Testament: Supplement Series
KBANT	Kommentare und Beiträge zum Alten und Neuen Testament
LCL	Loeb Classical Library
LLA	Library of Liberal Arts
LNTS	Library of New Testament Studies
NCB	New Century Bible
NCE	Norton Critical Edition
NHS	A New History of the Sermon
NICNT	New International Commentary on the New Testament
NIGTC	New International Greek Testament Commentary
NovTSup	Novum Testamentum Supplements
NTH	New Testament Handbooks
NTL	New Testament Library
NTM	New Testament Message
NTT	New Testament Theology
NTTS	New Testament Tools and Studies
OBT	Overtures to Biblical Theology
OWC	Oxford World's Classics
PC	Proclamation Commentaries
PGC	Pelican Gospel Commentaries
PS	Pauline Studies
PSBSup	Princeton Seminary Bulletin Supplements
PTMS	Pittsburgh Theological Monograph Series
SAC	Studies in Antiquity and Christianity
SBLDS	Society of Biblical Literature Dissertation Series
SBLSymS	Society of Biblical Literature Symposium Series

SemeiaSt	Semeia Studies
SNTSMS	Society for New Testament Studies Monograph Series
SP	Sacra pagina
SPNT	Studies on Personalities in the New Testament
SRR	Studies in Rhetoric and Religion
TBS	Tools for Biblical Study
TWAS	Twayne's World Authors Series
VCSup	Vigiliae christianae Supplements
WGRW	Writings from the Greco-Roman World
WSA	Works of Saint Augustine
WUNT	Wissenschaftliche Untersuchungen zum Neuen Testament
WWSup	Word and World Supplement Series

번역 성경

Goodspeed	*The Complete Bible: An American Translation*, E. J. Goodspeed
KJV	King James Version
NEB	New English Bible
NIV	New International Version
NJB	New Jerusalem Bible
NJPS	*Tanakh: The Holy Scriptures; The New JPS Translation according to the Traditional Hebrew Text*
NKJV	New King James Version
NRSV	New Revised Standard Version
RSV	Revised Standard Version

제1부 | 서론

제1장 • 신약 연구 내 수사학적 질문들

제1장

신약 연구 내 수사학적 질문들

단어!
단어! 또 단어! 연이은 단어에 머리가 지끈거린다!
나는 하루 종일 단어를 만난다.
처음엔 그에게서 오는 말로부터 시작해서 이젠 당신으로부터 오는 것 까지!
이게 당신 같은 녀석들이 할 수 있는 전부인가?

— 엘리자 두리틀(Eliza Doolittle)[1]

빌헬름 빌너(Wilhelm Wuellner)가 이미 예견한 바와 같이 수사 분석의 해일은 끊임없이 신약학회, 학술지, 연구 도서 목록 등을 넘나들고 있다.[2] 그 힘은 마치 쓰나미 같아서 전혀 물러갈 기미가 보이지 않는다. 잘 모르는 이들의 눈에는 이 현상이 기이하게 보일 것이다. 왜냐하면 뉴스 매체가

---

[1] Lerner and Loewe, *My Fair Lady*, 146.
[2] Wuellner, "Rhetorical Criticism." 왓슨(Watson)은 *Rhetoric* (2006)에서 수사 비평의 수많은 연구 결과물을 표로 만들었다.

우리에게 알려주는 경계 대상으로서의 "수사법"(rhetoric)은, 『랜덤하우스 영어사전』(*The Random House Dictionary of the English Language*) 표제어가 알려주듯, "지나친 과장이나 표출을 일컫는 말, 혹은 허언 장담"[3]이기 때문이다. 만약 이것이 최근 신약성경 해석자들이 연구하는 주제라면 이 쓰나미가 지나가도록 그저 누워있기만 했을 것이다.

누군가는 예상했겠지만, 문제는 수사법 자체에 있다기보다는 일상용어에 함축된 수사법의 의미에 있다. 강단, 신문 논평, 학기말 과제 혹은 식사 자리 어디에서라도 한 사람이 다른 누군가를 설득하고자 하는 자리가 있다면 그곳에 수사법이 사용되고 있다고 보면 된다. 본서에서 의미하는 수사란 기교, 주장과 같이 인류의 담화가 포함하는 독특한 특징들과 관련된 것이다. 이 수사법을 통해 초기 기독교 저자들은 자신이 가진 믿음의 진리를 다른 이들에게 납득시키고자 노력했다.

1. 수사학 사용 및 그 연구가 전승되어 온 과정

현대 성경 해석가들 가운데 수사법에 대한 연구를 혁신적이라고 여기는 이들이 있다면, 그들은 철학적 기억상실을 앓는 것이나 다름없다. 웅변 기법은 일찍이 호머(Homer, B.C. 9-8세기경)에게서 발견된다. 그의 서사시는 영웅적 화법이 단지 삽입되어 있는 정도가 아니라 시인으로서 가진 웅변 기법으로 빚어낸 정교한 연설문 그 자체이다.[4]

---

[3] Flexner, *Random House Dictionary*, 1650.
[4] Toohey, "Epic and Rhetoric"는 『일리아드』(*Iliad*)에 등장하는 네스토르(Nestor)의 네 가지 담화의 구조와 그 세부 사항에 대해 설명하면서, 호머가 이 서사시를 쓸 당시는 수사법이

B.C. 5세기가 되었을 때 티시아스(Tisias)라고도 알려진 시칠리아의 교사 코락스(Corax)는[5] 일반 그리스 시민들을 위해 정치 모임이나 법정에서 사용되는 수사법을 정리한 수사기술 지침서들을 펴냈다.[6] 고르기아스(Gorgias, B.C. 480-375년)와 이소크라테스(Isocrates, B.C. 436-338년)는 리듬과 운율과 그리고 청중의 마음을 움직이거나 즐겁게 만드는 기타 시적 장치 등을 웅변가가 능숙하게 사용하는 데에 초점을 두고 궤변적 방식의 수사법을 다듬었다.

플라톤(Plato, B.C. 429-347년)의 대화 중에는(특히 그의 『고르기아스』[*Gorgias*]와 『파이드루스』[*Phaedrus*]) 윤리적으로 무의미한 궤변적 수사법 사용에 대한 반발이 나타나있기도 하다.[7] 그러나 고전적 수사법의 이론적 하부구조를 조직화하고 수사 기법을 특별히 예술, 과학, 변증적 논리학과 연결시킨 것은 다름 아닌 플라톤의 제자인 아리스토텔레스(Aristotle, B.C. 384-322년)였다.[8]

먼저는 알렉산더 대왕(Alexander the Great, B.C. 356-323년)으로 인해, 후에는 로마 제국(B.C. 27-A.D. 476년)으로 인해 지중해 주변 세계가 헬레니즘의 영향 아래 놓이게 되면서, 기술적 수사법은 중등교육과정과 더 나은 공직생활을 위해 준비하는 로마 시민들 사이에서 필수 요소가 되었다.[9] 비

하나의 교육 분과로 자리 잡기 수년 전이었기 때문에, 그 담화 속에 보이는 수사적 발전이 당시로서 얼마나 놀라운 수준이었는지를 이야기한다.

5 티시아스가 코락스의 제자인지 아니면 두 이름이 같은 한 사람을 지칭하는지에 대한 논의가 고전연구가들 사이에 진행되고 있다("Tisias the Crow"). 최근 연구는 후자의 가능성에 더 무게를 싣고 있다. 다음 책을 살펴보라. Kennedy, *A New History*, 11, 18, 32-34.
6 참조, Harris, "Law and Oratory."
7 Herrick, *History and Theory of Rhetoric*, 52-72.
8 참조, Rorty, *Essays on Aristotle's Rhetoric*.
9 Clark, *Rhetoric in Greco-Roman Education* (1957)과 S. Bonner, *Education in Ancient*

록 예수와 초대교회 사도들, 혹은 복음서 저자들이 정식 교육을 통해 수사법을 배웠는지를 증명하는 것은 불가능하긴(또, 불필요하긴) 하지만, 카에킬리우스(Caecilius, B.C. 1세기의 시칠리아 유대인), 키케로(Cicero, B.C. 106-43년), 퀸틸리아누스(Quintilian, A.D. 40-95년)와 같은 웅변가 및 이론가를 통해 뿌리내린 수사 전통이 말과 글을 포함한 일상 화법을 짙게 채색했던 문화 속에 그리스도인들이 살고 있었다는 사실은 반론의 여지가 없다.

기술적(technical)이고 궤변적(sophistic)인 수사법이 기독교 설교와 가르침, 변증법 등에 영향을 미쳤다는 사실은 교부 시대 전반에 걸쳐 드러나며, 특히 존 크리소스톰(John Chrysostom, A.D. 347-407년), 카파도기아의 위대한 세 사람, 즉 나지안주스의 그레고리우스(Gregory of Nazianzus, A.D. 329-407년), 가이사랴의 바실리우스(Basil of Caesarea, A.D. 330-379년), 니사의 그레고리우스(Gregory of Nyssa, A.D. 330-395년) 등과 같은 이의 헬라어 설교에서 현저하게 나타난다.[10] 여덟 명의 가장 주목할 만한 라틴계 교부들 가운데 포이티어의 힐라리우스(Hilary of Poitiers, 315-367년), 암브로시우스(Ambrose, A.D. 337-397년), 제롬(Jerome, A.D. 345-420년) 등 세 명은 수사학 교육을 받은 것으로 알려져 있다.

남은 다섯 명, 터툴리아누스(Tertullian, A.D. 160-225년), 키프리아누스(Cyprian, A.D. ?-258년), 아르노비우스(Arnobius, A.D. ?-330년), 락탄티우스(Lactantius, A.D. 240-320년), 어거스틴(Augustine, A.D. 354-430년) 등은 기독교로 개종하기 전 이미 전문적인 수사학자들이었다.[11] 어거스틴은 자

Rome(1977)은 본 주제와 관련한 기본적인 역사의 흐름을 보여준다.

10　Kennedy, *Greek Rhetoric*, 180-264; Pelikan, *Divine Rhetoric*; Mitchell, *Heavenly Trumpet*.

11　Kennedy, *Classical Rhetoric*, 132-60.

신의 유명한 저서, 『기독교 교리』(De doctrina Christiana)에서 기독교 신앙과 삶, 성경 해석과 설교 등을 위한 수사 이론의 함의를 처음으로 도출해 냈다.[12]

수사학은 비단 초기 기독교 전통 속에 깊이 스며들어 있었을 뿐만 아니라 중세, 르네상스, 계몽주의 시대의 학문 유산을 더욱 풍요롭게 만들었다. 현재 신학을 연구하는 이들이 바로 그 유산의 수혜자다. 야만적 풍습이 이탈리아를 휩쓸던 당시에도 로마 상원 의원 카시오도루스(Cassiodorus Senator, A.D. 487-585년)는 비바리움(Vivarium)에 위치한 자신의 수도원에서 수사학과 6가지 문리학(문법, 변증학, 지리학, 수학, 천문학, 음악)에 열을 올렸다.[13]

유럽 르네상스와 종교개혁 시대 동안에는 성경 비평학과 키케로풍의 수사학 두 가지가 긴밀히 연관지어져 연구되었음을 로렌초 발라(Lorenzo Valla, A.D. 1406-57년), 데시데리우스 에라스무스(Desiderius Erasmus, A.D. 1469-1536년), 필립 멜란히톤(Philipp Melanchthon, A.D. 1497-1560년), 존 칼빈(John Calvin, A.D. 1509-64년) 등 인문 학자들의 연구물을 통해 알 수 있다.

18-19세기 유럽과 북아메리카에 일어난 신고전주의 예술의 부흥은 수사적 신약 분석이 20세기 초까지 지속되도록 만들었다. 이 현상은 젊은 루돌프 불트만(Rudolf Bultmann, A.D. 1884-1976년)의 논문[14]과 신약 헬라어 문법의 표준으로 여전히 받아들여지고 있는 프리드리히 빌헬름 블라

---

12   지금 통용되는 원전 비평 연구판은 R. Green, *Augustine*이다.
13   Jones, *Cassiodorus Senator*, Murphy, *Rhetoric in the Middle Ages*.
14   Bultmann, *Der Stil*, Stowers, *The Diatribe*에 의해 다듬어졌다.

스(Friedrich Wilhelm Blass, A.D. 1843-1907년)의 저작[15]에 잘 나타나 있다. 고전 수사학이 사용되고 개념화되는 일련의 과정은 신약성경 기록에 뿐만 아니라 그 후 수 세기 동안 계속된 신약 연구에도 지대한 영향을 미쳤다. 이러한 점에서 수사 비평은 신약을 해석하는 가장 오래된 접근법 중 하나이다.

2. 수사 비평의 주요 흐름

수사학이 기술적, 궤변적, 철학적으로 다양한 형태를 띠고 있다는 점이 시사하는 바와 같이, 수사학이 개념적으로 어떻게 정립이 되어야 하는가에 대한 합의가 웅변가들 및 그 분석가들 사이에서 단 한 번도 이루어진 적이 없었다. 혼란까지는 아니더라도 이와 같은 상호의견 불일치가 이 시대의 수사적 성경 분석을 특징짓는다.

과로로 인한 은퇴를 고려해야 할지도 모를 만큼 '문학 비평'(literary criticism)이란 용어가 굉장히 다양한 해석방법에 적용되는 것처럼,[16] '수사 비평'(rhetorical criticism) 역시 성경 해석에 대한, 유사하지만 구분이 가능한 여러 가지 접근법을 모두 담을 수 있는 큰 여행 가방이라 할 수 있다.

---

15   Blass and Debrunner, *Greek Grammar* (first German edition, 1896).
16   지난 60여년간 '문학 비평'은 자료 재구성을 지칭하는 용어로 사용되었다. 그 예로 시적 구조 분석, 내러티브 장르나 줄거리 혹은 인물 연구, 본문의 '심층 구조'에 대한 심리-인류학적 해석, 독자(개인 혹은 지역사회)의 입장에서 본문을 포스트모던 방식으로 해체하는 연구 등을 꼽을 수 있다. 개관을 위해 다음을 참고하라. Aune, *Blackwell Companion*, 116-39.

1) 성경의 문학적 기교에 대한 연구로서의 수사 분석

신구약 학자들 가운데 "수사 비평"(rhetorical criticism)이란 용어와 깊은 관계가 있는 학자는 제임스 뮐렌버그(James Muilenburg, A.D. 1896-1974년)이다. 그는 1968년 성경문학학회(Society of Biblical Literature) 회장단 연설에서 히브리 문학 제술(製述)에 대한 연구의 필요성을 피력하면서 오랫동안 관심을 두고 진행했던 성경 시문학 연구를 정리, 발표했다.

뮐렌버그는 자신을 양식 비평학자 중 하나라고 인식했고, 수사 비평이 초기 양식 비평이 가지고 있던 몇 가지 과잉 해석의 경향을 수정하고 보완할 수 있는 방법이라고 생각했다. 그가 활동한 시대는 이스라엘 사회 및 종교적 실제 배경이 문학 장르 안에서 어떤 전형적이고 대표적인 양상들로 나타나는가를 연구하고 강조하던 시기였다.

이 가운데에서도 뮐렌버그는 "(한 문학의 구성단위 내) 서술들을 형성하고 하나의 통일된 글로 통합하는 데에는 수많은 다양한 장치가 사용"된다는 사실을 지적하면서, 저자의 의도, 역사적 문맥, 문학적 양식과 내용 간의 독특한 조합 등에 관심을 두고 특정 구문이 가진 독창성을 회복시켜야 한다고 주장하였다.[17]

신약 분야로 넘어와서 아모스 니븐 와일더(Amos Niven Wilder, A.D. 1895-1993년)의 저작들을 살펴보면 뮐렌버그의 성경 수사법에 대한 이해가 거의 유사하게 발견된다. 뮐렌버그의 접근법과 마찬가지로 와일더 역

---

17 Muilenburg, "Form Criticism," 4-8. 뮐렌버그의 주장은 약 12년간 진행해온 연구에 기반한 것이었다("Book or Isaiah," in *IB* 5 [1956]). 특히 후기-이사야(Deutero-Isaiah)에 대한 연구에서(Ibid., 386-93, 415-18) 뮐렌버그는 대구법(parallelism), 운율(meter), 음의 유사(assonance), 3단 구조(triad), 주요 단어 반복(repetition) 등과 같은 시적 문체와 연(strophe, 聯)으로 이루어진 구조가 갖는 특징들을 구분지었다.

시 신약에 쓰인 화법 유형을 연구하는 것이 성경 전승에 대한 역사 비평을 보완할 수 있는 길이라 생각했고 역사에 기반을 둔 수사적 접근법을 택했다.

또한 뮐렌버그와 유사한 부분으로 와일더는 문학 양식과 그 내용을 별개로 취급하기를 거부했다. 즉 대화, 이야기, 비유, 시 등과 같은 성경 장르는 "그 장르를 만들어 낸 신앙이나 삶의 방향성을 바탕으로 신중히 결정된 결과물"이며 고로 장르 자체가 사회적 종교적 유형의 지배를 받는다는 것이다.[18] 뮐렌버그보다 한걸음 더 나아가서, 와일더는 성경 수사법의 현상학적 차원, 즉 종교적 담화를 통해 인간 실존이 경험되고 해석되는 현상을 탐색했다.[19]

뮐렌버그와 와일더가 수사 비평의 특정 학풍을 조성했는지에 대해서는 논란의 여지가 있다. 사실 그보다 이들에 대한 평가를 더 용이하게 하는 요소가 있다면 그간 눈에 띠게 자기 색깔을 잃어버린 성경의 수사적 접근법이 재조명받도록 하는 데 얼마나 기여했는가에 대한 부분이다. 와일더와 뮐렌버그가 영향을 받은 해석 방식의 전형은 많은 경우 비유 방식, 독특한 문체, 구조적 특징에 주의를 기울이면서 성경 화법의 심미적, 혹은 문학적 성격에 주목한다.[20]

이러한 방식의 수사 분석은 20세기 중반 많은 영미권 문학 비평가들이 받아들인 소위 신 비평(New Criticism)의 하위개념으로 종종 묻혀 버리기도

18　Wilder, *Early Christian Rhetoric*, 25-26.

19　Wilder, *The New Voice* and *Jesus' Parables*; 이 접근과 다음 작품들의 접근을 비교해보라. Hyde and Smith, "Hermeneutics and Rhetoric" 및 Funk, *Language, Hermeneutic, and Word of God*.

20　이와 유사하게, Lund, *Chiasmus in the New Testament*; J. Jackson and Kessler, *Rhetorical Criticism*; Dewey, *Markan Public Debate* 등이 있다.

한다.[21] 그러나 성경 본문의 역사적 사회적 맥락과 저자의 의도를 고려하지 않는 신 비평의 하위개념으로서의 수사 비평은 뮐렌버그나 와일더의 해석 방향과는 그 성향을 달리한다.[22]

2) 고전 수사학의 기준에 따른 신약 분석

북미 고전연구가 조지 A. 케네디(George A. Kennedy, 1928-)는 그의 연구를 통해 뮐렌버그와 와일더가 가지고 있었던 역사에 대한 관심을 의도적으로 완성시켰다. 케네디에게 수사학은 '문학적 기교'를 지칭하기보다는 오히려 헬레니즘 시기의 그리스와 로마인들에 의해 사용되고 이론화된 '설득을 위해 연마된 예술행위'였다.

> 우리 할 일은 (초대 기독교 저자들의) 말을 당시 헬라어권 독자의 입장에서 귀담아 듣는 것이며, 이는 고전 수사법에 대한 어느 정도의 이해를 가정한다.

당시 독자라면 무엇보다 고대 지중해 문화권에 퍼져 있던 설득적 화법이 충족시킨 기준들을 이해하고 있었을 것이라는 말이다. 케네디가 기술적 수사법을 성경 주해의 영역으로 가져온 첫 번째 학자는 아니지만[23] 그

---

21 Frye, *The Great Code*; Booth, *Rhetoric of Fiction*; Rhoads, Michie, Dewey, *Mark as Story*, 2nd ed.(1999).
22 뮐렌버그의 제자인 트리블(Trible)은 *Rhetorical Criticism*(1994)에서 스승의 업적과 그 여파에 대해 기술했다.
23 The Venerable Bede (672/73-735년), *De schematibus et tropis*: ET, "Concerning Figures and Tropes"; Leon, *The Book of the Honeycomb's Flow*(A.D. 1420-75년경). 20세기 초 성경, 특히 바울서신의 수사 기술 연구에 중요한 기여를 한 인물은, Norden로 그의

러한 시도 중에서도 고전 수사개념에 쉽게 다가갈 수 있도록 기여한 그의 설명은 영어권 학자들 사이에 가장 큰 영향을 미쳤다.[24]

케네디의 수사 비평 방법은 여섯 단계로 요약될 수 있다.

첫째, 분석의 대상, 즉 수사법이 사용된 단위를 결정하는 일이다.

(뮐렌버그와 같은) 양식 비평가가 개별 구문을 식별해내듯, 케네디와 같은 수사 비평가 역시 다소 길이가 긴 담화의 단위를 증명할 수 있는 수미쌍관법(*inclusio*), 즉 단위의 시작과 끝을 알려주는 요소를 찾는다.

둘째, 수사적 상황을 규정하는 일이다.

인물 간의 복합성, 사건, 언어 반응을 이끌어 내는 관계 등을 규정하는 것이 이 단계에서 할 일이다. 이렇게 규정된 수사적 상황은 양식 비평가들이 발견한 한 장르의 문화—사회적 배경(*Sitz im Leben*, setting in life)과도 비교 가능하다.

셋째, 해당 담화가 말하고 있는 주요 수사적 쟁점을 찾아 내는 일이다. 케네디는 이 단계를 위해 다음의 두 가지 고적적 틀을 제안한다.

하나는 사안이 머물러 있는 '정체 지점'(*stasis*), 혹은 특정 질문을 찾아 내는 일인데 이는 바울서신이나 사도행전에 나오는 설교나, 혹은 예수님이 바리새인과 벌이는 논쟁을 해석하는데 결정적인 역할을 한다.

또 다른 대안은 독자가 어떤 판단을 내리도록 본문이 유도하고 있는지

---

*Die antike Kunstprosa*와 *Agnostos Theos* 등을 보라.

[24] Kennedy, *New Testament Interpretation*, esp. 10. 이 접근법은 LCL(Loeb Classical Library)을 통해 영역본으로 읽을 수 있는 고대 수사 지침서들에 기반을 두고 있다. Aristotle, *Ars rhetorica*; Cicero, *De inventione rhetorica*; Cornificius, *Rhetorica ad Herennium*; Quintilian, *Institutio oratoria* 등이 바로 고대 수사학 지침서의 대표이다. 추가로 Wooten, *Hermogenes*' "*On Types of Style*"; 및 Kennedy, *Invention and Method* 등도 함께 보라. 케네디의 연구물에 대한 비판적 평가에 대해서는 Black and Watson, *Words Well Spoken*을 참고하라.

를 확인하는 것이다. 예를 들면 과거 상황에 대한 '법정적'(judicial) 평가를 유도하는지(예, 고린도후서 많은 부분에 등장하는 고린도에서 했던 바울의 사역에 대한 설명), 청자가 장래에 할 행위에 도움이 될 만한 행동에 대해 '심의적'(審議, deliberative) 논의를 유도하는지(예, 마태복음 5-7장의 산상수훈), 아니면 지금 현재 신념이나 가치에 대한 '제의적'(epideictic) 고양 및 고취를 유도하는지(예, 요한복음 14-16장에서 제자들에게 했던 예수님의 고별사) 등을 확인하는 것이다.[25]

넷째, 하나의 통일된 담화 안에서 여러 부분들이 어떻게 '배열'(*taxis*)되어 있는지를 고려하는 일이다.

법정 연설을 심의적 연설 혹은 제의적 연설이 갖는 구조와 비교하면 법정 연설이 이 가운데에서 가장 정교한 배열을 보인다. 즉, '도입부'(proem)에 이은 배경 지식에 대한 '진술'(narration), 해결되어야할 '문제 제기'(proposition), '증명'(proof), 반대 의견에 대한 '논박'(refutation), '결론'(epilogue) 등의 요소가 순서대로 법정 연설을 구성한다.

다섯째, 담화의 주제 수립(invention) 및 그 문체(style)를 분석하는 일이다.

주제 수립(invention, *heuresis*)이란 증거에 기반한 여러 주장이 서로 얽히는 과정을 일컫는 것으로, 화자 인물 자체에서 나오는 권위에 수반된 설

---

[25] Connor, *Greek Orations*,는 고대 웅변술의 세 가지 주요 장르 각각에 대한 예들을 모았다. 현대의 위대한 연설도 이 장르 가운데 부합된다. 링컨(Lincoln)의 게티스버그 연설(1863년 11월19일)은 제의적 연설의 빼놓을 수 없는 예이다: "민중의, 민중에 의한, 민중을 위한 저 정부는 결코 이 땅위에서 사라지지 않으리라." 드레퓌스(Dreyfus)가 반역죄 혐의를 벗어야 함을 주장한 졸라(Zola)의 촉구(1898년 2월 22일)는 법정적 항변이었다: "[그는] 결백합니다. 맹세컨대 그의 결백에 제 생명을 겁니다, 재판장님!" 독일에 맞서 영국이 전쟁을 벌이는 안에 승인하도록 의회를 향해 호소한 처칠(Churchill)의 발언은, "오직…피와 고역과 눈물과 땀"(nothing … but blood, toil, tears and sweat)이란 두운이 인상적인 구문으로 이루어진, 본질적으로 심의적인 연설이었다.

득력을 의미하는 '에토스'(*ēthos*, 막 1:22), 청자 사이에 일어나는 감성적 반향을 의미하는 '파토스'(*pathos*, 참조, 행 2:37), 담화 자체에 담긴 연역 및 귀납적 주장을 의미하는 '로고스'(*logos*, 예, 히 1:1–2:14) 등을 포함한다. '문체'(Style, *lexis*)는 화자의 말이나 생각의 '방식'을 보여주는 본문에 선택된 단어 및 그 배합을 가리킨다.

여섯째, 수사 비평가는 이루어진 모든 분석을 재검토하면서 해당 담화가 만들어 낸 수사적 효과를 평가한다.

수사 비평은 이와 같은 고전 수사학과 엮이면서 어떤 종류라고 한마디로 요약하기 힘들만큼 수많은 신약성경 연구가 이어지도록 하는 자극제가 되어 왔다. 요약의 어려움에도 불구하고 몇 가지 동향은 식별 가능하다.

(1) 로버트 주윗(Robert Jewett)[26]과 듀안 왓슨(Duane Watson)[27]의 저작에서 케네디의 여섯 단계를 통한 해석 방법이 여러 정경 문서(주로 서신서)에 적용된다는 것은 주목할 만하다.

(2) 현재 복음서 해석에 가장 유익한 연구는 아마도 교훈적인 일화를 뜻하는 장르인 '크레이아'(χηρειαι)에 대한 것이다. 이 장르는 타르수스의 허모게네(Hermogenes of Tarsus)와 여타 수사학자들이 제자들에게 작문과 연설을 가르치기 위해 발전시킨 것으로 알려져 있다(A.D. 2세기 말).[28]

---

[26] Jewett, *Thessalonian Correspondence*; idem, *Romans*.
[27] 왓슨(Watson)의 많은 연구를 대표하는 저작은 *Invention, Arrangement, and Style*이다.
[28] 이에 대한 1차 본문들은 Hock and O'Neil, *Chreia and Ancient Rhetoric*; and Kennedy, *Progymnasmata*에 실려 있다. 복음서에 나타난 **크레이아**(*chreia*)에 대해서는 Mack and Robbins, *Patterns of Persuasion*을 참고하라. 크레이아의 현대적 예로, 여러 세대 동안

(3) 마가렛 미첼(Margaret Michell)이 수사학적 방법을 통해 고린도전서의 통일성에 대한 건설적인 주장을 한 것으로 대표되듯,[29] 고대 수사학을 사용한 접근법은 신약 주해에 당면한 오랜 질문을 푸는 새로운 실마리로서 사용되고 있다.
(4) 해석 이론가들은 양식 비평 같은 전통적, 역사적 해석 형태를 재정비하는데 고전 수사학을 채택했다.[30]
(5) 가장 고무적인 부분으로서 어떤 학자들은 수사학 및 수사 분석의 개념 자체를 수정하기 위한 발판으로 고대 수사법 수칙을 따르고 사용한다. 여기서 또 다른 수사 비평의 조류 속으로 들어가 보도록 하자.

3) 독자 공동체 내에 발생하는 응집력: 힘의 통합을 가져오는 수사학

어떤 신약 해석법은 고대 시문학이나 고전 설득 방식 그 어느 것에도 관심을 두지 않는다. 사실 '수사법의 재창출'과 관련하여 연구하는 이들의 관점에서, 어느 시대 어떤 독자에게라도 미치는 본문의 언어적 기능을 산출하기 위해, 성경 저자의 의도를 통시적으로 읽어 내려고 하는 시도는 "우리 학계 내에 역사적-비평적 실증주의의 파괴적인 영향력이 있음"을

계속해서 북미 어린이들에게 정직이란 가치를 가르쳐주고 있는 일화는 Mason Locke Weems(1759-1825, *The Life and Memorable Actions of George Washington*[1801])에 의해 널리 알려진 작자 미상의 **크레이아**, 체리나무를 잘랐다고 고백한 어린 워싱턴의 이야기이다.

[29] Mitchell, *Paul and the Rhetoric of Reconciliation*. 시카고대학교에서 그녀의 박사학위를 지도한 한스 디터 베츠(Hans Dieter Betz)의 *Galatians* (1979)는 고전 수사학 전통을 도입한 가장 영향력 있는 바울서신 주석이다.

[30] 이에 해당하는 저작들은 다음과 같다. Berger, *Formgeschichte des Neuen Testaments*; 특히 Robbins, *New Boundaries*; idem, *Exploring the Texture*; idem, *Tapestry*. 로빈스에 대한 평가는 Bloomquist, "Rhetoric, Culture, and Ideology"를 보라.

보여주는 증거로 간주된다.[31]

마찬가지로 성경 문체 연구가 성경을 통해서만 이루어져야한다는 집착은 수사 연구가 반드시 도망쳐 나와야 할 "(학계에서 저만치 밀려난) 빈민가," 혹은 "바벨론 포로 상태"라고 할 수 있다.[32]

그러면 제대로 이해한 수사학과 수사 비평의 역할은 무엇인가?

엘리자베스 쉬슬러 피오렌자(Elisabeth Schüssler Fiorenza)가 제안한 답은 다음과 같다.

> 시문학 작품이 상상 속의 경험을 창조하고 정리하는 시도인 반면, 수사법은 사람들이 '바르게 행동'하도록 설득하고 동기부여 하는 것을 목표로 한다. 수사법은 태도와 동기가 변하도록 애쓰며 반응, 감정, 확신, 발견 등을 유발함으로써 청자/독자를 설득하고 가르치고 그들의 마음을 사로잡기위해 노력한다. 따라서 수사법 평가의 잣대는 심미적 요소에 있지 않고 운용력(praxis)에 있다.[33]

일명 신수사학(New Rhetoric)을 지지하는 이들은 차임 페헬만(Chaïm Perelman, A.D. 1912-84년)과 루시 올브레히츠-티테카(Lucie Olbrechts-Tyteca, A.D. 1899-1988년)의 연구를 신수사학의 중대한 전환기로 본다.

두 이론가에 따르면, 고대 수사학은 현대 비평가들에게 과거로 되돌려진 해석적 기준이아니라, 실제적인 논증을 위한 여러 방법들을 도구로 하

---

31 Botha, "On the 'Reinvention' of Rhetoric," 27; 추가로 Thurén, *Rhetorical Strategy*를 보라.
32 Wuellner, "Rhetorical Criticism," 457, 462.
33 Schüssler Fiorenza, *Rhetoric and Ethic*, 108.

여 특정 가치를 향한 청중의 관심을 유도하고 집중시켜 현대의 잘못된 이론을 수정하도록 하는 기초를 제공한다. 페헬만과 올브레히츠-티테카는 수사법의 열쇠를 "타인과 소통하고 영향력을 주고받는 도구로서의 언어가 갖는 사회적 측면"이라고 보았다.[34]

이처럼 수사 비평에는 결코 단순화 할 수 없는 '사회적'이고 '실질적인' 힘이 있다. 즉, 본문에 담긴 주장은 어떤 평가를 요구하는데, 그 평가는 그 주장에 내포된 설득적 의도나 논리적 유효성에 대한 평가라기보다는 그 주장이 사회적 맥락 안에서 어떤 함축된 가치를 내포하는지, 또 그 주장이 사회적 약속을 얼마나 굳건히 만들고 사람들의 행동에 동기를 부여하는지에 대한 평가에 가깝다는 것이다.

마찬가지로 이에 대해 케네스 버크(Kenneth Burke, A.D. 1897–1993년)는 덜 체계적이면서 더 암시적인 그의 여러 논문에서[35] 말과 글로 전달되는 담화가 현실에 대한 포괄적이고 상징적인 비전을 제시함으로써 사회적 통합 및 개혁을 유발시키는 힘이 있음을 강조한다.

수사 분석의 모든 조류 가운데 가장 분류하기 어려운 분야가 바로 버크와 페헬만 같은 이들이 말하는 신수사학이다. 성경 연구에 이런 접근을 시도하는 이들은 고대나 현대를 막론한 청중 및 독자를 움직이는 본문의 힘

---

34 Perelman and Olbrechts-Tyteca, *The New Rhetoric*, 513. 수사학에 대한 페헬만의 관심은 그의 철학 및 법학 연구로부터 발전된 것이었다. 이내 연구에 불필요한 부분들을 잘라내고 그의 대작인 *The Realm of Rhetoric*을 발전시켰다. 현대 사회가 가치에 대해 얼마나 공적으로 다루는가에 대한 조사를 통해 페헬만은 수사학적 해석을 그리스-로마법에서 찾을 수 있는 그 뿌리로 되돌려 놓았다.

35 Burke, *Rhetoric of Motives*; idem, *Rhetoric of Religion*. Crafton, "Dancing of an Attitude,"는 훌륭하지만 동시에 난해하기도 한 버크의 연구를 파고든다. Wudel, "Enticements to Community," 282은 주장하길 "버크의 도움을 조금 얻는다면 수사 분석은 (마태복음) 산상수훈이 어떻게 한 공동체를 응집시키는 동시에 그 공동체 내부가 영구히 불안정하도록 만드는 전략을 택하고 있는지 보여줄 수 있다"라고 했다.

에 무게 중심을 둔다. 읽기가 사회적 경험이라는 사실에 근거를 둔 신수사학은 대체로 심미적이거나 역사적인 분석의 수준을 뛰어넘어 수사학의 고전적 전통을 21세기 사회 심리학, 문서 해석학, 기호학(기호 사용 행위에 대한 연구)등에 까지 의도적으로, 흔히 다방면에 걸쳐 분석의 범위를 확장한다.

이러한 신수사학 비평가가 성경 본문에 의해 복잡하게 생성되기도 하고 좌절되기도 하는 독자의 기대를 탐구할 때 그 결과물은 비역사적, 독자-반응 중심적 해석과 별반 차이가 없어 보이기도 한다.[36] 그럼에도 불구하고 신약에 대한 다른 신수사학적 분석을 살펴보면 역사에 대한 깊은 관심을 보이는 것이 일반이다.[37]

그 예로 버논 로빈스(Vernon Robbins)의 제2복음서에 대한 '사회-수사학적' 해석을 꼽을 수 있다. 버크의 관점과 용어를 차용해서 로빈스가 탐구한 대상은 마가복음 저자가 그 독자들과 친밀한 관계(rapport)를 굳건히 하는데 사용한 세 가지 눈에 띄는 문체이다.

(1) 스승과 제자 간 관계 형성을 묘사하는 "사회 관습형 문체"(conventional form).
(2) 복음서 내러티브 내 주기적으로 나타나는 관계 가운데 그 스승-제자 관습을 반복적으로 묘사하는 "반복형 문체"(repetitive form).
(3) 주로는 논리적인 진행을 통해, 종종 뜻밖의(혹은 "질적"[qualitative]) 상황전개를 통해, 그 스승이 누구인가를 드러내는 "점진형 문체"(progressive form).

---

36 예, Staley, *The Print's First Kiss*.
37 지금까지 바울신학계에서는 페헬만의 접근법을 가장 야심차게 차용해오고 있다: Siegert, *Argumentation bei Paulus*; Wire, *Corinthian Women Prophets*.

로빈스는 제2복음서가 수사학적 성공을 거두었다고 간주한다. 왜냐하면 고대 지중해 세계에 있었던 관념과 비견되는 예수에 대한 이미지와 제자도에 대한 이해가 시대를 넘어 영속되도록 했기 때문이다.[38]

수년간 이뤄낸 일련의 연구 업적으로 잘 알려진 빌헬름 빌너(Wilhelm Wuellner, A.D. 1927-2004년)는 신수사학적 접근의 주창자였다. 그가 했던 신약 본문 분석이 때로 고전적 전통과 맞물리는 부분이 있긴 했지만, 수사학에 대한 빌너의 생각은 시간이 흐를수록 역사적 의문들로 짜증이 나면서, 인간 고유의 수사적 속성, 그리고 실제적인 힘의 사용으로서의 담화를 강조하였다.[39]

언제가 빌너가 주장하길 "수사 비평은 우리가 성경 해석학과 구조주의를 넘어 후기 해석학과 후기 구조주의에 이르도록 인도한다"라고 했다.[40] 그럼에도 불구하고 "수사학 이론의 적용을 통해 수사 비평을 오늘날 성경 해석학계에 재탄생시키는 일이 얼마나 유익하고 성공적인 결과를 만들어낼지에 대한 최종 판결은 아직 내려지지 않았다."[41]

---

38 Robbins, Jesus the Teacher, 209-13. 필자는 "Rhetorical Questions"에서 Robbins에 대해 평가한다.

39 Wuellner, "Hermeneutics and Rhetorics."

40 Wuellner, "Rhetorical Criticism," 449. Schüssler Fiorenza, "Challenging the Rhetorical Half-Turn"와 Goosen, "Rhetoric of the Scapegoat." 두 소논문은 서로 거의 정반대에 해당하는 결론을 도출하면서 빌너의 평가를 실증한다. 이는 분명 자크 데리다(Jacques Derrida)의 입가에 미소를 머금도록 만들었을 것이다.

41 Wuellner, "Biblical Exegesis," 512. 빌너의 연구와 교류한 주요 자료 모음은 Hester and Hester(Amador), *Rhetorics and Hermeneutics*에서 찾을 수 있다.

3. 수사 비평 적용하기: 사마리아 우물가에 이르는 세 가지 길

지금까지 주의를 기울이며 이 글을 읽고 있는 독자들이라면 아마 줄곧 계속된 방법론에 대한 설명 때문에 편두통을 앓고 있을 것이다.

이제 구체적인 본문을 다루며 다채로운 수사 비평이 실제 사례에서 어떻게 사용되는지 살펴보도록 하자.

요한복음 4:1-42에 대한 주해가 얼마나 완전한지에 대한 고민은 본서의 관심과 목적에 맞지 않을 뿐더러 불필요하다. 여기서 해야 할 일은 현존하는 여러 가지 다양한 수사 분석의 결과를 음미하는 것이다.

1) 서술 방식이란 차원에서 보면

요한복음 4장에 나오는 예수님 말씀은 중간이 끊이지 않고 계속 이어지는 연설이 아니라 사마리아 여인과 한마디씩 주고받는 대화이다. 그러나 한 가지 예를 보여주는 차원에서 여전히 고전 연구에 기반한 수사 분석으로 본문을 살펴볼 수 있다.

케네디가 이해하는 '수사적 상황'(이는 고대에 존재하던 개념이 아니라 현대 생겨난 관념임)[42]은 요한복음 4:1-12이 문학적 문맥에서 어떤 위치를 차지하는지 판단하는 데 유익한 정보를 제공한다. 만약 우리 질문이, 제4복음서 바로 이 시점에서 예수님의 선언이 나오도록 요구하는 요소들이 무엇일까에 대한 것이라면, 유대인과 논쟁이 벌어지는 시점에서 예수님이 유

---

[42] Kennedy, *New Testament Interpretation*, 34에서 사용된 이 개념은 Bitzer, "Rhetorical Situation"(1968)의 영향을 받았다. Bitzer의 제안은 예상대로 Vatz, "Myth of the Rhetorical Situation"(1973) 및 Brinton, "Situation in the Theory of Rhetoric"(1981) 등 외에도 다수로부터 집중 포화를 받았다.

대 지역을 떠나 갈릴리로 향하는 장면이라든지(2:13-21; 4:3), 예수님의 가르침을 이해하지 못하는 모습이라든지(3:1-21) 등의 부분을 떠올려볼 수 있다.

그 외에도 예수님이 사마리아를(하나님의 뜻에 따라?) 지나야 할 필요가 있음을 언급하는 부분이나(4:4; 참조. 3:14), 예수님의 중대성에 대해 세례 요한(1:19-35; 3:25-36), 또 예수님의 제자들(1:36-51), 그리고 복음서 서술자가(1:1-18) 증명하는 부분, 또 예수님이 사람 속에 있는 것을 알고 있다는 사실을 복음서 저자가 주지시키는 부분(2:23-25) 등을 떠올려 볼 수 있을 것이다.

이러한 문맥의 틀 속에서 예수님과 여인 사이에 주고받는 말은 단연 두드러진다. 자신이 누구인지에 대해 밝히기까지(4:26) 예수님은 진지하고도 교육적인 신학적 차원의 대화를 시작하고 이끌어간다(4:7-26). 이 여인은 과연 이해가 빠른 인물이었다. "하나님(이 보낸) 선물"에 눈에 띄게 반응하면서(4:10; 참조. 3:3-4) 예수님이란 존재의 중대함을 성큼 깨달아갔고(4:9, 11, 19, 29), 이야기 끝부분에는 다른 이들에게 가서 그 깨달음을 증언하기까지 했다(4:28-30, 39).

케네디가 이끄는 대로 따라 가다보면, 요한복음 4장에 암시된 '가장 우선하는 수사적 문제'가 무엇일까에 대한 의문이 생길 것이다. 예수님이 여인에게 했던 말씀 가운데 대부분은 과거 사건에 대한 여인의 판단을 이끌어 내기 위함도, 미래에 여인이 해야 할 어떤 행동에 박차를 가하기 위함도 아니었다. 중요한 신앙 문제에 대해 여인이 지금 현재 시점에서 이해할 수 있도록 하기 위해 예수님이 말씀하는 것으로 보는 것이 가장 자연스럽다(4:10, 21-24, 26).

따라서 예수님 말씀의 힘은 기본적으로 제의적이다. 이 제의적 깨달음을 유도하는 예수님의 말씀은 여인이 과거에 가지고 있던 신념에 대한 법정적 재고 및 본문 끝에서 예수님과의 강렬한 만남을 다른 이들에게 증언하는 여인의 심의적 결정을 수반한다(본 장의 앞 부분에서 다뤘던 '고전 수사학의 기준에 따른 신약 분석'을 참고하라—역주).

요한복음 4장이 예수님 말씀을 서술하는 독특한 '문체'(style)는 본문을 고전 수사학 기준을 통해 살펴보도록 우리를 초대한다. 독자가 그 방식을 식별할 수 있는 감각이 생기면, 요한복음과 공관복음 사이에 보이는 차이점들 가운데 가장 현저히 나타나는 한 가지가 바로 제4복음서가 그리는 예수님의 문체라는 사실을 깨닫게 될 것이다.

영어 번역 성경만 봐도 요한복음에 나타난 예수님 말씀은 덜 간결하고 덜 회화체이면서 거의 오페라풍이라 할 정도의 장엄한 문체로 나타난다. 다음의 문체를 읽어보라.

> 아버지께 참되게 예배하는 자들은 영과 진리로 예배할 때가 오나니 곧 이 때라 아버지께서는 자기에게 이렇게 예배하는 자들을 찾으시느니라 하나님은 영이시니 예배하는 자가 영과 진리로 예배할지니라(4:23-24; 추가로 4:13-14, 21-22를 보라).[43]

요한복음이 기록하고 있는 예수님의 입술에서 나온 말은 겉으로 하나의 의미를 가진 것처럼 보이지만 이중적 의미를 가진 언어로 읽어낼 수 있다. 예를 들어, 후도르 조온(ὕδωρ ζῶν, 4:10)이란 어구는 "(마실 수 있는) 흐르는

---

[43] 처음 표기되는 헬라어는 그 뒤에 음역을 붙여놓았다(원서의 성경 인용은 표기가 없는 경우 NRSV[New Revised Standard Version]를 인용하고 있으며 저자역은 AT[author translation]로 표기하고 있다. 본 역서는 개역개정 성경을 기본으로 사용하고 있다—역주).

물, 생수"(예수님의 말을 들은 여인이 11절에서 대답한 것처럼)라는 의미로 해석할 수 있기도 하지만 예수님은 분명 "생명의 물, 생수"를 준다는 의도로 사용했다(6:35; 참조, 렘 2:13; 슥 14:8; 시락[44] 24:21).[45]

예수님에 맞서 목소리를 높이려던 지상의 지도자들을 가볍게 물리치는 천상의 능력이 요한복음이 그린 예수님의 발언에서 흘러나옴을 볼 수 있다(4:7-10, 16-18, 31-34). 요한복음 4장에 나타난 예수님의 대화는, 이 복음서 전체가 그렇듯, 이 땅에 태어난 존재로서는 불가능한, 초월한 존재로서만 가질 수 있는 저 세상의 분별력이 예수님에게 있음을 보여준다(3:31-32; 6:31-59; 7:35, 46; 8:22-23).[46]

고대에는 절묘함(sublimity, ὕψος, 휩소스), 엄숙함(solemnity, σεμνοτης, 셈노테이스), 모호함(obscurity, ἀσαφεια, 아사페이아) 등과 같은 몇 가지 문체 상 특징이 종교적 주제와 특별히 결부되었다.[47] 롱기누스(Longinus, A.D. 1세기) 등과 같은 인물이 쓴 작품에서 절묘함은 사상을 위한 자양분이 담겨 있는 어떤 사람의 발언이 탁월한 형태로 나타나 있음을 지칭하는 말이다(Subl. 7.3; 참조, 13.2; 36.1).

타르수스의 허모게네(Hermogenes of Tarsus)에 따르면(Per id. 242.1-246.1) 엄숙함이란 신들에 대한 일반적인 생각, 또는 의로움, 불멸하는 영혼 등과 같이 신의 속성과 맞닿아있는 인간성의 몇 가지 측면을 표현할 때 특

---

44 외경 가운데 하나, Sirach 혹은 Ecclesiasticus-역주.
45 또 하나의 심혈을 기울인 중의적 표현의 예는 요 4:26에 나타나는 예수님의 메시아 의식이다. 여기서 에고 에이미(ἐγώ εἰμι), "내가"라는 표현은 예수님의 하나님과의 동일성을 나타내는 기능을 한다(추가로 6:20; 8:24, 28, 58; 13:19를 보라; 참조, 출 3:14; 사 43:10-11, 25; 51:12).
46 이와 관련하여 제5장에서 더 자세히 다룰 것이다.
47 이어지는 설명은 많은 부분 Thielman, "Style of the Fourth Gospel"을 참고하였다.

히 어울리는 단어이다.

　모호함은 서술 방식상 결점이 있음을 의미하기도 했지만(아리스토텔레스, *Rhet*. 3.3.3.1406a), 또 다른 문맥에서(델포이 아폴로 신전의 신탁에 나온 선언과 같은 문맥에서) 아사페이아(ἀσαφεια)는 종교의 불가해성에 대한 적절한 표현이라고 인식되었다(디미트리우스, *Eloc*. 2.101). 절묘함과 엄숙함은 그저 현자나 귀족이 가진 특징과 결부될 수도 있었기 때문에 위와 같은 문체상 특징들이 반드시 종교적 주제와 직결되어 있다고는 할 수 없고, 다만 잠재적으로 그러했다(필로, *The Worse Attacks the Better*, 43-44, 79; 허모게네, *Per. id*. 246.1-9).

　지금 다룬 문체에 대한 부분과 요한이 묘사한 예수님과의 연관성은 다음과 같이 현저하게 나타난다. 제4복음서에서 예수님은 진정 사람이었지만(1:14; 4:6-7), 고전에 관습적으로 나타나는 문체에 의거해 볼 때, 그의 언어에는 신성이 반영되어 있다. 사마리아 여인이나 제자들과 같은 예수님의 대화 상대는 예수님의 한마디 속에 담긴 여러 의미 가운데 낮은 단계에 해당하는 의미만을 이해할 수 있는 주파수에 맞추어져 있는 반면, 예수님의 말에 담긴 신적 뉘앙스는 하나님의 도움 없이는 들을 수 없는 주파수에 있다.

　그런데 뒤이어 나오는 본문의 문체를 그대로 담고 있는 이 복음서의 서문을 읽은 이들에게는 이 높은 단계에 있는 의미가 다행히도 이해가 될 수 있다. 다시 말해, 요한복음 1:1-18은(하나님과 예수님을 제외한) 복음서 등장인물들에게는 공유되지 않은 예수님의 초월적인 태생에 대한 정보를 독자들에게 제공한다. 요한의 문체는 "천상과 이 땅 사이에 벌어지는 대화"를 그려내기 위해 노력한다.

이는 왜곡이란 특징으로, 아마도 단지 아주 약간만 뒤틀린 그것으로 나타나는데, 이는 순수한 종교적 당면성과 창조성을 보여주는 증거이다.[48]

2) 한낮에 벌어진 시적 풍경

밀렌버그의 방법으로 요한복음 4장에 나타난 수사법을 생각하다보면 본문 내부 유대성 및 본문의 경계, 그리고 내적 배치 방식 및 반복 요소 등을 면밀히 검토하게 된다. 이러한 확대경으로 살펴보면 요한복음이 전달하는 예수님과 여인의 우물 옆 대화는 요구(A), 저항(B), 설명(C), 믿음(D) 등이 엉켜있는 모습을 보인다.

요한복음 4:7-42 구조 분석

첫 번째 이동: 예수님과 한 예기치 않은 제자(4:7-26)
첫 번째 주제: 종말론적 물 맛보기(4:7-15)
첫 번째 분기점: 마실 물에 대한 요구(4:7-10)
  A. 사마리아 여인에게 물을 요구하는 예수님(4:7-8)
  B. 방어적인 질문의 방식으로 그의 요구를 거절하는 여인(4:9)
  C. 여인의 거절에 대한 예수님의 반응(4:10)
    i. 자신이 상대하고 있는 사람이 누구인지 알았더라면(4:10a)
    ii. 여인은 자신이 마실 물을 달라고 요구했을 것이다(4:10b)

---

[48] Wilder, *Early Christian Rhetoric*, 50-51.

두 번째 분기점: "물"에 대한 혼동(4:11-15)

  B. 예수님이 말하는 물에 대해 오해하는 여인(4:11-12)

  C. 예수님의 설명: 일반적인 물이 아닌 영적 물에 대한 것임을 설명(4:13-14)

  A. 예수님에게 물을 요구하는 여인(4:15; 4:10b에 대한 성취)

두 번째 주제: 종말론적 예배 맛보기(4:16-26)

세 번째 분기점: 여인의 남편을 요구함(4:16-18)

  A. 여인에게 남편을 데려오라는 예수님의 요구(4:16)

  B. 그 요구에 대한 여인의 완곡한 거절(4:17a)

  C. 여인의 반응에 대한 예수님의 통찰력 있는 단언(4:17b-18)

네 번째 분기점: 예수님의 정체에 대한 혼동(4:19-26)

  D. 예수님의 정체에 대한 여인의 제한적인 이해(4:19-20)

  C. 예수님의 설명: 진정한 예배는 영적인 것(4:21-24)

  D. 예수님의 정체에 대한 바른 이해에 다가가는 여인(4:25)과 그에 대한 예수님의 인정(4:26; 4:10a에 대한 성취)

두 번째 이동: 예수님과 그를 따르는 또 다른 이들(4:27-42)

세 번째 주제: 종말론적 양식 맛보기(4:27-38)

다섯 번째 분기점: 와서 보라는 초대(4:27-30)

  B. 제자들의 도착, 여인이 자리하고 있는 것에 대한 제자들의 암묵적인 질문(4:27)

  D. 여인이 떠남, 예수님을 보라고 여인이 동네 사람들을 드러내놓고

초대함(4:28-29)

D. 여인의 초대에 응한 동네 사람들이 예수님을 보기위해 동네에서 나옴(4:30)

여섯 번째 분기점: 임박한 추수(4:31-38)

A. 예수님이 음식을 먹기를 요청하는 제자들(4:31)

C. 예수님의 설명: 제자들에게 알려지지 않은 음식이 그에게 있음 (4:32)

B. 예수님이 말하는 음식에 대해 오해하는 제자들(4:33; 참조, 4:11-12)

C. 예수님의 설명: 일반적인 음식이 아닌 영적 음식에 대한 것임을 설명 (4:34-38)

  i. 첫 번째 격언: 씨를 뿌리는 것과 추수하는 것 사이에 간격이 없음 (4:35-36)

  ii. 두 번째 격언: 씨 뿌리는 이의 종료는 추수하는 이의 파견을 의미함 (4:37-38)

네 번째 주제: 종말론적 지식 맛보기(4:39-42)

D. 동네 사람들이 예수님에 대해 여인의 증언을 믿음(4:39; 참조, 4:29)

C. 동네 사람들의 초대에 응하여 그 동네에 머무는 예수님(4:40; 참조, 4:30)

D. 예수님의 말씀으로 인해 동네 사람들이 "세상의 구주"를 믿음 (4:41-42)

어떤 개요라도 불규칙적인 요소가 있게 마련인데, 그럼에도 불구하고,

요한복음 4:7-42이 잘 짜여진 글이라는 점은 분명하다. 명백하게 이 본문은 마실 물과 예배(4:4-26), 양식과 선교(4:27-42; 참조, 6:1-59)라는 주제 사이를 오가며 이야기를 진행해나가고 있다. 여인의 요청과 제자들의 요청, 오해, 부분적 깨달음은 반복적으로 더 큰 신학적 주제를 독자들에게 소개한다.

이 요소들은 예수님에 대한 믿음의 정도를 순차적으로 눈에 띄게 증가시켜나가는 자극제가 된다. 이를 보여주듯 예수님에 칭호는 "유대인"(4:9), "주여"(4:11, 15, 19),[49] "야곱보다 큰 이"(4:12), "선지자"(4:19), "메시아" 혹은 "그리스도"(4:25, 29), "랍비"(4:31), 끝에 가서는 "세상의 구주"(4:42) 등으로 변해나간다.

나아가, 본문은 많은 단어들의 연결 고리를 통해 단단히 짜여져 내적 통일성을 보여준다. 그 연결 고리에 해당하는 단어들은 다음과 같다. "마시다"(피네인[πίνειν] 및 그 동족어: 4:7, 9, 10a, 12, 13, 14), "물"(후도르[ὕδωρ]: 4:7, 13, 14, 15) 및 그로부터 발전되는 "생수"(후도르 조온[ὕδωρ ζῶν]: 4:10, 11)와 "영생"(조에인 아이오니온[ζωὴν αἰώνιον]: 4:14; 참조, 7:37-38), "예배"(프로스쿠네인[προσκυνεῖν] 및 그 동족어: 4:20, 21, 22, 23, 24), "찾다"(제테인[ζητεῖν]: 4:23, 27), "추수"(떼리스모스[θερισμός] 및 그 동족어: 4:35, 36, 37, 38), "믿다"(피스튜에인[πιστεύειν]: 4:21, 39, 41, 42), "진리"(알레떼이아[ἀλήθεια] 및 그 동족어: 4:18, 23, 24, 37, 42) 등과 같은 단어들이다.

뮐렌버그가 주장하는 수사 비평은 전통적인 형식이란 옷 안에 감춰져 있는 본문의 독특한 특징 읽어 내기를 그 목표로 한다. 요한복음 4장은 우리에게 익숙한 구약의 전형-장면(type-scene)을 상기시킨다. 바로 정혼하

49　'Sir'에 해당하는 높임법-역주.

는 장면이다. 이삭의 하인과 레아(창 24:10-20), 야곱과 라헬(창 29:1-14), 아니면 모세와 십보라(출 2:15b-21) 등 주인공이 누구이든지 간에 정혼 장면에 관한 서술은 예상 가능한 방향으로 동시에 다양성이 가미된 채 진행된다.

가족 구성원을 떠나 타국으로 여행을 떠난 장래 신랑이 될 한 남자는 혼기가 찬 여인을 우물가에서 만난다. 물이 우물에서 길어지고 신랑이 동네에 도착했다는 소식이 여인의 집으로 급히 전해지고 나면, 그 여행객은 저녁 식사에 초대된다. 그리고 머지않아 정혼은 성사된다.

마치 요즘 수사 미스터리물이나 서부 영화에 친숙한 요즘 대중들과 마찬가지로 자신의 관습적인 이야기 전개에 익숙한 고대 당시 청중들은 이런 전형적인 이야기가 다양하게 각색되어 전달되는 것을 즐겼을 것이라고 로버트 알터(Robert Alter)는 주장한다.

> 모든 창작품이 그러하듯, 정형화된 관습을 따른 전체 윤곽이 흥미로운 것이 아니라 그 관습에 가미된 혁신적인 왜곡이나 심지어는 창의성을 더하기 위한 전체 윤곽의 재구성이 흥미로운 것이다.[50]

이런 면에서 요한복음 4:4-42은 눈에 띄게, 그리고 어떤 면에서는 짓궂을 만큼 역동적인 움직임을 보인다. 실로 역작이다. 전형적인 정혼 장면에 나오는 모든 친숙한 요소들이 나타난다.

자기 '가족 구성원'("유대인": 2:13-25; 4:1-3)을 떠나 타국(사마리아: 4:4)으

---

[50] Alter, *Art of Biblical Narrative*, 47-62, esp. 52.

로 여행길에 오른 예수라는 한 '신랑'(3:29; 추가로 2:1-11을 보라)은 우물에서 여인을 만난다(4:6-7a). 물을 길어달라는 요구가 있고(4:7b), 머지않아 그 여행자가 도착했다는 소식이 여인의 집으로 급히 전해진다(4:28-29). 그리고 그 신랑은 집으로 초대된다(4:40). 요한이 채택한 이런 고대 **양식**은 요한복음 4:22-23에 나타난 예수님의 단도직입적인 선언이라는 '내용'과 조화를 이룬다.

예수님의 선언은 이스라엘 역사라는 리듬을 만든 하나님이 바로 예수님의 아버지이면서 동시에 사마리아 여인의 아버지라는 내용을 넌지시 내비치는 장치이다. 그러나 제4복음서의 저자는 신학적 효과에 힘을 싣기 위해 전형-장면에 변화를 가미했다. '예수님'이야말로 이제 그를 믿는 자에게 "영생하도록 솟아나는 샘물"을 주는 분이라는 점을 부각한 것이다(4:14). 그 결과 아주 다른 모습의 정혼 이야기가 완성되었는데, 그것은 결혼으로 이어지는 정혼이 아닌 예배(4:21-24)와 선교(4:35-42)로 이어지는 그것이었다.

3) 독자가 해야 할 일

신수사학자들이 아직 접근법상 합의에 이르지 못했다는 점을 고려할 때, 이 관점을 충분히 대표할 만한 요한복음 4장 해석을 찾아 내고자 하는 노력은 무의미할 뿐이다. 그럼에도 불구하고 신수사학자들 간에 대체로 의견 일치를 보고 있는 한 부분을 말하자면 다음과 같다.

읽기라는 경험은 독자가 사회적 상호 작용을 하면서 얻게 되는 경험과 직결되어 있기 때문에, 수사 분석의 근본적인 목표는 심미성을 찾아 내는 데 있지 않고 활용성을 읽어 내는 데 있다는 점이 바로 그 부분이다.

페헬만과 빌너의 관점을 따른다면, 예수님과 사마리아 여인의 이야기가 복음서의 다른 부분과 같은 목적을 염두에 두고 서술되었다는 명제로부터 우리 해석은 출발한다. 다음 구절은 그 목적이 무엇인지 분명히 알려준다.

> 너희로 예수께서 하나님의 아들 그리스도이심을 믿게 하려 함이요 또 너희로 믿고 그 이름을 힘입어 생명을 얻게 하려 함이니라 (요 20:31).

이처럼 요한복음 4:4-42은 위 구절이 말하는 가치에 대한 믿음을 갖도록 유도하고 고양하는 본문이다. 나중에 10:24에서 유대인들이 예수님에게 요구하는 바로 그것을 제4복음서 이 부분에서 예수님은 분명히 행하신다. 바로 자신이 메시아임을 숨김없이 말씀하신 것이다(4:26). 즉 예수라는 분이야말로 멸망치 않고 영생을 얻도록 세상을 위해 중재하는 한 분, 그리스도이심을 믿는 믿음이 바로 예수님이 대화를 통해 여인을, 그리고 뿐만 아니라 여인의 이야기를 통해 동네사람들을 인도하고자 했던 최종 목적지이다(4:10, 14, 26, 36, 41-42).[51]

페헬만과 올브레히츠-티테카는 논증의 일반적인 기술을 네 가지 범주로 나눈다.

(1) 상식이란 영역에서 작동되는 표면-논리를 통한 논증.
(2) 현실이 가진 구조에 대한 여러 가정에서 비롯된 관습적인 인과관계

---

[51] Okure, *Johannine Approach to Mission*은 요한의 수사법과 그의 선교에 대한 관심 사이의 연결 고리를 연구했다.

에 호소하는 논증.

(3) 특정 사건에 근거하여 일반적인 원리를 추정함으로써 현실이 가진 구조를 설정해나가는 것을 통한 논증.

(4) 여러 개념을 모두 분리하여 생각함으로써 현실을 재구성하고 새로운 이해를 불러일으키는 시도를 통한 논증.

이 네 가지가 바로 그 범주에 해당한다.[52] 위와 같은 분석 프리즘을 통해 요한복음 4:7-26에 나타난 대화를 살펴보면 두 가지가 분명해진다.

첫째, 예수님과 여인 '둘 모두'가 수사적 활동에 참여하고 있다는 점이다.

여인은 듣기만하는 벙어리 학생이 아니었고, 예수님 역시 청중과 아무런 소통이 없는 고압적인 설교자가 아니었다. 바로 여기 서로를 설득하고자 하는 '두 명'의 대담자가 있다.[53]

둘째, 분명해지는 것은 여인이 가진 논증은 네 가지 가운데 앞쪽 범주인 좀 더 연역적인 접근 방식의 논증 기술을 사용하는 경향이 있다는 점이다.

즉, 일반적인 상식 혹은 인과관계를 사용하여 논증한다는 것이다.

반면 예수님은 네 가지 가운데 뒤쪽 범주인 좀 더 귀납적인 논증 기술, 즉 일반적인 원리와 개념의 분리를 사용하여 논증하는 경향이 있다. 여인의 발언은 분명해 보이는 것들의 영역(저자 역: "선생님, 당신은 그릇도 없고 우물은 깊습니다"[4:11])이나 오랫동안 유지되어 온 관습("당신은 유대인이고 저는 사마리아인입니다"[4:9], "우리 조상들은 게리심에서 예배했고 당신들은 시온에서 예

52　Perelman and Olbrechts-Tyteca, *The New Rhetoric*, 187, 92.
53　Schneiders, *Revelatory Text*, 189, 191, 194를 참고하라.

배했습니다"[4:20])에 호소하는 경향이 있다. 반대로 예수님은 완곡한 비유적 언어("하나님의 선물"[4:10], "생수/흐르는 물"[4:10], "영생"[4:14])를 사용함으로써 현실의 구조를 새롭게 볼 수 있도록 유도하고 있다.

더 나아가, 여인(암묵적으로, 성경의 독자들)에게 하는 예수님의 논증은, 페헬만과 올브레히츠-티테카의 표현을 빌리자면, "현실에 대한 또 다른 견해와 또 다른 기준"에서부터 출발하는 논증의 전형을 보여준다.[54] 단적인 예로 하나님께 "영과 진리로" 예배할 시기가 이르렀음을 알리셨다(4:23-24). 궁극적으로 이 말씀은 사마리아인이든 유대인이든 그들이 예배라 부르는 행위와 진정한 예배를 분리시킨다(4:21). 그리고 하나님을 찬양하는 것으로서의 예배, 예수님의 중재를 통해 완전한 변화가 일어나는 힘을 수반하는 예배, 진정한 현실에 다가가는 길을 보여주는 예배, 이러한 예배를 마음에 품도록 한다.

야곱의 우물에서 일어난 만남이 수사적 교착상태를 저만치 넘어 다음 단계로 신비롭게 나아가도록 하는 과정에는 여인의 남편을 데려오라는 예수님의 요구(4:16), 그에 대한 여인의 반응(4:17), 다시 이어지는 예수님의 답변(4:18) 등의 요소가 수반된다.

요한복음 4:16부터 이루어진 이러한 대화의 전환은 주석가들 사이에 벌어진 논쟁의 기폭제가 되었고 이 전환을 문자적으로 이해해야 할지 아니면 비유적으로(예를 들면, 사마리아의 '불륜적' 우상숭배를 은근히 지칭하기 위한 장치[왕하 17:13-34]) 이해해야 할지가 계속해서 논란이 되어왔다. 누군가는 마실 물을 달라던 예수님의 첫 요구에 대해서도 동일한 질문을 쉽게 던질 수 있을 것이다(4:7). 어떤 경우든지 이런 질문은 본문의 초점에서 관

---

54 Perelman and Olbrechts-Tyteca, *The New Rhetoric*, 436.

심이 벗어나도록 만든다. 중심 주제는 사마리아의 배교가 아닌 것만큼이나 여인의 문란했던 삶도 아니다.

대화의 관심은 둘 중 어느 것에도 있지 않다. 이야기가 이어져 나가면서 드러나는 본문의 핵심은 인생에 대한, 그리고 하나님으로부터 오는 생명에 대한 진리를 계시하는 예수님을 믿는가에 관한 것이다. 여인이 상식을 통해 불완전하게나마 예수님을 선지자로(4:19), 메시아일지도 모르는 인물로(4:29), "내가 행한 모든 일을 내게 말한 사람"으로(4:29, 39) 인식하는 모습은 이 본문의 핵심이 무엇인지를 시사하고 있다.

마찬가지로 동네 사람들이 예수님에 대해 더 큰 반응을 보이는 모습(4:39-40), 그리고 그들이 이제 여인을 통해서가 아니라 친히 들은 그분의 말씀에 근거하여 "그가 참으로 세상의 구주"이시라는 확신을 가지는 모습은 이 본문의 핵심이 예수님에 대한 믿음에 관한 것임을 나타낸다(4:41-42).

만약 수사 분석이 수사 비평가의 개인적, 사회적 정체성 및 그 변화까지 수반한다는 빌너의 명제를 받아들인다면, 요한복음 4장에 대한 수사 분석은 우리를 어떤 방향으로 인도할 것인가?

(4:27에 나타난 제자들의 편견과 달리) 사마리아 여인이 여성이었지만 예수님과 대화를 나눴던 것만큼이나, (4:9에 나타난 여인의 가정과 달리) 예수님의 유대인 신분이 사마리아 여인과의 대화를 더 이상 가로막지 못했다. 본문의 침묵과 관계없이 여인의 도덕적 타락을 책망하기 위해 요한복음 4:17-18에서 예수님이 했던 말을 붙잡는 이들은 위 분석으로부터 평등주의적인 힘을 적절히 발견하지 못한다.

마찬가지로 본문이 말하고 있지 않은 여인의 여성성을 강조하기 위해 여인의 전도(4:28-29)에 주목하는 다른 어떤 이들은 기독론적 힘에 대해서 충분하게 다루지 못한다. 만약 요한복음 4장에 대한 수사학적 해석이 인종이나 성별에 대한 우리의 불완전한 편견을 드러내는 한편, "세상의 구주"인 예수 그리스도를 향한 믿음으로 독자인 우리를 초대한다면, 그 수사 분석은 정치적일 뿐 아니라 신학적으로 중요한 함의를 가진다.

4. 몇 가지 수사법에 관한 질문

1) 수사 비평 방법론이 있기는 한가?

지금까지 살펴본 설명과 예시를 볼 때, '수사 분석의 여러 가지 서로 다른 표현들은 어떤 일관성을 가지고 있는가?'

우리는 한 가지 통일된 방법을 다루고 있는가 아니면 각각의 방식이 그저 '수사학적으로 비평하는' 세 가지 이질적인 접근법을 다루고 있는가?

사실 수사 분석가들 사이에서 완전한 합의란 존재하지 않았다. 비록 수사 연구의 서로 다른 양식이 때로 조화를 이루는 경우가 있긴 하지만, 그렇지 않은 경우, 서로 다른 연구를 혼합하려는 시도는, 말하자면 고전주의 전통과 수사법을 활용지향적으로 이해하는 현대 사조를 혼합하려는 시도는 해석학적 혼란만 자초할 뿐이다.[55]

수사 비평의 특정 양식들이 그 철학에 있어서 다른 양식과 조화를 이루지 못한다손 치더라도, 우리는 지금까지 살펴본 몇 가지 접근법을 조정해 나가는 방향으로 한걸음 더 나아가 볼 수 있다. 고전주의 이론을 경험적으로 떠올려보자면, 한 해석자는 수사적 해석을 다리가 세 개인 의자 이

---

[55] 이와 반대한 입장으로, Jewett, *Thessalonian Correspondence*, 63-87; Mitchell, *Paul and the Rhetoric of Reconciliation*, 1-19 등이 활용한 절차를 참고하라.

미지로 그릴 수 있을 것이다.

  그 의자에는 서로 다른 여러 비평가들이 앉을 수 있는데 그들 각각은 세개의 다리 중 어느 한 다리에만 더 많은 무게를 지탱하도록 앉는다. 뮐렌버그식 접근은 성경 본문이 가지는 구조와 방식에 해당하는 '로고스'(logos)에 더 많은 무게를 둔다. 저자의 의도와 기술을 강조하는 케네디식 견해는 본문에 담긴 정신, '에토스'(ethos)로 무게 중심이 기운다. 본문이 독자들에게 어떻게 받아들여졌는가에 대해 페헬만이 강조했다는 점은 고대인들이 '파토스'(pathos)라 특징지은 수사적 차원을 상기시킨다.

  이론상으로 성경 해석가들이 다리가 세개인 비평 의자를 그 방향이 어디든 자신의 관심이 이끄는 대로 기울이지 않을 이유는 없긴 하다. 예를 들어, 누군가는 자신의 특정 관심과 별 관련이 없어 보이는 두개의 다리를 톱으로 썰어버림으로써 혁신적으로 재설계한 의자를 통해 새 이론을 제시할 수도 있을 것이다. 그러면 불안정한 의자가 그 결과물로 탄생할 것이고 그 의자에 앉는 독자는 자신이 해석적 균형을 유지하기 힘든 의자에 앉았다는 사실을 깨닫게 것이다.

  이런 연유로 최근 신약 비평이 다양성을 유지하고 있다는 것은 건강한 발전의 증거이며, 그 결과 각각의 접근이 해석을 왜곡할 수 있는 가능성을 저지하면서 다양한 경향들이 대체적으로 균형을 유지하고 있다.

  이 책의 본 장에 이어지는 부분에서는 서로 비교가 가능한 다양한 접근법을 보여줄 것이다.

  제2장과 제6장은 마태복음과 사도행전의 등장인물에 대한 문학적 묘사를 연구하고자 형식주의적 접근(formalist approach)을 채용함으로써 와일더(Wilder)와 부스(Booth) 등과 관련이 있는 관점으로 이 책을 이끌어 갈 것이다.

  제4장, 제5장, 그리고 제7장은 누가복음, 요한복음, 사도행전에 의해

유발된 몇 가지 의문을 제기할 것인데 이 의문에 대해서는 고전 수사학(classical rhetoric)이 그 답을 제시하기에 가장 적합하다고 본다.

제3장에서는 케네디의 접근법을 고수하는 가운데 마가복음에 나타난 담화를 치밀하게 분석할 것이다.

제8장은 요나, 바울, 누가, 히포의 어거스틴이라는 아주 다른 네 사람의 목소리가 설교학이란 주제를 놓고 함께 모여 나누는 대화를 담을 것이다.

제9장은 고대 이론가 퀸틸리아누스(Quintilian)에게 요즘 설교에 대한 제언을 청할 것이다. 사실상 이 책은 신수사학 중에서도 기독교 신학과 신앙을 섬기기 위해 '개종된' 신수사학적(New Rhetorical)인 일련의 틀 내에 있는 여러 입장 간 대담으로 구성되었다.

이렇게 광범위한 작업 방식은 방법론적 결벽을 가진 이들을 슬피 울며 이를 갈도록 만들지도 모른다. 그렇지 않은 사람들에게는, 바라건대, 수사 비평에 담긴 융통성 및 엄격한 표준이 즐거움을 가져다줄 것이라 믿는다.

2) 수사 비평은 역사 비평과 호환이 가능한가?

이론가들 역시 이 질문을 놓고 갑론을박을 계속한다. 한쪽은 신약의 여러 전통적인 분석 방법을 보완한다고 본다. 반면 다른 쪽은 역사적 연구와 수사적 연구 사이에는 결코 건널 수 없도록 패인 깊고 험한 도랑이 지나고 있다고 본다.[56]

---

[56] 반대된 입장으로 Kennedy, *New Testament Interpretation*, 3-12, 157-60; Stamps, "Rhetorical Criticism"을 보라. 성경의 수사적 연구가 얼마나 역사적 혹은 사상적인 방향성을 지니고 있어야 하는지를 놓고 현재 논란이 있다. 이에 대해 Porter and Stamps, *Rhetorical Interpretation of Scripture*, 27-151를 참고하라.

수사 비평을 구성하는 몇 가지 표현은 역사적 연구의 기준틀과는 조화를 이루기가 결코 불가능할지도 모른다. 그럼에도 불구하고, 필자는 역사적, 수사적 의문들이 근본적으로 상호 논쟁적이지 않고 상호 협조적이라 믿는다. 철학적인 입장에서 볼 때, 역사 비평과 수사 비평에 포함된 대부분의 유형은 어떤 커뮤니케이션 모델을 가정하는데 이러한 모델은 다음 3가지를 설명하기를 꾀한다.[57]

(1) 저자의 의도.
(2) 그 의도로 만들어진 본문.
(3) 그 본문이 정보를 전달하고 일깨우는 독자, 삼자 간 관계.

더 나아가 성경을 해석하고자하는 모든 접근 방식은 지적 전통과 기타 문화적 영향의 부산물이라는 점을 기억해야한다.

심지어 가장 완강히 반역사적 접근을 고수하고 있는 수사 비평조차도 그 자체로 역사적인 문맥 속에 존재하지 않는가?

한 신약성경 본문에 대해 다방면에 걸친 수사 분석을 적용한다고 하면서 그 본문의 역사적 특징과 가정 등을 완전히 배재한다는 것이 가능이나 할지 필자는 상상조차 할 수 없다.

그 예로 요한복음 4장에 나타난 대부분의 수사적인 힘은, 여성과 장시간 대화하는 것에 대해 일부 랍비들이 가지고 있던 혐오감(참조, 9절), 혹은 유대인과 사마리아인들이 서로에 대해 가지고 있던 혐오감(참조, 27절) 등과 같이 고대에 존재했던 사회적 혐오를 독자들이 지각하도록 일깨워주는데,

---

[57] 이와 유사하게 de Boer, "Narrative Criticism, Historical Criticism"에서 도출된 결론을 비교해보라.

이는 역사적인 재구성을 배재하고서는 도저히 읽어낼 수 없는 요소이다.[58]

3) 수사 비평의 문제점은 무엇인가?

각각의 수사적 연구 유형은 자기 특유의 골칫거리들을 가지고 있다. 모든 유형의 수사 비평이 가지는, 그리고 모든 해석적 전략이 가지는 문제점이라 할 수 있는 부분은 선호하는 접근법을 통해 얻은 통찰은 절대시하되 본문 자체가 드러내는 명백한 부분에 대해서는 간과하는 경향성이다.

수사 비평가에게 이러한 위험성은 교차대구법 구조나, 창의성에 대한 고전적인 분류, 혹은 결코 간과할 수 없는 인간 행동의 수사적 특징에 대한 이론 등과 같은 어떤 이상적인 접근 틀을 특정 성경 본문이나 각권에 무리하게 부과하는 것으로 나타난다.

본서가 장려하려는 바와 같이, 수사 비평이든 어떤 비평이든 종류를 막론하고 신약성경 본문과 그에 대한 해석이 갖는 다양한 차원을 세심하게 읽어 내는 것이야 말로 찍어낸 듯한 '빵틀 비평'을 멀리할 수 있는 최고의 안전 장치라 할 수 있다.[59]

58　Barrett, *Gospel according to St. John*, 232-33, 240은 관련 주요 본문을 언급하고 있다.
59　이러한 경고가 Betz, *Galatians*에 대한 Meyer의 예리한 논평(1981)에서 발견된다. R. D. Anderson, *Ancient Rhetorical Theory*는 갈라디아서, 로마서, 고린도전서가 펼치고 있는 주장은 바울과 동시대의 가상의 수사학 교사에게 설득력이 있는 종류의 것도 아니고, 그렇다고 그럴 의도를 가지고 있는 것도 아니라고 말한다. 그에 따르면 사도의 주장이 고대 기준들에 정확히 부합되지는 않기 때문에 수사학 이론을 그의 서신에 그대로 적용하기에는 한계가 있고 전혀 무관한 경우까지 있다(28, 144, 166, 205, 238쪽을 특별히 참조하라). 필자가 보기에 앤더슨이 단언하는 부분(바울이 수사학 이론에 의존하고 있다고 너무 성급하게 가정하는 혹자들)에 대해서는 일반적으로 옳다. 그리고 그가 부인하는 부분(바울 서신에 꽤나 명백히 나타난, 그것도 아이러니하게 앤더슨 자신의 분석을 통해 표면으로 드러나는, 수사법의 유효성)에 대해서는 종종 틀렸다. 앤더슨에 대한 필자의 서평(1997)을 참고하라.

4) 수사 비평을 통해 무엇을 얻을 수 있는가?

아이디어가 거래되는 학문 시장에서 역사 비평가와 문학 비평가, 언어학자와 사회과학자, 철학자와 신학자 등 제각기 다양한 방법론을 주창하는 해석가들이 서로 거래할 수 있는 공인된 장은 바로 수사 연구라는 영역이다.[60]

성경을 가르치고 전하는 사람에게 수사 비평은 복잡한 역학관계가 얽혀있는 신앙 담론이 오갈 수 있는 생기 넘치는 토론의 장을 마련해 준다. 기독교 진리가 선포되기 시작한 처음 그 순간부터 논리 정연한 주장 및 당시 관례를 반영한 문체 등은 필수적으로 활용되었다. 물론 설교가 논리나 말의 아름다움으로 그 목적이 충족되지 않음은 당연했다.

초대교회를 이끈 핵심요소는 그리스도의 '에토스'와 성령에 이끌린 삶에 담긴 '파토스'였다. 이렇게 양식과 내용을 창조적으로 결합시키는 것을 통해 교회의 '선포'(kerygma)는 그리스도인의 경험을 이해할 수 있도록, 그리고 그 능력을 표현하고, 그 진리로 다른 이들을 설득할 수 있도록 의도되었다.

신약성경에 담긴 이러한 양상들을 분명히 하는 데 수사 비평이 도움을 줄 수 있다면, 이 접근법은 현대 해석가들 앞에 당면한 과제 뿐 만 아니라 해석되어야 할 본문을 분명히 조명해줄 것이다.

---

[60] 수사 연구는 성경 연구 분야를 넘어 계속해서 철학자들과 커뮤니케이션 이론가들의 관심을 불러일으키고 있다. Herrick, *History and Theory of Rhetoric*, 194-266; S. Foss, K. Foss, and Trapp, *Contemporary Perspectives on Rhetoric* 등을 보라.

제2부 | 복음서

제2장 ◆ 마태가 그린 믿음

제3장 ◆ 감람산에서 하신 말씀

제4장 ◆ 데오빌로여, 테오프라스토스를 만나라

제5장 ◆ "아버지께서 내게 주신 말씀들을 그들에게 주었사오며"

제2장

마태가 그린 믿음

나는 자신에게 주어진 일을 하는 인물을 원한다. 만약 어느 가을 한 공원에서 남자와 여자 주인공이 비극적인 대화를 이어가는 동안 그 배경에 낙엽을 쓸고 있는 한 사람이 있다면, 그가 단지 낙엽 쓰는 인물로만 그려지는 것에 나는 만족한다. 일반적으로 그저 낙엽을 쓰는 사람들 있지 않은가, 그 인물이 그저 낙엽을 쓰는 사람으로 그려지기만 한다면, 그것으로 충분하다. 나는 그가 '입체적'인 인물이 되길 분명 원치 않는다. 사실 그렇다고 '평면적'인 인물이 되는 것을 원하는 것도 아니다. 더 나아가, 그가 낙엽을 쓸고 있는 것이 벌어지고 있는 주제에 어떤 의미도 더하지 않는다면 더 이상 낙엽을 쓸지 않고 그저 사라져 주길 원한다. 아예 처음부터 없었어야 했다.

엘더 올슨(Elder Olson)[1]

---

1   Olson, *Tragedy and the Theory of Drama*, 85.

제2장 마태가 그린 믿음

비극에 대한 아리스토텔레스의 분석은 줄거리(plot), 즉 행동을 보여주는 것을 주목적으로 하는 인물들(타 에떼[τὰ ἤφη])로 구성된 줄거리를 강조하는 것으로 잘 알려져 있다(*Poet.* 6.19.1450b). 이에 비해, 저서 『수사의 기술』(*The Art of Rhetoric*)에서, 에토스(토 에토스[τὸ ἦθος], 웅변가 자신의 캐릭터)가 가장 효과적인 설득의 수단이라고 본 그의 의견은 아마도 좀 덜 알려져 있는 듯하다.[2]

만약 어떤 저자든 독자들에게 설득력 있게 보이기 위한 노력을 하는 것이 불가피한 사실이라 한다면,[3] 내러티브 수사법에 관심 있는 이들은 인물 묘사(characterization)에 유심히 관심을 기울일 것이다. 성경 비평가들이 이런 주제에 대해 깊은 연구를 하지 않는 것은 그다지 놀라운 일은 아니다. 인물 연구는 그 개념적 어려움으로 인해 심지어 신학계 외 일반 문학 이론가들 사이에서도 소외받는 영역이다.[4]

본 장에서는 제1복음서에 나타난 인물 묘사의 몇 가지 측면을 살펴볼 것이다.[5] 우리의 주된 대화 상대는 잭 딘 킹스베리(Jack Dean Kingsbury)로 그의 문학 비평적(literary-critical) 연구는 마태복음 해석의 새 지평을 열었다고 평가받는다.[6] 우리는 3가지를 다룰 것이다.

---

2   아리스토텔레스가 로고스(*logos*)가 갖는 설득력을 강조한다는 사실을 염두에 두고 이 부분을 본다면 더욱더 인상적인 사실이다(*Rhet.* 2.18.1.1391b – 2.26.5.1403ab; 3.19.10.1417b – 3.19.6.1420a를 보라).

3   Booth, *Rhetoric of Fiction*, 67–209.

4   몇몇 학자들은 이러한 상황을 개선하고자 한다. Spilka, "Character as a Lost Cause"; R. Wilson, "The Bright Chimera"; Malbon and Berlin, *Characterization in Biblical Literature*.

5   필자는 좁은 영역에 초점을 맞춘다. 줄거리, 분위기, 논조, '사고방식의 특질,' 및 다른 내러티브 요소에 대해서는 단지 표면적인 차원에서만 고려한다. 구약 신약을 막론하고, 이와 같은 넓은 범위의 내러티브 요소에 대한 유익한 안내서를 찾는다면 Kort, *Story, Text, and Scripture*을 참조하라.

6   필자가 직접 상호 작용하는 주요 연구는 Kingsbury, *Matthew as Story*이다.

(1) 마태복음에 등장하는 인물에 대한 킹스베리의 평가를 검토할 것이다.
(2) 최근 문학 이론가들 사이에 진행된 인물 연구에 대한 결과를 바탕으로 킹스베리의 연구를 재고할 것이다.
(3) 여기서 보이는 중요한 관점 및 해석적 함의를 결론적으로 다룰 것이다.

1. 킹스베리 재평가하기

1) 이론적 가정

마태복음 내러티브에 나타난 인물 묘사를 연구하는 가운데 킹스베리는 네 명의 문학 비평가에게 신세를 졌다고 밝히고 있다. 그가 M. H. 아브람스(M. H. Abrams)로부터 도출한 '인물'에 대한 정의는 "마태복음 같은 내러티브 작품에 등장하는 사람들"이었다.[7] 아브람스와 데이비드 로즈(David Rhoads)를 따르면서, 킹스베리는 "'인물 묘사'(characterization)를…내러티브 내에서 작가가 등장인물에게 생명을 부여하는 방법과" 연관지었는데, 이는 인물의 말이나 행동을 통해 독자에게 인물을 '보여주는' 방식이나, 아니면 인물에 대해 직접적으로 '말해 주는' 방식을 통해 이루어진다고 보았다.[8] 이러한 기본적인 전제 위에 킹스베리는 인물에 대한 그의 근본적인 개념을 세이무어 체트먼(Seymour Chatman)과 E. M. 포스터(E. M. Forster)

7　Ibid., 9; Abrams, *Glossary of Literary Terms*, 21.
8　Kingsbury, *Matthew as Story*, 9–10; 참조, Rhoads and Michie, *Mark as Story*, 101–3.

로부터 도출하였다.

체트먼처럼, 킹스베리도 각 등장인물에게 나타나는 독특하고 지속적인 속성인 '인물 특성'(trait)에 기반하여 등장인물들이 서로 구분될 수 있다고 제안한다.[9] 더 나아가, 포스터가 제안하듯, 인물 특성이 몇 가지나 나타나는지, 얼마나 다양하게 나타나는지를 통해서도 등장인물을 구별지을 수 있다고 주장한다. 입체적 인물은 풍부하고 다양한 인물 특성을 지니면서, '현실에 존재하는 사람'의 인상을 자아낸다.

그런가 하면 얼마 안 되는 인물 특성을 보이는 인물은 평면적이거나 독자로 하여금 그 행동을 쉽게 예상하게 한다.[10] 이러한 가정을 바탕으로 킹스베리는 마태복음 내러티브에 등장하는 다섯 가지 주요 등장인물 군을 그려낸다.[11]

2) 인물에 대한 해석적 평가

첫째, 킹스베리에게 예수님은 마태복음 이야기의 주인공이자 가장 중심적인 인물이다.

모든 행동이 그를 둘러싸고 일어나고 모든 다른 등장인물의 속성이 그를 통해 평가된다. 마태복음이 그린 예수님에게는 두 가지 주목할 만한 점이 있다.

(1) 처음부터 끝까지 제1복음서는 예수님을 '하나님의 뜻에 대한 최고

---

9   Kingsbury, *Matthew as Story*, 10; 참조, Chatman, *Story and Discourse*, 119–34.
10 Kingsbury, *Matthew as Story* 10; 참조, Forster, *Aspects of the Novel*, 65–82.
11 Kingsbury, *Matthew as Story*, 11–28.

결정권자,' '하나님의 가치체계와 완전히 부합하는 하나님의 최고 중재자'로 그린다.

"따라서 하나님을 제외하고는 마태가 항상 옳은 편에 놓는 유일한 주요 등장인물은 예수님이다."[12]

(2) 제1복음서에 등장하는 예수님은 긍정적인 인물 특성 및 진정한 '의로움'에 해당하는 여러 인물 특성을 분명히 보여준다. 그렇기 때문에 킹스베리는 "포스터의 용어를 빌어, [예수님은] 입체적 인물"이라고 평가한다.[13]

둘째, 제자들은 한데 묶어 한 사람의 인물로서 평가해도 무방할 것이다.

> (킹스베리가 도출해 낸) 예수님처럼 그들도 '입체적'이긴 하지만, 예수님의 경우는 그가 많은 수의 인물 특성을 지녔기 때문에 입체적이라고 하는 반면, 제자들의 경우 많은 수의 인물 특성 뿐만 아니라 갈등을 겪는 인물 특성까지도 지닌 입체적 인물이라는 점에서 차이가 있다.[14]

마태복음 이야기가 진행되면서 제자들의 태도는 충직한 순종에서 수치스러운 변절을 향해 뒤뚱뒤뚱 퇴보해간다.[15] 그럼에도 불구하고, 마태복

---

12 Ibid., 11, 64; 추가로 52–55을 보라.
13 Ibid., 12.
14 Ibid., 13.
15 Ibid., 13–17, 129–45.

음의 결론은 실패와 단절 대신 화해와 조화를 말하고 있다(28:16-20). '작은 믿음'이 불쑥 올라오기 십상이긴 하지만 제자들은 자신있게 부활의 주님이 주신 명령과 권능을 가지고 범세계적인 선교에 돌입한다.[16]

마태복음을 읽는 이들은 제자들이 느끼는 동요를 직면하는 것을 통해, 그리고 갈등 가운데 있는 그들의 인물 특성에 자신을 동일시하거나 혹은 반대로 거리를 두는 것을 통해 마태복음 10:25a에 나오는 예수님의 가르침을 헤아리게 될 것이다.

> 제자가 그 선생…같으면 족하도다(마 10:25).[17]

셋째, 제자들과 마찬가지로 마태복음 내러티브 내에서 이스라엘 종교 지도자들 역시 하나의 인물로 다루어질 수 있다.

그러나 종교적 권위를 가지고 있었던 이들은 문학적인 관점에서 최소한 세 가지 부분에 제자들과 차이를 보인다.

(1) 제자들은 마태복음 줄거리에 큰 영향을 주지 않는 반면, 종교 지도자들은 마태복음 이야기의 흐름에 예수님 바로 다음으로 큰 영향력을 행사한다.[18]
(2) 바리새인, 사두개인, 대제사장, 장로, 서기관 등은 예수님에 대항하여 연합 전선을 구축한 이들이다.
(3) 예수님과 제자들이 입체적 인물인 반면, 마태복음의 종교 지도자들

---

16 Ibid., 17, 144.
17 Ibid., 14, 17.
18 Ibid., 116.

은 모두 합쳐 하나의 평면적 인물을 만들어낸다.

> 그들에게 할당된 여러 인물 특성은 본질적으로 하나의 '근본 인물 특성'인 ('악')의 발현이며, 이야기의 흐름 속에서 그들이 변화되었다는 근거는 어디에도 나타나지 않는다.[19]

반대로, "그들에 대한 마태복음의 인물 묘사는 한결같이, 심지어 지루하리만치 부정적이다."[20] 분명히 종교지도자들은 "특이할 정도로 악랄한 역할"을 맡았다. 그들은 "사람의 일을 생각"하는 자들이고, 그렇게 함으로써 본질적으로 "하나님의 일을 생각하는" 예수님과 대항하는 위치에 섰다 (참조, 마 16:23b).[21]

그들의 적대감이 이야기 속에서 점차 자라남에 따라 "마태는 직접적이든 우회적이든 간에 권위의 문제가 예수님이 종교지도자들과 가졌던 모든 논쟁의 기저에 깔려있었다는 사실과, 따라서 그 문제가 그분이 그들과 겪었던 모든 갈등의 중심에 있었다는 사실을 극히 분명하게 보여준다."[22]

넷째, 제자들과 종교적 권위를 휘두르던 자들에 대한 마태의 묘사와 마찬가지로, '유대 군중들'에 대한 마태의 인물 묘사 역시 그들이 예수님과 가졌던 상호 작용을 통해 발전된다. 뿐만 아니라 군중들 역시 앞서 다른 두 인물 군과 유사한 인물 특성을 드러낸다.

제자들과 마찬가지로, 그러나 종교지도자들과는 달리, 군중들은 예수

---

19 Ibid., 18; 참조, 19.
20 Ibid., 19.
21 Ibid., 115.
22 Ibid., 125.

님에게 호의적이다. 감탄과 놀라움을 금치 못하기도 하고, 괴로움과 무력감에 사로잡히기도 하고, 이끌어 줄 지도자는 없고 굶주림조차 이겨낼 힘이 없는 군중들은 예수님이 측은히 여긴 대상이었다(9:33-36; 14:14; 15:32를 보라). 또 그들의 지도자들과 마찬가지로, 그러나 제자들과는 달리, 군중들은 그분이 누구신지 '보지도, 듣지도, 이해하지도 못하고' 결국 그분이 십자가를 지도록 승인한 이들이었다.

킹스베리의 평가에 의하면 군중들은 그들의 지도자들처럼 단편적이고 평면적 인물을 만들어낸다.

> 그들이 지닌 인물 특성은 풍부하지 않고, 마태복음 이야기가 끝날 때까지, 유다와 함께 예수님을 체포하려고 갑자기 나타나는 등(마 26:47, 55), 변하지 않고 동일한 경향을 보인다.[23]

다섯째, 거의 예외 없이, 마태복음 내러티브 내 곳곳에 배치된 단역 인물들은, 킹스베리가 사용한 용어를 빌리자면, 단편적인 인물 특성을 지닌 '상투적 인물'(stock characters)이다.

비록 이 '사람들'이 배경에 어우러지는 역할 그 이상을 하는 경우도 있긴 하지만, 그들은 주로 이야기의 주요 등장인물을 돋보이게 하는 역할을 한다.

간혹 이들이 가진 예수님에 대한 통찰력 있는 믿음은 이스라엘 지도자와 일반적인 대중이 가진 불신앙과 대조를 이룬다(마 2:1-12; 8:5-13을 보라). 더 많은 경우, 예수님에 대한 단역 인물들의 믿음과 섬김은 제자들의 '작

---

[23] Ibid., 24-25, esp. 24.

은 믿음'과 연약함을 두드러지게 한다(참조, 마 14:28-36; 27:55-28:1). 이처럼 단역 인물들은 주인공(예수님)과 마태복음 이야기의 내포 저자(the implied author)가 지지하는 가치의 전형을 보여준다.[24]

2. 마태복음에 나타난 인물 묘사 다시 보기

1) 이론적 가정

킹스베리의 다음과 같은 주장에 필자는 동의한다. 마태복음을 하나의 이야기로서 연구하는 것은 고대 당시 저자가 특정한 종교적 신념을 담아내기 위해 사용한 내러티브 양식을 진지하게 다루는 일을 수반한다. 마태가 몰두했던 신학적 주제를 분별해내는 일은 내러티브 내 등장하는 인물을 그가 어떻게 묘사하는가 하는 점에 주의를 기울이도록 만든다.

인물 묘사를 연구하는 일은 시대를 무시한 작업이 아니다. 그리스-로마 서사 및 드라마에 나타난 인물들을 개념화하는 작업을 위해 문학 이론가들과 성경학자들은 이미 오래 전부터 고전이 쓰여진 당시 세계로 돌아가기를 반복해왔다는 것만 보아도 그렇다.[25]

필자가 질문하고 싶은 부분은 킹스베리의 접근법에 대한 것이라기보다

---

24 Ibid., 25-28. '내포 저자'(implied author)란 내러티브를 제공하고 그 문체와 형태를 구성해나가며 그렇게 함으로써 독자의 독서에 영향을 미치는 추론된 규준의 핵심 주체를 지칭한다(Booth, *Rhetoric of Fiction*, 66-77). 필자는 제1복음서의 내포 저자로서 '마태'라는 전통적인 호칭을 사용한다.

25 Burnett, "Characterization"은 고대와 현대문학 이론 간의 거리를 축소하지도 과장하지도 않은 적절한 비교를 제시한다. 본서 제4장은 고전의 틀을 염두에 두고 인물 묘사를 다룬다.

는 문학작품에 등장하는 인물 및 인물 묘사에 대한 그의 몇 가지 가정 사이에 보이는 빈틈에 관한 것이다.

첫 번째 관찰한 빈틈은 킹스베리가 사용하는 '등장인물'에 대한 정의는 제1복음서에 나타난 인물 등장 현상의 복합성을 그려내기에 불충분하다는 점이다.

하나의 통일된 내러티브로서의 마태복음에 초점을 맞추겠다고 한 그의 사전 결정에 따라, 다른 여러 접근법의 역사적, 전통적, 혹은 신학적 관심에서 벗어나, 킹스베리는 등장인물이란 내러티브 내에서 생명을 부여받은 '사람들'이라는 조심스런, 필자의 생각에는 과하게 제한적인, 정의를 내리고 거기에 만족한다.[26]

하지만 이러한 정의는 충분치 못하다. 왜냐하면 킹스베리의 인물 묘사 탐구와 그 결과로 드러나는 내포 저자의 가치 평가 관점을 지지하는 적절한 기반을 제공하지 못하기 때문이다. 그와 반대로 메리 도일 스프링어(Mary Doyle Springer)는 킹스베리가 원하는 종류의 탐구에 개념적으로 더 유용한 '등장인물'의 대안적 정의를 제시한다.

> 한 문학의 등장인물은 현실 세상 속에 살고 있는 사람들로부터 가져온, 그리고 어느 정도 모방해온 인위적인 구성물이다. 한 등장인물의 정체성은 주로 작가가 그려내고자 하는 인격의 유형과 일관된 여러 선택, 말, 행동 등의 연속적인 묘사를 통해 독자에게 전달된다. 부차적으로 정체성은 서술, 어휘선택, 다른 인물과 함께 등장하는 여러 사건을 통해 강화된다. 한 등장인물을 구성하

---

[26] Kingsbury, *Matthew as Story*, 9.

는 선택, 행동, 습관 등은 그 인물이 속해 있는 작품 전체를 이끄
는 통제 원리(governing principle)에 맞게 제한되고 일관성이 유
지되며 조화를 이룬다.[27]

스프링어가 사용한 표현은 킹스베리의 정의(등장인물을 '현실에 존재하는 사람'에 대한 모방으로 정의. 인물 묘사를 말, 행동, 다른 등장인물과의 상호 작용을 통해 발전되는 것으로 봄)가 지닌 중요한 측면들을 포함한다.[28] 뿐만 아니라 스프링어의 정의는 그 전제에 이미 암묵적으로 들어 있으며 그 분석 전체에 걸쳐 역력히 드러나는 두 가지 개념을 짚어 내고 있다.

(1) 등장인물 성향 및 행동을 만들고 통제하는 원리가 내러티브 내에 존재한다는 개념.
(2) 이런 통제 원리를 수행하는 가치들이 등장인물이 하는 다양한 선택에 의해 은연중에 드러난다는 개념.

필자는 잠시 후 우리가 마태의 인물 묘사를 더 풍성히 이해하는 데 이 두 가지 개념 모두가 필요하다는 점을 역설하고자 한다.
두 번째 관찰한 킹스베리의 빈틈과 관련하여 필자의 주장은 다음과 같다.
문학 비평적 전제를 가정한 상태에서도, 마태복음 인물 묘사와 마태복

---

[27] Springer, *Rhetoric of Literary Character*, 14.
[28] 이와 마찬가지로 Harvey, *Character and the Novel*, 69는 다음과 같이 말한다. "내러티브상 인간 맥락은 애초에 관계의 그물망이다. 즉 등장인물은 단 한 줄기 숙명의 길을 따라 발전되어가지 않는다. 등장인물들은, 말하자면, 여러 줄기의 인간 교차로이다."

음 신학 두 가지는 난해하게 얽혀있고 두 가지를 어림짐작으로 나눌 필요가 없다. 스프링어에 의하면, 저자의 가치 판단 신념과 등장인물을 만들어 내는 행위, 이 둘을 나누는 것은 사실상 거의 불가능하다.

> 작가가 자신이 하는 일이 무엇인지 알고 있다고 가정한 상태에서, 등장인물은 실물과 똑같이 생생할 수도 있고, 극중 맡은 역할에 의해 생동감 없이 어떤 전형만 취할 수도 있다. …(모든) 등장인물은 눈에 보이는 형식적인 역할이 있고, 이 역할은 작품 전체를 이끄는 통제 원리에 기여하기 위한 것이다.[29]

물론 다음과 같은 비판적 질문은 이러한 발상을 한 발짝 물러나 생각하게끔 한다.

마태복음을 구성하는 원리를 어떻게 개념화할 수 있는가?

여기서 우리는 소설이 제공하는 세 가지 주요 기능을 밝힌 마틴 프라이스(Martin Price)로부터 도움을 얻을 수 있다. 세 가지 기능은 다음과 같다.

(1) (미스터리 수사물과 같이) 순수 작품의 양식 자체가 독자의 흥미를 유발시키는 '정형적'(定型, formulaic) 기능.
(2) 저자와 독자의 감정이 서로 만나고 얽히도록 하는 '표출적'(expressive) 기능.
(3) 교훈과 사례를 통해 세상에 대한 혹은 우리 자신에 대한 신선한 통

---

29 Springer, *Rhetoric of Literary Character*, 18. 복음서 등장인물 간 상호 작용에 나타난 신학적 관여에 대해 더 보기 위해서는 McCracken, "Character in the Boundary"를 참조하라.

찰을 공유하게끔 하는 '인지적'(cognitive) 기능 등.[30]

프라이스의 관찰이 현대 소설 뿐 아니라 고대 내러티브에도 적용된다는 점에 있어서 마태복음 역시 어느 정도까지는 위의 세 가지 기능을 모두 수행한다고 볼 수 있다. 그렇기는 하지만 그 중에서도 지배적인 것은 세 번째 기능이다. 즉, 제1복음서는 종교적 신념으로 채색된 궁극의 중요성을 지닌 사안을 전기(傳記)문 내러티브에 담아 전달하고 있는 자료임을 스스로 공언한다.

이 복음서 이야기에 등장하는 인물들은 신앙고백의 지배를 받는 동시에 그것을 독자에게 상기시킨다. 독자로서 마태복음 내러티브 세계에 들어간다는 것은 복음서 저자가 가진 확신에 찬 신념에 도전을 받고 심지어는 새롭게 주조될 수도 있는 위험을 무릅쓴다는 것을 의미한다.

킹스베리의 전반적인 설명이 이런 관점에 잘 어울리긴 하지만, 그의 등장인물에 대한 방법론적 고찰 가운데 마태복음을 '구성하는 원리,' 즉 내포 저자를 지배하는 신학적 확신의 혼합체에 대해서는 아무런 언급도 하지 않았다.

만약 등장인물이 저자의 신념을 드러낸다면, 그리고 만약 마태의 신념이 신학적인 것이라면, 우리는 어떻게 마태복음 신학과 그 인물 묘사 두 가지를 한데 단단히 묶을 수 있을까?

세 번째 관찰한 빈틈은 다음과 같다.

마태복음 인물 묘사를 '입체'와 '평면'으로 분류한 것에 대한 의미와 중요성은 재고될 필요가 있다. 포스터(Forster)에 의한 입체와 평면 인물 구

---

30 Price, *Forms of Life*, 1-23.

분이 문학 비평계에 너무 큰 반향을 일으켰기 때문에[31] 킹스베리가 그 개념을 차용했다는 것이 놀랄만한 일은 아니다. 그러나 이 개념을 차용함으로서 오는 해석적 결과와 관련하여 몇 가지 주의사항을 빠트려서는 안된다.

첫째, 킹스베리에 의하면, 입체적 인물 묘사는 인물 특성이 얼마나 풍부하고 다양하게 나타나는가에 달려있고 평면적 인물 묘사는 인물 특성이 얼마나 적은 양으로 단순하게 나타나는가에 달려있다.

이 관점은 포스터도 크게 다르지 않다. 그는 평면적 인물을 "한 가지 인상이나 특질을 중심으로 구성된…전형, 혹은 캐리커처"로 보았다.[32] 그러나 킹스베리는 포스터가 인물 묘사 분류를 점검할 때 유의 사항으로 언급한 부분을 빠트렸다.

> 입체적 인물이 맞는지 점검하려면 그 인물이 납득이 가는 방법으로 독자를 놀라게 할 수 있는지를 보아야한다. 만약 한 번도 놀라움을 주지 못한다면, 그리고 독자를 납득시키지 못한다면, 그 인물은 입체적인 듯 보이는 평면적 인물이다.[33]

마태복음을 연구할 때 우리는 킹스베리가 특정 인물을 입체적 혹은 평면적 인물로 분류한 것이 얼마나, 포스터의 표현을 빌리자면, 설득력이

---

31 포스터의 이론이 미친 영향을 살펴보려면 다음의 자료를 보라: Harvey, *Character and the Novel*, 192; Abrams, *Glossary of Literary Terms*, 21; Chatman, *Story and Discourse*, 131–34. 다른 이론적인 반추는 Ralph Cohen, ed., "Changing Views of Character," a special issue of *New Literary History* 5, no. 2(1974)및 위 각주 4의 연구물을 참조하라.

32 Forster, *Aspects of the Novel*, 67.

33 Ibid., 78.

있는지를 고려해야한다.

둘째, 킹스베리에게는 미안한 말이지만 가장 최근 이론가들은 이런 순진한 유(類)의 이론적 구분을 깊이가 없다고 보고 이 이론에 불만을 표했다.

예를 들면 토마스 도커티(Thomas Docherty)는 포스터의 관점이, 말하자면, 평면적이라고 불평했다. 포스터의 입장에 반해 도커티가 응대하길, 심지어 '평면적' 인물 중에서도 역학관계가 존재하며 그렇지 않다면 이런 인물들은 정적이고 심지어는 생명이 없는 인물로 그려질 것이라고 했다.[34]

이와 관련하여 우리는 입체적 등장인물이 극중에서 일종의 규칙이나 특유의 패턴을 얼마만큼 나타내고 있는가에 대해 곰곰이 생각해볼 필요가 있을 것이다. 그렇지 않고서 인물의 성향, 또는 어느 정도 지속적으로 나타나는 여러 인물 특성이 그려내는 모습을 적절히 알아본다는 것은 불가능할 것이다.[35]

나아가 코넬리스 벤네마(Cornelis Bennema)는 고대 그리스-로마문학에 나타난 인물 묘사가, 때로는 인물에 대한 현대적 개념에 근접할 수 있을 만큼, 일반적 인식보다 훨씬 더 다채롭고 복잡하다는 사실을 입증했다.[36] 여기서 포스터의 이론에 대한 재검토 및 수정이 불가피하다는 사실은 분명해진다.[37]

---

[34] Docherty, *Reading(Absent) Character*, 47–48.
[35] Springer, *Rhetoric of Literary Character*, 27–36.
[36] Bennema, "Theory of Character," 395.
[37] Hochman, *Character in Literature*, 86–140은 많은 영향을 미친 포스터의 인물 유형을 개선하여 다음 여덟 쌍의 극단을 통한 등장인물 분류체계를 제시했다: 양식화됨(stylization)/자연스러움(naturalism), 일관성(coherence)/모순성(incoherence), 총체성

셋째, 한 번도 겉으로 표현된 적은 없지만, 마태복음 등장인물에 대한 킹스베리의 평가는 포스터의 전제 중 하나와 동일한 전제에 기반하고 있다.

그것은 바로, 입체적 등장인물은 그와 대응관계에 있는 평면적 등장인물에 비해 보다 더 완전한 문학적 창조물로 받아들여진다는 전제이다.

이런 편향은 포스터의 『소설의 다양한 차원』(Aspects of the Novel)에서 오스틴(Austen)에 대해서는 관대하게 높이 평가하는데 반해 디킨스(Dickens)에 대해서는 미온적인 태도를 보이는 것을 통해 은연중에 드러난다.[38] 같은 선상에서 유사한 편향이 킹스베리가 『이야기로서의 마태복음』(Matthew as Story)에서 하는 주장에서도 똑같이 나타난다. 즉 예수님과 제자들은 독자들에게 '현실 속 인물'로 인식되며, 내포 저자가 옹호하고자 하는 가치에 대한 대변인이 된다는 것이다.[39]

포스터의 이론에 수정을 가하여 적용한다 하더라도, 제1복음서에 등장하는 인물에 대해 이미 은연중에 전제된 입체적, 평면적 꼬리표를 적용하는 행위는 다시 생각해 볼 필요가 있다. 말하자면, 마태가 종교 권위자들보다 예수님을 선호했고, 그래서 한쪽은 평면적으로 다른 한쪽은 입체적으로 묘사했다는 식으로 말하는 것은 복음서 요지를 잘못 이해한 것이다. 그보다는 마태복음 등장인물과 그들을 둘러싸고 진행되는 내러티브 세계, 이 둘 사이에 탄력적으로 벌어지는 상호 작용이야말로 연구의 쟁점이다.

(wholeness)/단편성(fragmentariness), 문자적임(literalness)/상징적임(symbolism), 복합성(complexity)/단순성(simplicity), 투명성(transparency)/불투명성(opacity), 역동성(dynamism)/고정성(staticism), 폐쇄성(closure)/개방성(openness). 필자가 마태복음 등장인물을 이 분류에 맞춰 생각하고자 하는 것은 아니지만 독자들은 본 장 전반에서 호크만의 인물 분류를 읽어낼 수도 있을 것이다.

38 Forster, *Aspects of the Novel*, 71–75.
39 Kingsbury, *Matthew as Story*, 10–14.

이야기를 특정 방향으로 이끄는 '통제 원리'의 무게감을 고려할 때, 다소 평면적인 등장인물도 더 입체적인 상대가 만들어 내는 것과는 또 다른 통찰을 독자에게 전달함으로써 창작자의 의도에 맞게 어떠한 효과를 일으킬 수 있다.[40] 월레스 마틴(Wallace Martin)은 포스터의 관점을 수정하여 통찰력 있는 해석을 내놓았다. 그 전부를 인용해도 무방하리라 본다:

> 허클베리 핀의 단순함을 생각하면 그는 평면적 인물로 불리는 것이 타당할 것이다. 소설에서 핀이 양심의 가책을 느끼는 것을 묘사한 짧은 두 개의 본문은 입체적이고 '깊이 있는' 인물이 더 좋다고 생각하는 이들에게 사랑을 듬뿍 받는다. 그런가 하면 그들은 종종 핀이란 인물이 성장하는 모습을 보이지 않음에 실망을 감추지 못한다. 그러나 만약 우리가 허클베리 핀을 통해 억제되고 있는 세상의 편견, 폭력, 맹신, 동조, 인간성 등을 도덕 관념에 초월한 그의 투명한 눈을 통해 보지 않았다면, 그러한 것들은 우리 눈에 띄지 조차 않았을 것이다. 그 눈의 투명함은 '뭄명'(sivilization)의 인습을 벗겨주기 위한 장치로서, 우리 같은 문명화된 독자들이 문명의 때를 벗겨내지 않고서는 볼 수 없는 것들을 보여주는 역할을 한다.[41] 만약 허클베리가 입체적 인물이었더라면 미국 문학계는 좀 더 흥미로운 인물을 얻었을 수는 있었을지 모르지만 세상은 잃어버렸을 것이다.[42]

---

40 Barnet, *Not the Righteous but Sinners*는 의미 형성과정에서 내러티브 독자들과 등장인물 사이에 일어나는 상호 작용을 분석한다.

41 『허클베리 핀』의 주인공은 학교를 다닌 적 없는 인물로 문명(civilization)을 'sivilization'으로 표기하는데 이는 문명에 대한 해학적인 시각을 견지하도록 하는 문학 장치이다–역주.

42 W. Martin, *Recent Theories*, 118. 추가로 Woods, *How Fiction Works*, 167의 예리한 관

네 번째 관찰한 빈틈은 다음과 같다.

등장인물 특성의 형태와 그 다양성에 대한 평가가 마태복음 분석에 정보를 제공하는 것은 일정 부분 사실이나, 등장인물의 여러 결정들이 더 분명하게 나타내는 것은 복음서를 이끄는 통제 원리이다. 어떤 종류의 구조 분석은 '행위자'(actant)가 내러티브 내 어떤 기능을 발휘하는가에 초점을 맞춘다.[43]

그 대안으로, 킹스베리는 여러 인물 특성을 하나의 체계로 종합하여 마태복음 등장인물 내부에 담긴 여러 '에토스'(정신)를 우리가 탐구할 수 있도록 이끈다. 위 두 가지 접근 모두 문학작품 인물을 탐구하는 타당한 통로를 제시하기에 충분하다.

그러나 많은 비평가들에게 너무도 명백한 한 가지는 행동과 에토스가 상호 불가분의 관계에 있다는 사실이다.

헨리 제임스(Henry James)가 골똘히 생각한 것처럼,

"사건 전개와 별개인 인물 묘사란 대체 무엇인가?"

"인물 묘사와 별개인 사건이란 또 무엇인가?"[44]

이 부분에 대해, 킹스베리가 읽어낸 마태복음 줄거리(plot) 안에서 제1복음서 등장인물 특성이 어느 정도 드러난다는 점을 고려할 때, 그도 역시 어떤 사건과 인물이 떨어질 수 없다는 사실에는 동의할 것이다.[45] 그

찰에 주목하라: (체호프의 단편 이야기에 나오는 것처럼) "평면성은 (Forster, *Aspects of the Novel*)가 풀어 내는 것보다 훨씬 더 흥미로운 것이다"; (이야기 등장인물은 실존하는 인물과 결코 같을 수 없기 때문에) "입체성은 그가 풀어 내는 것보다 훨씬 더 복잡한 것이다."

43 예를 들면, Greimas, *Semantique structurale*, 168–82.
44 James, "The Art of Fiction"(1884, repr. 1888); W. Martin, *Recent Theories of Narrative*, 116에서 인용됨. 추가로 Chatman, *Story and Discourse*, 108–19를 보라.
45 Kingsbury, *Matthew as Story*, 9–28, 43–93, 115–45.

래도 여전히 남는 의문점은 지속적으로 반복되는 등장인물 특성에 대한 킹스베리의 서문이 신학적인 안건을 가지고 흘러가는 줄거리 속에 있는 인물행위에 대한 자신의 분석과 얼마나 자연스럽게 조화를 이루는가 하는 점이다.[46]

우리 같은 마태복음 독자들은 스프링어(Springer)의 관점에서 다시 한 번 도움을 얻을 수 있다. 그녀의 판단에 의하면 등장인물이란 눈에 보이는 몇 가지 인물 특성의 집합체로 설명되는 특정 유형의 사람인데, 그 인물 특성이란 규칙적이거나 혹은 습관적인 '행위'에 대한 표현이고, 그 행위는 선행된 특정 '선택'들에 부합되어 행해진다. 내러티브를 구성해가는 '가치'들은 드러내는 것은 바로 등장인물이 해나가는 여러 선택이다.[47]

만약 "그들의 선택을 통해 우리가 그들을 알게 된 것이라 한다면," 마태복음이 미묘함을 즐겨 사용하는 "암묵의 예술"인 성경 내러티브 중 하나라는 점을 고려할 때, 스프링어의 가설은 등장인물을 이해하는데 지극히 중요하다.[48]

그렇다면 마태의 인물 묘사, 줄거리, 신앙적 관점이 긴밀한 연관성을 갖도록 결합시켜보도록 하자.

---

46 예를 들어 킹스베리는(Ibid., 3) 마태복음 이야기를 구성하는 사건들을 설명하면서 겟세마네에서 내적 갈등을 겪는 예수님에 대해 언급한다(26:36-46). 하지만 이어서 등장인물을 다루는 과정에서(Ibid., 11), 킹스베리는 마태복음 예수님이 하나님의 가치와 완전히 동일 선상에 있다고 판단했다. 이들 두 평가 사이에 긴장이 발생하는 것은 킹스베리가 '내러티브 사건'과 '특성에 기반한 등장인물' 간에 구분을 덜 명확하게 지었기 때문에 발생한 것으로 어느 정도 볼 수 있다.

47 Springer, *Rhetoric of Literary Character*, 27-35; Price, *Forms of Life*, xii et passim.

48 위 구문 자체는 Alter, *Art of Biblical Narrative*, 114-30에 기인하나, 이 개념이 나타난 가장 유명한 연구는 Auerbach *Mimesis*, 3-23이다. 이 연구에서 그는 "(창 22:1-19와 같은 성경 내러티브는) 전체적으로…신비하고도 '당시 배경으로 가득차 있는' 글이다"라고 했다(11-12).

갈등 상황 가운데 여러 등장인물이 행하는 서로 다른 선택들을 등장인물특성으로부터 유추 및 비교해볼 수 있을 것이다. 그 다음, 그 선택들로부터 제1복음서를 주관하는 신학적 원리를 추론하는 것이 가능할 수도 있다. 이러한 이론을 시험하기 위해서 마태복음 본문과 그 등장인물로 돌아가 직접 살펴볼 필요가 있다.

2) 주해를 통한 평가

여기서 필자의 주해는 마태의 신학적 확신이 등장인물 묘사에 얼마나 반영되었는가에 관심을 두고 있다.[49] 필자의 논지는 다음과 같이 간단하다. 등장인물 특성 기술에 직접적으로 나타나있거나 암시된 선택들을 통해, 마태복음의 독자는 하나님에 대한 신뢰의 정도 및 하나님의 의로운 주권에 대한 확신의 정도가 얼마나 다양하고 모순적으로 나타나는지 직면하게 된다.[50]

---

[49] 마태복음의 소위 중요하지 않은 인물들까지 다루기에는 공간에 제약이 있다. 이 부분에 대해서는 참으로 유감스럽다. 이러한 인물 가운데 많은 이들이 짧게 등장하는 시간적 비중과는 달리 큰 영향을 끼치기도 한다. 세례 요한을 그 예로 생각해볼 수 있다. 그는 감옥에 있는 동안 예수님이 누구신지에 대한 마음이 흔들리긴 했지만, 의에 대한 예수님의 가르침을 예측한 인물이자 후에 이행하기까지 한 인물이다(마 3:1-15; 11:2-3). 특출한 믿음을 보여준 이방인 백부장과 가나안 여인도 있다(8:5-13; 15:21-28). 예수님의 쓰디쓴 마지막 걸음을 곁에서 지켜본, 그리고 그분의 부활을 제자들에게 전한 갈릴리 여인들도 있다(27:55-56, 61; 28:1-10). 킹스베리의 표현과 달리, "중요하지 않은 인물"보다는 '피쎌'이란 표현이 위 인물들을 더 잘 묘사한다. 피쎌이란 개별적으로 잘 정의된 전형적 인물로서 주인공 및 종종 내포 저자의 가치관을 드러내는 역할을 한다(Harvey, *Character and the Novel*, 62-68; Booth, *Rhetoric of Fiction*, 102-3; 본서 제6장을 살펴보라). Cotter, *Christ of the Miracle Stories*는 이러한 피쎌에 대한 좋은 양식 비평 연구를 보여준다.

[50] 제1복음서의 '믿음'은 필자가 보기에 순종을 통해 드러나는 신뢰를 가리킨다. 즉 율법과 그에 대한 예수님의 해석을 통해 드러난 하나님의 요구에 대해 신의를 지키는 것이 믿음이다(마 8:5-13; 9:27-31; 17:20-21; 21:21-22). Barth, "Matthew's Understanding

(1) 하늘과 땅의 주

우리가 가장 먼저 다루고자하는 마태복음 등장인물은 킹스베리가 따로 떼어 언급하거나 고려하지 않은 인물, 바로 '하나님'이다. 킹스베리의 연구 전반에 걸쳐 그는 하나님을 마태복음 이야기에 간헐적으로 그러나 극적으로 참여하는 '배우'(actor)로 일관되게 언급한다. 그분은 예수님의 세례 현장에(3:13-17), 변화산상에(17:1-8), 부활의 현장에(28:1-7) 등장한다. 이러한 사건을 통해 예수님에 대한 하나님의 표준적 관점이 밝혀지고 재확인된다.[51]

필자가 킹스베리에 동의하는 점은 내포 저자가 하나님이 가진 평가의 관점을 마태복음 내 표준으로 확립시키고 있다고 주장하는 부분이다. 하지만 킹스베리는 이 복음서 등장인물로서의 하나님을 인정하는 것에 대해서는 불필요하게 침묵한다. 만약 하나님이 이야기에 참여하는 '배우'라면, 하나님은 어떤 의미에서 하나의 등장인물이고 그의 인물 특성과 행동은 복음서 내 특정 선택과 규범적 관심의 토대가 된다.[52] 틀림없이, 하나님의 활동은 다른 등장인물의 그것과 그 질과 정도에 있어서 차이가 있다. 다시 말해 마태복음의 전능자는 호머 서사시에 나오는 올림프스 신들과 같이 의인화되어 있지 않다.[53]

그럼에도 불구하고 마태복음에 나오는 하나님은 '뼈대 구성인물'

---

of the Law," 112-16를 보라.

51 Kingsbury, *Matthew as Story*, 34, 51-52, 79, 90-91. 이와 반대로 Hill, "Figure of Jesus"는 제1복음서에서 하나님이 표준적 관점이라는 점에 대해 반론을 편다. 필자는 본 서에서 마태복음이 킹스베리의 해석을 지지한다고 주장한다.

52 마찬가지로 놀스(Knowles, "Plotting Jesus," 121)에게 있어서 하나님은 "(마태) 이야기의 주된 운동자이며 활동자이며, 그러기에 아마도 주인공일 것이다." 놀스의 연구는 마태복음에서 성경을 하나님의 "목소리"(voice)로 주목한다는 점에서 필자의 연구를 보완한다.

53 참조, Homer, *Iliad* 4.1-140; 5.1-518; 14.153-401; 21.385-513; 22.225-366.

(framing character)로서의 역할을 한다. 즉 이야기의 시작과 끝에 주목할 만하게 활동적인 인물로서, 그의 등장은 독자가 복음서 이야기를 이해하는 데 영향을 끼친다(마치 사진을 담은 액자가 우리가 인지하는 액자 속의 사진에 영향을 주는 것처럼. 물론 하나님의 경우는 자신이 만든 틀 내부에 등장한다는 특징이 있지만 말이다).[54]

이와 유사하게, 하나님에 대한 인물 묘사가 하나님 최고의 공인 대변자(마 1:22; 3:17; 17:5)인 예수님의 말과 행동을 통해 독자에게 알려진다는 점에서 하나님은 마태복음 이야기에서부터 '비교적 외부'에 있는 인물이다. 마태는 예수님을 통해 "하늘에 계신 아버지"라는 등장인물로서의 하나님 대해[55] 끊임없이 독자에게 상기시킨다. 결코 사그라지지 않는 의로운 사랑을 가진 아버지, 피조물을 구원하고자 하는 전적으로 헌신적인 신실함을 가진 '성숙한' 혹은 '완전한'(텔레이오스[τέλειος], 5:48; 추가로 5:21-47; 6:25-34; 7:7-12; 18:23-35; 20:1-16을 보라) 하늘 아버지를 보여준다.

마태복음의 하나님은(1:1-17에 나오는 계보, 1:18-2:23에 나오는 토라[모세오경]에 대한 암시, 복음서 도처에 나오는 예언 성취와 관련된 '정형화된 인용' 등이 시사하듯)[56] 과거 이스라엘과 관계하던 것과 일관된 방식으로 사랑하는 아들을 보냄

---

[54] 마찬가지로 Springer, *Rhetoric of Literary Character*, 113-26는 헨리 제임스(Henry James)의 소설 *The Turn of the Screw*(1898)에 나오는 더글라스(Douglas)와 "The Jolly Corner"(1908)에 나오는 앨리스 스테버튼(Alice Staverton)을 각 소설의 "뼈대 구성인물"(framing characters)로 본다. 필자가 제안하고자 하는 바는, 예수님의 사역 기간 동안 하나님이 하시는 활동을 마태가 못 본척하고 있지 않을뿐더러(4:11; 6:9-15, 30; 12:28; 17:5; 22:32; 23:22 등이 보여주듯), 더 나아가 복음서 처음과 끝에 나타난 하나님의 예수님 사역에 대한 결정적인 개입이 복음서 전체를 보는 독자의 인식을 형성한다는 사실이다.

[55] M. Thompson, "'God's Voice You Have Never Heard'"이 언급하듯 요한복음에서도 동일하게 나타난다.

[56] 마 1:22-23; 2:15b, 17-18, 23; 4:14-16; 8:17; 12:17-21; 13:35; 21:4-5; 27:9-10. Stanton, "Origin and Purpose"는 마태의 유대경전 사용에 대한 뛰어난 연구보고서(Forschungsbericht)이다.

으로써 하나님 자신의 온전함, 혹은 그분 고유의 신실함을 전달한다. 이러한 문맥에서 겟세마네와 골고다는 예수님에게 뿐만 아니라 하나님에게 있어서도 중대한 결정이 내려졌음을 의미하는 장소이다.

다시 말해 하나님의 아들이 잡히고, 버림받고, 십자가에 못 박힌 것은 주인공의 판단이 어딘가 잘못되었기 때문에 일어난 일이 아니라 하나님 자신의 의지에 의해서 일어난 임을 나타내는 말들이 두 장소를 배경으로 한 본문 곳곳에 있다(26:36-46, 56; 27:46; 아리스토텔레스의 유명한 '비극적 결함'과 대조적임, Poet. 13.5-10.1453a).[57]

하지만 외견상 예수님을 버리는 듯한 하나님의 행위는 부활 사건으로 완전히 뒤집힌다(마 28:5-7). 그간에 있었던 하나님의 속성과 전혀 반대되는 모든 사건에도 불구하고 하나님은 결국 그 아들과의 신의를 지켰고, 한편 어떤 의미에서, 하나님 자신을 지켰다(참조, 16:21; 17:22-23; 20:17-19; 26:56).

뼈대 구성인물로서 하나님의 역할을 통해, 마태는 예수님에 대한 이야기를 주관하는 본질적인 가치, 즉 구원의 공의, 사랑의 신실함, 하나님의 초월적 권위 등을 전달한다. 이를 통해 마태복음이 전달하는, 상투적으로 들릴 수 있지만 그럼에도 굉장한 중요한 문구가 있다면, 하나님은 결코 기대를 저버리지 않는다는 말이다. 결국 하나님은 그 속성이 불가분한, 모두의 예상대로 완전한 분이시다(텔레이오스[τέλειος]). 이런 관점에서, '그리고 마태의 의도대로,' 하나님은 평면적 등장인물로 나타난다. 단일함의 전형이자 절대적인 의(義) 그 자체로 그려진다.

---

57 "나는 사랑스런 저 늙은 아버지와 결혼한 소녀와 똑같은 소녀를 원할 뿐이야"라고 흥얼거리면서도 자기 자신의 정체성에 대해 무지하기 짝이 없는 모습, 이렇게 암시된 하마르티아(ἁμαρτία, 죄)는 오이디푸스의 인물상을 보여준다.

(2) 악마

하나님과 정반대에 있는 인물은 '악마,' 혹은 '사탄'으로 마태복음에서는 하늘에 계신 아버지를 묘사하는 모든 것을 거부하는 존재로 그려진다. 하나님이 완전히 의로우면서 이름이 거룩히 여김을 받아야 하는 존재인 반면(5:48; 6:9), 사탄은 탁월하리만치 '악한 자'이면서 위선과 속임수의 화신이다(4:3, 6; 6:13; 13:19, 38). 하나님과 그의 신성한 대변자들이 안녕과 완전함을 고취시킨다면, 악마와 그의 하수인들은 질병과 귀신숭배를 촉진시킨다(참조, 4:23-24; 8:1-17; 9:1-8, 18-35; 10:1-8; 12:22-32).

인자(人子)의 최대 적수(13:25, 37-39)인 악마는 하나님의 통치에 맞서 전쟁이 벌어지고 있는 불법 가득한 영역을 관장(管掌)한다(13:36-43). 사탄은 종말론적 완성과 그에 동반한 자신의 왕국의 파멸에 앞서(25:41), 그의 사악한 능력으로 하나님 나라를 향한 부르심에 직면한 "이 세대"에 속한 이들을 매수한다(12:39, 45c; 13:24-30, 38-39; 16:4, 23; 참조, 5:37; 7:15-20; 15:19; 18:32; 24:12; 25:26).

킹스베리가 "하나님의 아들인 예수 메시아의 최대 적수"에 대해 논하긴 하지만,[58] 그가 하나님을 등장인물 중 하나로 여기지 않았던 것과 마찬가지로 사탄 역시 마태복음 내러티브의 '등장인물'로 여기지 않는다. 그 이유는 불분명하다. 확실한 것은 우리가 이와 같은 특정 등장인물을 묘사할 때는 반드시 주의를 기울여야 한다는 것이다.

다시 말해 사탄은 하나님과 크게 다르지 않게, 그 정도가 덜하긴 하지만,[59] 마태복음을 주관하는 특정 신학 원리와 맞물려 예수님 이야기의

---

58 Kingsbury, *Matthew*(PC), 77; 참조, 75-78.
59 마태는 사탄의 사악함을 하나님의 의로움과 같은 선상에 놓고 그리고 있지 않다. 뿐만 아니라 마태 이야기가 하나님과 사탄의 다툼에 의해 발생되었음을 제시하고 있지도 않다(참

'뼈대를 구성'하는 데 도움을 준다. 하나님의 의로운 주권에 순복하는 것에 대한 필요성 및 그 어려움을 기록하는 내러티브 속에서 사탄은 자기 잇속 차리기, 믿음 없음, 거만함 등을 향해 끌리는 인간의 마음을 의인화한 전형을 보여준다. 예수님이 광야에서 견뎌내었던 유혹의 내용으로 대표되듯 말이다(4:1-11).

이 본문에 나타난 하나님에 대한,[60] 그리고 사탄에 대한 인물 묘사는 예수님 탄생 이야기에서 이미 예고된(1:18-2:23) 양쪽 정반대 극단을 구축하는 역할을 하고 뒤이어 나오는 이야기의 움직임은 양쪽 극단 사이를 오간다. 선과 악, 하나님을 향한 혹은 사탄을 향한 충성심이 자석이 끌어당기는 것 같이 반대 극단에 대항하여 힘을 행사한다.[61] 킹스베리가 관찰한 것처럼, 마태복음 내러티브는 하나님과 사탄 사이의 충돌에 의해 흘러간다.

이 충돌은 예수님의 가르침에 나타나 있을 뿐 아니라(5:33-37; 6:24; 7:15-23; 12:25-37, 43-45; 13:18-30, 36-43, 47-50; 25:31-46), 각 진영의 대표격인 예수님과 종교 지도자들이 논쟁을 벌이는 장면에서 극적으로 그려진다(9:10-13; 12:1-45; 15:1-20; 16:1-12, 21; 19:3-9; 20:18-19; 21:12-46; 22:15-46; 23:1-26; 26:1-5, 47-68; 27:1-2).[62]

조, 욥 1:1-2:13). 스프링어의 '뼈대 구성인물'이란 비유적 개념을 해석에 과하게 부과하는 위험을 감안한다면, 우리는 사탄이란 인물을 하나님이란 인물과 균형을 맞추어 마태의 예수님 모습의 윤곽을 잡아주는 '매트' 역할을 한다고도 볼 수 있다.

60　사탄에게 시험을 당하는 장면 전체에서 예수님의 세 가지 반박이 집중하고 있는 부분은 예수님 자신이 아니라 책임지시는 하나님의 신실함이다(마 4:4, 7, 10).

61　비록 하나님-중심적인 입장에서 본 것은 아니었지만, 아리스토텔레스 역시 "선"과 "악" 사이의 구분이 인간성 및 극적인 인물 묘사 둘 모두의 기초를 나타낸다는 사실에 주목했다(Poet. 1.2.1-7.1448a).

62　이와 유사하게, Kingsbury, *Matthew as Story*, 56은 다음과 같이 말한다. "여러 현상들에 대한 마태의 체계 안에서 세상은 두 왕국, 혹은 두 힘의 영역이 전 우주적인 전쟁을 벌이

그러므로 내러티브 기능이란 측면에서 마태복음의 악마는 하나님과 유사하다. 둘 모두 필연적으로 평면적인 뼈대 구성인물로서 내러티브 내 모든 다른 등장인물이 선택해야 하는 믿음과 믿음 없음, 두 가지 대안 중 각각을 대표한다. 끝없이 흘러나오는 지독한 악의 원천으로서의 사탄은 배신과 불복종이 무엇인지를 확실히 보여준다. 모든 다른 등장인물들은 여기에 시험을 당하고 어떤 경우에는 끝내 굴복한다. 이는 절대적으로 의로운 하나님의 뜻과 본질적으로 적대적인 것이다.

(3) 우리와 함께 계시는 하나님

완전한 의로움과 하나님에 대한 신뢰는 마태복음 이야기를 이끌어가는 신학적 가치에 해당한다. 은연 중 등장인물로 나타나는 하나님은 이러한 규범적 원리의 틀을 제공한다. 마태복음 줄거리를 발전시켜나가는 주요 등장인물 중에서도 특히 예수님은 의심의 여지없이 그 가치에 가장 가까운 인물이다. 그는 킹스베리가 요약한 다음과 같은 모든 인물 특성의 예시가 되는 분이다.

예수님은 구원의 권한을 동반한 측은지심, 말과 행동의 온전함, 하나님을 향한, 또 제자들의 향한 절대 변함없는 마음, 악의 세력에 맞선 용감한 대면, 순전히 자신을 내어 주는 섬김, 인류를 향한 사랑 등의 전형을 보여준다(참조, 1:21; 4:23; 8:23-34; 9:1-8, 35-36; 14:13-21; 16:13-21; 17:22-23; 20:17-19, 25-28; 28:20).[63]

다음에 이어지는 러셀 프레전트(Russell Pregeant)의 평가는 정확하다.

는 공간이다"(13:36-43).
[63] Ibid., 12-13, 45-48, 59-93.

> '모든 것'을 위임받은 분이자 토라[64]의 멍에를 자신의 것이라고 말할 수 있는 하나님의 아들/메시아로서, (예수님)은 하나님의 위치에 가능한 한 가장 가까운 위치를 선점하고 있다.[65]

마태복음에 나오는 예수님에 대한 인물묘사에 대한 킹스베리의 평가는 한편으로 설득력이 있으나 몇 가지 수정을 요한다.

첫째, 킹스베리가 주장하길, 제1복음서의 예수님은 다수의 성격 특성을 가지고 있으므로 입체적 등장인물로 나타난다고 했다.

그와는 정반대로 필자의 관점에서 볼 때 마태복음 예수님에 대한 인물묘사는 평면적이다. 왜냐하면 그에게 할당된 다수의 성격 특성은 '의로움,' '순종,' '신실함,' 혹은 간단히 '선'(善) 등으로 다양하게 인식될 수는 있지만 사실 한 가지 '성격 특성 근원'의 발현이기 때문이다.[66]

둘째, 예수란 등장인물이 가지는 평면성은 우발적인 현상도 아니고, 복음서 저자의 문학적 창조성에 결함이 있음을 보여주는 증거도 아니다.

오히려 이 평면성은 내포 저자의 신학적 통제 원리의 범위를 정확하게 그려내고 있다. 부모자식 간 유대관계에서 당연히 기대되는 무언가가 있듯이, 그리고 제자가 스승을 닮아야 하듯이(10:24), 하나님의 아들이자

---

64 모세오경, 율법의 히브리어 표현-역주.

65 Pregeant, "Wisdom Passages," 227. 이와 마찬가지로 Kingsbury, "Figure of Jesus," 6은 다음과 같이 말한다. "마태는 예수님을 하나님의 평가 관점에 대해 완벽히 알고 있는 신뢰할 만한 해설자로 세워나간다."

66 여기서 필자는 예수님에 대한 마태복음 인물 묘사가 종교지도자들의 그것과 관련하여 이루어졌을 가능성을 제시한 킹스베리의 제안을 받아들인다. 즉 한 가지 특질의 근원이 다양한 성격 특성으로 나타났을 수도 있다고 본다(*Matthew as Story*, 18‑19). 마태복음이 '선'에 대한 개념을 하나님을 향한 확고한 신의와 연관짓는 다는 사실은 예수님과 같은 '선한' 인물이 상황에 따라 불쾌함과 냉혹한 독설을 표현하는 이유를 설명해 준다(참조, 15:21‑28; 23:13‑36).

(3:17; 17:5), 하나님의 지혜의 성육신이신(11:27) 예수님이 하늘에 계신 아버지를 묘사하는 말인 완전성(텔레이오시스[τελείωσις])을 몸소 구현해 내는 것은 그만큼 자연스러운 것이다(5:48).

제1복음서의 기준에 동화된 독자라면 마태복음 예수님에 대해 결코 놀라지 않는다. 처음부터 끝까지 예수님은 예상대로, 정적으로, 끊임없이 아버지가 생각하는 목적에 순종한다.[67] 전반적으로 볼 때 등장인물로서의 예수님은 평면적이며 이는 의도된 것이다. 이와 같이 예수님은 마태복음 이야기를 단단히 묶어 주는 가치체계 가운데 큰 부분을 차지하고 있는 온전한 의로움의 전형이다.[68]

여기서 마태복음 인물 묘사에 대한 연구 전체를 다루기는 불가능하지만, 예수님이란 등장인물의 요소 가운데 마땅히 언급해야 하는 한 가지가 있다.

예수님의 여러 선택을 통해 드러나듯, 의로운 등장인물인 예수님은 복음서 저자가 묘사하는 그 자체로서 의로운 하나님과 거의 정확하게 일치한다. 물론 결코 완전히 상호 대체 가능한 존재는 아니지만 말이다. 마태복음의 그리스도론은 예수님을 지극히 높은 분으로 부각시킨다(고기독론[high christology]). 즉, 예수님은 임마누엘, "우리와 함께 계시는 하나님"(1:23; 참조, 11:27; 18:20; 28:20)이다. 그리고 그런 이유로 인간이 숭배해야할 대상이 된다(2:8, 11; 8:2; 9:18; 14:33).

---

[67] 요한복음 예수님에 대해 이와 유사하게 평가한 Culpepper, *Anatomy of the Fourth Gospel*, 103를 참조하라. 예수님이 복음서 다른 인물들에게 놀라움을 일으키는 장면들은 모두 그의 하나님과의 유사성에 기인한다고 할 수 있다(예, 9:2–4; 14:25–26; 15:25–26).

[68] 마찬가지로 Kingsbury, *Matthew as Story*, 111는 다음과 같이 말한다. "마태복음 이야기는 [예수님] 안에서 더 큰 의에 대한 완벽한 표현을 찾는다. 하나님을 향해서는 올곧은 헌신을, 이웃을 향해서는 자기 자신을 사랑함과 같은 사랑을 가진 그로부터 말이다"(5:48; 22:37–40).

그럼에도 불구하고, 성자와 성부 간의 차이는 미묘하게 도입되어 마태복음 전체에 유지된다.

(1) 예수님에 대한 마태복음의 이야기는 기적적인 사건들로 둘러싸여 있는데 그 기적은 예수님에 의한 것이 아닌 하나님에 의한 것이었다(예수 탄생: 1:18-2:23; 부활: 28:1-20; 참조, 16:21; 17:22; 20:19).

(2) 마찬가지로, 마태복음에 나타난 예수님의 가르침은 자기 자신에게 초점을 두고 있지 않고 하늘에 계신 아버지의 나라에 초점을 두고 있다(5:16, 45, 48; 6:1-18, 25-33; 7:7-12, 21-23; 10:20, 31-33; 12:50; 13:10-50; 15:3-6; 18:10-35; 19:10-15, 23-30; 20:1-16; 22:1-10, 15-22, 29-40; 25:1-13, 31-46).

(3) 예수님은 성자와 성부 각각에게 맞는 특권, 일, 지식 등이 있음을 분명하게 구분 짓는다(19:17; 20:23, 28; 23:9-10; 24:36). 이러한 연관성 속에서 겟세마네(26:36-46)와 골고다(27:33-50)에서 예수님에게 닥친 위기는 짜릿한 긴장감 넘치는 장면 모습 그대로 받아들일 필요가 있다. 다시 말해 앞서 나온 예수님의 굳은 결의를 보여주는 본문이 있음에도 불구하고(4:1-11; 16:21; 17:22; 20:17-19), 예수님 자신의 뜻이 직면하는 단 한 가지 도전은 그 아버지의 뜻이다(26:37-38에 나타난 예수님의 비통함을 주목하라). 예수님은 그에게 위임된 사명을 중도에 그만둘 수 있는 가능성이 있었다(26:39, 42, 53을 주의 깊게 보라; 참조, 20:28). 그리고 그렇게 하지 않기로 선택했을 때 십자가상에서 하나님이 자신을 버렸음을 표현했다(27:46).

예수님이 사역 가운데 했던 선택들이 시사하듯, 마태복음의 예수님은

'대체로' 평면적인 모습으로 나타나거나, 하나님의 완전무결한 신실함과 거의 동일한 모습을 보여준다. 그럼에도 불구하고 예수님은 '완전히' 평면적인 인물이 아닐 뿐만 아니라 하나님과 평면적으로 완전 '동일한' 인물도 아니다.[69]

반대로 예수님은 이렇게 말씀했다.

> 땅에 있는 자를 아버지라 하지 말라 너희의 아버지는 한 분이시니 곧 하늘에 계신 이시니라(23:9).

(4) 장로와 대제사장과 서기관

제1복음서에 묘사되어 있듯, '종교 권위자들'은[70] 예수님의 상을 완전히 역전시켜 비추는 거울의 상과 같다. 예수님이 진정한 의(義)와 하나님의 뜻에 대한 통찰을 예시하는 존재라면(5:1-7:29), 이들 관료집단은 고색창연한 껍데기뿐인 의와 하나님의 뜻(대부분)에 대한 몰이해를 내보이고 있을 뿐이다(15:14; 16:1-4; 23:16-19, 24-28).

---

[69] 요한복음은 여기서도 흥미로운 유사성을 보이다. 제1복음서 저자와 마찬가지로 제4복음서 저자에게 예수님은 신자들을 하나님에 대한 궁극적인 이해로 이끄는 분이라는 점에서 관심의 초점에 있다(Barrett, "Christocentric or Theocentric?" 4).

[70] 제1복음서에 신랄하게 부각된 유대 종교 엘리트 집단에 초점을 맞추는 부분에 대해 필자는 킹스베리의 안내를 따른다(*Matthew as Story*, 115-27). 그러나 그들과 예수님 사이에 대조를 그리는 마태복음의 요지는 그들의 유대인스러움에 대한 것도, 그들의 종교성에 대한 것도 아니다(왜냐하면 빌라도와 헤롯"왕[sic]"도 예수님과 유사하게 대립하는 것으로 나타나기 때문이다). 마태는 유대인이든, 이방인이든, 최초 그리스도인이든 상관없이 의로운 믿음을 보이지 못하는 모든 지도자에 대한 불신을 피력한다(2:1-18; 18:10-35; 19:28-30; 20:26-28; 27:11-24). 이러한 문맥 속에서 예수님의 권위에 자기를 내려놓는 자기-순복(self-subordination)이 백부장의 믿음을 측정하는 단위로 그려진다는 사실은 의미심장하다(8:5-13). 마태복음의 이러한 시각을 치밀하게 평가한 연구를 보고자 한다면 다음을 살펴보라. Amy-Jill Levine, *Social and Ethnic Dimensions*, 89-130; 241-71; 또한 Krentz, "Community and Character" 역시 살펴보라.

> 그들이 보아도 보지 못하며 들어도 듣지 못하며 깨닫지 못함이
> 니라(13:13).

이 말씀이 나타내듯, 지도자들은 하늘에 계신 아버지의 권위로 이스라엘에 새로운 생명을 부여하는 메시아를 바알세불의 명을 받고 이스라엘이 파멸에 이르도록 위협하는 자로서, 신성을 모독하는 '사기꾼,' 혹은 메시아를 사칭하는 자로 취급했다(9:3, 34; 12:24; 15:1-2; 26:59-65; 27:63-64).
깜짝 놀랄만한 역설이 아닌가?
이러한 묘사를 예수님에게 간악하게 전가함으로써 종교지도자들은 이러한 속성이 자기 스스로의 모습에 대한 것임을 역설적으로 보여주고 있다(12:30-37; 15:3-9, 19; 21:33-44; 22:29; 23:4-39; 27:41-43, 62-64; 28:11-15). 실제로, 킹스베리가 구분하여 보여주었듯, 모든 종교지도자들의 성격 특성은 마태복음의 예수님이 가진 그것들과 정확히 상반된 모습을 나타낸다.
예수님은 선(善)의 다양한 측면을 보여준다(진실한 순종, 혜안[慧眼], 정직, 솔직함, 용기, 결백, 측은지심). 역으로, 종교지도자들은 악의 다양한 모습을 보여준다(율법적 오류, 맹목[盲目], 중상모략, 교묘하게 사람을 선동하여 속임, 두려움, 악의적인 공모[共謀], 불의[不義], 교활한 냉혹함; 9:10-13, 36; 12:1-14, 22-32; 15:1-20, 32; 21:33-46; 22:15-33; 23:4-7; 26:1-5, 55, 59-62; 27:11-12, 63-64; 28:11-15 등을 보라). 따라서 종교지도자들에 대한 마태복음의 인물 묘사는 예수님에 대한 그것과 상응한다. 즉 각각을 완전히 뒤집으면 그 반대 인물에 대한 묘사가 된다.

이와 같은 분석 대부분에 킹스베리는 동의할 것이다.[71] 나아가 우리는 이 논의를 좀 더 발전시킬 수 있다.

첫째, 마태복음의 종교지도자들에 대한 인물 묘사가 대체로 평면적이긴 하지만, 도커티가 포착해낸 것처럼 그 인물 묘사는 그들이 특정 운동성(kinesis)을 나타내고 있음을 절묘하게 보여준다.

다시 말해 예수님을 향해 지도자들이 가진 적개심의 정도는 한 지점에 머물러 있지 않고 이야기가 전개됨에 따라 점차 커지는 양상을 보인다(9:3-4, 11; 12:1-14; 21:23-22:46; 26:3-5, 59-68; 27:1-2).[72]

둘째, 이러한 운동성을 가진 적개심의 발전은, 킹스베리의 생각과는 달리, 단순히 지도자들의 성격 특성을 있는 그대로 확인함으로써가 아니라, 그들이 내러티브 내 도처에서 하는 '선택들'을 관찰함으로써 더 분명하게 발견된다.

예수님의 말과 행동은 군중들과 그 지도자들에게 동일하게 들리고 보인다. 전자는 놀라움과 믿음으로 나아가고자하는 잠재성을 가지고 그에 반응하는 반면 후자는 예수님이 신성모독을 범하고 있다고 몰아세우며 그를 귀신의 왕과 같은 선상에 놓고 비난한다(9:2-8, 32-34; 12:22-24; 26:65-66).[73]

---

71 Kingsbury, *Matthew as Story*, 17-24.

72 "동적 평면성"(kinetic flatness)이 표현된 부분으로, 예수님은 서기관과 바리새인에 대해 점차 강도를 더해가며 독설로 대응한다(5:20; 15:1-20; 23:13-36; Kingsbury, "Developing Conflict"과 그의 책 *Matthew as Story*, 116-27 및 Simmonds, "'Woe to You!'" 등을 보라). 마태복음에서 예수님과 종교지도자들 간에 논쟁이 심화되는가하는 질문 자체는 쟁점이 아니다. 오히려 당연시되는 부분이다. 우리가 접근해야 하는 쟁점은 바로 이 복음서 상에서 기본적으로 비유동적인 인물들이 식별할 수 있을 만큼 변화해나가는 과정을 이해하도록 돕는 인물 묘사의 미묘한 개념이다.

73 마 23장은 천국에 들어가기를 완고히 거부하고 다른 사람도 못 들어가게 하는 서기관과 바리새인들을 향해 첫 번째 경고를 한다(vv. 13-14). 마찬가지로 이어지는 경고 역시 이

셋째, 다음으로 논하고자 하는 바는 긴 지면을 요하므로 여기서는 개략적으로 다룰 수밖에 없음에 먼저 양해를 구한다. 킹스베리는 마태복음에서 종교지도자들과 사탄 사이에 존재하는 친밀성을 인지한다(12:34; 13:38-39).[74]

그런데 흥미로운 점은 마태가 이 둘을 동일시하기를 거부한다는 점이다.[75] 만약 복음서 저자가 둘을 동일하게 그려내고자 했다면, 서기관과 바리새인들이 가진 의(義), 잠정적인 권위, 세심함 등을 예수님이 인정하시는 모습을 이따금 보여준다거나, 혹은 저자가 고쳐시키고자 할 만한 선택의 모습이 특정 유대 지도자들의 행동을 통해 보여 질리가 만무하다(8:19에 나오는 서기관; 9:18에 나오는 관리; 27:57-60에 나오는 아리마대 요셉[으로 추정되는 인물]).[76]

해당 본문들을 통해 복음서 저자가 제시하는 바는 종교 엘리트들이 하나님에 대한 약간의 신실함을 가지고 있긴 하나, 그리고 그들이 본질이 악한 사탄보다는 당연히 낫다고는 하나, 그 신앙이 불완전하여 강화되지 않고서는 안 된다는 사실이다. 따라서 서기관과 바리새인의 의(義)는 '초과'(超過)해야만 하는 대상이다. 즉 열성적으로 율법의 세부 사항을 준수하는 것은 정의, 자비, 믿음과 같은 더 중대하고 유익한 부분에 대한

스라엘 지도자들이 의도적으로 내리는 결정을 향해 주어진다(23:16-39).

74 Kingsbury, *Matthew as Story*, 19, 116-18.
75 이와 달리 Longenecker, "Evil at Odds"는 마태복음에서 사탄과 바리새인들 사이에 하나로 맺어진 "악의 연합체"를 읽어낸다. 이 연합체는 내러티브가 분리되도록 위협하는 역할을 한다.
76 마태복음 8:19-20에서 서기관이 예수님을 따르고자하는 장면은 뻔뻔하고 근시안적인 오만함을 암시하는 것일 수도 있다. 이 부분에 대해 예수님이 간접적인 대답으로 냉혹하게 거절하고 있다고 본 킹스베리의 의견에는 필자는 확신이 서지 않는다.(Kingsbury, "On Following Jesus"). 다른 저작에서(Matthew as Story, 67-68) 킹스베리는 마 23:2-3, 23이 서기관과 바리새인에 대한 마태의 시각을 구성하는 다른 부분과 같이 그들을 못마땅하게 여기는 관점을 나타내고 있다고 보기에는 어려움이 있음을 표한다.

관심을 통해 완성되어야만 한다.[77]

반복하자면, 종교 권위자에 대한 마태복음의 인물 묘사는 예수님에 대한 그것과 평행관계에 있다. 하나님과 상호 대체 가능한 위치에 있지는 않지만 예수님은 그의 선택을 통해 완전히 신실한 의라는 경향성을 갖는다. 마찬가지로 사탄과 동일하지는 않지만 이스라엘 지도자들은 그들의 선택을 통해 불신앙적이고도 악한 행동 경향을 보인다.

만일 이 결론이 맞다면, 이는 후대에 마태복음이 반유대주의 관념을 가지고 있다고 제기된 것과 깊은 관련이 있을 것이다.[78] 거의 틀림없이 제1 복음서가 발생한 배경으로 여겨지는 유대교 내부 논란으로 인하여[79] 마태복음의 예수님과 유대 지도자들은 그 상대를 향해 분개하는 모습으

---

[77] 지도자들을 마태복음이 "위선자"로 묘사한다는 점은(15:7-8; 22:18; 23:13, 15, 23, 25, 27, 28-29; 참조, 6:2, 5, 16; 7:5; 24:51) 정확히 무엇이라고 말하기는 어렵지만 중요한 의의가 있다. 이 용어는 내적 의로움의 부재를 독실한 체하는 허식으로 덮는 것(Wilckens, "후포크리노마이[ὑποκρίνομαῖ]") 혹은 무책임한 율법 해석(Garland, Intention of Matthew 23, 111-17) 그 이상의 의미를 함축한다. 마태복음에서 후포크리시스(ὑπόκρισις)는 의도적인 자기기만에서 오는(Via, Self-Deception and Wholeness, 92-98) 약화된 신실함을 의미하는 것으로 보인다(Kingsbury, Matthew as Story, 19-20).

[78] 반유대주의 관점에 대한 여러 논의 가운데 버넷의 의견을 읽어보라. "신약성경 가운데…어떤 글이 가장 반유대적인가 하는 질문에는 논쟁의 여지가 있다. 그러나 마태복음이 그 목록에서 가장 상위 혹은 그에 근접하는 위치를 점할 자격이 있는 것만은 분명하다"(Burnett, "Exposing the Anti-Jewish Ideology,"155). 버넷의 글은 필자가 보기에 마태복음을 곡해하여 유대교를 공격적으로 탄압하는 기독교 입장에 반하여 지조 있는 입장을 표명한다. 만약 제1복음서가 본질적으로 반유대적이라면, 마태복음이 이스라엘 경전에 대해 서슴없는 지지를 보내는 것과 기독교의 발생을 유대교와 별개로 보기를 거부하는 점을 어떻게 설명할 수 있는가(Allison, The New Moses를 보라)? 루츠의 다음과 같은 논의는 쟁점의 핵심에 더 가깝다. "즉 예수님에 대한 (교회의) 이야기는 유대교를 향해 신랄함보다는 감사를 표해야한다. 우리는 마태의 이스라엘 신학 혹은 성경의 다른 책에 나타난 기독교적 해석이 유대인에게 야기하는 참담한 결과를 고려해야만 한다. 이 부분들이야말로 우리가 마주하고 대처해야 하는 상황에 해당한다. 물론 이는 마태복음의 (의도)와는 꽤 다르지만 말이다"(Theology of Matthew, 156-57, 강조표는 원본을 따름).

[79] 해당 주제에 대해 이루어지는 학문적 연구는 사실상 무한하다. 이에 대한 균형 잡힌 개관과 평가는 Stanton, A Gospel for a New People, 111-281을 참조하라.

로 그려진다. 그러나 복음서 저자는 종교지도자들을 완전히 평면적인 인물로도, 획일적인 악의 화신으로도 그리지 않는다.[80]

(5) 군중

어느 한 지점까지 마태복음에 등장하는 '군중'[81]에 대한 킹스베리의 평가는 설득력이 있다. 예수님을 받아들이는 편에 서있지만 그 인물의 완전한 의미를 알아차리지는 못하는 모습에서(4:25; 7:28-29; 8:1, 18; 13:13, 53-58; 19:2; 20:29-31; 21:9) 군중은(예수님을 대체로 거부하는) 그들의 지도자들과도,(예수님을 자신의 스승으로 받아들이는) 제자들과도 어느 정도 대조를 이룬다.

군중이란 인물 군이 가지는 몇 가지 성격 특징을 바탕으로, 킹스베리는 그들이 하나의 통일된 평면적 등장인물이라고 간주한다. 그러나 만일 우리가 그들이 하는 선택과 그 선택이 암시하는 믿음의 정도를 고려한다면, 군중에 대한 또 다른 평가를 내릴 수 있다.

마태복음 내러티브 대부분을 차지하는 분량에서 군중은, 심지어 그들의 지도자들이 반감을 표할 때조차도, 예수님에 대한 지지를 보낸다 (9:2-8, 32-34; 12:22-24; 22:23-24; 참조, 15:10-12; 23:1-39). 예수님 수난에 대한 내러티브에서 대중은 대제사장과 장로들과 함께 서서, 예수님을

---

[80] 이와 다른 입장으로 van Tilborg, *Jewish Leaders in Matthew*를 보라. Weaver, "You Will Know Them,"은 마태복음에 나타난 로마인물이 비교적 복합적인 묘사로 이루어져 있음을 설명한다.

[81] 마태복음이 호이 오클로이(οἱ ὄχλοι, "군중/무리들")라는 단어를 호 라오스(ὁ λαός "[민족집단으로서의] 하나님의 백성." 4:23-25; 26:47; 27:15-26 등에서 두 용어가 분명히 동일하게 사용되었음에 주목하라)와 의도적으로 구분하여 사용한다는 Amy-Jill Levine, *Social and Ethnic Dimensions*, 265-68의 주장에 필자는 의구심을 제기한다. 또한 마태가 특정 군중의 예수님에 대한 반응이 사건의 배경인 특정 지역(예, "갈릴리" vs. "예루살렘")과 상관관계를 갖는다는 그녀의 주장에 대해서도 확신이 들지 않는다.

체포하여 형을 선고 및 집행하는 일이 신속히 진행되도록 일조했다(26:47, 55; 27:1-2, 15-26, 39-44). 피에 굶주려 변절해버린 그들의 모습은 아주 놀랍기만 하다. 돌이켜보면 그렇게 예고 없이 일어난 일만은 아니지만 말이다.

마태의 묘사를 돌아보면 예수님에 대한 그들의 헌신의 깊이가 얼마나 되는지 항상 문제의 여지가 있어왔다. 놀람을 헌신과 같다고 볼 수는 없다(7:28; 9:33; 15:31; 22:33; 참조, 13:53-58). 마찬가지로 단순히 몸으로 '따라다니는 행위'를 대가가 요구되는 제자도와 같은 선상에 놓을 수는 없는 것이다(4:25; 8:1, 10; 12:15; 14:13; 19:2; 20:29 vs. 4:20-22; 8:22; 9:9; 10:38; 16:24; 19:27-29).[82] 또한 예수님을 '선지자'로 칭송하는 것을 예수님을 그리스도로, 하나님의 아들로 고백하는 것과 동등하게 간주할 수도 없다(참조, 16:13-14; 21:11, 46).[83]

위 본문 각각의 경우, 예수님에 대한 군중의 헌신은 사실이었지만 충분하지 않았다. 그리고 결국에는 쉽게 사라지고 말았다. 마치 돌밭에 뿌려진 씨앗처럼 그들은 잠시 동안은 견뎠지만[84] 고난이 시작됨과 동시에 즉각적으로 나가떨어지고 말았다(13:20-21).

군중을 하나의 집합체로 보고 분석을 한다면, 그들을 상당히 입체적인

---

[82] Kingsbury, "The Verb *Akolouthein*."

[83] 여기서 킹스베리의 의견은 타당하다(*Matthew as Story*, 24-25). 하지만, 제1복음서에서 하나의 직함("하나님의 아들")이 얼마나 눈에 띄는지를 떠나서, 왜 이 직함이 그리스도에 대한 다른 모든 진술을 포괄하는 가장 상위의 묘사로 고려되어야 하는지에 대해서는 이해하기 힘들다(Ibid., 52-58, 102; 같은 저자, *Matthew*[PC], 33-65). 다음을 참조하라. Meier, *Vision of Matthew*, 68, 217-19; Hill, "Son and Servant."

[84] 이러한 이유로, Kingsbury, *Matthew as Story*, 24-25의 의견과 달리, 필자는 군중에게 예수님을 향한 믿음이 전혀 없었다는 주장에 동의하지 않는다. 마 21:8-11에 대한 대안적 해석을 제시하는 다음 주장과 대조해보라. Meier(*Vision of Matthew*, 145-46), Minear("The Disciples and the Crowds").

인물로 고려하는 것이 나을 것이다. 그 모습 가운데 작은 부분이긴 하지만, 예상할 수 없는 그들의 우유부단함과 분열되어 있는 예수님을 향한 헌신은 그들이 현실 속 사람의 모습과 같다고 생각할 만한 근거를 제시한다.[85] 평면적으로 완전하고도(텔레이오스[τέλειος]) 순수한 헌신을 확고히 선호하는 저자의 내포 판단 관점에서 볼 때 위와 같이 입체적인 인물로 나타나는 것은 이 인물을 좋게 평가하는 것과는 거리가 멀다.

(6) 열두 제자

예수님 및 종교지도자들과는 대조적으로, 하지만 군중과는 유사하게, 마태복음에 나오는 제자들은 다른 이들의 결정에 반응하여 움직이는 한편 그다지 능동적인 모습을 보이지는 않는다.[86] 킹스베리가 제안하듯, 그들의 인물 묘사는 입체적이다. 내러티브가 진행되는 줄 곳 그들의 성격 특성은 모순적이고, 그 충성심은 동요되며, 그 선택은 예기치 못한 방향으로 흘러간다.

시몬 베드로와 안드레와 세베대의 두 아들은 처음부터 예수님의 부름에 절대적인 순종을 보인다(4:18-22; 9:9; 10:2-4; 21:1-7; 26:17-19). 이스라엘 사람들이 보이는 대체적인 모습과는 대조적으로(11:2-3, 16-19; 13:53-58; 21:9-11), 제자들은 천국의 비밀을 이해했고(13:11, 51; 추가로 16:12; 17:13) 이 세상이 주는 일상의 안락함을 버렸고(19:27, 29), 자기의

---

85 A.-J. Levine, *Social and Ethnic Dimensions*, 266는 주장하길, "군중이 결국에는 제자 집단에 속할 것인지에 대한 문제를 마태복음은 논할 수가 없다. 왜냐하면 교회에 다가오는 미래는 새롭고도 여러 가능성에 대해 열려있기 때문이다."

86 제자들의 전형적인 민감성은 Edwards, "Characterization of the Disciples"의 연구에 나타난 열한 가지 "인물-형성 사건"에서 명백히 나타난다(마 4:18-22; 8:18-22; 13:51; 14:22-23; 16:5-23; 17:1-13; 19:23-20:28; 26:14-25; 26:30-35, 58, 69-75; 27:3-10; 28:16-20).

스승이 메시아이자 하나님의 아들이라는 사실을 인지했다(14:22; 16:16-17; 추가로 11:25-27).

결과적으로, 하나님이 세우시는 새 백성의 기초로서 높이 평가되는 인물들이다(16:18; 18:17; 19:28; 21:43). 또 예수님 및 서로에게 '형제'로 불리울 뿐 아니라(12:49; 18:35; 23:8; 25:40; 28:10), 하나님의 뜻을 행하는 한, '하나님의 양자'라 일컬음을 받을 인물들이다(5:45; 13:38; 참조, 6:9; 7:21).

그들의 선택받은 위치 덕분에, 그들은 예수님이 가진 권위 자체에서 파생된 선교적 권위를 부여받았고(10:1, 5-15, 40-42; 16:19; 18:18; 28:18-20), 그들의 스승에게 들이닥치는 공격과 똑같은 공격을 받는 대상이 되었다(9:14; 10:16-25; 12:1-2; 15:2; 24:3-25:46; 26:69-75; 27:64; 28:11-15).

예수님이란 매개를 통해 다가온 하나님 나라의 요구에 순종하는 모습이 그들에게 있는 한편, 결단력이 없고(8:21-22; 26:33-35, 69-75; 참조, 10:34-39), 두려움에 차있고(14:26, 30), 지각력이 부족하고(15:16; 16:9-11, 22-23; 참조, 26:22), 믿음이 부족한(8:25-26; 14:16-17, 28-31; 15:33; 16:8; 17:19-20; 21:18-22) 모습 역시 그들의 몫이었다.

복음서 줄거리가 예루살렘에서 벌어질 사건을 향해 성큼 다가서자, 이미 무기력해져 있던 제자들의 의지는 통째로 붕괴되어 버린다. 예수님이 직접 예시한, 자기희생을 통해 타인을 섬기는 제자도를 거부하는 순간 (16:21-28; 19:13-15; 20:20-28; 26:6-13), 제자들은 궁극적으로 자신을 향한 소명을 저버리고 극도의 고난을 겪는 예수님을 배반한 자들이 되었다 (26:14-16, 20-25, 30-56, 69-75).

의심할 여지없이 제1복음서의 내포 저자는 독자가 제자들과 자신을 동일시하며 읽도록 고무시킨다. 그렇게 함으로써, 극중 서서히 발전되어가는 제자들의 행동과 관점에 대해 동조하거나 대립하는 등 제자도에 대한 하나의 평가적 시각을 갖도록 격려한다.[87] 이런 측면에서 제자들에 대한 마태의 묘사는 독자가 하나님 앞에 온전한 충성을 서약할 것인지, 아니면 사탄의 권위 앞에 무기력하게 항복할 것인지 선택의 기로에 직면하도록 한다는 킹스베리의 제안은 옳다.[88]

앞서 말한 논지에 대해 세 가지 유의 사항을 덧붙이고자 한다.

첫째, 순종과 불신앙 사이에서 내리는 선택은 마태복음 내러티브의 통제 원리를 구성하는 요소가 된다.

비단 제자들 뿐 아니라, 제1복음서 내 **모든** 등장인물은 독자가 어느 쪽을 선택하는가에 따라 어떤 보상과 위험이 따르는지 탐구해나가도록 인도한다.

둘째, 마태복음에 암시된 판단에 의하면, 입체적 등장인물인 제자들은 신학적으로 그다지 달갑지 않은, 혹은, 최소한, 부적절한 반응을 보이는 인물로 그려진다.

제자들이 등장하는 본문들을 감안해볼 때, 그들은 올리고피스토이(ὀλιγόπιστοι), "믿음이 작은 자"이다(6:30; 8:26; 14:31; 16:8; 17:20). 천국 통치(바실레이아[βασιλεία])에 대한 그들의 충성은 군중이나 그 지도자들의 그것보다 더 크다. 하지만 이는 그 스승인 예수님과 같아지길 요구하는 아주 엄격한 기준의 완전한 제자도에는 이르지 못한다(5:48; 10:24-25; 18:15-17).[89]

---

87 킹스베리는 다음과 같이 쟁점을 잘 표현했다. "그러므로 상황에 따라 시의적절하게 주어지는 승인과 거부라는 장치를 통해 독자는 마태복음 이야기에 나타난 제자의 삶을 통제하는 가치들을 배워나가게 된다"(*Matthew as Story*, 14). 추가로 다음을 참조하라. Luz, "Die Jünger"; S. Brown, "The Mission to Israel"; Edwards, "Uncertain Faith."

88 Kingsbury, *Matthew as Story*, 131-42.

89 열두 제자가 도망가고 예수님이 못 박힌 이후, 표면적으로 종교지도자에 속하는 한 사람(아리마대 요셉)과 군중에 속하는 몇몇 사람(갈릴리 여인들)이 더 완전한 제자도를 보여준다(마 27:55-61).

셋째, 마태복음은 행복한 결말에 대한 명백한 승리의 메시지로 끝이 난다는 킹스베리의 주장에 대해서 큰 확신이 없다.

킹스베리는 다시 뭉친 제자들이 "(부활하신 그리스도)가 그들에게 명한 전 세계 선교사역을 시작하는" 것으로 마태복음이 끝난다고 언급했다.[90]

마태복음 서술자가 어디서 이런 말을 했는가?

비록 열한 제자가 모든 민족에게 가서 제자로 삼고, 세례를 베풀고, 가르칠 수 있도록 끝없이 지속될 자신의 권한을 예수님이 부여하긴 했지만 (28:18-20), 이 명령을 제자들이 받아들이고 행했는지에 대해서는 침묵한 채 끝이 난다. 더욱이 이 명령을 들은 제자들에게 기대되는 반응은 특징적으로 두 갈래로 나누어진다. 즉 제자들이 산에 올라가 예수님을 경배했지만, 그 가운데 의심하는 자도 있었다(28:16-17; 참조, 14:22-33).

복음서 결론부에 나타난 예수님의 흔들림 없는 신실함과 그 제자들의 알쏭달쏭한 믿음, 두 가지 모습을 대면하면서 마태복음의 독자는 다시 한 번 마지막으로 전체 내러티브를 이끌어 온 근본적인 선택의 기로[91]에 직면하지 않겠는가?

당신은 궁극적으로 누구의 통치 아래에서 섬김을 다하겠는가라는 질문 앞에 놓이지 않겠는가?(참조, 6:24)[92]

---

90   Kingsbury, *Matthew as Story*, 17; Ibid. 지면 130, 144를 참조하라.
91   필자의 표현은 마태복음 선교학이 이동적 요소에 초점을 두는지 아니면 주거적 요소에 초점을 두는지에 대한 논쟁을 담아 내고자하는 의도로 쓰였다. 논쟁을 해결하고자하는 것은 아니다(10:5-11:1를 보라). Kingsbury의 의견대로(*Matthew*[PC], 103-4; idem, *Matthew as Story*, 156-57) 이 논쟁과 관련있는 근거는 모호하다. 선지자와 교사들은 마태의 교회 경계 내에서 활동하기도 하는 동시에 경계를 넘어 활동하기도 한다(7:15-20; 10:41; 23:8-12, 34).
92   어떤 본문에서는 예수님의 요구에 대해 명백히 부정적인 반응이 그려지는가 하면 (19:21-22), 반응에 대한 아무런 언급이 없는 경우도 있다(8:21-22). 제자들의 선교 여정과 관련하여 그들 행위에 대한 예수님의 기대는 일관적으로 좋은 방향으로만 향하

(7) 요약

제1복음서 내 인물 묘사는 문학적인 독립체로서 홀로 놓여있지 않다. 마태복음 등장인물이 가지는 다양한 깊이를 알려주고 통제하는 것은 하나의 현저한 신학적 원리이다. 다시 말해 신실함을 예수 그리스도 안에서 결정적으로 드러내신 하나님 앞에 독자는 순복하는 신앙으로 나아가야한다는 것이다. 한 중심인물의 심리가 어떻게 발달되는가, 혹은 반대로 어떻게 퇴행하는가를 추적하는 것이 현대 소설 연구의 대상이라면,[93] 마태는 또 다른 가장 흥미로운 대상을 추적한다.

그것은 마태복음 내러티브가 많은 다양한 등장인물을 통해 그려내고 있는 믿음의 일관성 및 불안정성, 그리고 신앙의 형성 및 쇠퇴이다. '역사적'이면서도 '초현실적인' 여러 인물을 통해 믿음의 역동을 면밀히 살핌으로써, 제1복음서 내러티브 세계는 표상(表象)과 삽화의 복잡한 혼합체로서 그 모습을 드러낸다. 마태복음은 1세기 갈릴리와 유대라는 '현실 세계'와 아주 근접하도록 그 이야기를 풀어간다.

그러나 이는 신학적으로 대단히 양식화(樣式化)된 글이다.[94] 하나님과 사

고 있지는 않다(10:21 - 22; 24:10; 참조, 25:31 - 46). 혹자는 마 28:16-20을 놓고 다음과 같이 Tannehill, "The Disciples in Mark," 404에서 막 16:1-8에 관해 한 언급과 같이 해석할 수도 있을 것이다. "이 지점에서부터 이야기가 어떻게 전개될지는 분명하지 않다. …긍정적인 전개의 조짐이 보이지만 부정적 전개의 가능성들 역시 제시되어 있다. 이 복음서의 결론은 개방적이다. 왜냐하면 이야기의 결말이 여전히 독자를 포함한 교회가 해야 하는 결정에 달려있기 때문이다."

[93] Scholes and Kellogg, *Nature of Narrative*, 165, 167은 "내부 심리적인 변화를 통해 발전되는 인물은 문학에서 상당히 후대에 도입된 개념"이라는 의견에 실질적으로 모든 비평가들이 동의하지만, 복음서 문서들이 고대 내러티브를 "인물 내적 발전"과 연관지어 전개하는 방향으로 나아가게 하는데 일조했다고 추측한다. "마음으로 하는 간음에 대한 예수님의 언급(마 5:28)으로 대표되는 기독교의 내적 성찰은 삶의 내적 요소를 고려할 수 있도록 하나의 길을 마련해 준다."

[94] "현실"세계와 허구 세계 간의 관계에 관해서는 Scholes and Kellogg, *Nature of Narrative*, 82 - 88를 참조하라.

탄은 복음서 이야기가 끊임없이 오가는 의로움과 불순종이란 두 기둥을 투명하게 보여주는 등장인물이며, 예수님과 종교지도자들 역시 그 정도가 좀 덜한 형태로 같은 역할을 한다. 제자들과 군중은 믿음으로의 부르심과 불신앙으로의 유혹을 놓고 양분된 인생의 복잡함이란 진리의 일부를 입체적으로 보여준다.

또 다른 비유로 표현해보자면, 마태는 '명암법'(chiaroscuro)이란 자신의 장기(長技)를 사용한다고 볼 수 있다. 제1복음서 인물 묘사에 나타난 명(明)과 암(暗)은 복음서 저자가 자신의 신앙고백의 가장 높은 음역 멜로디를 전달하고자 할 때마다 미묘하게, 때로는 분명하게 구분되어 표현된다. 그렇게 함으로써 저자는 독자를 언제나 한결같은 의(義) 앞으로 인도하고자 한다.[95]

3. 남아있는 의문점과 그에 대한 고찰

우리는 이 지점에서부터 어디를 향해 나아갈 수 있는가?

계속해서 연구할 필요성이 무르익은 세 가지 영역은 다음과 같다.

첫째, 마태복음 인물 묘사를 연구하는 것은 우리가 제1복음서 저자의 문화―사회적 맥락(Sitz im Leben)을 가늠하는 데에 어떤 도움을 주는가?

예컨대, 복잡하게 얽혀있는 제자들과 군중의 예수님에 대한 반응이 실제 마태 공동체 울타리 내외를 막론하여 있었던 복음 선포에 대한 엇갈린

---

[95] 마찬가지로 요한복음에 대해 언급한 M. Thompson, "God's Voice You Have Never Heard," 200–201을 보라. "복음서의 주된 목적은 독자에게 들려주는데 있지 않고(informational), 독자를 빚어가는 데 있다(formational)."

반응을 얼마만큼 상징화하여 보여주고 있는가?

마태복음이 취하고 있는 단호하고 비타협적인 태도는 마태 공동체 그리스도인들이 활동하던 중 직면한 유대인-이방인 '혼재 양상'의 '원인'인가 아니면 '결과'인가?(13:24-30, 47-50)

제1복음서 인물 묘사는 앞선 질문들을 대답하는 데, 아니면 더 효과적으로 질문을 제기하는 데 필요한 근거를 우리에게 충분히 제공하는가?

어떤 측면에서 복음서의 역사적 기원과 그 내러티브의 구성 간에 연관성이 있음을 주장하는 것이 추세에 어긋나는 일이긴 하지만, 필자는 존 도나휴(John Donahue)와 의견을 같이 하여,[96] 마태복음 같은 작품은 전 세대에 걸친 독자를 비추어 주는 거울이 될 수 있을 뿐 아니라 작품의 유래를 들여다볼 수 있게 해 주는 창문으로서 사용될 수도 있다고 생각하는 쪽으로 마음이 기울었다.

틀림없이, 이러한 이중 시각은 마치 자기를 반영할 수도 있고 그 너머를 투과해서 볼 수도 있는 '양면 거울'처럼 끊임없는 왜곡을 불러일으키며, 그러므로 끊임없는 신중한 점검이 뒤따라야만 한다.

둘째, 비슷한 의문점이 남아있다.

인물 묘사 연구는 예수님이나 제1복음서의 다른 인물들을 재구성하려는 역사가들의 시도에 유용하게 사용될 수 있는가?

비록 그 해답은 불분명하지만, 이런 질문은 전혀 터무니없지 않다. 어쨌든, 월레스 마틴(Wallace Martin)이 살펴본 대로,[97] 주장하건대 역사물과 소설(하나 더 보태자면 복음서 같은 신앙 전기문) 등과 같은 장르 사이에는 연속성이 단절성보다 더 많다. 모든 경우에 이야기가 자연스럽게 읽히도록,

---

[96] John Donahue, "Windows and Mirrors."

[97] W. Martin, *Recent Theories of Narrative*, 71-75.

그리고 그 이야기가 우리에게 신뢰감을 주도록 여러 문학적 관습이 유사한 방법으로 사용된다. 우리를 현실에서 떨어트려놓기보다는 오히려 등장인물과 내러티브 줄거리는 실제로 우리가 경험하는 현실을 **창조**해 낸다. 그 현실이 소위 현실 세계에 대한 역사적 보도이건, 그에 대비되는 허구적이고 종교적인 담화이건 상관없이 말이다.]

관례상 복음서의 역사적 배경에 관한 논의을 피해오던 문학 비평(literary criticism)의 도구가 역사가들이 흥미로워 할 만한 역사 비평적 서술을 구성하고 고찰하는 데 유용하게 사용된다면 이것 역시 역설이 아닌가?

셋째, 인물 묘사 및 여타 문학적 관례에 대한 신학적 차원의 접근은 잔뜩 무르익은 곡식처럼 복음서 연구계라는 들판에서 수확을 기다리고 있다.

혹자는 문학 분석의 여러 기술을 일반적인 편집 비평(redaction criticism) '방법들'로부터 정당하게 분리하여 사용할 수 있다고 주장할 지도 모르나, 편집 비평적 **관점** 및 이를 통해 복음서 저자의 신학적 관심을 강조할 수 있는 유익을 배제하는 것은 각 복음서가 제시하는 특정 내러티브의 방향을 왜곡할 수 있는 위험성을 지닌다.[98]

문학과 종교적 신념 사이의 공통점은 과거에 일어난 사건의 실낱들을 모아 미래지향적인 일관된 무늬를 짜내는 능력에서 발견되는 동시에, 한데 뒤섞여 있는 삶의 어둠과 기쁨을 명료하게 그려내는 능력에서 발견된다.[99] 포스터의 말을 환언하자면, 신학은 소설처럼 역사보다 더 사실적

---

98 위 주제 및 그 함의에 대한 필자의 또 다른 논의는 *The Disciples according to Mark*, 254-87을 참조하라.

99 Walcutt(*Man's Changing Masks*) 및 MacIntyre(*After Virtue*)는 내러티브가 사회적 관습과 어떻게 상호 작용하는지를 탐구한다. 기독교 공동체 내 내러티브와 신학의 만남에 관해서는 Hauerwas, *A Community of Character*를 참조하라.

이다. 왜냐하면 신학과 소설 두 가지 모두 증거를 뛰어넘기 때문이다.[100]

인물 묘사 등의 문학적 요소를 다루는 복음서 비평이 신학적 함의를 포함하지 않는다면 어떤 경우에서든 부적절한 접근법이 되어버린다. 가장 근본적인 요소가 결핍된 접근이라 할 수 있다.

---

[100] Forster, *Aspects of the Novel*, 63; 또한 Price, *Forms of Life*, 298 - 301를 참조하라.

제3장

감람산에서 하신 말씀

> 우리가 경험할 수 있는 가장 큰 매력은 신비(神祕)이다. 이는 진정한 예술과 과학의 요람에서 느껴지는 가장 근본적인 감정이다.
>
> 알버트 아인슈타인(Albert Einstein)[1]

마가복음은 신비한 복음서이다. 그 중에서도 마가복음 13장에 담긴 소위 공관복음의 묵시록(Synoptic apocalypse)은 다른 어떤 부분보다도 더 많은 신비로움으로 가득 차 있다.[2] 본문 각 절마다 제시되는 별개의 주해 문제를 뛰어넘어서, 해석자들은 본문 자료가 역사 속에 존재했던 예수로부터 직접 유래했는지,[3] 아니면 유대교 혹은 유대-그리스도인 사이에 있던 어떤 원형으로부터 유래했는지[4]에 대해, 그리고 자료가 '묵시 문학'으로 고

---

1 Einstein, Mein Weltbild, 16(AT).
2 막 13장에 대한 현대 주해 역사에 관해서는 Beasley-Murray, *Jesus and the Last Days*를 보라.
3 Ibid., 350-76에서 Beasley-Murray는 본 담화를 예수님에까지 거슬러 올라가는 것에 대해 굉장히 낙관적이다.
4 Colani, *Jésus Christ et les croyances messianiques*(1864)가 제안한 막 13장 저변에 깔린 "작

려될만한지, 그렇다면 어느 정도로 그러한지에 대해 오랫동안 깊이 고민해왔다. 이상하게도, 마가복음 13장의 가장 명백한 특징 중 한 가지, 수사적 사건으로서의 본문이 가지는 특징과 기능에 대해서는 연구한 이들이 거의 없었다.

바로 여기에 조지 케네디(George Kennedy)의 수사적 접근법[5]이 유용하다. 본 장에서는 이 방법을 통해 마가복음 13장에 나타난 수사법에 대해 평가하고자 한다. 여기서 필자가 전제하는 바는 다음과 같다.

첫째, 최근 학자들 사이에 이른 합의에 의거하여 본문이 종말론적(eschatological) 방향성은 포함하고 있으나 엄밀한 의미에서 '묵시'(apocalypse)는 아니라고 필자는 전제한다.[6]

만약 우리가 존 콜린스(John Collins)가 제시한 구분을 유익하다고 받아들인다면,[7] 마가복음 13장이(다니엘서가 명백히 그러하듯) 묵시라는 문학 장르로시의 조건을 충족시키지 못한다고 해서 걱정할 필요는 없다. 즉 마가가 대격변을 통한 현 시대의 끝을 예견하는 묵시적 관점을 차용하고 있다는 것만 인지해도 충분하다는 것이다.

둘째, 두 번째 전제는 다음과 같다. 고대 지중해 연안 전반에 수사학이 깊이 침투해있었다는 점을 고려할 때 그리스—로마 수사학적 관례를 따라

은 묵시록(little apocalypse)에 대한 이론은 최근 공관복음 연구를 통해 위기에 처했다. 이 가설은 Pesch, *Naherwartungen*, 207–23에 의해 눈에 띄게 부활했지만 그것만큼이나 확연하게 A. Y. Collins, *Beginning of the Gospel*, 73–91에 의해 반박되었다.

5 Kennedy, *New Testament Interpretation*, 3–38. 본서 제1장을 보라.
6 Schüssler Fiorenza, "Phenomenon"; Rowland, *The Open Heaven*, 9–72, 351–57. 이 본문이 형식상 "묵시"에 해당한다는 의견에 반대하는 동시에 재주창하는 입장으로 Brandenburger, *Markus 13*, 21–42을 보라.
7 J. Collins, "Towards a Morphology of Genre."

마가복음 13장을 분석하는 것은 적절하다고 전제한다.[8]

셋째, 본 감람산 감화(Olivet Discourse)가 어떤 자료에서 유래했는지에 관한 의문 및 그 감화의 진위 여부는 본문의 수사학적 효과에 관한 의문을 탐구하는 데에는 중요하지 않은 주제이다.[9]

본 담화는 그 규준적 형태를 통해 마가복음의 예수님이 제2복음서 저자가 속한 초대 그리스도인 공동체에게 하신 말씀이며,[10] 바로 그 말씀이 필자의 주된 관심이다.

1. 마가복음 13장에 대한 수사 분석

1) 수사적 단위

마가복음 13장 본문의 경계는 그 시작과 끝에 나타난 표시에 의해 분명하게 확정된다. 13:5a에서 우리는 마가복음이 전형적으로 예수님 말씀의 시작을 알릴 때 사용하는 표현을 만난다.

"예수께서 그들에게 말씀하기를 시작하셨다"(AT).[11]

---

8   Kinneavy, *Greek Rhetorical Origins*, 56–100은 해당 근거를 요약한다.
9   널리 고려되는 것처럼, 배경 자료에 관한 질문이 본문과 완전히 상관없지는 않다. 우리가 살펴볼 바와 같이 예수님의 에토스 및 70인역 구절을 암시하는 구문 등은 마가의 수사적인 힘을 증대시킨다.
10 이 공동체의 지리적 사회적 위치는 불확실한 상태로 남아있다. Marcus, "The Jewish War"는 마가복음이 시리아 지역 유래설을 적극적으로 주장한다. 필자는 다른 저작에서 제2복음서가 60년대 로마에서 기록되었다는 전통적인 입장이 전혀 타당하지 않은 것은 아님을 제안했다("Was Mark a Roman Gospel?" 및 *Mark: Images*, 224–50).
11 추가로 막 1:45; 4:1; 5:20; 6:2, 34; 8:31; 10:32; 12:1 등을 보라.

그리고 13:5b부터 바로 예수님 말씀이 이어진다. 14:1에서는 서술자가 끼어들면서 시간적 배경, 등장인물, 환경 등이 전환된다. 따라서 13:37은 하나의 담화가 끝나는 부분으로 볼 수 있다. 이 시작점과 끝점 사이에 서른세 절 동안 끊어지지 않고 이어지는 담화가 자리하고 있다. 제2복음서 중 끊어지는 부분 없이 이어지는 예수님의 말씀 가운데 가장 긴 담화가 바로 이 부분이다.[12]

2) 수사적 상황

로이드 빗저(Lloyd Bitzer)에 따르면 하나의 수사적 상황은 다음과 같이 정의 될 수 있다. 수사적 상황은

> 인물, 사건, 대상(對象), 관계, 그리고 담화를 강하게 유도하는 위기 상황 등이 만들어 내는 자연스러운 문맥을 일컫는다. 이렇게 유도된 담화는 자연스럽게 상황에 관여하게 되고, 많은 경우 이는 상황적 행동이 완료되는데 필요한 요소가 된다. 또한 담화가 상황과 연관지어지는 방법을 통해 그 담화는 의미 및 수사적 특징을 얻는다.[13]

그렇다면 이런 복잡한 정황이 마가복음 13장에 존재하는가? 이를 검증하는 일은 본문 5b-37절에 나타난 수사법을 면밀히 검토하

---

[12] 비교 가능한 길이의 담화는 막 4:3 – 32과 7:6 – 23 밖에 없다. 그러나 둘 모두 중간에 서술자가 개입하는 부분이 있다(4:10 – 11a, 13a, 21a, 24a, 26a, 30a; 7:9a, 14a, 17a, 18a, 20a).

[13] Bitzer, "Rhetorical Situation," 5.

는 데에 달려있지만, 잠정적으로 본문의 수사적 상황을 평가해보는 것도 가능하다.

첫째, 마가복음이 묘사하듯, 뒤이어 나올 상당히 난해한 담화의 청중은 아주 적절하게 선정된다.

성전에서 있었던 예수님의 공적인 가르침 이후(11:27-12:44), 무대에 서는 등장인물 수는 확연히 줄어든다. 먼저 예수님과 제자들이 남고(13:1-2), 다음에는 꽤나 급작스럽게 열두 제자 중 단 넷만 예수님과 함께 마주하고 있다(13:3). 다양한 랍비 문서 속에서 눈에 띄게 보이는 "공적 갑론을박에 이은 사적 설명"의 연결 방법을 이 장면전환이 반영하고 있는 한편,[14] 이는 마가복음 서사의 전형적인 형태이기도 하다.

이러한 연결의 반복 속에서 마가복음이 보여주는 바는 일반 대중에게는 허락되지 않은 예수님의 가르침과 계시가 소규모의 예수님의 친구들에게 허락되었다는 사실이다(4:10-34; 7:17-23; 9:28; 10:10-12 등을 보라). 13:3의 기록 외에 마가복음 세 군데 본문에서, 다른 이들은 물론 심지어 나머지 제자들에게 공개되지 않은 사건에 베드로와 야고보와 요한이 예수님과 함께 있었다는 이야기가 나온다(5:37; 9:2; 14:33).[15]

마찬가지로 13:5b-37에 나타난 예수님의 가르침은 특권 있는 내부집단에게 사적으로(카타 이디안[κατ' ἰδίαν], "그들 개인적으로," 3절)[16] 전달된다. 이 내부 집단 가운데 최소 세 명에게는 그들 스승의 메시아로서의(8:29; 9:41), 그리고 하나님의 아들로서의(9:7; 추가로 8:31, 38; 9:9, 31; 10:33, 45

---

14 Daube, *New Testament and Rabbinic Judaism*, 141–50.
15 시몬 베드로, 안드레, 야고보, 요한은 예수님이 마가복음에서 가장 처음 부른 제자들이다 (1:16-20).
16 이 담화의 청중 숫자는 마태복음과 마가복음에서 증대되는 듯 보인다(마 24:3; 눅 21:5-7).

등을 주목하라) 정체성이 계속해서 알려져 온 바 있다.

둘째, 마가복음 13장이 시작되기 전까지 본문에 이어질 담화가, 필연적이라고는 못하더라도, 자연스럽게 문맥에 이어지도록 앞선 몇 가지 사건들이 이 지점을 향해 수렴되어왔다.

한 제자가 단단한 돌로 지어진 성전의 안정감을 언급한 것에 대해(13:1),[17] 예수님은 성전이 무너질 것을 예언했는데(13:2), 이는 그의 예언적 행동(11:12-21) 및 성전 구역에서 했던 체제 전복적인 가르침(11:27-12:44) 등을 통해 예견된 바 있는 유대교 제례의식의 파괴를 공언하는 말씀이었다. 이 말씀의 문맥은 예수님 자신의 죽음 역시 임박해있다는 사실을 포함한다.

감람산 감화에 바로 이어 그를 잡아 십자가에 못 박으려는 음모가 본격적으로 시작된다(14:1-11; 참조, 3:6; 8:31; 9:31; 10:33-34; 12:12). 서사적 흐름으로 보나 수사적 논리로 보나, 예수님의 발화가 13:5b-37에 자리 잡은 것은 참으로 적절하게 보인다. 특히 이어지는 14-15장이 상기시키는 이미지 및 어법이 이 본문에 가득하다는 점,[18] 그리고 이에 부합되도록 마가복음의 수난 내러티브가 어두운 색채를 띠며 내러티브 진행이 확연히 감속된다는 점[19] 등에서 13장의 길이와 무게감은 매우 적절하다.

13:5b-37의 가르침이 예수님 처형 전날 있었다는 점에서 고별사(*Abschiedsrede*)로 분류할 수 있다. 이 장르는 "자신의 죽음을 앞둔 위인의 고

---

17 참조, Josephus, *Ant.* 15.11.1.380-7.425; Idem, 『유대인 전쟁』 5.5.1.184-8.247. 이와 관련하여 Brandenburger, *Markus 13*, 91-115가 주장한 내용, 즉 막 13:1-2은 독립적인 "선언을 담은 이야기"(pronouncement story)에서 유래한다는 주장이 옳을 수도 있다. 그럼에도 불구하고 이 본문은 현재 막 13:5b-37이라는 문학적 위치에 자리한다.

18 C. Black, *Mark*(ANTC), 276-338를 보라.

19 "막 13장과 수난내러티브 사이의 연결 고리"에 관해서는 Lightfoot, *Gospel Message of St. Mark*, 48-59를 보라.

별사"로서 유대 및 헬라문학 속에 비슷한 종류의 많은 예들이 있다.[20]

셋째, 빗저는 '위기 상황'이란 긴장감을 수반하는 실제적인 혹은 잠재적인 결함을 일컫는다고 보았다. 그리고 이 위기 상황은 담화가 불러일으키는 긍정적인 변화가 적용될 수 있는 지점이다.

13장 담화를 이끌어 내는 위기 상황은 잠재적 결함(2절: 성전이 무너질 것이라는 예수님의 예언)과 본문이 암시하는 급박함(4절: 이러한 일들이 현실화될 것에 대한 네 명의 제자들의 질문)을 통해 나타난다.

복잡하게 얽힌 수사적 연결망은 이러한 두 가지 요소 안에 함축적으로 나타나있다. 13:2의 예언은 예수님이 성전 황폐화를 논했던 선지자들 가운데 한사람이라는 사실을 암묵적으로 주지시킨다.[21] 겉보기에 단일한 재앙을 염두에 둔 듯한 이 선언으로부터 동떨어진 것으로 보이기도 하는 4절의 질문은(포테 타우타 에스타이 카이…호탄 멜레 타우타 순텔레이스타이 판타?[πότε ταῦτα ἔσται καὶ…ὅταν μέλλῃ ταῦτα συντελεῖσθαι πάντα], "어느 때에 이런 일이 있겠사오며…이 모든 일이 이루어지려 할 때가 언제입니까?" 저자 번역) 70인역 다니엘 12:7의 표현을 상기시킨다(순텔레스테세타이 판타 타우타[συντελεσθήσεται πάν

---

[20] 참조, 창 49:1-33; 신 31:1-34:8; 수 23:1-24:30; 삼상 12:1-25; 왕상 2:1-9; 대상 28:1-29:5; 『토빗』 14:3-11; 『마카비1서』 2:49-70; 요 14:1-17:26; 행 20:18b-35; 딤후 1:1-4:22; 『에녹1서』 91-105; 『주빌리』 23:9-32; Plato, *Apology*; idem, *Crito*; idem, *Phaedo*; Xenophon, *Mem.* 4.7.1-10; 열두 족장의 위경 등을 보라. Aune, *Prophecy in Early Christianity*, 186, 399-400 n.93는 막 13장 도입부(13:1-4)에 고대의 다양한 장르가 혼재되어 있음을 밝히고 있다. 즉 소요학파적 대화(13:1-2, 소요학파[Peripatetic School]는 아리스토텔레스 학파를 가리키는 다른 용어-역주), 신탁을 받고자하는 요청(13:3-4), 신전 문답(*Tempeldialog*[독어])(13:1-4). 이와 같은 모든 고별사(*Abschiedsreden*)들은 탁월한 세련미를 보이지만 식물학자 루터 버뱅크(Luther Burbank, 1849-1926)가 "기분이 좋지 않다"라고 한 그의 마지막 말에 비교하면 죽음을 앞둔 말이라는 핵심이 결여되어 있다.

[21] 미 3:10-12; 렘 7:14; 26:6, 18; 요 2:19; 행 6:13-14; 『에녹1서』 90:28; 『유대인 전쟁』 6.5.3.300-309; *b. roma* 4.1.39b.

τα ταῦτα], "이 모든 일이 다 끝나리라"). 다니엘서 표현을 사용했다는 사실은 성전 붕괴를 예상한 제자들의 반응이 종말에 대한 흥분으로 채색되어 있었음을 시사한다.[22] 종말론적 요소와 결부된 장소에서 청자들에게 전해진 예수님의 대답은(슥 14:1-5를 보라) 동요된 그들의 '영혼'에 자신감을 북돋워주는데 부분적으로 그 목적이 있다(Plato, *Phaedr*. 271a-d; Aristotle, *Rhet*. 2.5.1382a-83b).

필자가 확실히 말할 수 있는 한 가지가 있다면, 13장에 대한 수사 비평이 A.D. 70년에 있었던 비극이 본문의 시점에서 이미 일어난 사건이었을지에 대한 골치 아픈 의문을 해결하지는 못한다는 사실이다. 만약 마가가 이미 성전이 파괴되었다는 것은 알았더라면 그런 취지의 "바티키니움 엑스 이벤투"(vaticinium ex eventu, 이미 알려진 사건에서 유래한 '예언')는(눅 19:41-44; 21:20-24이 그러했듯이) 예수님의 에토스를 부연하는 역할을 했을 것이다.

또 한편, 70년 이후 현실을 반영한 성전 제례 붕괴에 대한 더 정확한 진술이 있었다면 종말론적 긴장을 더 고조시키는 역할을 했을 수도 있었을 것이다. 그 경우, 잠시 후 확인해보겠지만, 13:5b-37은 그 긴장감을 이완시키는 본문이라고 볼 수도 있었을 것이다. 그러나 수사 분석은 이같이 오랫동안 있어왔던 해석적 교착 상태를 조율하기에는 역부족이다.[23]

---

22 70년에 있었던 사건에 대한 유대인들의 반응은 전혀 일관적이지 않았다. 그 중에는 성전 파괴와 하나님의 심판을 결부시키는 경우(바룩2서[2 *Apoc. Bar*.] 7:1; 80:1-3; 시빌라인 오라클[*Sib. Or*.] 4:115-27), 혹은 예루살렘의 재창조에 대한 종말론적 희망을 결부시키는 경우(에스라4서, 에스드라2서[4 *Ezra*, 2 Esd.] 11:1-12:3) 등이 있긴 했지만 말이다.

23 Balabanski, *Eschatology in the Making*, 55-100, 막 13장이 예루살렘 파괴를 인지하고 있었다는 해석을 신중하게 내놓았다. A. Y. Collins, "Apocalyptic Rhetoric"는 갈릴리 사람 유다(행 5:27)의 아들 혹은 손자인 메나헴(Menahem, 혹은 메나켐[Menachem])이 메시아를 자칭한 지도자로 일어난 이후(『유대인 전쟁』 2.17.7.430-8.34), 66년 봄과 여름에 거쳐 로마에 대항하여 시작된 제1유대 전쟁에 대한 구체적인 반응으로서 감람산 감화

반면 결코 정도가 덜하지 않은 또 다른 학술 쟁점에 대한 판단을 내리는 데는 본문의 수사적 상황 평가가 도움이 된다. 몇몇 학자들에게는 문체로보나, 내용으로보나, 감람산 감화가 현재 바로 이 위치에 자리잡았다는 것 자체가 거슬리는 문제이다.[24]

그와는 반대로, 앞서 분석한 수사적 상황이 용인된다면, 현대 비평가들의 비위를 얼마나 거스르든지 간에 13장의 위치는 그야말로 안성맞춤이며 아주 효과적인 위치에 놓여있다는 결론에 도달할 수 있다.

3) 수사적 문제

학자들은 13장의 존재 이유가 무엇인지 답하기 위해 오랫동안 곤혹스러워 했다.

이 본문에 대한 수사적 해석은 본문의 주요 쟁점을 어떻게 명확하게 나타낼 것인가?

첫째, 종말과 성전 파괴 간의 연계성을 전제한 상태에서, 13:4에 나오는 네 명의 제자들의 질문은 과거 사실에 대한 법정 진술적 평가를 요구하는 질문도, 미래에 더 나은 수행을 위한 심의적 평가를 요구하는 질문도 아니었다.

가 쓰였다고 이해하는 것이 가장 옳다고 주장하면서 '수사적 상황' 및 '위기 상황'에 대한 빗저의 이론에 주목했다. 발라반스키와 마찬가지로 콜린스 역시 막 13장의 사회역사적 배경에 대한 대안적 제안들을 인지하고 다루었다. 그 논쟁을 여기에서 다루고자 하는 것은 아니다. 콜린스는 수사 비평적 전제에 의존하지 않고, 정교한 전승-역사 비평적 분석(traditio-historical analysis)을 제공한다. 콜린스에 인용된 빗저는 콜린스의 주장을 지지하는 도구일 뿐 그 주장이 빗저의 이론에 의존하지는 않는다.

24 그 예로 다음 저작들을 들 수 있다. Pesch, *Naherwartungen*, 48-73; Grayston, "Mark XIII."

근본적으로 그들의 질문은 적절한 신앙("어느 때에 이런 일이 있겠사오며")과 그것을 입증하는 증거("이 모든 일이 이루어지려 할 때에 무슨 징조가 있사오리이까")가 무엇인지에 대한 것이었다. 13:5b-37의 예수님 말씀은 이러한 신앙 및 그 입증에 관한 쟁점에 답을 주기 위함이었다. 즉 예수님은 특정 덕목은 칭찬을 받고(경계심, 인내, 준비성, 통찰력), 악과 관련된 어떤 부도덕은 책망을 받는다는 가르침으로 물음에 답했다(참조, Aristotle, *Rhet.* 1.9.1366a‑b; Cornificius, *Rhet. ad Her.* 3.6.10‑3.8.15; Augustine, *Doct. chr.* 4.4.6).

그러므로 다양한 종류의 수사법 가운데,[25] 13:5b-37에 나타난 담화 유형을 가장 정확하게 묘사하는 유(類)는 제의적(epideictic) 연설이다.

이러한 판단이 옳다 하더라도, 몇 가지 주의 사항을 언급하지 않을 수 없다.

(1) 감람산 담화를 제의적 연설로 범주화함으로써 필자가 말하고자 하는 바는 예수님 담화의 주된 목적이(Aristotle, *Rhet.* 1.3.1358b; Cicero, *De or.* 2.84.340‑85.349에 나타난 경우처럼) 청중들에게 흥미를 주는 것에 있지 않다는 점이다. A.D. 300년이 되었을 때, 라오디게아의 웅변가 메난드로스(Menander Rhetor)[26]는 이미 오랫동안 사용되어온 한 가지 수사법, 즉 수사법의 범주로서의 제의적 연설이 가지는 복합성을 분석 및 조직화했다.

메난드로스가 나눈 범주를 기준으로 13:5b-37을 살펴보면, 이 본문

---

[25] 다음 고전에서 해당 주제에 대한 논의를 찾아볼 수 있다. Aristotle, *Rhet.* 1.3.1358b‑1359a; Cicero, *Inv.* 1.5.7; Cornificius, *Rhet. ad Her.* 1.2.2; Quintilian, *Inst.* 3.4.1‑16; 3.6.80‑85.

[26] 메난드로스의 글에 대해서는 Russell and N. Wilson, *Menander Rhetor*를 참조하라.

의 도입부는 비공식적인 말이라는 뜻을 가진 '랄리'아(lalia)의 일종으로 볼 수 있다(Menander, 2.4). 담화가 전개되면서, 여행을 떠나는 사람에게 하는 일종의 격려사를 지칭하는 '프로엠틱'(proemptic)과 함께 (2.5), '파라무테틱'(paramythetic), 즉 위로에 대한 관심이 글 속에 포함된다(2.9).

만약 우리가 앞서 도출한 결론들을 옹호한다면 감람산 감화는 '신텍틱'(syntactic), 즉 일종의 고별사로서 기능한다고도 볼 수 있다(2.15). 여기서 필자는 13:5b-37 본문이 위와 같은 고대 웅변술이라는 상자들 중 어느 한 곳에 딱 들어맞는다고 보지는 않는다. 왜냐하면 본문이 말하는 바가 메난드로스가 제시한 유형들이 다루는 주제와 정확하게 일치하지 않기 때문이다.

그보다, 필자의 논지는 본문의 발언을 이끌어가는 기능이 대체로 고대 기준에 따른 제의적 연설과 비견된다는 점이다.[27] 예수님은 청중들이 황홀함이나 재미를 느낄 수 있도록 하려고 이 가르침을 준 것이 아니었다. 대신 그들의 자신감을 북돋우고 종말론적 시대에 필수적으로 갖추어야할 행동방식을 가르치고자 했다.

(2) 주의 사항은 제의적 담화의 경우에 흔히 있는 일이지만, 13:5b-37의 일부는 제자들의 미래 행동을 염두에 둔 심의적(deliberative) 수사법의 모습을 조금씩 보인다(10-11절, 14-16절). 이론상으로나 현

---

[27] A. Y. Collins, "Apocalyptic Rhetoric," 10-13는 필자가 제안하는 바, 막 13장과 제의적 연설과의 유사성에 대해 동의하지 않는다. 비록 막 13장이 "(예수님의) 임박한 죽음 혹은 고별을 분명하게 언급하고 있지 않다"는 그녀의 의견은 명백히 옳지만(13), 이 담화가 암시하고 있다고 그녀가 주장하는 사건들, 즉 메나헴의 출현, 그가 왕권을 자처한 사실, 혹은 66년 여름의 유대-로마 간 구체적인 적개심 등에 대해 막 13장이 언급하고 있지 않다는 사실 역시 명백하다(본 장 각주 23을 보라).

실에서나 이런 흐름은 제의적 연설 맥락에서 용인된다. 고전 이론가들은 제의적 연설 안에서 과거 및 미래에 대한 고찰이 종종 서로 한 지점에서 만난다는 점을 고려하여 수사법 종류들 사이의 가변성을 인정한다(Aristotle, *Rhet.* 1.3.1358b; Quintilian, *Inst.* 3.4.15‒16; 3.7.28). 13:5b‒37의 담화를 불러일으킨 위기 상황은 미래와 관련이 있으므로, 예수님은 앞으로 다가올 상황을 염두에 두고 물음에 답한다(2, 4절; Quintilian, *Inst.* 3.8.25을 보라).

그럼에도 불구하고, 예수님은 일련의 다가올 일의 과정이 신의 섭리 안에서 확정적이긴 하나, 궁극적으로 일정표라는 틀에 짜 맞추어진 듯 흘러가지 않을 것을 말씀한다(32‒37절). 뿐만 아니라 임박한 고난의 시간이 편의나 자기 이익을 위해 미리 대비할 수 있는 성질의 것이 아님을 말씀한다(11절).

심지어 권고의 가장 절정에 해당하는 14‒16절을 포함해서 이 본문의 담화는 대체로 상황을 미리 알고 예방하는 데 관심을 두지 않은 채 "복음이 먼저 만국에 전파되어야 하는"(10절) 괴로운 시기 동안 가져야할 평정심을 강조하고 상황에 따라 행동할 것을 권고한다.[28] 다시 말해, 설득하고자하는 의도를 동반한 심의적 수사법의 요소가 묻어나긴 하지만, 본문의 무게 중심은 여전히 제의적 수사법에 있다. 즉 예수님의 의도는 현 시점의 청자에게 앞으로 다가올 것들에 대한

---

[28] Grayston, "Mark XIII," 378‒79은 수사적 접근을 전제하지 않은 상태로 이와 유사한 결론을 내린다. 이와 같은 해석은 갈릴리 지역의 복음서인 마가복음이 그리스도의 재림이 다가올 때 펠라(Pella, 그리스 북부의 한 지역 명‒역주)로 그리스도인들이 도망치도록 독려하고자 했다는 W. Marxsen, *Der Evangelist Markus*, 101‒28의 해석에 의문을 던진다. 그러나 Blount, "Preaching the Kingdom"의 말대로, 전적으로 수동적인 태도는 복음을 전하라(케룩테나이 토 유앙겔리온[κηρυχθῆναι τὸ εὐαγγέλιον])는 명령에 의해 배제될 수밖에 없다. 막 13:10은 비폭력적이고도 혁명적인 직면을 촉구한다.

특정 태도와 감정 등을 고취 및 향상시키고 그 반대편 가치에 대해서는 비판하는 데 있다.

둘째, 수사적 단위로서의 이 본문이 갖는 수사적 문제에 접근하는 또 하나의 방법은 담화의 중심을 잡아주는 지점 및 담화에서 청자의 주의를 끄는 지점을 찾아 내는 것(Quintilian, *Inst.* 3.6.9, 12, 21), 즉 정체 지점 이론(stasis theory)을 통한 것이다.

담화 정체 지점(stasis)에 대한 고대 논의가 복잡하고 때로는 이해할 수 없는 부분도 있긴 하지만,[29] 담화가 말하고자 하는 바를 분석하는 대안적인 방법에 대한 키케로와 퀸틸리아누스의 논의는 본서의 목적을 달성하는 데 적절한 도움을 준다. 그 대안적 방법이란 사실 혹은 추측(*an sit*, 어떠한 사실이 존재하는지), 정의(定義)(*quid sit*, 그것이 무엇인지), 특질(*quale sit*, 어떠한 종류의 것인지) 등에 관한 질문을 통해 담화를 분석하는 것이다.[30]

이와 같은 담화 정체 지점 가운데 어떤 종류의 질문이 13장에서 주요 쟁점을 바로 담아 내는가?

이 본문의 청중에게 예수님 예언이 말하고자하는 사실 자체는 쟁점이 아니다. 성전이 무너질 것이라는 사실, 더 나아가 예수님이 예언한 다른 재앙이 실제로 이루어질 것이라는 사실은 제자들이 이해하는 데 어려움이 없었다. 그들이 13:4에서 던진 질문 가운데 예수님의 선언의 진실성과

---

[29] 많은 논의 중에서 다음을 참조하라. Cicero, *Inv.* 1.8–14; 2.4.14–54.177; idem, *De or.* 2.24.104–26.113; Quintilian, *Inst.* 3.6.63–82; Cornificius, *Rhet. ad Her.* 1.11–16; Hermogenes, *On Stases* (Nadeau, "Hermogenes, *On Stases*"를 보라).

[30] Cicero, *De or.* 2.25.104–9; Quintilian, *Inst.* 3.6.66–67. 담화 정체 지점의 여러 종류들에 대한 정확한 구분은 고대 이론가들 사이에서도 합의에 이르지 못했다(Aristotle, *Rhet.* 3.17.1417b; Cicero, *Inv.* 1.8.10; Cornificius, *Rhet. ad Her.* 1.11.18–15.25; 2.12.17).

관련한 것은 없었다. 일어날 일에 대한 특질도 논쟁의 대상이 아니었다.

다시 말해, 이런 종말 시나리오를 설계하거나 이런 일이 일어나도록 허가하는 하나님의 행위가 과연 정당화될 수 있는가에 대한 이야기를 꺼낸 제자는 아무도 없었다. 예수님의 가르침을 통해 제시된 주요 쟁점은 사실로 인정된, 혹은 인정될 여러 현상을 어떻게 적절히 정의할 것인가에 관한 것이었다.

가짜 선지자들이 일어날 때, 난리와 난리 소문이 들려올 때, 제자들은 어떻게 해석해야 하는가?

그 현상들이 마지막 완성을 구성하는 요소들인가, 아니면 단지 마지막에 이르기 전 예비 단계에 불과한가?

예수님은 후자의 해석을 지지한다. 본문 13:2의 예언 후 제자들은 더 자세한 사실을 말씀하길 요청했다(4절). 예수님은 그 요청에 응하였다. 그러나 단순히 사실에 관한 말씀이 아니라 사실에 관한 질문을 일어날 사실의 적절한 정의(*quid sit*)라는 또 다른 차원으로 끌어올려 대답해 주신다.

4) 감람산 감화의 배열방식

제의적 담화의 고전적인 배열(*taxis*) 혹은 배치(*dispositio*)는 서문 혹은 서론(*prooemium*), 주제의 서술(*narratio*), 마무리(*peroratio*, 혹은 *epilogos*), 이 세 가지 주된 요소를 포함한다. 13:5b-37 본문은 이와 같은 전형적인 배열에 맞추어 창의적으로 조정하였다.

첫째, 서론부의 교과서적 의미는 이어질 담화 내용이 무엇인지 알려주어 청중이 그 내용을 잘 들을 수 있도록 준비를 돕는 부분을 말한다(Aristotle, *Rhet.* 3.14.1415a; Cornificius, *Rhet. ad Her.* 1.4.6-7; Quintilian, *Inst.* 4.1.1-79).

만약 13:5b을 담화의 서론으로 고려한다면(사실이 그러한 것이, 담화의 첫 번째 주제가 13:6에 나타나있다), "너희가 사람의 미혹을 받지 않도록 주의하라"라는 구문의 단순함과 갑작스러움은 겉으로 보기에 적절한 서문(prooemium)으로서 가져야할 기준에 위배되는 것처럼 보인다.

그러나 이례적인 방식에도 불구하고, 그 구문의 적절성과 효과를 볼 때 충분히 서문의 역할을 한다고 볼 수 있다. 인정하건대 본문 13:5b은 청자의 흥미를 유발할 만한 그런 서론은 아니다. 하지만 이 경우 그럴 필요가 없다. 이 담화는 이 본문에 앞선 1-12장의 문맥과 따로 떨어트려서 읽도록 의도된 것이 아니라 그 문맥에 이어 읽도록 의도된 담화이다.

앞선 문맥을 통해 청자에게 알려진 것은 예수님의 신비한 권위였다. 감람산에 선 화자는 청자가 주의를 기울여주길 간청할 필요가 없었다. 그의 응답을 청자들이 이미 기다리고 있었기 때문에(3-4절) 화자 역시 그들이 자신에게 주의를 기울이고 있음을 알고 있었다. 담화 주제에 관한 어떤 진술조차도 필요하지 않았다. 이미 "어느 때에 이런 일이 있겠사오며"(시간에 관한 질문) "무슨 징조가 있사오리이까"(부대 상황에 관한 질문)라는 제자들의 질문 가운데 주제가 드러나 있었기 때문이다.

또 다른 한편, 13:5b에 나타난 갑작스럽기도 하면서 권위 있는 명령은 서문이 갖추어야할 한 가지 필수 요건을 그대로 만족시킨다. 그 필수 요건이란 뒤이어 나오는 담화에 주의를 기울이도록 청중의 마음을 사로잡는 것이다(Quintilian, *Inst.* 4.1.5). 13:5b는 본문 4a 및 4b절에 나타난 시간 및 정황에 대한 질문과 맞물려 이 발화를 듣는 청중을 준비시키는 데에 필요한 모든 것을 충족시킨다.[31]

---

31 혹자는 한 문장 이하로 구성된 서문을 포함한 사도행전의 여러 담화와 막 13장을 비교할 수도 있다. 행 1:16; 2:14b; 3:12; 4:8b; 5:35b; 7:2a; 10:34-35; 13:16b; 15:7a, 13b;

둘째, 발화의 큰 부분을 차지하는 13:6-36은 바로 **서술**(*narratio*)이다.

이 부분은 서문에 부합되는 특정 주제들의 배열, 그 주제들의 내적 일관성 및 각각에 대한 충분한 부연 설명 등의 특징으로 구성되어 있다. 이 세 가지 특징은 자세한 언급을 요한다.

먼저 서론에서 암시된 내용(4절에 나타난 질문들)과 서술의 몇 가지 주제(6-36절) 사이에 존재하는 교차대구 관계를 살펴보아야한다. 제자들의 두 번째 질문("무슨 징조가 있사오리이까?")은 서술부의 처음 4분의 3가량 동안 대략적으로 다루어진다(6-27절). 나머지 부분, 13:28-36은 제자들의 첫 번째 질문("어느 때에 이런 일이 있겠사오며")을 이어받는다. 따라서 5세기 주석가 안디옥의 빅터(Victor of Antioch)의 관찰은 부정확하다.

"그들은 한 가지 질문을 던졌고, 그는 다른 대답을 한다."[32]

사실, 그들은 '두 가지' 질문을 던졌다. 예수님은 그 두 질문에 모두 답한다. 그러나 예수님은 불균형적으로, 그리고 역순으로 답하는 방식을 택하면서 질문의 힘과 중요성에 대해 제자들이 가지고 있었던 가정을 재배열한다.

13:6-36의 배열에서 두 번째 살펴볼 부분은 본문에 담긴 주제들이 형식상으로 반복적이긴 하지만 내용상 점진적이라는 사실이다. 13:17-18에 나타난 애절한 한탄과 탄원을 제외하고는 이 서술부 상 예수님의 진술은 네 가지 기본적인 형식 가운데 한 가지를 취하는데, 이는 이 담화 전체에 병치된 다양한 구문 속에서 반복된다.

17:22b; 19:35; 22:1; 24:10a; 25:24a; 27:21; 28:17b. 사도행전의 다음 네 가지 담화는 보다 긴 서문을 포함한다(4:24b-26; 20:18-27; 24:2-4; 26:2-3). 반면 다음 세 담화는 서문이 전혀 없다(5:29-32; 11:4-18; 25:14-21).

[32] Nineham, *Gospel of St. Mark*, 343-44에 인용된 부분 재인용.

(1) 권고, 대체로 각성을 위함(9a, 10, 23a, 28a, 33a, 35a절).
(2) 미래 일어날 현상에 대한 예견(6, 8a, 9b, 12 - 13a, 19, 22, 24 - 27절).
(3) 시간 및 조건을 나타내는 종속절에 이은 명령 혹은 금지(7a, 11, 14 - 16, 21, 28b - 29절).
(4) 권위 있는 선언(7b, 8b, 10, 13b, 20, 23b, 30 - 32, 33b - 34, 35b - 36절).

이 가운데 하나의 형식 혹은 다른 형식을 취하여 집중하는 경향이 몇몇 특정 부분에서 나타난다. 예를 들면, 24-27절은 끊임없이 예언의 형식을 취하는 반면, 발화의 마지막이 가까워오는 30-36절은 대부분이 약간의 권고가 가미된 선언에 해당한다. 하지만 가장 눈에 띄는 것은 전체 발화에 이 네 가지 형식이 높은 밀도로 반복되며 얽혀 있다는 사실이다.

수사적 효과라는 차원에서 이런 형식의 반복은 해석이 난해한 종말적 현상 및 불분명한 시대적 임무 등의 난제를 풀어나가는 청자들에게 일관적이고도 균형 잡힌 방향성을 암묵적으로 제공해 준다.

다른 한편, 모든 형식상의 반복과 더불어, 13:6-36이 다루는 주제들은 그 내용이 각각 구분이 되며 그 진행이 논리적인 점진성을 보인다. 먼저, 종말론적 완성에 수반되는 '징조'에 대한 제자들의 질문에 대답하면서 (13:4b) 예수님은 네 가지 주제를 다음과 같이 배열한다.

(1) 모든 사람이 함께 경험하게 될 이 땅에 일어나는 일반적인 재앙(6-8절).
(2) 신자들이 경험하게 될 이 땅에 일어나는 특정 재앙(9-13절).
(3) 처참한 '대환난'에 대한 인간의 특정 반응(14-23절).
(4) '대환난'에 대한 특정 초자연적 반응(24-27절).

그리고 '이 모든 일'이 언제 일어나는지를 묻는 질문에 대한 답으로(13:4a) 예수님은 두 가지 주제를 다룬다.

(1) 예상 가능할 만큼 임박한 재앙의 시기 및 그 시기에 대한 확신(28-31절).
(2) 예상 불가능할 만큼 갑작스럽게 벌어질 재앙의 시기 및 그 시기에 대한 무지(32-36절).

제자들의 단순한 질문이 기대했던 것보다 예수님의 대답은 훨씬 난해했다. 위 여섯 가지 주제가 갖는 형식상의 규칙성은 난해한 대답을 들은 제자들을 안심시키는 데 도움을 준다.

이 본문 서술부(*narratio*)가 갖는 다음 세 번째 특징은 반드시 논할 필요가 있다. 본문에 나타난 종말론적 주제의 배열은 절정을 향해 점진적으로 나아간다. 예수님은 아무런 규칙도 없이 '문제'들을 언급하지 않는다. 세상이 진통을 앓기 시작하는 시점에 일어나는 익숙하고도 추상적인 소동(騷動, 6-8절)에 대한 언급에서부터 보다 격렬하고 개인적인 고통에 대한 언급으로(9-13절) 발전된다. 궁극적으로는 숨 막히는 우주적인 격변에 대한 언급으로 그 절정에 이른다(24-27절).

이러한 수사적 기술은 '처음부터 끝까지 이르는 연속성'을 일컫는 말인 "아프 아르케스 아크리 텔루스"(ἀπ' ἀρχῆς ἄχρι τέλους)이다.[33] 13:27에서 상황적 주제들이 결론에 이르는 동시에 담화는 감정적 절정에 이른다. 여기서부터 마지막까지는 보다 조용하고 사려 깊은 경고가 담겨있다. 결론부에 이르기까지 격정을 최대한 유지하는 로마 연설의 경향과는 달리 이와

---

33 Rabe, ed., *Hermogenes: Opera*, 47.

같은 형태는 헬라 연설에 가까운 특징이다.

의심할 여지없이 이러한 배열은 마가의 신학적 확신의 한 부분을 반영하고 있다고 볼 수 있다. 즉 종말론적 압박을 겪는 그리스도인에게 필요한 것은 은혜라는 확신이다.

이 담화의 서술부는 퀸틸아누스가 제시한 기준, 즉 명료함, 간결함, 타당성 등의 예를 적절히 보여준다(*Inst*. 8.2.1 – 2). 잠시 후에 다루겠지만, 가장 후자에 해당하는 기준은 연설문의 착안–주안점 설정(invention) 및 문체(style)에 의해 충족된다.

셋째, 고전 수사학에서 결론이 한 문장으로 이루어진 경우는 흔하지 않다.

그런데 우리가 13:37에서 만나게 되는 결론이 바로 그런 경우다.[34] 아리스토텔레스식 기준에 의하면(*Rhet*. 3.19.1419b – 20b) 본문 37절, "깨어 있으라 내가 너희에게 하는 이 말은 모든 사람에게 하는 말이니라 하시니라"라는 말씀은 결론의 소임을 충분히 다한다. '내가…말한다'(I say)는 어구를 반복하는 것은 청자가 연설하는 화자에 대해 호의적인 평가를 하도록 유도해내는 동시에, 화자의 선언을 손상시킬 수 있는 "거짓 그리스도들과 거짓 선지자들"(22절)에 대한 믿음을 좌절시키고자 하는 의도를 담고 있다.

예수님 가르침의 대상을 '너희'에서 '모든 사람'으로 확대하는 것은 그 가르침의 논점의 중요성이 소규모 제자 집단이란 범위에 해당될 뿐 아니라 더 넓은 마가 공동체란 범위에까지 미침을 보여줌으로써 그 가르침의

---

[34] 다른 한 대안으로 막 13:32–37을 하나의 결론부로 범주화할 수 있다. 그러나 이 대안은 문제의 소지가 있다. 도입부 시간에 대한 주요 사안(4a절)이 서술부에서 발전되고 있음을 전혀 고려하지 않은 채 이 이 사안의 논의를 그저 결론부에 포함시켜버리는 결과를 낳게 되는 것이다. 나아가 32–37절 내용은 이전 문맥에서 논의 되지 않은 내용을 진술하고 있으며, 이 내용은 "깨어 있으라"는 권면이 담긴 37절에서 적절하게 요약되고 있다.

힘을 강화한다. "깨어 있으라!"라는 마지막 명령은 청중의 감정을 적절히 동요시킨다.

비록 13:37이 본 담화의 다양한 논지를 요약하고 있지는 않지만, 이 구절은 "주의하라"(블레페테[βλέπετε], 5, 9, 23, 33절)[35]라는 전체 연설문의 주요 반복구를 효과적으로 약설한다.

마가는 13:37 한 구절을 통해 여러 가지 수사적 목표를 달성한다. 무엇보다 바로 뒤이어 나오는 예수님 수난 서사에 주의를 기울이도록 독자를 유도하고 있다. 바로 이 수난 서사에는 '깨어' 있지 못한 제자들이 맞게 될 결과가 담겨있다(14:32-42). 예수님의 가르침이 13:37에 나타난 것처럼 급작스러운 명령으로 끝나는 것은(그레고레이테[γρηγορεῖτε], "깨어 있으라") 형식상 그리고 내용상 담화가 시작되는 13:5b에 나타난 같은 의미를 지닌 명령과(블레페테[βλέπετε], "주의하라") 균형을 이룬다.

이러한 결론(peroratio) 형식 및 내용은 아주 시의적절하다. 마치 집주인이 홀연히, 경고 없이 돌아올 것을 암시하듯(35-36절) 담화도 그렇게 끝나고 있다. 퉁명스럽기까지 한 이 결론이 고전 수사법 기준에 부합되지 않을 수도 있지만, 몇 가지 기준 외에는 많은 부분을 충족시킨다. "강조를 위한 간결함"과 더불어(브라쿨로기아[βραχυλογία], Cornificius, *Rhet. ad Her.* 4.54.68) 13:37은 담화의 "내적 경제성"을 유지함과 동시에(Quintilian, *Inst.* 7.10.16-17) 결정을 내려야 하는 위치에 청자를 극적으로 세워놓는다(Aristotle, *Rhet.* 3.18.1420b; Cornificius, *Rhet. ad Her.* 3.10.18).

본문에 대한 이와 같은 분석이 여러 비평법이 혼재된 학계의 13:5b-37 배열에 관한 논의에 기여하는 바는 무엇인가?

---

35 개역개정 성경은 이 단어를 조금씩 다르게 번역하고 있지만 그 의미는 동일하다—역주.

일반적으로 수사 비평은 성경 기록 당대에 사용되었을 법한 문학적 기준을 제공하여, 본문의 문학적 구조에 대한 학자들 간의 입장이 팽팽히 맞설 경우 각 입장을 평가할 수 있도록 한다. 본서의 입장이 결코 13장 배열에 대한 단 하나의 가능한 수사 분석일 수 없다. 단지 위에 제시한 원칙들이, 그리고 그 원칙이 도출해내는 몇 가지 해석적 결과물이 양식 비평이나 편집 비평에 기반한 다른 해석가의 결론을 입증 및 개선할 수 있다고 제안할 뿐이다.[36]

감람산 감화를 다양한 자료로부터 편집 과정을 거친 짜깁기의 결과물로 보는 것이 아니라 한편의 문학으로서 이해하고자하는 시도를 통해, 수사 분석은 의문의 소지가 있거나 겉보기에 문맥상 부적절해 보이는 구절이 담당하는 기능을 설득력 있게 설명하는 데 도움을 줄 수 있다.[37]

5) 마가복음 13장의 수사적 착안-주안점 설정

"화자가 할 일 가운데 착안(invention)은 가장 중요한 일이자 가장 어려운 일이다"(Cornificius, *Rhet. ad Her.* 2.1.1).

착안은 사안을 종결짓는 주장 및 근거를 고안해내는 일을 일컫는다. 화자가 착안을 위해 겪는 어려움은 그 착안을 분석하고자 하는 이에게도 동

---

36 참조, 다음 저작에 나타난 재구성을 참조하라. Lambrecht, *Redaktion der Markus—Apokalypse*, 285–97; Standaert, *L'Évangile selon Marc*, 231–53; Brandenburger, *Markus 13*, 13–20.

37 만약 그리스도임을 자처하는 자들에 대한 예언이(막 13:6) '이 땅에 일어날 일반적인 재앙'에 속한다면, 아마도 기독교 내적인 혼란을 암시하는 예언은 아닐 것이다. 나아가 전 세계적으로 전파될 복음에 대한 선언은(10절) 신자들이 겪게 될 특정 박해들과 함께 일어날 것임을 말씀한다(참조, 9–13절). 따라서 Hooker, "Trial and Tribulation," 85–88는 복음서 저자가 복음 전파와 박해 모두를 염두에 두고 있음을 적절히 감지한다. 그리고 본서의 분석은 이 부분에 대한 이론적 바탕을 제공한다.

일하게 적용된다. 13:5b-37 고유의 착안 방법은 좀 복잡하다. 그래서 상대적으로 눈에 잘 띄는 특징 몇 가지만 여기서 다룰 것이다.

첫째, 연설가가 직접 만들어 내지 않은 인위적이지 않은 근거(아테크노이 [ἄτεχνοι])는(예를 들어, 법, 계약, 목격자, 맹세 등) 법정적 수사법(judicial rhetoric) (Aristotle, *Rhet*. 1.15.1375a)에 특징적으로 더 많이 나타난다.

이러한 근거가 감람산 감화에 대체로 나오지 않는 점은 충분히 이해가 가는 부분이다. 그러나 만약 '법'이 넓은 의미로 어떤 주장을 뒷받침하거나 반박하기 위해 사용되는 구약성경 본문까지 포함한다면, 13장에 나타난 70인역 구약을 암시하는 수많은 부분은 예수님 입장을 뒷받침하는 비인위적 근거의 기능을 한다고 볼 수 있다.[38]

학자들은 구약에 대한 암시가 13장 안에 가득하다는 사실을 오랫동안 인지해왔다. 이러한 관점에서 본 장이 다니엘서에 대한 미드라쉬[39]에 해당한다는 라스 하트만(Lars Hartman)의 주장은 주목할 만하다.[40]

이와 같은 제안을 우리가 어떻게 다루든지 간에, 그러한 성경 인용이 어떤 '수사적 효과'를 가져오는지에 대한 연구는 충분하게 이루어지지 않

---

[38] 다음 목록은 이 부분에 대한 예를 보여준다. 7절("이런 일이 있어야 하되")과 관련하여 단 2:28-29을 참조; 8a절("민족이 민족을…대적하여")과 관련하여 대하 15:6을 참조; 8b절 ("재난[의 시작]")과 관련하여 사 26:17; 66:8; 렘 22:23; 호 13:13; 미 4:9-10을 참조; 9c절과 관련하여 시 119:46을 참조; 12절과 관련하여 사 3:5; 19:2; 겔 38:21; 미 7:6을 참조; 14a절("멸망의 가증한 것")과 관련하여 단 9:27; 11:31; 12:11;『마카비1서』1:54; 6:7;『마카비2서』6:2을 참조; 14c절("[유대에 있는] 자들은 산으로 도망할지어다")과 관련하여 창 14:10을 참조; 19절과 관련하여 단 12:1을 참조; 22절과 관련하여 신 13:1-3을 참조; 24-25절과 관련하여 사 13:10, 13; 34:4; 겔 32:7-8; 욜 2:10, 31; 3:15; 학 2:6을 참조; 26절과 관련하여 단 7:13-14을 참조; 27절("땅 끝으로부터 하늘 끝까지 [모으리라]")과 관련하여 신 13:7; 30:3-4; 슥 2:6; 4:10; 6:5을 참조하라.

[39] 구약성경에 대한 고대 유대교 주석-역주.

[40] Hartman, *Prophecy Interpreted*, 145-77; 더 최근 저작으로는 Pilgaard, "Apokalyptik"이 있다.

았다. 명백한 인용문임을 나태내지 않고 성경의 한 부분을 암시하는 것은, 청자가 그 암시를 분간해낼 것이라고 가정함으로써 청중들의 성경 교육 수준이 높음을 암묵적으로 보여주는 행위이다. 이보다 더 중요한 효과로서, 재앙에 관한 예언을 뒷받침하기 위한 성경 인용은 마가복음을 듣는 불안에 빠진 청자들에게 큰 위안을 줄 수 있다.

둘째, 연설가가 사건의 정황으로부터 직접 만들어낸 인위적인(엔테크노이[ἔντεχνοι]) 근거는(Aristotle, *Rhet.* 1.2.1355b‑1356a; Quintilian, *Inst.* 3.8.15) 13장이 갖는 설득력의 중심축이다.

제의적 연설문의 전형에서 볼 수 있듯, 귀납적인 논리도 그 렇다고 연역적인 논리도 이 담화에서 큰 역할을 차지하고 있지 않다. 예수님이 다룬 첫 네 가지 주제에서 언급된 다양한 사건들(막 13:6‑8, 9‑13, 14‑23, 24‑27)은 아리스토텔레스가 역사적 '예시'(파라데이그마타[παραδείγματα])에 근거하여 펼치는 주장에 비견된다.[41]

하지만 예수님이 다룬 주제들은 일어난 역사가 아닌 미래를 예견하고 있기 때문에 둘 간의 유사성은 확정적이지 않다. 그 중에서도 아리스토텔레스의 예시에 좀 더 가까운 것이 있다면 마지막 두 주제에 관한 언급이다(28‑31, 32‑36절). 무화과나무 장면(28‑29절)은 '유사성에 기반한 예시'(illustrative parallel)에 해당하고(*Rhet.* 2.20.1393b=*similitudo* in Quintilian, *Inst.* 5.10.1)[42] 타국으로 간 집주인 이야기(34‑36절)는 '우화'(fable)에 해당한다(*Rhet.* 2.20.1393b‑1394a).[43]

---

[41] Aristotle, *Rhet.* 2.20.1393a; 추가로 다음을 보라. Quintilian, *Inst.* 5.10.125‑11.44; Anaximenes, *Rhet. ad Alex.* 7.17.1428a‑8.13.1430a.

[42] 막 13:28‑29은 11:12‑21과 분명한 상관성이 있다. 이에 관하여 Telford, *Barren Temple*, 213‑18을 참조하라.

[43] 대안적 입장으로, 13:34의 호스[ὡς "…와 같으니"] 구문을 비유로 해석할 수 있다(Quin-

비록 이러한 파라데이그마타(παραδείγματα)가 설득의 의도를 지니고 있긴 하나(28a절, "무화과나무의 비유를 배우라"[저자 번역: "무화과나무로부터 비유를 배우라"]), 사실 이 예시들은 아무것도 증명하고 있지 않다.

그리고 설령 이 담화가 앞서 살펴본 것처럼 신중한 배열을 나타내고는 있다 하더라도 그 진행은 연역법 혹은 생략 삼단 논법(enthymematic logic)[44]의 논리적 순서를 따르지 않고 있다.[45] 반대로 일종의 논리적 오류가 본 담화를 진행시키는 데 어느 정도 동기를 부여한다. 즉 혼란스럽고 불확실한 징조들(박해와 거짓 예언)이 분명한 징조들(인자[人子]의 재림 및 이에 수반된 징조들; 참조, Aristotle, *Rhet*. 1.2.1357b)을 설명하는 데 사용된다는 말이다. 다시 말해 예수님의 가르침의 방향성은 엄밀한 의미에서 논리적인 색채를 띠고 있지는 않지만, 논리적 오류를 드러내는 것을 목표로 한다.

그 목표를 달성하기 위해 13:5b-37이 아리스토텔레스의 일반적인 주장 방식 혹은 '상투어구'(commonplaces; 코이노이 토포이[κοινοὶ τόποι]: *Rhet*. 2.18.1391b-19.1393a; *loci*, in Quintilian, *Inst*. 5.10.20-125)를 사용하고 있다는 사실에 주목할 필요가 있다. 종말의 시기와 현상에 관한 오해에 맞서 예수님은 극히 평범한 주장을 통해 담화를 구성해 나간다.

---

tilian, *Inst*. 8.3.72-76). 13:34-36의 전승—역사에 관해서는, Beasley-Murray, *Jesus and the Last Days*, 470-74을 참조하라.

44 일반적 삼단 논법에서 전제 혹은 일부가 생략된 경우—역주.
45 막 13:20b은 담화의 유일한 생략 삼단 논법을 담고 있다(Aristotle, *Rhet*. 2.22.1395b-23.1400b; 2.25.1402a; Quintilian, *Inst*. 5.10.1-6; 5.14.1-35; 8.5.9-11 등을 보라). 이 담화가 연역적으로 재구성될 수 있긴 하지만, 예수님의 다음 명제들의 타당성을 수용하려는 자세를 이미 취하고 있는 이들이 아니라면 본 절에 담긴 크고 작은 전제들은 설득력 있게 들리지 않을 것이다. 하물며 그 전제들은 보편적 진리도 아니다. (a) 구원받을 인류는 택함을 받은 자들이다. (b) 하나님이 구원받을 자들을 위해 그 [환난]날을 감하셨다. (c) 그러므로 하나님은 택함을 받은 자들을 위해 그날들을 감하신 것이다.

(1) 생물 분류상 속(屬)은 종(種)으로 나누어진다는 사실.

잘못 이해된 종말론에 반하여 예수님은 '몇 가지 시기로 구분된 재앙'을 말씀한다. 그는 속(屬)이란 차원에서 이해하는 총체적인 '종말'의 개념으로부터 다양한 종류(種類)의 종말론적 사건(일반적 재난, 신자가 겪는 시험, 대 환난, 인자의 재림)으로 이목을 돌려놓는다.[46]

(2) 선행 사건과 결과 간의 관계.

종말론적 속(屬)에 속한 종(種)으로서 일련의 사건들은 무턱대고 일어나지 않고 특정 선행 사건에 이어 특정 결과가 따라오는 형태로 시간 순서에 맞게 발생한다(예, 8c절: "이는 재난의 시작이니라").

(3) 모순 관계.

종말이 임박했다는 잘못된 주장 혹은 그 때가 언제인지 알 수 있다는 잘못된 주장으로 하나님이 예정한 시간적 진행을 단순화시키려는 시도에 반대하여 예수님은 양립 불가능한 명제를 주장한다("아직 끝은 아니니라"[7b절]; "그 때가 언제인지 알지 못함이라"[33절, 추가로 35절도 보라]).

(4) 예수님은 종말이 무한정 연기되었다고 말씀하는 것이 아니라(참조, 30절), 마지막 때가 와서 하나님이 그 선택한 자들을 되찾기 전까지 선행해서 일어나야할 모든 일들이 나타나야만 한다고 말씀하는 것이다.

이는 '미래 사실의 정황'을 말하는 한 가지 형태로, 만약 현재 무언가의 선행 조건이 일어나고 있다면 그에 대한 자연스러운 결과가 뒤이어 나타날 것이라고 주장하는 것이다(*Rhet*. 2.20.1393a).

---

46 Holland, *Tradition That You Received*, 134–39에 의하면 이와 유사한 수사적 전략이 살후 2:1–12에 사용되었다.

이 담화 가운데서 단 한 번도 나타나지 않는 수사적 주장의 한 가지 흔한 형태가 있는데 그것은 화자의 반대편 입장에서 제기하는 질문이다. 이와 같은 질의응답법은 고전 수사학에서 용인되었을 뿐 아니라(Aristotle, *Rhet.* 3.17.1419a; Cornificius, *Rhet. ad Her.* 4.15.22‑16.24), 마가복음의 예수님이 널리 사용했다(약 57회 정도 나타남). 상대의 침묵 속에서 펼쳐나가는 주장이 항상 위험성을 지니는 반면, 질의응답은 우리가 앞서 평가한 13장의 수사적 상황을 확인해 주는 기능을 했을 것이다.

이런 부분을 염두에 두고 볼 때 이 담화의 성격에 대해 마가 공동체가 이미 경험하고 있는 분열의 상황 속에서 주어진 변증적 답변이라고 보기보다는, 불안 속에 있는 그리스도인을 위한 교육적, 더 정확하게는 목회적 위로로 보는 것이 옳다.[47]

로고스(*logos*, 논리적 요소를 지칭-역주)는 이 본문에 분명하게 나타나는 내적 설득력을 구성하는 한 가지 요소일 뿐이다. 훨씬 강력한 설득력은 청중 사이에서 퍼지는 감정의 반향을 일컫는 파토스(*pathos*)와 화자에게서 나오는 권위를 일컫는 에토스(*ēthos*)에서 온다.[48]

예수님의 종말론적 각본 안에는 몇 가지 무시무시한 현상들이 포함되어 있는데(전쟁, 박해, 가족 내부의 불화, 우주적 파멸), 이는 동전의 양면과 같이 연약한 자들(아이 밴 자들과 젖먹이는 자들[17절], 위태로운 나그네들[18절][49]; Aristotle, *Rhet.* 2.8.1385b‑86b; Cicero, *De or.* 2.52.211을 보라)을 향한 연민과

---

[47] 이와 유사한 입장으로 Grayston, "Mark XIII," 375‑76이 있다. 다음과 대조해보라. Weeden, *Mark—Traditions in Conflict*, 52‑100.

[48] Cicero, *De or.* 2.43.182‑46.194와 Quintilian, *Inst.* 6.2.7‑27, 둘 모두 에토스와 파토스가 다양한 정도로 설득력을 구성할 수 있다고 본다.

[49] Pesch, *Markusevangelium*, 2:293의 해석과 마찬가지로 필자는 케이모노스(χειμῶνος "겨울에")가 우기를 지칭한다고 본다. 피난길에 비가 많이 와서 와디를 건너는 시간이 지체되는 경우를 염두에 두고 있다고 이해할 수 있다.

맞닿아 있다.

이러한 장면들은 매우 생생하게 그려져 있어서 에나르게이아(ἐνάργεια, Quintilian, *Inst.* 4.2.63‑64; 8.3.61‑67; 참조, Cornificius, *Rhet. ad Her.* 4.55.68‑69) 혹은 비시오네(*visione*, Quintilian, *Inst.* 6.2.29‑36; Longinus, *Subl.* 15.1‑12)의 예로 받아들여질 만하다. 이는 생생한 그림을 통한 설명으로 상상력을 자극하고 감정을 동요시키는 방법이다.

만약 이 담화를 일으킨 위기 상황이 적절히 해석되었다면, 이러한 무시무시한 장면 묘사가 어떤 목적을 달성하기 위한 것인지 우리는 궁금하지 않을 수 없다. 그 답은 13:7, 11, 13b, 20, 23, 27, 30‑31에 반복되는 확약(確約), 그리고 인내에 대한 권면과 깊은 관계가 있어 보인다. 다시 말해 자신감을 북돋우는 것 자체가 무서운 일이 벌어질 잠재성을 똑바로 직시하는 것을 전제하는 동시에 어떤 부분에서는 자신감이 그 일을 직시하는 것에 달려있기도 하다는 말이다(Aristotle, *Rhet.* 2.5.1382a‑83b).

여기서 예수님은 다가올 공포를 청자들의 마음 가운데 수사적으로 조성함으로써 그 '선택받은 자'들을 미래의 시험과 환난에 대비시키는 한편 그들이 하나님의 섭리 속에 궁극적인 승리를 보게 될 것을 재확인시킨다(*Rhet.* 2.5.1383a). 이 담화는 물론 제2복음서 전체가 함축하는 바는 예수님이 "진정한 지혜와 탁월한 성품을 지닌 (분)"이라는 평가이다(Quintilian, *Inst.* 4.12.1; 추가로 1.pr.9‑12; 1.2.3; 2.15.33; 12.1.1‑45을 보라).

이 발화의 여러 가지 선언에 담긴 설득력의 무게는 예수님의 에토스로부터 온다(13:9 "나로 말미암아"; 13a절 "내 이름으로 말미암아"; 추가로 23b, 26, 31, 37절을 보라). 심지어 소위 자기 지식의 제한적인 요소를 말하는 순간조차도(32절) 하나님의 모든 것을 능가하는 지식을 돋보이게 하면서 예수님의 '아들'로서의 신분을 상기시키는 데 이바지한다.

이처럼 그리스도의 에토스는 너무도 강력하여 그 이름이 오용될 경우 신자들이 쉽게 속아 넘어가게끔 만드는 역효과를 낳을 수 있을 정도다. 즉 그 가짜 그리스도와 거짓 선지자들이 그 이름을 오용할 때, 그 에토스는 미혹의 도구로 휘둘려질 수도 있다는 것이다(5-6, 21-22절). 진짜 그리스도의 권위 있는 사전 경고만이 이들이 일으킬 잠재적 위협을 좌절시킬 수 있다(5b, 23절). 위 모든 것을 감안할 때, 감람산 감화에 나타난 로고스와 파토스는 근본적으로 화자의 에토스에 달려있다.[50]

6) 감람산 감화의 수사적 문체

이 담화에서 착안 및 배열과 가까운 친척과 같은 관계에 있는 수사적 요소는 문체(*elocutio*, 표현술)이다. 키케로의 표현에 의하면 이는 "착안한 주제에 어울리는 적절한 언어를 사용하는 것"이라 했다(*Inv.* 1.7.9). 아래에서는 정확성(correctness), 명료성(clarity), 심미성(ornamentation), 적절성(propriety)이라는 테오프라스토스(Theophrastus)가 주장한 문체(style)가 가져야할 네 가지 미덕에 근거하여 본문을 살펴보았다.[51]

첫째, 고대 이론가들에게 정확성(**헬레니스모스**[ἑλληνισμός], 푸루스[*purus*, 순수하다는 뜻의 라틴어-역주])은 적절한 문법을 주로 일컫는 말인 듯 보인다 (Cicero, *De or.* 3.40).

---

50 Aristotle, *Rhet.* 1.2.1356a는 에토스가 연설 내적인 요소라고 본다. 그러나 Kennedy, *New Testament Interpretation*, 15가 언급하듯 화자의 권위는 외부에서 수사적 상황 안으로 들어오는 것이므로, 성경에 나타나는 에토스는 대체로 설득의 외적 수단으로서 기능한다.

51 이와 같은 기준은 Aristotle, *Rhet.* 3.2.1404b-1405b에서 기본 형태가 발견된다. 이후 다음 고전 이론가에 의해 차용되었다. Cicero(*Or.* 75-121; *De or.* 3.9.37-39; 3.52.199), Quintilian(*Inst.* 1.5.1; 8.1-11.1; 12.10.58), Hermogenes(*Peri ideōn*). 이에 대한 논의는 Kennedy, *Art of Persuasion*, 273-90을 보라.

B.C. 1세기 중반 로마 웅변술이 '아테네 문학'(Atticism)[52]을 적절한 문법의 척도로 보았듯이,[53] 만약 그것을 신약 문법의 척도로 사용한다면, 13:5b–37은 몇 가지 부분에서 결함이 있다고 여겨질 것이다.

　　감람산 감화 안에는 고대 기준에서 촌스럽게 여겨지는 문장 구조들이 숨어 있다. 레게인(λέγειν, '말하다')에 이어 호티(ὅτι, 관계절을 이끄는-역주] "that"; 6, 30절)가 등장하는 구문이라든지, 전치사 엔(ἐν, "in")이 선호되는 구조에서의 에이스(εἰς, "into")가 사용되는 구문(9, 10절), 주어가 없는 비인칭 복수동사가 사용되는 구문(9, 11절), 남성형 형용사적 분사가 중성명사를 수식하는 구문(14절), 안(ἄν, 가정법 구문에서 우발적 가능성을 나타내는 단어)과 함께 직설법 동사가 사용된 구문(20절), 여러 가지 '셈어 용법'(semitism)이 사용된 구문(이중 대명사[11c, 19절] 및 분사를 동반한 에고 에이미[ἐγώ εἰμι, '나는…이다']의 사용[13a절]), 최소 한 번은 사용된 라틴 화법(Latinism, **알렉토로포니아스**[ἀλεκτοροφωνίας]: '밤 제삼경'[직역. '닭 울때'; 35c절]) 등이 바로 그러한 예다.

　　또한 접속사가 생략된 경우들도 있다(아신더톤[ἀσύνδετον], 5b–6, 7bc, 8abcd, 23ab, 33a절).[54] 마태복음과 누가복음은 아마도 이러한 구성 방법이 적절치 않다고 판단했을 가능성이 있는데, 공관복음 평행 구절 중 다른 복음서에서 마가복음의 문법구조가 바뀐 부분들을 설명할 수 있는 근거를 제공한다.[55]

52　아티카주의(Atticism)란 말은 아테네를 포함한 그리스 남동부 지역 아티카에서 파생한 말로 B.C. 1세기 초반 일어난 아테네 수사 문학 운동을 일컫는다-역주.
53　Kennedy, *Art of Persuasion*, 330–40.
54　M. Black, *Aramaic Approach*, 42는 이 가운데 몇 가지 경우를 마가복음에 나타나는 아람어 패턴의 영향으로 여긴다.
55　변명된 문법구조들의 예로 다음을 살펴보라. 막 13:6의 호티(ὅτι, "that")가 마 24:5과 눅

이에 반해 13장의 문체가 전체적으로 '정확성'(correctness)이 있음을 옹호하는 근거로서 다음과 같은 답변을 내놓을 수 있다.

(1) 코이네 헬라어의 특성을 감안할 때[56], 아테네 문학의 정확성이라는 '이상적인' 기준을 적용하는 것은 부적절할 뿐만 아니라 비현실적이다.
(2) '고전' 헬라어와 '셈어화'된 헬라어 사이 경계선은 그렇게 분명하지도, 엄격하지도 않다. 예를 들어, 회생 대명사(resumptive pronoun)와 함께 사용되는 현수격(懸垂格, 카수스 펜덴스[casus pendens])[57] 구문(참조, 막 13:11c)은 고전 헬라어에서도 생소한 구문은 아니었다.[58] 그리고 (곧 확인하겠지만) 접속사 생략 구문이라고 해서 자동적으로 '셈어 용

21:8 모두에서 생략되어 있다. 막 13:9(에이스 수나고가스[εἰς συναγωγὰς], "회당에서")이 마10:17(엔 타이스 수나고가이스[ἐν ταῖς συναγωγαῖς], "회당에서")에서 조금 수정되어 있으며(참조, 눅 21:12), 마찬가지로 막 13:10(에이스 판타[εἰς πάντα], "만국에")이 마 24:14(엔 홀레[ἐν ὅλῃ], "온 [세상]에")에서 더 부드럽게 표현되어 있다. 마 24:15은 중성분사(헤스토스[ἑστὸς], "선 것")가 그 수식하는 중성명사와 일치를 이룬 것에 반해, 막 13:14은 중성 명사 뒤에 남성 분사(헤스테코타[ἑστηκότα], "선 것")를 사용하고 있다. 마 24:29의 페순타이(πεσοῦνται, "떨어[질 것이]며")는 막 13:25a의 에손타이 핍톤테스(ἔσονται πίπτοντες "떨어지[고 있을 것이]며")보다 자연스럽다. 마 24:42과 눅 12:38, 40 모두 막 13:35의 로마 '시간 관념'을 암시하는 표현이 생략되어 있다. 그러나 마태복음과 누가복음 역시 마가복음과 마찬가지로 수식 대상이 불분명한 복수대명사를 사용한 경우("그들," 막13:9, 11=마 10:17=눅 21:12 및 막 13:26=마 24:30=눅 21:27)와 "내가…너희에게 말하노니" 구문(레고 후민 호티[λέγω ὑμῖν ὅτι])을 사용한 경우(막 13:30=마 24:34=눅 21:32)가 있다. 마태복음이 조건절을 도입하는 안(ἄν)을 직설법과 함께 사용한 구문을 보존하고 있음에도 주목하라(24:22a=막 13:20a).

56　'코이네'(koine)는 '평범한'이란 뜻으로 B.C. 3-4세기경 알렉산더 대왕의 원정 및 헬레니즘 확산 이후부터 기독교 초대 교부시기까지 널리 사용된 일반 대중의 평범한 헬라어를 지칭하는 용어이다–역주.
57　현수격이란 '현수'라는 의미에서 알 수 있듯 절(節) 밖에 있지만 그 안에 있는 회생대명사에 의미상 '걸려있는' 명사구를 지칭하는 말이다. 예, 창조주 하나님(현수격, hanging case), 바로 그분(회생 대명사)이 나의 하나님이다–역주.
58　Moulton, *Prolegomena*, 69 – 70를 보라. 위 문법적 예가 여기에 인용된 아테네 문학에 사용되었음을 참조하라.

법'(Semitism)이라고 단정 지을 필요는 없다.[59]
(3) 13:19 경우 틀림없이(참조. 단 12:1), 그렇다고 이 구절에만 한정 지을 필요는 없이, 70인역에 대한 마가의 독창적인 모방은 본문 담화의 셈어풍에 많은 부분 기여했다고 본다.
(4) 마가복음 다른 본문에서 특징적으로 발견되는 많은 구문들이 13:5b-37에서는 별로 발견되지 않는다(과도할 만큼 많은 분사구문, 전치사, 부사의 사용, 지나친 역사적 현재 시제 및 이중부정 구문 사용).[60]

정리하자면, 13:5b-37에 나타난 구문법은 '그리스 고전의 순도'에서부터 온 것이라기보다 코이네 헬라어의 직접적인 단순함의 발로(發露)라 할 수 있다. 이 구문법은 히브리서 문체의 우아함과 대조를 이루는 동시에, 마찬가지로 요한계시록의 '투박함'과도 대조를 이룬다.

둘째, 퀸틸리아누스는 명료성(perspecuitas, 토 사페스[τὸ σαφές])이야말로 문체가 가져야할 주요 미덕이라고 했다(Inst. 8.2.22).

이점에 대해 감람산 담화는 높은 점수를 받을만하다. 13:6-36에 나타난 대부분의 문장은, 전부 다는 아닐지 몰라도, 그 정확한 의미를 파악하기에 충분히 명료하다. 28절 및 34-36a절에 언급된 '예'들은 4:3-32에 나오는 비유보다 덜 모호하다(참조. Inst. 8.6.52). 본문 14절만큼은 이러한 전체적인 평가에 예외적인 모습을 확연히 나타내긴 하지만, 아래 살펴볼 것처럼 이 부분의 모호함은 의도된 것일 가능성이 높다.

---

59 난해한 주제인 '셈어 용법'(Semitisms, 고전 및 코이네 헬라어에 셈어 구문의 흔적이 나타나는 현상)과 관련하여 Moule, *Idiom Book*, 171-91의 절제된 평가를 참조하라.

60 마가복음에 사용된 단어, 구문론, 문체를 잘 요약한 자료로서 V. Taylor, *St. Mark*, 44-66을 보라.

셋째, 13장 문체에서 가장 놀라운 부분은 심미성(메갈로프레페스[τὸ μεγ
αλοπρεπές], *ornatus*)과 관련한 것이다. 고대 이론가들은 문체를 두 가지 요
소로 나누었다.

첫째 요소는 은유 및 비유(어떤 말을 사용하여 다른 것을 대체하는 '우회적 표
현 방식')를 포함하여, 표현력을 증대시키기 위한 단어 선택을 지칭하는
'렉시스'(*lexis*, 용어 선택)이다.

둘째 요소는 단어 조합(*synthesis*)인데, 소리 혹은 단어('발화의 방식,' figures
of speech) 또는 발상('생각의 방식,' figures of thought)의 무리들을 의도적으
로 조정하여 눈에 확연히 드러나게 하는 방법이나 의외의 방법으로 담화
를 구성하는 것을 지칭한다.[61] 아래 이어지는 표는 13:5b-37에서 사용된
용어 선택 및 단어 조합을 개괄적으로 보여준다(아래 본문 구절 가운데 괄호
안 번역은 저자 번역임을 밝힌다―역주).[62]

(1) 비유

A. 은유법(*translatio*): 어떤 대상을 그와 유사한 것에 적용하여 단어를 치
환하는 방식(Cornificius, *Rhet. ad Her.* 4.34.45).

만일 주께서 그 날들을 감하지 [자르지] 아니하셨더라면(20a절).

---

61 심미성에 대해 다룬 고전은 다음을 포함한다. Aristotle, *Rhet*. 3.1.1403b–12.1414a; Anaximenes, *Rhet. ad Alex*. 22.1434a.35–28.1436a.13; Longinus, *On Sublimity*; Demetrius, *De elocutione*; Cicero, *De or*. 3.37.149–42.168; Quintilian, *Inst*. 8.6.1–76; 9.1.1–3.102. 문체의 고전적 기준을 다룬 현대 저작으로는 Lausberg, *Handbook of Literary Rhetoric*, 242–411을 참조하라.

62 헬라어 문체의 특성을 최대한 담아 내고자 막 13장에서 발췌한 문장들을 필요에 따라 문자적으로 혹은 역동적으로 번역하였다. 헬라어 단어 혹은 특정 소리가 특정 효과를 만들어 내어 영어로는 그 효과가 제대로 표현되지 않는 경우에 한해 헬라어 구문을 병기하였다.

무화과나무의[로부터] 비유를 배우라(28a절).

인자가 가까이 곧 문 앞에 이른 줄 알라(29절).

집 주인이 언제 올는지…너희가 알지 못함이라(35b-36절).

B. 제유법(*intellectio*): 대상의 한 부분으로 그 대상 전체, 혹은 그 종(種)을 제시하는 방식(Quintilian, *Inst.* 8.16.19).

내 이름으로 말미암아(13a절).

C. 환유법(*denominatio*): 실제 의도하는 대상의 어떤 속성이나 혹은 그와 관련 깊은 다른 말을 빌려 그 대상을 대체하는 방식(Cornificius, *Rhet. ad Her.* 4.32.43).

모든 육체(20a절).

내 말(31절).

(2) 발화의 방식

A. 대구법(parallelism): 상호 유사성을 지닌 단어, 어구, 어절을 짝지어 표현하는 방식.

너희를…매질하겠으며(다레세스떼[δαρήσεσθε])…너희가…서리니 (스타떼세스떼[σταθήσεσθε], 9bc절).

주께서 그 날들을 감하지 아니하셨더라면…그 날들을 감하셨느니라(20ad절).

유대에 있는 자들은⋯도망할지어다 지붕 위에 있는 자는 내려가

지도 말고⋯밭에 있는 자는⋯돌이키지 말지어다(14–16절).

해가⋯달이⋯별들이⋯권능들이(24bc–25ab절).

B. 반복법(homoeoptoton, *exornatio*): 한 문장 내에서 같은 억양 및 어조를 가진 둘 혹은 그 이상의 단어를 반복하는 방식(Cornificius, *Rhet. ad Her.* 4.20.28; 참조. Quintilian, *Inst.* 9.3.78).

그가 천사들을 보내어(아포스텔레이 투스 앙겔루스[ἀποστελεῖ τοὺς ἀγγέλους]) 자기가 택하신 자들을⋯모으리라(에피스나크세이 투스 에크렉투스[ἐπισυνάξει τοὺς ἐκλεκτοὺς], 27절).

C. 중복표현법(아나디플로시스[ἀναδίπλωσις]): 강조, 확대의 목적으로 하나 혹은 그 이상의 완전히 똑같은 단어, 구문을 직접적으로 반복하는 방식(Cornificius, *Rhet. ad Her.* 4.28.38; Quintilian, *Inst.* 9.3.28).

내면(하면 곧)⋯가까운 줄 아나니⋯보거든(하면 곧)⋯가까이⋯이른 줄 알라(28bc, 29bc절).

D. 전의법(轉義法, transplacement, *traductio*): 한 단어를 다양한 문맥에서 다른 뜻으로 반복하여 사용하는 방식(Cornificius, *Rhet. ad Her.* 4.14.20–21; Quintilian, *Inst.* 9.3.41–42).

깨어 있으라 명함과 같으니 그러므로 깨어 있으라(34d, 35a절).

E. 대위법(對位法, polyptoton): 한 단어의 격변화와 어미변화 등을 다양하게 사용함으로써 명암을 만들어 내는 방식(Quintilian, *Inst*. 9.3.37).

난리와 난리의 소문(아코아스[ἀκοὰς])을 들을(아쿠세테[ἀκούσητε]) 때에(7a절).
창조하신 시초부터(창조하신 창조의 시작부터, 19절).
자기가 택하신 자들을(자기가 택하신 선택받은 자들, 20b절).

F. 어두동어반복법(epanaphora): 연이은 절을 시작할 때 앞 문장 앞에 나온 같은 단어를 반복하는 방식(Cornificius, *Rhet. ad Her*. 4.13.19).

…있으며…있으리니(there will be…there will be, 8bc절).
보라…보라…(21bc절).

G. 어미동어반복법(antistrophe, 에피포래[ἐπιφορα]): 연이은 절 마지막 부분에 앞 문장 끝에 나온 단어를 반복하는 방식(*Rhet. ad Her*. 4.13.19).

없어지겠으나…없어지지 아니하리라(31ab절).
너희에게 하는 이 말은 모든 사람에게 하는 말이니라(to you I say, to all I say, 37ab절).

H. 두운(頭韻, homoeopropheron): 연이은 둘 혹은 그 이상의 단어들 첫 머리에 규칙적인 음절을 배열하는 방식(참조, *Rhet ad Her.* 4.12.18).

거짓 그리스도들과 거짓 선지자들이(22a절).

I. 각운(脚韻, homoeoteleuton): 둘 혹은 그 이상의 구절 끝에 규칙적인 음절을 배열하는 방식(Quintilian, *Inst.* 9.3.77).

주의하라(블레페테[βλέπετε]) 깨어 있으라(아그루프네이테[ἀγρυπνεῖτε], 33a절).

J. 문두문미 반복법(epanalepsis): 문장 말미에 문장의 첫 단어를 반복하는 방식(*Inst.* 8.3.51).

민족이 민족을(nation will arise against nation), 나라가 나라를(8a절).
형제가 형제를…내주며(brother will betray brother, 12a절).

K. 접속사 생략법(asyndeton, *dissolutio*): 접속사를 생략하는 방식(*Inst.* 9.3.50).

주의하라 많은 사람이 내 이름으로 와서 이르되(5b–6절).
두려워하지 말라 이런 일이 있어야 하되(7bc절).
일어나겠고…있으며…있으리니 이는 재난의 시작이니라(8abcd절).
너희는 삼가라 내가 모든 일을 너희에게 미리 말하였노라(23ab절).

주의하라 깨어 있으라(33a절).

L. 접속사 연속사용법(polysyndeton): 접속사를 과하게 사용하는 방식 (*Inst*. 9.3.50 – 52): καὶ.—병렬(연이은 절 사이에 'and'접속사를 중복해서 사용: 9c-13a, 24c-27ab절).

아무도 모르나니(no one)…천사들도(neither), 아들도 모르고(nor) 아버지만 아시느니라(32ab절).
언제 올는지 혹(에[ἢ]) 저물 때일는지, 혹(에[ἢ]) 밤중일는지, 혹(에[ἢ]) 닭 울 때일는지, 혹(에[ἢ]) 새벽일는지(에[ἢ], 35bc절).

M. 압운법(押韻法, alliteration): 인접한 단어의 처음 혹은 중간 자음 소리를 반복하는 방식(참조, Cornificius, *Rhet ad Her*. 4.12.18).

두스 토이스 둘로이스(Δοὺς τοῖς δούλοις, 종들에게…주어, 34b절).

N. 모음운(assonance): 자음은 다르나 모음이 유사한 단어들을 인접한 위치에 나열하여 운(韻)이 반복되도록 하는 방식(*Rhet. ad Her*. 4.12.18).

메 뜨로에이스떼 데이 게네스따이(μὴ θροεῖσθε· δεῖ γενέσθαι, 두려워하지 말라 이런 일이 있어야 하되, 7bc절).
에크수시안 에카스토 토 에르곤(ἐξουσίαν ἑκάστῳ τὸ ἔργον, 권한을…각각 사무를[각각에게 사무를], 34bc절).

O. 전치법(轉置法, hyperbaton): 강조를 위해 어순을 바꾸는 방식(Cornificius, *Rhet. ad Her.* 4.32.44; Quintilian, *Inst.* 8.6.62–67).

  이는 재난의 시작이니라(재난의 시작이 바로 이러하니라, 8d절).
  여름이 가까운 줄(가까이 온 것이 바로 여름임을, 28c절).

P. 교차대구법(chiasmus; 참조, *commutatio*: Cornificius, *Rhet ad Her.* 4.28.39): 인접한 구(句) 혹은 절(節)의 문법 구조가 서로 엇갈려 대구되도록 배치하는 방식.

  너희를 공회에 넘겨주겠고 너희를 회당에서 매질하겠으며(너희를 공회에…회당에서 너희를, 9b절).
  아버지가 자식을…자식들이 부모를(12ab절).
  만일 주께서 그 날들을 감하지 아니하셨더라면 모든 육체가 구원을 얻지 못할 것이거늘 자기가 택하신 자들을 위하여 그 날들을 감하셨느니라(20abcd절).

Q. 대조법(antithesis): 반대되는 생각들을 병치하는 방식(*Rhet. ad Her.* 4.15.21; *Rhet. ad Alex.* 26.1435b.25).

  이런 일이 있어야 하되 아직 끝은 아니니라(7cd절).
  무슨 말을 할까 미리 염려하지 말고 무엇이든지 그 때에 너희에게 주시는 그 말을 하라(11bc절).
  말하는 이는 너희가 아니요 성령이시니라(11d절).

미움을 받을 것이나 끝까지 견디는 자는 구원을 받으리라(13절).
천지는 없어지겠으나 내 말은 없어지지 아니하리라(31절).
아무도 모르나니…아버지만 아시느니라(32ac절).
그러므로 깨어 있으라…너희가 알지 못함이라(35ab절).

R. 삽입구(parenthesis, *interpositio*): 해설을 중간에 삽입함으로써 담화의 흐름을 중단하는 방식(Quintilian, *Inst*. 9.3.23).

또 복음이 먼저 만국에 전파되어야 할 것이니라(10절).
읽는 자는 깨달을진저(14b절).

S. 생략법(ellipsis): 문맥 상 암시되어 있는 단어를 의도적으로 생략하는 방식(*Inst*. 9.3.58).

나라가 나라를 대적하여 일어나겠고(8a절).[63]
아버지가 자식을 죽는 데에 내주며(12a절).[64]

T. 동격병치(apposition): 서로 대등한 요소를 나란히 놓아 후자에 놓이는 쪽이 앞에 놓인 요소를 수식하도록 하는 방식.

하늘에 있는 권능들이(권능들, 하늘에 있는 그것들, 25b절).
아무도 모르나니 하늘에 있는 천사들도, 아들도(32ab절).

63　원문에서 대적하여 일어나겠고 부분은 "민족이 민족을" 부분에만 표현되어 있다―역주.
64　원문에서 죽는 데에 내주며 부분은 "형제가 형제를" 부분에만 표현되어 있다―역주.

그 종들에게 권한을 주어 각각 사무를 맡기며(그 종들에게 권한을…각각에게 사무를, 34bc절).

(3) 생각의 방식

A. 돈절법(頓絶法, aposiopesis): 생각의 미완성(Cornificius, *Rhet. ad Her.* 4.30.41; 4.54.67; Quintilian, *Inst.* 9.2.54 – 57; 9.3.60 – 61).

가령 사람이 집을 떠나 타국으로 갈 때에…문지기에게 깨어 있으라 명함과 같으니(타국으로 가는 사람이 문지기에게 지키라 명함과 같으니, 34절).

B. 논란 일으키기(*controversia*): 모호한 용어를 사용함으로써 의구심을 들게끔 하거나 찾아보도록 유도하는 방식(Quintilian, *Inst.* 9.2.65 – 95).

멸망의 가증한 것이 서지 못할 곳에 선 것을 보거든(14a절).

C. 에크프라시스(*echphrasis*): 생생한 묘사(Cornificius, *Rhet. ad Her.* 4.38.51).

그 때에 인자가 구름을 타고…땅 끝으로부터 하늘 끝까지 사방에서 모으리라(26–27절).

집 주인이 언제 올는지…새벽일는지(35bc절).

D. 환기(arousal, 아나스타시스[ἀνάστασις]): 감정을 동요시킴(*Rhet. ad Her.* 4.43.55 – 56).

이 일이 겨울에 일어나지 않도록 기도하라(18절).

E. 용어법(冗語法, pleonasm): 강조를 위해 불필요한 말을 덧붙임(Quintilian, *Inst.* 9.3.46 – 47).

너희는 스스로 조심하라(9a절).
너희는 삼가라(23a절).

F. 직유법(直喻法, simile): 암묵적으로 유사한 대상을 비교함(Cornificius, *Rhet. ad Her.* 4.49.62).

가령 사람이 집을 떠나…그러므로 (너희도) 깨어 있으라(34–35절).

위 제시된 목록은 마가복음 본문에 나타난 수사법을 완전히 나열하기 위한 것이 아니다. 위 목록은 심미적 요소가 일정 길이의 발화 안에 더 현저하게 나타난 표현들을 중심으로 그 범위를 겉핥기식으로 나열해본 것일 뿐이다.

마찬가지로 인상적인 부분은 여러 비유와 서술 방식들을 한 데 섞어낸 기술이다. 다양한 수사법들 그 자체로는 주의를 깊이 유도하지 못한다. 그 뿐 아니라 아마 본문을 소리내어 낭독하는 것을 듣지 못하고 조용히 읽기만 하는 이들은 이 수사법들 가운데 대부분의 존재조차 눈치채지 못했을 것이다.

심지어 이 본문의 발화가 이루어졌을 당시 그 자리에 있었던 청자들조차도 이 모든 수사적 장식들을 완전히 의식적으로 받아들이지는 못했을 것이다. 다만 부지불식간에 다양한 수사 기술들이 설득 효과를 거두는 데 일조하고 있었을 것이다(Cicero, *De or.* 3.50.195).

13장이 보여주는 용어 선택과 그 조합은 심미적 요소만을 위한 것이 아니다. 이는 연역적, 논리적 증거를 뛰어넘는 믿음이란 사안에 대해 청자의 확고한 동의를 이끌어 내려는 목적을 달성하는 데 부합되는 기능적 장치이다.[65]

넷째, 테오프라스토스가 제안하는 문체가 가져야할 네 번째 미덕은 적절성(τὸ πρέπον[to prepon], *decorum*)으로, 발화 정황, 화자의 에토스, 청중의 분위기, 담화의 성격 등에 그 문체가 얼마나 적합한가에 대한 것이다.

이 측면들을 고려했을 때 감람산 강화는 마가복음 기록 당시 수사학자들에게 제법 좋은 평을 들었을 것이다.

13장에서 가장 지배적인 경향의 문체는 키케로가 논한 문체의 여러 단계 중에서도[66] "중도"적 문체(the middle way, *mediuset quasi temperatus*: *Or.* 6.21; *De or.* 3.45.177)이다. 즉 '신중한' 혹은 '절제된' 종말론에 걸맞도록, 본문의 주장과 말투는 과장되어 있지도 않고(참조, *De or.* 5.20), 그렇다고 간소하지도 않다(참조, *Or.* 6.20). 비록 발음상 생겨나는 운율에 의해 딱 맞아떨어

---

65 문체/표현술과 주장 내용의 상호 관계에 관해서는 Quintilian, *Inst.* 9.1.19, 21을 보라. 또한 Perelman and Olbrechts-Tyteca, *The New Rhetoric*, 167–79의 논의를 주목하여 보라.

66 Cicero, *Or.* 5.20–6.21; 21.69–29.101; idem, *De or.* 3.52.199–200; 3.45.177. 추가로 Cornificius, *Rhet. ad Her.* 4.8–11; Quintilian, *Inst.* 12.10.58–72; Augustine, *Doctr. chr.* 4.19.38; 4.24.54–26.56 등을 보라.

지는 시적 리듬은 부정할 수 없는 부분이지만,[67] 전체적으로 이 담화는 해체적인 '분절 진행' 방식을 택하기 보다는 '자유로운 산문 진행' 문체를 보이고 있다(Aristotle, *Rhet.* 3.9.1409ab; Quintilian, *Inst.* 9.4.19-147).

이러한 '산문체'는 흔히 교훈적 이야기에 어울리긴 한편, 꼬리를 물고 이어지는 종말론적 사건의 고리에 대한 안목을 통해 충고의 말을 전하는 담화에 특히 적절해 보인다. 우리가 이 본문에서 발견할 수 있듯이, 더 긴 구(句)와 절(節)을 사용할수록, 청중은 덜 서두르게 되고 화자는 의도한 더 많은 수사적 효과를 거둘 수 있다(Cornificius, *Rhet. ad Her.* 4.19.26-20.28).[68]

화자가 구사하는 수사적 장식은 웅변가로서의 노련함을 돋보이게 한다. 그 장식이 포함하는 다양한 명료성 및 모호성은 담화에 나타난 종말론적 각본이 전반적으로는 명료하게 예고되는 동시에(막 13:23) 그 정확한 시점에 대해서는 모호하게(32절) 그려지는 것과 적절히 맞아 떨어진다.

13:5b-37에 포함된 배열 및 '논리적' 주장 등에 대한 연구와 비교할 때, 이 본문의 문체에 대한 연구는 최근 학자들 사이에서 상대적으로 천대받아왔다. 우리에게 익숙한 본문에 그리스-로마 수사학이 새로운 빛을 던져줄 수 있는 또 다른 영역이 바로 여기에 있다. 문체에 대한 고전 이론

---

[67] Kennedy, *New Testament Interpretation*, 30에서 언급된 바와 같이, 코이네 헬라어 발음의 길고 짧은 음절들 간을 차이를 구분하는 체계가 확립되지 않은 현시점에서 신약성경 산문의 리듬 분석은 배제될 수밖에 없다. 산문적 요소에도 불구하고 감람산 감화는 다음과 같은 몇 가지 운문적 특징들을 보이고 있다. 메 테로에이스테; 데이 게네스타이(μὴ θροεῖσθε· δεῖ γενέσθαι): "두려워하지 말라. 이러한 일이 있어야 하되"(v. 7ab); 카이 토테 아포스텔레이 투스 앙겔루스/에피수낙세이 투스 에크렉투스(καὶ τότε ἀποστελεῖ τοὺς ἀγγέλους ἐπισυνάξει τοὺς ἐκλεκτοὺς): "또 그 때에 그가 천사들을 보내어/자기가 택하신 자들을…모으리라,"(v. 27a).

[68] Quintilian *Inst.* 9.4.83, 91은 다양한 길이의 구와 절에 의한 효과보다는 길고 짧은 음절에 의해 발생되는 서로 다른 효과에 대해 논한다. 반면 다양한 구와 절에 의해 발생하는 효과는 Demetrius, *Eloc.* 2.36-52의 고상한 용어 선택의 단계에 관한 논의에서 함께 다루어진다.

및 사용은 그간의 오랜 해석적 문제를 재검토할 뿐 아니라 새로운 질문거리를 형성하는 데에 유익한 개념적 도구를 제공한다.

일례로 13:14의 악명높은 해석적 난제(crux interpretum)인 "토 브데루그마 테스 에레모세오스"(τὸ βδέλυγμα τῆς ἐρημώσεως), "멸망의 가증한 것"이란 구문을 들 수 있다. 이 본문이 다니엘과 『마카비1서』에 나오는 유사한 구문을 암시하는 부분이라는 데 대한 일반적인 동의를 뛰어 넘어, 주석가들은 마가가 정확히 무엇을 혹은 누구를 지칭하기 위한 의도로 이 구문을 사용했는가라는 질문 앞에 좌절감을 느껴왔다.[69]

수사 비평법이라고 해도 이 질문에 대해 답할 수 없는 것은 매한가지다. 그러나 이 구문을 통해 던질 수 있는 질문이 위 질문에 국한되어 있지 않을뿐더러 가장 생산적인 질문도 아니라는 점을 기억해야한다. 수사학이란 틀 안에서 보았을 때 "토 브데루그마 테스 에레모세오스"(τὸ βδέλυγμα τῆς ἐρημώσεως)구문이 가지는 의의는 그 문맥의 특징에 있다. 즉 이 구문은 신비함을 불러일으키는 동시에 명료한 해석에 저항하는 문맥 안에 놓여 있다. 논란 일으키기(controversiae)라고 알려진 이 기법은 A.D. 1세기 재기 넘치는 몇몇 연설가에 의해 애용되었다.

> 이 기법을 통해 화자의 말의 의미가 실제 표현이 의미하는 바와는 다른 의미를 나타내는 것이 아닌가하고 청자가 의구심을 갖게끔 만든다. 그러나 표현된 의미에 상반된 의미를 나타내고자 의도하는 역설법과는 달리, 이 기법의 의도는 의미를 감추어 두고 그것을 청자가 찾아 내게끔 하는 데 있다(Quintilian, *Inst.* 9.2.65).

---

[69] 예, Beasley-Murray, *Jesus and the Last Days*, 408–16; Pesch, *Naherwartungen*, 139–44.

마가가 13:14 구문을 더 분명하게 말하는 것이 얼마나 경솔한 일이거나 부적절한 일인지를 떠나서 그가 그렇게 썼다면 청자 입장에서는 분명 덜 도발적으로 들렸을 것이다. 이 기법으로 본문을 읽는 것은 뒤이어 나오는 "읽는 자는 깨달은 진저"라는 권고를 설명하는 데에도 도움을 준다.

이 신비로운 경고의 말씀을 처음 접할 때 느껴지는 수사적인 투박함이 의미하듯, 이 경고의 의도 자체가 그 내용을 이해시키는데 있기보다 예수님의 가르침을 '얼핏' 듣고 "멸망의 가증할 것이 선 것"의 비밀을 파헤쳐보려는 마가 공동체 어떤 이들의 생각을 멈추게 하는 데에 있었을 가능성이 있다(*Inst*. 9.2.78).[70] 복음서 저자의 수사적 방편이 실제로 성공적이었다는 사실은 수 세대 동안 지속된 복음서 해석가들의 해석이 그다지 창의력을 발휘하지 못했다는 점을 통해 확인된다.

7) 고대 문학 기준을 통한 마가복음 13장에 대한 평가

1세기 기준에서 평가할 때, 과연 감람산 감화는 '좋은 수사적 담화'를 형성하고 있는가?

여느 비평적 접근과 마찬가지로, 이 물음에 대한 답은 어떤 기준을 어떻게 비교 적용하느냐에 달려 있다. 13장 예수님의 담화에서 다소 거친 문법적 요소가 등장한다는 사실 뿐만 아니라 서론(*prooemium*)과 결론(*peroratio*) 부분이 극히 짧게 쓰여 있다는 사실은 대부분의 고전 수사학자들의 신경을 거슬리게 했을 것이다. 더욱이, 딱 맞아떨어지는 논리 정연한 증명을 설득의 중요한 가치로 꼽는 아리스토텔레스와 같은 이들은 아마도

---

[70] Daube, *New Testament and Rabbinic Judaism*, 426는 필자가 하는 제안의 내용을 예고한 바 있다.

이 담화에 대해 실망스러워 했을 것이다. 이 같은 기준에 의해 엄격히 판단한다면 13:5b-37 본문은 결함투성이 연설문이다.

다른 한편으로 이 담화는 수사적 효과 및 세련미를 결코 잃지 않는다. 그저 보기에도 이 담화는 담화가 상정하는 정황 및 위기 상황에 적절해 보인다. 이 담화가 청자의 질문에 대한 직접적인 대답으로서 주어진 것이긴 하지만, 이 대답은 청자가 던진 질문 이면의 더 높은 차원을 숙고하도록 독려한다.

이 발화는 난해한 정보 그 자체를 제공하고 입증하는 데에 관해서는 관심이 덜한 반면, 겁에 질린 제자들의 불안을 가라앉혀주고 확신을 키워주며 경각심을 일깨워주는 데 관심이 쏠려있다. 이러한 목적에 맞추어 이 담화의 형식과 내용이 재단되어 있다. 즉 청중은 다가오는 풍파 및 그로부터의 구원을 예상하고 간접적으로 경험하게 될 뿐 아니라 친숙한 수사적 관례를 통해 암묵적으로 전달되는 안도감과 안정감을 경험하게 된다.

청중과의 소통은 교차대구법이 포함된 일관적이고도 점진적인 내러티브를 통해 직접적으로 형성되고 또 유지된다. 내재적인 논리를 갖춘 하부 구조 위에 강력한 파토스와 에토스를 가진 담화가 구축되어 있으며 여기에 포함된 다양한 종류의 문체 장치는 단순히 장식용이라기보다는 매우 기능적으로 설계되어 있다.

본 복음서 저자는, 아마도 특징적으로 열린 결론, 혹은 모호한 결론을 선호하는 이로서(15:39; 16:8을 보라), 예수님의 실제 청중이 이 감람산 담화에 어떻게 반응했는지를 기록하고 있지 않다.

마가가 키케로와 다른 것은 사실이지만 과연 퀸틸리아누스가 마가를 못마땅해 했을까?(퀸틸리아누스는 키케로의 영향을 많이 받았다-역주)

2. 몇 가지 맺는 말

맺는 말을 써 나가기 전에 필자 스스로 마가복음 13장을 해석하는 여러 학문적 접근이란 문맥 속에서 수사 비평이 갖는 기여와 한계를 평가해보았다. 이 평가들이 과연 옳은가에 관해서는 시간이 흐르고 마가복음에 대한 연구가 지속되면서 분명해질 것이다. 어떤 경우든 아래 언급한 결론들은 본 장을 마무리하기에 적절하다고 본다.

첫째, 감람산 감화에 대한 대부분의 연구는 본문의 전승-역사(tradition-history)를 재구성하는 방향 아니면 문학적 구성을 분석하는 방향 두 갈래로 이끌려왔다.

후자와 관련하여 그리스-로마 수사학 이론, 그 중에서도 '텍시스'(*taxis*, 배열)를 주제로 하는 이론의 유용함은 자명하다. 전승-역사 연구의 관점에서 볼 때 수사적 연구는 대체로 이 본문 연구에 부적합하게 보일런지도 모른다.

그러나 해석사 전반에 걸쳐 이러한 평가와는 정반대되는 입장이 더 보편화 되어 가리라고 본다!

제2복음서 저자와 원 독자의 입장에서 감람산 감화가 후대에 편집된 본문으로부터 선행된 전승을 구분해내는 접근법 통해 해석될 것을 예상했을 가능성은 매우 희박할뿐더러 그러한 접근에 호의적이었을 리가 만무하다. 후대의 청자 및 독자들은 본문에 분명히 제시된 수사 방식을 사용함으로써 13장 및 유사 구절들을 이해해왔다.[71] 더욱이 13장 해석을 위

---

[71] 1863년 이후로 줄곧 링컨의 게티스버그연설(Gettysburg Address)은 북미 사람들에게 깊은 감동을 주었다. 그 연설이 어떤 연설 전통에서부터 유래했는지 대부분의 사람들이 모르지만 말이다. 그 전통은 에드워드 에버렛(1794-1865)의 웅변술에서부터 그리스의 페리클레스와 고르기아스의 추도 연설에까지 확대될 수 있다. G. Wills, *Lincoln at Gettys-*

한 질문을 편집 비평적인 관점에서 던지는 것은 종종 가짜를 진짜처럼 여기도록 우리를 기만한다.

마가복음이 여러 전승을 편집했다는 증거로서 현대 해석가들이 가정한 본문 내 불일치점들은 사실 읽음으로써가 아닌 들음으로써 복음서를 접한 본래 청중들에게 중요한 청각적 근거를 제공하기 위해 복음서 저자가 만든 장치에 기인할 수 있다.[72] 수사학 이론은 고대의 담화가 '담화로서' 가지고 있는 힘을 고대 기준에서 이해하고 설명하는 데에 탁월한 지침을 제공한다.

둘째, 다른 한편, 현대에 고전 수사학을 되살리려는 노력은 다른 해석적 관점들에 의한 정정 및 그와의 협력을 요한다.

이러한 필요성은 광범위한 역사적, 문학적, 종교적 문맥이 한 데 녹아들어 있는 성경 본문의 복합성에 의해 대두된다. 따라서 우리가 살펴보았듯이, 13장에 대한 수사 비평은 감람산 감화가 수사적 기준을 얼마나 창의적으로 받아들였는가 혹은 무시했는가의 정도를 인지하는 것을 수반한다. 이 일은 마가복음 전체라는 더 큰 내러티브 내에서 감람산 감화가 차지하는 위치를 감안하는 동시에 감람산 감화에 적용되는 수많은 총체적인 제약들을 감안함으로 이루어진다.

셋째, 만약 이 글이 주장하는 본질이 옳다면, 마가복음의 수사적 융통성(rhetorical versatility)을 재검토하는 것은 적절한 수순이라 생각된다.

내용과 형식면에서 마가복음 13장은 같은 복음서 내 다른 어떤 본문들과도 차이를 보인다. 어떤 측면에서는 말을 통한 설득의 힘을 부정하기도

---

burg, 211–59을 참조하라.

[72] Achtemeier, "*Omne verbum sonat*," esp. 26–27; Shiner, *Proclaiming the Gospel*; Wire, *The Case for Mark*.

한다(4:10-12; 8:14-21을 보라).[73] 그럼에도 불구하고, 13장에서 마가는 자신이 해오던 기록방식을 변경하여 탁월한 단도직입성, 깊이, 수사적 세련미를 가지고 묵시적 종말론에 의해 제기된 문제와 정황들을 다룬다.

과거 파피아스(Papias, A.D. 130년; Eusebius, *Hist. eccl.* 3.39.15)에서부터, 최근에는 조지 케네디(George Kennedy)에 이르기까지,[74] 마가복음의 구조는 다른 복음서의 그것과 나란히 놓고 비교했을 때 보잘것없는 것처럼 취급되어왔다.

메리 앤 톨버트(Mary Ann Tolbert)가 주장해 온 것처럼 제2복음서 서사의 수사법은 하나같이 "꽤나 투박한" 종류의 것이라고 우리가 결론을 내는 것이 정당한 것인가?[75]

그게 아니면 마가복음 해석자들이 마가의 짧은 복음서를 확실히 이해했다고 생각할 때마다 가차 없이 그들을 그 자리에 멈춰 서게 함으로써 신학적으로 뿐만 아니라 수사학적으로도 '놀래키기의 대가'인 마가로 우리에게 남을 것인가?[76]

---

73 막 13:11을 떠올려보라. 본문에서 실제적인 수사적 노력의 가치는 제자들이 재앙의 순간에 변론술에 의지할 것이 아니라 성령께 모든 설득의 성패를 맡겨야 한다는 예수님의 권면에 의해 과소평가되는 듯 보인다(참조, 출 4:1-17; 민 22:35; 렘 1:6-10). Plato, *Phaedr.* 257b-58e; 275d-76a는 다른 이유에 기반하여 '수사법을 신뢰하지 않는 수사학자'라는 유사한 역설법을 사용한다.

74 Kennedy, *New Testament Interpretation*, 97-113, esp. 104-7는 마가복음이 "급진적인 기독교 수사법"을 사용하는 경향이 있다고 보았다. 즉 설득의 기술의 도움 없이 신자들이 진리에 대해 즉각적이고 직관적으로 이해할 것을 가정한 "거룩한 언어"의 형태를 사용한다고 보았다.

75 Tolbert, *Sowing the Gospel*, 59, 78. 그녀의 연구가 제시한 관점은 양면적인 결과물을 가져온다고 본다. 즉 마가복음의 문학적 세련미의 부재를 강조하며 그녀는 마가복음이 탁월한 미묘함과 힘을 내포한 글이라고 보았다(311-15 et passim[외에 여러 부분을 참조하라]; *CBQ* 54 [1992]: 382-84에 실린 필자의 서평을 참조하라).

76 Juel, *A Master of Surprise*.

넷째, 만약 13장에 대한 본 장의 분석이 정확하고 타당하다면, 제2복음서 저자가 감람산 감화를 축소된 형태의 수사적 작품으로서 기록했을 가능성 역시 고려해봄직하다.

묵시 종말론(apocalypticism)은 오늘날 종교적 주류에 속한 현대인들에게 뻔뻔하고 비이성적이며 원시적이란 인상을 준다. 그런데 마가는 언제나처럼 그 인상과는 매우 다른 관점으로 우리를 당혹스럽게 만든다. 감람산 감화라는 글에 포함된 예상외의 세심함은 마가복음 신학 내에 예기치 않게 자리잡고 있는 묵시 종말론에 대한 강조와 일면 조화를 이룬다.[77]

13장에서 마가는 묵시 종말론에 대한 목회적 관심으로 대중에게 직접적으로 다가간다. 즉 하나님의 신비하고 신실하며 회복시키는 통치 아래 하늘과 땅에서 일어날 모든 일의 비전에 새롭게 활력을 불어넣으므로써 혼란 속에 있는 그리스도인 공동체에 위로의 말을 건네고 있다.[78] 감람산 감화를 통해 제자들과 우리가 경험하는 것만큼이나 마가복음의 목회적인 목적이 분명하고 섬세하고 강력하게 성취되는 지점은 없다.

---

[77] 여러 저작들 가운데서도 다음을 참조해보라. Marcus, *Mystery of the Kingdom*; A. Y. Collins, *Beginning of the Gospel*, 1–38.

[78] 해당 내용에 대한 더 깊은 반영은 C. Black, "Ministry in Mystery," Idem, *Mark*(ANTC), passim을 참조하라.

제4장

데오빌로여, 테오프라스토스를 만나라

> 오스카 해머스타인 2세(Oscar Hammerstein II)가 내 삶에 끼친 영향에도 불구하는 그는 나의 우상이 아니다. …사실 해머스타인의 공연에서 모든 혁신적인 파급력은 등장인물들이 인물 특질의 모음에 불과하다는 사실에 기인한다. 남부 억양 및 문법에 어긋나는 말 등의 언어적 기벽이나 틱을 통해 단순히 검은 모자를 쓴 인물은 악당이라는 식으로 등장인물을 개별화하는 것이다. 그 대사 역시 그와 같은 단순함을 반영한다.
>
> 스테판 손다임(Stephen Sondheim)[1]

나사로와 '부자'(눅 16:19-31) 그리고 바리새인과 세리(눅 18:9-14)는 누가복음 예수님의 비유에 등장하는 잊지 못할 등장인물 중 네 사람에 지나지 않는다. 그 이야기들 간 관계를 떠나서, 누가복음의 독특한 비유 전승

---

[1] Sondheim, *Finishing the Hat*, xix.

가운데 또 다른 두 인물이 각각의 등장인물 유형을 나타내며 일상 담화에 등장한다. 선한 사마리아인(눅 10:29-37)과 탕자(눅 15:11-32)가 바로 그들이다. 다른 어떤 복음서도 누가복음보다 더 선명한 비유를 포함하고 있지 않는데, 그러한 생생함은 대부분 다채로운 등장인물에서부터 베어 나온다. 누군가는 다음과 같은 질문을 던질 것이다.

"데오빌로"(눅 1:3; 참조, 행 1:1) 및 더 넓은 의미의 누가복음 청중인 '하나님을 사랑하는 자들'은 위와 같은 누가복음 비유의 등장인물들을 어떻게 인식하는가?

이 질문을 던질 수 있고 답을 찾을 수 있는 정의 가능한 문학적 문맥이 존재하는가?

1. 테오프라스토스와 캐릭터

1) 고대의 인물 연구

고대 그리스 동전에 찍혔던 독특한 인장은 카락테르(*charaktēr*)라는 표식으로 다른 주화로부터 그 동전의 가치를 구분하기 위한 목적으로 사용되었다(*LSJ* 1977a). 더 나아가 헤로도토스(Herodotus)는 한 인물의 얼굴, 신체, 혹은 언어적 특징을 지칭하는 데에 이 용어를 사용했다.

> 소년이 여전히 말을 이어가는 동안 아스티아게스는…자신이 가진 것과 같은 무언가를 소년의 얼굴이 가진 특징(character)에서 보았다고 생각했다(*Wars* 1.116.1).

아리스토텔레스는 카락테르라는 용어를 사용하지는 않지만 뻔뻔함이란 특질을 자기 무기를 내버려두고 전장에서 도망친 겁쟁이라 표현하는가하면, 육신의 욕망에 재갈 물리지 못하는 음탕한 자들, "시체 주머니도 뒤질" 탐욕스러운 자들 등의 예를 들어 인물을 설명하였다(Rhet. 1383b.12 - 1385a.15). 아리스토텔레스는 미덕과 악덕으로 일반화하여 기술하는 경향이 있었다(Eth. Nic. 1106b.16 - 1108b.6).

반면 아리스토텔레스의 제자로서 그 뒤를 이어 소요학파(逍遙學派, 페리파토스학파)[2]를 이끌 신임을 받았던 후계자인 테오프라스토스(Theophrastus, B.C. 370-285년)는 B.C. 4세기 초 아테네의 일상이란 특정 시간과 장소 안에 존재하는 "실제 상황, 익명의 대변인이 아닌 한 사람의 진짜 개인을 우리에게 제시한다."[3]

이렇게 테오프라스토스는 행동 유형을 풍자적으로 분류한 『캐릭터』(*Characters*)라는 글을 통해 한 가지 장르에 혁신을 가져왔는데 이는 수세기 후 조지 엘리엇(George Elliot)의 『테오프라스토스의 인상』(*Impressions of Theophrastus Such*, 1879), 윌리엄 메이크피스 태커레이(William Makepeace Thackeray)의 『고상한 채 하는 사람들과 한 방 먹이는 공헌에 관한 책』(*The Book of Snobs and Other Contributions to Punch*, 1895) 등과 같은 지식인들에 의해 발전되었다. 테오프라스토스가 『캐릭터』라는 작품을 씀으로써 어떤 목적을 달성하고자 했는지 만큼은 미결인 채 남아있다.

그의 작품 대부분이 현재 남아있지 않지만, 디오게네스 라에르티오스(Diogenes Laertius)의 『저명한 철학자들』(*Eminent Philosophers* 5.42 - 50[A.D. 2

---

2 B.C. 4세기경부터 A.D. 3세기경까지 이어졌던 아리스토텔레스와 그를 따른 철학자들을 일컫는 말-역주.

3 Diggel, *Theophrastus*: *Characters*, 7.

세기])를 통해 테오프라스토스가 존경받는 교육자이자 식물학, 화학, 물리, 정치, 윤리, 논리학, 형이상학, 수사학 등을 포함한 인류의 수 백 가지 의문점을 철저히 파고들어 많은 글을 써낸 철학자였음을 우리는 알 수 있다.[4] 『캐릭터』는 저자의 작품 가운데 특이한 위치를 차지한다.

그 작품 목적에 대한 두 가지 이론이 고려할만하다.

첫째, 스스로 즐기기 위해 그리고 친구들의 재미를 위해 쓴 일종의 경구(警句, a jeu d'esprit)라는 이론이다.

이러한 행동 유형 일화를 자신의 윤리 강연에 삽입하여 희극적인 분위기로 전환하기 위해 사용했을 수도 있다.[5] (아마도 『캐릭터』를 구성하면서 분류 일람표라는 방식을 택한 것은 자신의 영향력 있는 작품들, 『식물 연구』[Inquiry into Plants]와 『식물의 근원』[On the Causes of Plants] 등을 패러디한 것인 듯하다.)

둘째, 작품 목적에 대한 또 다른 이론으로, 『캐릭터』가 겉으로는 윤리석인 자원의 분석을 드러내지 않지만, 저자를 포함한 학자 공동체가 서로 공유한 그들의 도덕적, 이념적 입장, 즉 "구별성 및 우월성에 대한 일반 상식"을 나타내고 있다는 이론이 있다.[6]

작품에 대한 이러한 해석은 플루타크(Plutarch)의 논평과 일치한다.

---

4   Kennedy, "Theophrastus and Stylistic Distinctions"가 언급한대로 테오프라스토스는 문체의 세 가지 측면에 대한 글을 썼다. 이 부분에 대해서는 본서 제3장 마가복음을 다루는 가운데 언급하였다. 요한복음과의 관련성은 제5장에서 다룰 것이다.

5   Diggel, *Theophrastus: Characters*, 15–16을 보라. 그리고(더 신중하게) Jebb, *Characters of Theophrastus*, 37–40을 보라.

6   Millett, *Theophrastus and His World*, 31. "테오프라스토스는 그의 독자들에게 행동 양식의 틀을 은연 중에 만들어 제공한다. 아테네 민주주의 특유의 도시 사회에서 상류 시민들을 침해할 수 있는 행동 양식들, 즉 명예로운 것과 수치스러운 것, 협동과 갈등 등에 대한 관점을 암시하는 것이다"(Ibid., 105).

테오프라스토스에 의하면 익살스런 표현(skōmma)은 잘못에 대한 간접적인 비난이다. 결과적으로 청자는 마치 자신이 원래 알고 있었고 그렇다고 믿고 있었던 것처럼 마음속으로 무엇이 잘못되었는지 스스로 알아채게 된다(*Quaestiones convivales* 631d–e).

2) 『캐릭터』 뜯어보기

이 책은 날마다 만나는 아테네인들을 테오프라스토스의 섬세한 눈을 통해 그린 서른 개의 묘사로 구성 되어 있다. 저자는 간략히 정의한 범주 속에 각 인물 유형을 대입하는 방식으로 여러 인간적인 약점 등을 나누어 놓았다. 각 인물 유형 범주를 대략 번역한 것이 아래에 해당한다.

표1: 테오프라스토스의 인물 유형	
위선자(*eirōn*)	미신가(*deisidaimōn*)
아첨꾼(*kolax*)	불평가(*mempsimoiros*)
수다쟁이(*adoleschēs*)	의심 많은 자(*apistos*)
시골뜨기(*agroikos*)	불결한 자(*dyscherēs*)
비굴한 자(*areskos*)	밥 맛 없는 자(*aēdēs*)
파렴치한 기회주의자(*aponenoēmenos*)	옹졸한 야망가(*mikrophilotimos*)
낭설꾼(*lalos*)	인색한 자(*aneleutheros*)
험담꾼(*logopoios*)	허영심이 많은 자(*alazōn*)
뻔뻔하게 빌붙어 먹는 자(*anaischyntos*)	오만한 자(*hyperēphanos*)
구두쇠(*mikrologos*)	겁쟁이(*deilos*)
천박한 자(*bdelyros*)	과두제 집권자(*oligarchos*)
눈치 없는 자(*akairos*)	어리석은 늙은이(*opsimathēs*)

허풍선이(*periergos*)	중상모략하는 자(*kakologos*)
멍청이(*anaisthētos*)	불량배의 친구(*philoponēros*)
불쾌한 자(*authadēs*)	사기꾼(*aischrokerdēs*)

이러한 우매함의 잔치를 한번 직접 맛보고자, 위 표 가운데 열두 번째 메뉴를 선택해보자. 바로 "눈치 없는 자"(Mr. Tactless) 말이다. 테오프라스토스의 표현인 아카이로스(*akairos*)는 문자적으로 '시기에 맞지 않는' 자, 다시 말해 시기에 대한 감각이 없고 환경에 맞는 게 무엇인지 헤아리는 민감성이 없는 사람을 뜻한다. 이러한 사람을 그는 다음과 같이 그린다.

> [눈치 없는 자의 특성은 만나는 상대방을 〈단번에〉 짜증나게 만드는 재주로 증명이 된다.]

눈치 없는 자는 당신이 바쁠 때 장황한 대화를 나누려고 다가오는 종류의 인물이다. 그런가 하면 애인이 몸져 누워 열이 끓는데 그녀에게 세레나데를 부르는 자다. 그런가 하면 당신이 임대 보증금을 막 날려먹었는데 다가와 보증을 서달라고 요구하는 사람이다. 그런가 하면 재판이 막 끝났는데 문을 박차고 들어와 증거를 제출하는 사람이다. 그런가 하면 결혼식 하객으로 참석하던 도중 여성 관련 쟁점을 들고 와 장황한 연설을 시작하는 사람이다. 그런가 하면 당신이 오랜 여행에서 막 돌아오자마자 산책을 나서자고 권하는 사람이다. 그런가 하면 당신의 중개인으로 있는 그는 장사가 끝난 후에야 더 나은 입찰자를 데리고 오는 재주를 발휘하는 사람이다. 그런가 하면 모든 청중이 요점을 이해했는데 그 때 일어나 처음부터 다시 설명하는 사람이다. 그런가 하면 당신이 원하지는 않지만 그렇다고 거절할 마음까지는 없는 그런 일들을 해내기 위해 지나치게 열심히 노력하는 사람이다. 그런가 하면 사람들이 많은 돈을 들여 공공 제사를 지내면 그 때 나타나 이자까지 쳐서 수금하는 사람이다. 그런가 하면 한 노예가 맞고 있는 것을 옆에 가만히 서서 지켜보고 있다가 자신의 하인이 그 같은 매질 후에 목을 맨 적이 있다고 알리는 사람이다. 그런가 하면 중재를 돕겠다고 나서서는 양쪽이 모두 화해를 원하는 상황임에도 불구하고 둘 사이에 불화를 일으키는 사람이다. 이런 사람은 춤이 추고 싶어서 일어나 파트너를 고를 때 꼭 아직 취기가 오르지 않은 파트너를 고른다(trans. Diggel, *Theophrastus: Characters*, alt.).

위 인물 묘사는 나머지 부분을 대표하는 한 가지 예일 뿐이다. 테오프라스토스가 쓴 기법은 분석하기에 그렇게 어렵지 않다.

첫째, 분석에 앞서 가장 먼저 언급하고 싶은 부분은 위 인물을 비롯하여 책에 나오는 인물 묘사는 테오프라스토스 본인의 글로 시작하지 않는다.

책의 가장 첫 머리, 그리고 각 짧은 묘사의 첫 부분에는 여분의 교훈조의 서문이 삽입되어 있는데 그 어휘와 문체 등을 볼 때 후대 편집자의 손을 거친 것으로 보인다.[7] 30개의 경구(警句) 가운데 9개가 균일하게 느닷없는 결론으로 끝이 난다.

---

[7] Diggel, *Theophrastus: Characters*, 16–19은 작품의 진위 여부와 무결성(integrity)에 대한 균형 잡힌 평가를 제공한다.

테오프라스토스의 본래 표현대로 보면,[8] 그가 내리는 각각의 정의는 지루한 설명으로 시간을 낭비하지 않는다. 말하기가 아닌 보여주기의 대가다운 모습이다. 즉 인물의 단편을 그려서 관찰자가 인물의 외관을 통해 결론에 도달할 수 있도록 해 주는 것이다.

둘째, 인물에 대한 어떤 정의도 장황하지 않다. 한 인물을 몇 백 단어 정도로 표현한 것이 대부분이다.

가장 길게 쓴 인물 정의는 아첨꾼, 미신가, 사기꾼 등에 대한 것으로, 아첨꾼은 "자신과 함께 걸어가는 사람에게 '혹시 당신이 가진 흠모할 만한 모습을 본인도 알고 계세요?'라는 말을 하는 사람"(2.2) 이라고 정의했고, 미신가는 "만약 족제비가 길을 가로질러 가는 것을 보면 누군가가 땅을 덮거나 세 개의 돌을 길 건너로 던지기 전까지는 더 이상 가던 길을 가지 않는 사람"(16.3)으로, 또 사기꾼은 탐욕 때문이 아니라 단지 남을 이용하기를 즐긴다는 이유에서 "자기 집에 머물고 있는 방문객에게 돈을 꾸는 사람"(30.3)으로 정의했다.

셋째, 이러한 주제가 그의 작품들의 가장 주된 관심사는 아니었지만, 테오프라스토스는 단언컨대 수사학 분야에 있어서 가장 손꼽히는 헬레니즘 철학자였다.[9]

그의 영향력을 잘 나타내주는 부분은 신약성경이 기록된 시대, 혹은 그 바로 앞선 시대의 작품으로 추정되는 키케로(*De or.* 3.37 – 38; *Or.* 79)나 퀸틸리아누스(*Inst.* 8.1 – 11.1)의 글에서 보이는 그의 흔적들로, 이를 통해 테

---

8 이 작품의 원문이 전승 과정에서 손상되었음을 가정하므로, "본래 표현"의 의미는 보편적인 차원에서 이해해야 한다. 고대로부터 이 작품의 문서가 전승되는 복잡한 과정에 대해서는 Diggel, *Theophrastus: Characters*, 37 – 51을 참조하라.

9 Kennedy, *A New History*, 84 – 85.

오프라스토스가 고대 수사법 중 문체(style)와 전달법(delivery) 영역에 깊은 족적을 남겼음을 알 수 있다. 그의 이론은 실제 경험을 통해 만들어졌다. 알려진 바에 의하면 한 번에 많게는 2,000명의 학생들에게 강의를 했는데 이 때 그는 화술(話術), 차림새 및 복장, 세심한 몸짓 하나하나에까지 주의를 기울였다.[10] 그가 세운 좋은 문체의 기준은 좋은 문법(hellēnismos), 명확성(to saphes), 상황에 따른 적합성(to prepon), 절제된 심미적 꾸밈(kataskeuē) 등이었다. 『캐릭터』의 배경 정황은 불분명하지만 이 책의 문체만큼은 저자의 다른 역량들과 함께 높이 사야 마땅하다.

넷째, 각 경구들이 인간사에 지배적인 약점에 초점을 맞추고 있긴 하지만, 테오프라스토스가 정의한 각 유형 간의 차이는 그렇게 엄격하지 않다.

예를 들면, 눈치 없는 자를 만드는 가장 결정적인 요소는 잘못된 행동을 잘못된 시간에 하는 억제할 수 없는 재능이다.

그럼에도 불구하고 아카이로스(akairos), 즉 눈치 없는 자는 다른 성격 유형과 몇 가지 인물 특성을 공유한다. 그의 언어적 졸렬함은 수다쟁이(#3), 낭설꾼(#7), 험담꾼(#8), 중상모략하는 자(#28)의 그것과 일맥상통하는 한편,[11] 돈에 대해 몰두하는 부분은 뻔뻔하게 빌붙어먹는 자(#9), 구두쇠(#10), 인색한 자(#22), 사기꾼(#30) 등과 관련이 있다.[12]

---

10   이와 같은 내용을 입증하는 주된 자료에 관하여 Kennedy, *Art of Persuasion in Greece*, 273을 보라.
11   다음 몇 가지 부분에서 각각은 구분된다. 수다쟁이(The Chatterbox)가 다변증 환자처럼 서로 연관성 없는 사소한 일들에 대해 끊임없이 말하는 사람이라면, 낭설꾼(The Talker)은 무엇이든 다 아는체하는 사람이다. 험담꾼(The Gossip)은 다른 사람에 대해 과장된 이야기를 날조해 퍼뜨리는 사람이고, 중상모략하는 자(The Slanderer)는 음해하려고 사는 사람이다.
12   More distinctions: 뻔뻔하게 빌붙어먹는 자(The Sponger)는 부끄럼 없이 타인을 이용하는 사람인데 사기꾼(The Chiseler) 역시 추한 방법으로 이득을 취한다. 구두쇠(The Pen-

또한 자기 여자 친구 혹은 여성 전반을 맞아 불쾌하게 만드는 점은 "여성 앞에서 자기 옷을 들어 올리고 자신을 노출하는" 천박한 자(11.2)의 그러한 부분이나, "저녁 식사 자리에서 자신이 헬레보레(변비약)를 마신 후 위부터 아래까지 얼마나 시원하게 청소되었는지, 그리고 그 똥과 버물어진 액체가 식탁 위에 있는 국물보다 얼마나 더 검은지를 이야기해 주는" 밥 맛없는 자(20.6; trans. Diggel)의 그런 부분과 닮았다.

눈치 없는 자의 과도한 열심은 "자신이 할 수 있는 것보다 더 많은 것을 약속하는" 허풍선이(13.2)의 그것과 닮았다. 정말 합의를 보고 싶어 하는 원고와 피고 사이에 오히려 화를 불러일으키는 종류의 무능함은 법원으로부터 피고의 위치에서 재판을 받는 와중에 전원을 감상하며 거니는 멍청이의 모습(14.3) 그 이상을 연상시킨다.

다섯째, 테오프라스토스의 모든 인물 유형은 사회의 일상에서 찾을 수 있는 것들이다.

집 안팎에서 맺는 일상적인 관계 속에서, 그리고 재판정, 결혼식, 경매, 공공 강연, 종교 의례, 사교 자리 등 사회적 환경 속에서, 그 인물들은 자신의 근본적인 본성을 드러내고야 만다. 예의는 그들에게 먼 나라 이야기다. 돈에 대해 말하고 다룰 때 자기가 놓은 덫에 스스로 걸려들기 일쑤다(야고보서, 특히 2:1-17; 3:1-12; 4:11-5:6에 나타난 관심사를 이미 예기하고 있는 듯하다). 낭설꾼은 그 자녀들이 "아빠, 우리한테 말 좀 시작해봐요, 잠 좀 들 수 있게"(7.10)라고 간청할 정도다. 구두쇠가 향연을 베풀 때는 손님 한 사람 한 사람이 마시는 잔의 수를 세어서 출장 요리사가 손님들에게 음식을 권하지 못하도록 미연에 방지한다(10.3-4).

ny-Pincher)는 고질적인 철면피이다. 인색한 자(The Cheapskate)의 인색함은 그의 재력과 전혀 비례하지 않다.

여섯째, 테오프라스토스의 인물들이 하는 행동은 결코 범죄나 진정한 의미의 악은 아니다.

이들은 멍청한 것이지 악한 것은 아니다. 거슬리는 자들이지 위험한 자들은 아니다. 예외가 있다면 배심원들과 공모하여 정의를 왜곡시키는 "인간쓰레기의 대표격에 해당하는"(29.6) 불량배의 친구(*philoponēros*)를 들 수 있을 것이다.

그렇기는 하지만 고대 아테네에서 사용된 단어, 포네로스(*ponēros*, '악한'[evil]에 해당하는 헬라어 형용사―역주)는 법적인 혹은 정치적인 반감을 야기하는 무언가를 논할 때 종류에 상관없이 편의에 따라 사용할 수 있는 표현이었다.[13] 테오프라스토스가 목표로 삼은 대부분의 인물은 감옥에 집어넣을 수 있거나 집어넣어야 하는 그런 류의 사람은 아니었다. 그보다는, 그들이 다가올 때, 빨리 몸을 피하기 위해 가까운 샛길을 찾게 만드는 그런 유의 인물이다.

일곱째, 한 가지 분명한 점을 언급하자면, 여기 손꼽힌 모든 인물은 한마디로 밥맛이고, 부적격자에 짜증나는 자들이다.

이 무리 가운데 어떤 누구도 그렇게 호감을 사지 않는다. 세련된 사람이라면 누구라도 절대 그들을 본보기로 삼으려하지 않을 것이며 그런 사람이 주변에 있으면 아주 당혹스럽게 느낄 것이다.

여덟째, 테오프라스토스의 『캐릭터』는 익살스러운 책이다.

『아그로이코스』(*Agroikos*, 시골뜨기), 『아피스토스』(*Apistos*, 의심 많은 자), 『데이시다이몬』(*Deisidaimōn*, 미신가), 『콜락스』(*Kolax*, 아첨꾼) 등의 제목으로 작품을 쓴, 그리스 신희극(新喜劇) 장르의 대표적인 극작가, 아테네의 메난

---

13   Diggel, *Theophrastus: Characters*, 499.

드로스(Menander, B.C. 4세기 말)가 그러했듯이, 테오프라스토스는 일상에서 만나는 속 터지는 성격 유형들을 조롱하는 방법을 찾아낸 것이다.

> (그는) 우스꽝스러운 것을 찾아 내는 예리한 감각이 이었던 모양이다. …그래서 그의 묘사들은 마치 그 주된 목적이 재미를 주기 위한 것인 것처럼 쓰여 있다.[14]

테오프라스토스는 짧은 글 속에 상세하면서도 신랄한 묘사를 가득 채움으로써 이러한 효과를 거둔다. 테오프라스토스의 빛나는 어휘 선택 중에는 몇 가지 스탠드업 코미디 특유의 상투적인 유머가 담겨있다.[15]

예를 들면, 독자는 "그런가 하면"(*kai*-병렬 구조)으로 시작해서 웃음을 일으키는 결정적인 구절로 마치는 반복적인 여러 문장이 속사포처럼 이어지는 것을 듣게 된다. 각 구절 끝마다 잠깐의 정적이 있고 그 틈을 웃음소리가 가득 매우는 장면을 상상해봄직하다. "눈치없는 자"는 깔끔하게 절정에 이른다.

첫 번째 인물 특성이 핵심을 관통하는 가장 필수적인 성향을 포착하여 묘사한다면(당신이 바쁠 때 장황한 대화를 나누려고 다가오는 사람), 맨 마지막 문장에서는(춤이 추고 싶어서 일어나 파트너를 고르는데 꼭 아직 취기가 오르지 않은 파트너를 고른다) 아리송한 상황으로 도입부를 시작한 후 마지막에 가서 그렇구나하고 웃음을 터뜨리게 만든다.

이 마지막 문장에는 왜 춤출 때 술에 취한 파트너가 더 좋은지 파악해보라는 듯 청중에게 보내는 윙크가 포함되어 있다. 어떤 면에서 이 표현은

---

14   Jebb, *Characters of Theophrastus*, 29.
15   배우가 관객을 마주하고 만담, 독백 등의 형식으로 공연을 하는 희극의 한 형태-역주.

뻔하디 뻔한 변명의 고전문학적 표현, "오늘 밤은 안돼요, 머리 아파요"라는 말을 하며 두통을 호소하는 정부(情婦)를 향해 부르는 세레나데와 같은 선상에 있다(참조, Alexis Comicus 150.10-11; Ovid, *Ars amatoria* 1.8.73-74).

2. 누가복음에 나타난 비유

1) 지형 조사

20세기에 막 들어설 무렵 아돌프 쥘리허(Adolf Jülicher)가 자신의 해석적 돋보기로 복음서 본문을 더 자세히 들여다보려고 시도한 이후로[16] '비유'(*hē parabolē*)를 정의하는 것 자체가 얼마나 어려운 과제인지 증명되어 왔다.

공관복음서가 기억하듯, 예수님의 가르침은 생동감 넘치는 이미지로 가득 차 있었고, 비교(10:3; 12:6-7, 22-31, 54-59), 격언(7:35; 9:57-58, 60, 62; 11:33; 12:32, 34), 은유(6:43-44a; 11:34-36; 13:32), 비유적 표현(6:44b; 11:21-22), 예화(10:29-37; 12:16-21), 풍자(20:9-19) 등의 다양한 양식으로 전달되었다.[17]

비록 본 장의 연구 범위는 연구 목표에 어울리는 몇 개의 내러티브들로 범위를 제한했지만, 누가복음에 나타난 비유(parables)를 다 세어본다면 많게는 27개까지 찾을 수 있을 것이다.[18] 아래 나타난 누가복음 비유 목록에

---

16 Jülicher, *Gleichnisreden Jesu*(1899; repr. 1963).

17 Theissen and Merz, *Historical Jesus*, 324-45을 보라.

18 이는 맥시멀리즘(maximalism)에 해당하는 수치다. 눅 7:31-35(#2) 혹은 11:11-13(#7) 과 같은 경우 내러티브 요소가 거의 없다. 마찬가지로 13:18-19(#12)과 13:20-21(#13) 은 서로 연결되어 있다고 볼 때 내러티브를 구성한다기보다는 순차적인 인상을 형성하

서 모든 공관복음에서 발견되는 비유들은 일반 서체로 썼고, (마가복음을 제외하고)누가복음과 마태복음에서만 발견되는 것들은 **밑줄로**, 누가복음에서만 발견되는 것들은 **굵은 글씨**로 표시하였다. 별표(*)로 표시된 것들은 『도마복음』(Gospel of Thomas)과 평행을 이루는 비유이다.

표 2: 누가복음에 나타난 비유	
1. 지혜로운 건축가와 어리석은 건축가 (6:47-49)	14. 집주인을 향한 소용없는 간청 (13:23-29)
2. 장터에 앉은 아이들(7:31-34)	15. 낭비하는 듯한 잔치*(14:16-24)
3. 두 빚진 자(7:41-43)	16. 망대 건축(14:28-30)
4. 씨 뿌리는 자* (8:5-8; 해석된, 8:11-15)	17. 전쟁에 나가는 왕(14:31-33)
5. 선한 사마리아인(10:25-37)	18. 잃어버린 양*(15:4-7)
6. 한밤에 찾아온 벗(11:5-8)	19. 잃어버린 동전(15:8-10)
7. 아버지의 좋은 선물(11:11-13)	20. 잃어버린 자식들과 그 아버지 (15:11-32)
8. 어리석은 부자*(12:16-21)	21. 상황 판단이 빠른 청지기(16:1-8)
9. 깨어 있어 준비된 종들(12:35-38)	22. 부자와 나사로(16:19-31)
10. 지혜로운 종과 어리석은 종 (12:42-46)	23. 의무를 다하는 종(17:7-10)
11. 한 농부의 열매 맺지 못한 무화과나무 (13:6-9)	24. 불의한 재판관과 집요한 과부(18:2-8)

는 비네트(vignette, 짧막한 삽화)에 해당한다. 이들을 여기에 포함시킨 것은 이 분석에 해당 연구 분야의 깊이를 반영하기 위함이다. 나아가 기본 학술 서적들이 이 본문들을 목록에 포함시키고 있다(e.g., Jeremias, *Parables of Jesus*, 146–49, 160–62; Scott, *Hear Then the Parable*, 87–88, 321–29, 373–87; Hultgren, *Parables of Jesus*, 202–12, 234–40, 392–409).

12. 겨자 씨*(13:18-19)	25. **바리새인과 세리**(18:10-14)
13. **여인이 부풀게 한 누룩***(13:20-21)	26. 주인이 맡긴 돈으로 장사한 종들 (19:12-27)
	27. 악한 소작농*(20:9-19)

첫째, 마가복음에 비유가 드물게 등장하는 사실을 고려한다면 누가복음 비유 가운데 단 3개만이 모든 공관복음서에 사용된 비유라는 사실은 그리 놀랄 일이 아니다.

그 3개의 비유는 씨 뿌리는 자의 비유(#4: 막 4:3-8=눅 8:5-8=마 13:3-8), 겨자씨의 비유(#12: 막 4:30-32=눅 13:18-19=마 13:31-32) 악한 소작농의 비유(#27: 막 12:1-12=눅 20:9-19=마 21:33-46)등이다.

둘째, 아래 열거한 열 가지 비유는 분명히 Q 자료로부터 유래한 것이다.[19]

지혜로운 건축가와 어리석은 건축가 비유(#1: 눅 6:47-49=마 7:24-27), 장터에 앉은 아이들의 비유(#2: 눅 7:31-34=마 11:16-19), 아버지의 선물 비유(#7: 눅 11:11-13=마 7:9-11), 깨어 있는 종들의 비유(#9: 눅 12:35-38=마 13:34-37), 지혜로운 종과 어리석은 종 비유(#10: 눅 12:42-46=마 24:45-51), 누룩의 비유(#13: 눅 13:20-21=마 13:33), 엄중한 구원에 대한 비유(#14: 눅 13:23-29=마 7:13-14 및 25:10-12), 잔치의 비유(#15: 눅 14:16-24=마 22:1-14), 잃어버린 양의 비유(#18: 눅 15:4-7=마 18:12-14), 므나(#26: 눅 19:12-27) 혹은 달란트(마 25:14-30) 비유 등이 바로 그에 해당한다.

---

[19] Q 자료의 Q는 원전이라는 뜻을 가진 독일어 퀠레, Quelle의 앞 글자를 딴 것으로 예수의 가르침을 위주로 구성된 가상의 문서이다-역주.

세째, 제3복음서 비유 전체 가운데 다수를 차지하는 나머지는(14개) 누가의 특징적인 비유이다(##3, 5, 6, 8, 11, 16, 17, 19, 20, 21, 22, 23, 24, 25).

이 가운데 어리석은 부자의 비유만이 도마복음 전승과 겹치는 비유이고, 그 외 도마복음이 겹치는 부분은 Q 자료에 나타난 비유(##13, 15, 18)[20] 및 공관복음 모두에 나타나는 비유(##4, 12, 27) 등이다.[21]

2) 일반적으로 나타나는 패턴과 첫인상

첫째, 누가복음 14개의 특징적인 비유에 나타나는 몇 가지 양식상 특징은 흥미롭다.

(1) 큰 양식 비평 단위 내에 포함된 짧은 일화에 해당하든(7:36-50 내에 있는 7:41-43), 다양한 장면이 만들어 내는 하나의 복합적인 이야기에 해당하든(15:11-32), 각 비유는 견고한 내러티브 뼈대를 갖추고 있다. 이 중 후자에 해당하는 잃어버린 아들 비유는 세 가지 연이어 나오는 잃어버린 대상 비유들 중 하나로 이 복합적인 메시지가 절정에 이르도록 하는 역할을 하기도 한다(참조, 15:3-7, 8-10).

(2) 긴 비유일수록 이야기의 진행이 민간 전승에 전형적으로 나타난 숫자 3의 법칙을 따른다(##5, 9[12:37, 38을 주목], 18-20, 21, 26[22]).

---

20   누룩 비유는 *Gos. Thom.* 96절에서, 잔치 비유는 64절에서, 잃어버린 양의 비유는 107절에서 나타난다(*Gospel of Truth*, 31-32에도 등장한다).

21   씨뿌리는 자의 비유는 *Gos. Thom.* 9절, 겨자씨는 20절, 악한 소작농은 65-66절에서 나타난다.

22   비록 ##9, 18, 26이 L이 아닌 Q 원전에 뿌리를 두고 있긴 하지만 이 비유들은 논의되는 현상의 좋은 예시가 된다. 이처럼 본 문단에서 논점들을 분명히 해야 할 경우 필자는 전승 비평적 경계에 큰 의미를 두지 않는다.

어떤 경우는 의외의 효과를 위해 패턴을 무너뜨리기도 한다(##4, 11[13:7-9을 주목], 15, 20[15:11-24을 마무리하기 위한 15:25-32], 27).

(3) 누가복음 비유는 종종 짝을 이룬 두 등장인물의 행동이나 배경 사이에 대조를 그린다. 예를 들면, 두 건축가(#1), 두 빚진 자(#3), 사람 아버지와 하나님 아버지(#7), 주인이 오는 시간이 지연되는 동안 어떻게 기다릴지 아는 종과 그렇지 않은 종(##9, 10), 망대 건축가 혹은 임금(#16 혹은 #17)이 앞일을 준비할 경우와 그렇지 않을 경우, 두 방탕한 아들(#20), 부자와 거지(#22), 거절하는 재판관과 끈질긴 과부(#24), 간청하는 벗의 행동(#6) 및 성전에 올라간 두 예배자의 행동(#25)과 뒤이어 나오는 행동에 대한 가르침(마찬가지로 #2 비유와 관련하여 세례 요한과 인자가 짝지어져서 대조를 이룬다는 점에 주목하라) 등이 그러한 경우에 속한다.

(4) 누가복음 27개 비유 중 22개(##5-26, 약 81%), 그것도 누가복음 특징적인 비유 중에서는 단 하나(#3)를 제외하고는 모두가 이 복음서의 중심 여정을 기록한 부분(9:51-19:27), 즉 이 복음서 예수님의 가르침의 심장부에 위치해 있다. 더욱이 수많은 누가복음의 특징적인 비유가 이 여정 기록 후반부(대략 14:25-19:27)에 편중되어 있다(##16-17, 19-25).

(5) 대부분의 경우에서 다음 불트만의 의견은 옳다.

"만약 어떤 구절이든 증명이 필요 없는 자명함과 상황에 대한 적절성이 없다면, 그 구절은…'결론이 없는 것과 같다.'"[23]

---

[23] Bultmann, *History of the Synoptic Tradition*, 190(Marsh의 역본에 표기된 강조점을 따름). 비유의 또 다른 양식적 특징들에 대한 불트만의 관찰은 여전히 그 통찰력이 인정되며 다시 한번 이목을 집중시킨다. 그 관찰의 예들로 비유의 간결성 및 "결론-강조"(end-stress)의 법칙(Ibid., 188-92) 등이 있다.

예수님은 과부(#24)와 세리(#25)의 요청이 받아들여졌다고 분명히 말씀한다. 그리고 사마리아인의 모든 행동이 핵심 질문(10:36)에 답하는 데 필요한 것임을 우리는 알고 있다. 반면 어리석은 부자가 그날 밤 죽었는지(#8), 혹은 열매 맺지 않은 무화과나무가 다음 해에 열매를 맺었는지(#11), 아니면 둘째 아들이 집에 돌아온 것을 축하하는 잔치에 초청하는 아버지의 말을 첫째 아들이 받아들였는지(#20)는 누가복음을 통해 우리는 결코 알 수 없다.

둘째, "하나님의 나라(혹은 통치)"가 예수님 가르침의 전형이라는 사실에 논쟁의 여지가 없음을 감안할 때, 이에 대한 직접적인 표현이 위 27개 비유 중 단 두 개에만 등장한다는 것은 흥미로운 사실이다.

#12인 공관복음에 모두 등장하는 겨자씨 비유와 #13인 Q 자료로부터 유래한 여인의 누룩 비유가 바로 그것이다. 두 가지 비유 모두 "내가 하나님의 나라를 무엇으로 비교할까"(13:20) 혹은 이와 유사한 수사적 질문(13:18)으로 시작한다.

이러한 하나님 나라 은유는 ##14, 15, 26 등과 결합된다. #14(13:23-28의 비유에 첨부된 "하나님 나라의 식탁에 기댈 것"[13:29, 저자 번역]이라는 관용구를 통해), #15(잔치 비유[14:16-24]의 서문으로서의 "무릇 하나님의 나라에서 떡을 먹는 자는 복 되도다"[14:15]라는 구절을 통해) 등과 은연중에 연관지어 나타나며, "하나님의 나라가 당장에 나타날 줄로 생각"하는 이들을 배경으로(19:11) 그 나라를 든든하게 하기 위해 떠난 귀인에 대한 이야기인 #26(므나 비유, 19:12-27) 등에 깊이 스며들어 있다.

'하나님의 통치'가 구체적으로 주목을 받는 위의 다섯 가지 비유는 모든 전승에 동시에 나타나는 한 가지 비유에 기인한다(#12, 참조, 도마복음 20).

그와 달리 나머지 네 비유는 Q 자료에 기인한 것이 분명하다(##13[도마복음 96], 14, 15[도마복음 64], 26).

그렇다고 해도 하나님의 나라라는 주제가 제3복음서에서 46회나 언급(예, 4:43; 6:20; 7:28; 10:9; 11:20) 혹은 암시(예, 1:33; 11:2; 12:31, 32; 23:42)되었다는 점에 비추어볼 때, 결코 누가가 기록한 예수님의 비유 혹은 전체적인 가르침이 이 주제를 경시하고 있다는 결론으로 이어질 수 없다. 대신 제3복음서의 저자가 사용한 Q 자료(9:60; 10:9, 11; 16:16; 23:29-30 외 다수)와 공관복음 전승(예, 8:10; 9:27; 18:16-17, 24-25, 29; 22:18; 23:51)에 나온 하나님 나라에 대한 표현이 누가의 마음을 가득 채웠다고 보아야 한다.[24] 예수님의 비유를 듣는 동안 누가복음의 독자들이 느끼는 종말론적 분위기는 바로 이 전승들을 통해 조성된다는 것이다. 각 비유 자체가 문자적으로 그 나라를 언급하느냐 하지 않느냐를 떠나서 말이다.

셋째, 앞에서 던진 질문으로 돌아가 보자.

다른 공관복음과 비교할 때 누가복음에만 등장하는 비유들이 만들어내는 두드러진 주제가 있는가?

만약 하나님의 나라가 이 복음서 저자의 외현적(explicit) 초점이 아니라면, 서사 문맥을 통해 구축되는 일반적인 방향을 차치하고, 도대체 '구체적으로' 어떤 쟁점에 누가복음 비유가 중점을 두고 있는가?

다음은 쉽게 눈에 띄는 쟁점들이다.

(1) 빛, 그리고 그에 대한 탕감(##3, 21, 25).

---

[24] 몇 가지 경우, 누가는 강조의 목적으로 그가 받아들인 전승들에 "하나님 나라"라는 표현을 추가했다. 예, 8:1; 9:2, 11; 9:62; 17:20-21; 21:31; 22:16. 이 표현은 사도행전에 6회 등장한다(1:3; 8:12; 14:22; 19:8; 28:23, 31; 참조, 1:6; 20:25).

(2) 동료 혹은 주인에 대한 책임을 기꺼이 다함(##5, 21, 23).

(3) 간구하는 기도에 나타나는 끈질김(##6, 24).

(4) 세속적인 소유에 대한 잘못된 자신감(#8, 22).

(5) 심판 전 하나님의 인내(#11).

(6) 제자도에 수반된 까다로운 요구(#16, 17).

(7) 귀중한 것을 잃어버렸다가 회복됨(# 19, 20, 21).

(8) 엄청난 지위의 반전(#22, 25).

위 목록이 누가복음 특징적인 비유에서 온 것이긴 하나, 이 주제들 자체가 누가복음에만 **독특하게** 나타내는 것은 아니다. 이 주제들이 Q 자료와 공관복음에서 반복되는 것을 누구나 쉽게 찾을 수 있다. 기민함 (##1, 9) 및 준비되지 못함(##1, 10)과 관련한 주제나, 주인에 대한 책무(#26) 라든가 잃어버린 것의 회복(#18)과 같은 주제는 다른 전승에서도 나타난다. 특히 종말론적 반전 같은 경우는 모든 전승에 만연해있는 주제이다 (##4, 12, 14, 15, 26, 27, 간접적으로 #2).[25]

누가복음 특징적인 비유에서 발견되는 몇 가지 주제들은 긴밀히 얽혀있어서 서로 효과적으로 뒷받침하고 있다는 점 역시 주목할 만한 사실이다. 무엇이 회복되어야 할지(7)와 무엇을 내려놓아야 할지(4)에 대한 가치의 변화는 지금 당장, 그리고 다가올 시대에 일어날 사회적 반전(8)을

---

[25] '대반전'은 마태복음 특징적인 전승에서도 현저하다. 예, 마 18:23–35; 20:1–16; 21:28–32; 25:1–13, 31–46. 연기되는 심판에 대해 다룬 마태복음의 알곡과 가라지 비유(13:24–30[참조, 13:36–43])와 그물 비유(13:47–50)는 눅 13:6–9과 일맥상통한다. 누가복음이 종말을 준비하는 신중함에 초점이 맞추어져 있다면(7:41–43; 14:28–30, 31–33; 17:7–10; though 참조, 16:1–8; 19:12–27), 마태복음 특징적인 전승은 확신한 것에 전부를 거는 태도에 초점을 맞춘다(13:44, 45–46).

예시한다. 제자도가 엄중히 요구하는 것들(6)과 끈질긴 간구(3)는 제자가 주님 앞에 다해야할 일반적인 책임(2)의 예를 나타낸다.

그 주님은 은혜로 심판하는 분(5)이시며 그 은혜로운 심판은 빚에 대한 탕감(1)으로 나타날 수도 있다. 이처럼 누가복음 비유는 조직적인 일관성을 눈에 띄게 나타내고 있지는 않지만, 일관적인 신학과 일관적인 인간관을 보여주고 있다.

3. 암거래상, 눈치 없는 자와 대화를 나누다

만약 탕자의 비유(15:11–32)가 누가복음에서 가장 유명하고 사랑받는 비유라고 한다면, 그 바로 다음에 이어지는 비유, 전통적으로 '불의한 청지기' 비유(16:1–8)로 불리는 이 비유는 제3복음서에서 가장 해석적으로 난해하고 신학적으로 충격적인 것으로 악명이 높다.

> 또한 (예수께서) 제자들에게 이르시되
> 어떤 부자에게 청지기가 있는데 그가 주인의 소유를 낭비한다는
> 말이 그 주인에게 들린지라. 주인이 그를 불러 이르되, '내가 네
> 게 대하여 들은 이 말이 어찌 됨이냐 네가 보던 일을 셈하라[26] 청
> 지기 직무를 계속하지 못하리라'[27] 하니, 청지기가 속으로 이르

---

26 "보던 일을 셈하라"라고 제시된 번역은 문맥에 맞추어 관용적으로 번역된 부분인데, 원래, 톤 로곤(τον λογον)은 문자적으로 '글'(the word) 이라는 뜻이다(그래서 본서의 저자는 "네 책/글을 제출하라"라는 번역을 제시하였다–역주).

27 현대 언어로 '당신은 해고야'라는 표현에 가깝다. 이렇게 번역할 경우 글의 전개상 중요한 아이러니를 약화시키게 되겠지만 말이다.

되, '주인[28]이 내 직분을 빼앗으니 내가 무엇을 할까 땅을 파자니 힘이 없고 빌어 먹자니 부끄럽구나. 내가 할 일을 알았도다. 이렇게 하면 직분을 빼앗긴 후에 사람들이 나를 자기 집으로 영접하리라' 하고

주인에게 빚진 자를 일일이 불러다가 먼저 온 자에게 이르되

'네가 내 주인에게 얼마나 빚졌느냐?'

말하되 '기름 백 말이니이다.'

이르되 '여기 네 증서를 가지고 빨리 앉아 오십이라 쓰라.' 하고 또 다른 이에게 이르되 '너는 얼마나 빚졌느냐?'

이르되 '밀 백 석이니이다.'

이르되 '여기 네 증서를 가지고 팔십이라 쓰라' 하였는지라."

"주인이 이 옳지 않은 청지기가 일을 지혜 있게 하였으므로 칭찬하였으니 이 세대의 아들들이 자기 시대에 있어서는 빛의 아들들[29]보다 더 지혜로움이니라."

만약 "일을 지혜 있게 하였으므로"라는 구절이 없었다면, 이 비유는 여기 16:8에서 끝맺는 것이 적절했을 것이다. 그러나 이어지는 다섯 절에서 자체적인 해설이 계속된다.

> 내가 너희에게 말하노니 불의의 재물로 친구를 사귀라 그리하면

28　원어 '호 퀴리오스 무'(ηο κψριοσ μου)는 문자적으로 '나의 주님'이라는 뜻이다(저자는 "상사"[my boss]라고 번역했다—역주).

29　문자적으로, '이 시대의 아들들이 빛의 아들들보다 더 상황 판단이 빠르다'는 뜻이다(저자는 "이 세상 청년들이 귀염둥이 자녀들보다 더 상황 판단이 빠르다"라고 번역했다—역주).

> 그 재물이 없어질 때에 그들이 너희를 영주할 처소로 영접하리
> 라.[30] 지극히 작은 것에 충성된 자는 큰 것에도 충성되고 지극히
> 작은 것에 불의한 자는 큰 것에도 불의하니라. 너희가 만일 불의
> 한 재물에도 충성하지 아니하면 누가 참된 것으로 너희에게 맡
> 기겠느냐? 너희가 만일 남의 것에 충성하지 아니하면 누가 너희
> 의 것을 너희에게 주겠느냐? 집 하인이 두 주인을 섬길 수 없나
> 니 혹 이를 미워하고 저를 사랑하거나 혹 이를 중히 여기고 저를
> 경히 여길 것임이니라 너희는 하나님과 재물을 '겸하여' 섬길 수
> 없느니라(눅 16:1-13).

16:1-13에 덤벼든 해석가들의 신음소리를 여기서 자세히 다룬다고 해서 큰 소득이 있는 것은 아니다.[31] 일반적으로 그 좌절의 대부분은 다음 세 가지 질문과 관련이 있다.

(1) A.D. 1세기 경제 활동의 어떤 부분이 이 비유의 서술과 관련이 있으며 그 관련부분을 바르게 이해할 수 있도록 적용될 수 있는가?
(2) 9-13절(혹은 8-13절)에 이어지는 자체적인 해설이 어떤 면에서 16:1-8(혹은 16:1-7) 비유의 의미를 명확하게 만들어 주는가?[32]
(3) 이 본문에 나타난 윤리적이고 신앙적인 함의가 누가복음 전체에 표

---

30 문자적으로, '불의의 맘몬으로 친구를 사귀어라. 맘몬이 실패했을 때 그 친구들이 당신을 영원한 장막으로 맞아주도록 말이다'는 뜻이다(저자는 "세탁하지 않은 돈으로 친구를 사귀어라. 그 돈이 떨어지면 그들이 당신을 튼튼한 집으로 데려갈 것이다"라고 번역했다—역주).
31 대표적으로 다음 저작들을 보라. Marshall, *Gospel of Luke*, 614-24; Fitzmyer, *Luke*(X-XXIV), 1094-1104; Johnson, *Luke*, 243-49. 본서 제8장에서 이 비유를 다시 다룰 것이다.
32 비유가 자체 해설로 대체되는 지점이 정확히 어딘가에 대한 의문 자체가 논의의 대상이다. Fitzmyer, *Luke*(X-XXIV), 1096-99를 보라.

현된 관점과 어떻게 조화를 이루는가?

1) 경제학 개론

빚-삭감 도식이란 당시 문화적 측면(5-7절)을 읽어 내는 데에 상당한 해석적 에너지가 소모된다. 누군가(상황이 개선이 된 빚진 자들)는 이익을 취하고 누군가(대출금 전체를 상환 받지 못하는 동시에 그 이자까지 손해를 보게 된 주인, 그리고 아마도 받아왔던 수수료의 일정 부분을 희생하게 된 청지기 자신)는 손해를 본다.[33] 어떤 학자들은 주인의 빚진 자들과 뒷거래를 한 청지기가 이를 통해 주인의 금융업자로서의 위신을 높이는 효과를 은연중에 거두게 되었다라고 주장한다. 다시 말해 주인은 사업가로서 금전적인 손해를 보게 된 대신 그 관대함을 통해 손해보다 더 큰 사회적 지위를 얻게 되었다는 것이다.[34]

이와 유사한 많은 설명들이 현대 농업사회 관행에 바탕을 둔다. 그 반면, 누가복음 비유를 1세기 당시 배경에 알맞게 이해하고자하는 해석적 시도가 있다. 이러한 접근과 관련하여 최소한 두 가지 문제가 즉시 떠오른다.

(1) 그것들은 논리적인 추론을 통해 접근하긴 하나 문학에 나타난 세계로부터 그 추론을 지지하는 확실한 증거가 부족한 경향이 있다.

---

[33] 이를 다룬 예로 Derrett, *Law in the New Testament*, 48-77; Kloppenborg, "The Dishonoured Master" 등을 참조하라.

[34] Moxnes, *Economy of the Kingdom*, 76-79. 이와 관련, Bailey, *Poet and Peasant*, 101-2 및 Hultgren, *Parables of Jesus*, 151-52은 이러한 해석적 관심을 조합하여, 청지기가 체면을 잃지 않고 계약 재조정을 철회하지 못하도록 그의 주인을 교묘히 조종했다고 보았다.

(2), 해석가가 주의를 깊이 기울이지 않는 한, 1세기 세계를 증언하고 있는 한 사람, 바로 누가가 진정으로 전달하고자 하는 요지를 놓칠 수 있다.

1세기 당시 사회를 반영하는 요소에 대해 우리가 얼마나 까막눈이든지 간에 이 비유는 기본적인 요지를 이해하는데 필요한 모든 것을 이미 말해 주고 있다. '어디에서나 우리는 불한당 같은 자들과 관계를 맺고 있다는 사실'이 바로 그것이다. 청지기가 횡령한다는 소문이 사실에 근거한 것이라는 정황은 어디에도 없지만, 그 소문의 대상인 청지기의 반응은 정직하게 행동해 온 사람의 것이 아니었다.

물론 우리 모두가 알다시피 소문내는 자들 역시 악한 자들일 것이다.[35] 청지기는 자신의 무죄를 변호할 생각 대신 그의 첫 번째 생각은 체면을 유지하면서도 어떻게 목숨을 부지할 것인가 하는 문제였다.

이 비유에 나오는 많은 역설들 가운데 하나는 스스로 목숨을 부지하고자 하는 그의 자구책이 결국 그 소문의 정당성을 부여한다는 사실이다. 즉 모든 빚을 삭감해줌으로써 그는 주인을 대상으로 사기를 쳤다. 재무담당자(CFO)가 첫 번째 빚진 자에게 빨리(타케오스, ταχέως, 6절) 쓰라고 다그치는 부분을 통해 본문이 암시하는 것은 그 최고경영자(CEO)에게 장부를 제출(2절)하기 전에 뒷거래가 마무리될 것이라는 사실이다.

이 방편을 통해 기존에 가지고 있던 일자리가 보존될지도 모른다고 청지기가 기대를 했다는 근거는 어디에도 없다. 다만 후에 그에게 큰 호의

---

[35] 여기에 사용된 동사 '고발하다'(디아발레인, *diaballein*)는 명사 '악마'(호 디아볼로스, *ho diabolos*) 및 형용사 '비방하는'(디아볼로스, *diabolos*)과 동족어이다. 참조, 욥 1:6에서 70인역은 히브리어 하—사탄[*ha-śāṭān*]을 호 디아볼로스[*ho diabolos*]로 번역한다.

를 베풀어줄 수 있는 채무자들의 빚을 삭감해줌으로써 노골적으로 환심을 사고자 했을 뿐이다(4절 및 이에 대한 9절의 알레고리식 해석을 보라). 청지기의 지시에 아무런 저항 없이 숫자를 바꿔치기한 자들이 다름 아닌 채무자 자신들이라는 점을 볼 때, 이런 사기에 야합한 채무자들을 본문이 도덕적인 모범으로 그리고 있다고 보기는 어렵다.

빚을 삭감하기 위해 불법적으로 증서를 수정하면서 채무자들은 자신의 도둑질을 합리화시키고 있었을런지도 모른다('저 나쁜 자식이 우리에게 어떻게든 돈을 과하게 요구한거지. 저 양반은 부자인데다 절대 돈을 잃지 않을 거야. 그러니까 괜찮아, 아무 문제 없을 거야'하면서 말이다). 부에 대해 미심쩍은 눈으로 바라보아야 한다고 누가가 반복적으로 독자들을 경고하고 있다는 점을 기억한다면(1:53; 6:24; 8:14; 12:13-21, 22-34; 14:33; 16:19-31; 22:5), 16:1-8에 등장하는 부자가 청렴한 시민이라고 가정할 이유는 아무데도 없나. 그리고 그 자신도 자신이 청렴하다고 입증하고 있지 않다.

아무 근거 없이 청지기의 죄과를 가정하면서 즉석에서 그를 해고해버리지 않았는가(16:2). 뿐만 아니라 이 비유의 문맥 안에서 그 어디에도 청지기가 복권(復權)되었다는 이야기는 없다. 16:8a에 나타난 주인의 반응이 어떤 동기에서 왔는지에 관계없이,[36] 우리는 그 열매로 그를 알 수 있다

---

[36] 주인 반응의 성격에 대해 여러 가지 제안이 있다. 자비(Bailey, *Poet and Peasant*, 98), 체면치레(Ibid., 101-2; Hultgren, *Parables of Jesus*, 151-52), 자신을 한 수 앞지른 부분에 대한 완화된 감탄(Talbert, *Reading Luke*, 154), 부의 희생을 통해 명예를 세워준 것에 대한 환대(Tannehill, *Luke*, 247) 등이 바로 그 예이다. 여기서 다시 한번 1세기 중동의 청중들이 상사를 속이는 중개상을 어떻게 보았을지에 대한 우리의 무지 앞에 막혀 서게 된다. 우리는 정녕 이 부자가 청지기 행동의 결과로 인해 체면을 세우게 되었다고 확신할 수 있는가? 이해관계에 얽힌 모든 이들이 무슨 일이 어떻게 일어났는지 알고 있는 정황을 고려할 때, 주인의 비즈니스에 관련된 모든 인물들이 아마 그 주인을 호구로 보았을 것이다. 바로 린든 존슨 대통령(President Lyndon Johnson, 1908-1973)이 말한 것과 같은 종류의 명칭이 말이다. "당신이 체면을 지키는 동안, 당신의 치부가 드러난다"(Jonathan Green, *Political Quotes*, 174).

(6:43-45).

그 주인의 칭찬을 이끌어 낸 것은 청지기의 진실성이 아니었다. 청지기는 단순히 부도덕한 자(아디키아, ἀδικία, 16:8)일 뿐이다. 주인이 칭찬한 부분은 자기 사리를 도모하는 꾀 많은(프로니모스, φρονίμως) 계책이었다. 영리하지만 의롭지 않은 일을 칭찬하는 것은 실질적으로 그런 사기를 칭찬하는 당사자에게 오점을 남기는 일이다.

그러면 16:8b-13에서 예수님 자신도 똑같은 일을 하고 있는가?

2) 예수님의 해설은 우리의 해석에 도움을 주는가 아니면 더 어렵게 만드는가?

16:1-8에 대한 준(準) 알레고리 방식의 해석(참조, 8:4-15; 20:9-18)을 이해하는 데 중요한 열쇠는 그 결말에 있다.

> 하나님과 재물을[37] 겸하여 (노예로서, 둘레인, δουλεύειν) 섬길 수 없느니라(16:13b, 괄호 저자 번역).

세속적인 부 혹은 하나님 나라에 자신을 드리는 것에 대한 엄격한 이분법은 누가복음 앞부분에서 이미 언급된 적이 있다(6:20, 24; 12:13-21).

이러한 이분법은 이 비유의 다음 구절에서 반복적으로 나타난다. 16:9("불의의 재물[맘몬, 저자 번역]…이 없어질 때"와 "영주할 처소" 간의 대조), 16:10-11("지극히 작은 것…불의한 재물"과 "참된 것[부, 저자의 번역]" 간의 대조),

---

37 맘몬(māmôn[히브리어/아람어]) 혹은 맘모나(māmônā'[아람어 강조형])은 세속 재물에 대한 유대 표현이다. Fitzmyer, *Luke(X-XXIV)*, 1109을 보라.

16:12("남의 것…너희의 것" 간의 대조), 16:13a(미워할 만한 비열한 주인과 헌신을 드릴만한 존경스러운 주인 간의 대조) 등이 바로 그 부분이다. 16:8b-13 해설이 분명히 말하고 있는 것은 이 비유가 자본주의를 옹호하고 있지 않다는 점이다.

청지기의 간사함을 통해 제자들이 배울 점은 채권자든, 청지기든, 채무자든, 모든 인류가 그 미래를 하나님의 은혜에 걸어야 한다는 사실이다(11:5-13도 참고하라).[38] 어딘가 석연찮은 비유를 통해서도 하나님 앞으로 인도될 수 있다는 사실은 이 비유 가득히 담겨있는 갈망을 우리가 갖기에 충분한 근거가 된다(16:9). 아들라이 스티븐슨 2세(Adlai Stevenson II, 1900-1965)가 곰곰이 생각한 끝에 뱉은 말처럼, "거짓말은 하나님 앞에 가증스러운 것인 동시에 위급한 상황 속에서 주어지는 즉각적인 도움이다."[39]

3) 시대에 구애받지 않는 청지기

누가복음 16:1-8은 다른 비유와 비교할 때 괴상한 것과는 거리가 먼, 그 자체로서 역작이다. 이 비유는 놀라운 전환 및 전개를 통해 이 복음서 비유 전반에 흐르는 주요 주제들을 통합시키고 있다. 영리한 청지기 이야기는 현재와 다가올 시대에 일어날(9절; 참조, ##15, 22, 25) 사회적 반전(3-4절)을 전제로 한다. 정산이라는 주제(참조, ##16, 17) 및 빚 탕감과 연관된 주제(참조, ##3, 25)가 이야기를 이끌어간다(5b-6, 7절).

예수님의 제자들은(1a절) 집을 맡은 청지기가 그 주인에게 그러해야 하는 것만큼이나(1b절; 참조,##5, 9, 10, 23, 26), 재앙(2b절; 참조, #1), 방황의 공

---

38 이와 유사한 입장으로 Beck, *Christian Character*, 28-54을 보라.
39 Jonathan Green, *Political Quotes*, 212.

포(2a, 4절; 참조, ##8, 14, 18, 19, 20), 도움을 지속적으로 간청해야 할 필요성(5a, 7a절; 참조, ##6, 24) 등에 직면한 어떤 인물과 견주어보며, 그들의 주님에게 책무를 다해야 하는 위치에 있다(5:8, 12; 11:1; 12:41).

이 비유는 모든 예상을 뒤엎고(9절; 참조, ##2, 4, 5, 12, 19, 20, 25, 26, 27) 은혜로운 심판으로 끝난다(8a절; 참조, ##7, 11; 13). 또한 하나님의 경제 관념 속에서 부를 적절히 재정립함으로써 신학적인 균형을 회복시킨다(10‒13절; 참조, ##8, 22).

이처럼 영리한 청지기는 누가복음 비유에 등장하는 다른 인물들의 전형을 보여준다는 점에서 우리가 살펴본 바 테오프라스토스의 『캐릭터』에 나오는 눈치 없는 자와 같은 역할을 한다. 이들로부터 풍겨져 나오는 혐오스러움에서도 둘은 서로 닮은꼴이다. 각각의 저자들이 치밀하게 구성한 일관성과 정제된 패턴을 보여주는 인물들이라는 점에서도 닮았다.

하지만 닮은 점은 거기까지다. 눈치 없는 자는 영리한 청지기가 명백히 보여주고 있는 모습, 즉 상황을 잘 파악하는 모습을 분명 가지고 있지 않다. 그는 특정 행동을 언제 해야 적절한지에 대한 감이 전혀 없다. 그는 문자적으로 아카이로스(*akairos*), 즉 '시간 밖에서' 살아간다. 그와 반대로 청지기는 혼잣말로 중얼거린다.

> 내가 할 일을 알았도다(16:4a).

정녕 그는 알았고, 그대로 했다. 이야기가 끝나고 나서 보면 "청지기 직무를 계속하지 못하리라"(16:2b)라고 한 주인의 말이 역설적인 오판이었다는 사실을 우리는 알아차리게 된다. 그 판단과는 정반대로 자신이 노련한 전술가라는 사실을 청지기가 입증해 낸 것이다. 눈치 없는 자는 의도는 좋으나 믿을 수 없을 정도로 멍청하다. 재정 관리를 맡은 청지기는 지나치게 기만적이지만 곤란한 상황 속에서 영리하게 움직인다.

그런데 테오프라스토스의 인물 묘사와 누가복음 비유 사이의 유사점과 차이점은 여기서 살펴본 것보다 더 멀리 나아간다. 누가가 『캐릭터』란 작품을 알고 있었다는 근거는 없지만 우리 목적을 감안할 때 별 문제가 되지 않는다.

헨리 필딩(Henry Fielding, A.D. 1707-1754년)과 제임스 조이스(James Joyce, A.D. 1882-1941년)는 한 세기가 넘는 시간의 벽을 두고 살았다. 그러나 둘 다 소설이라는 하나의 전통 속에서 활동했다. 그리고 둘 모두 작가로서 문학사의 각기 다른 시점에서 등장인물에 대한 묘사를 정형화했고, 그 후 다시 타파했다(Tom Jones, 1749; *Ulysses*, 1922). 테오프라스토스와 제3복음서의 저자 두 사람에 대해서도 동일한 이야기를 할 수 있을 것이다.

둘 모두다 인물에 내포된 윤리적 측면을 구체적인 설명없이 보여주는 피카레스크식 비네트(vignette, 삽화)를 이미 존재하는 장르(분류로서의 장르, 전기문[bios])와 결합시킴으로써 그 장르를 창의적으로 각색해냈다. 여기에 나오는 삽화들은 농업, 상업, 저녁 만찬, 종교 의식, 재판 절차 등과 같은 고대 사회의 예의와 관습 등을 간접적으로만 볼 수 있는 굴절된 빛을 비춰준다. 두 작가 모두 문체에 통달한 명수로서 독자 스스로가 상황을 이해하고 결론에 도달하도록 공감대를 만들어둔다.

그러나 누가의 공감대는 테오프라스토스의 그것과는 다르다. 그리고 그 차이는 다른 모든 것의 차이를 만든다. 혹자는 아리스토텔레스의 『니코마코스 윤리학』(*Nicomachean Ethics*, 1123a.34 – 1125a.16)에 나오는 '관대한 정신'(*megalopsychos*)이 테오프라스토스가 『캐릭터』에서 서른 가지의

다양한 편차를 표현하면서 사용했던 도덕적 잣대라고 생각한다.[40]

> 그렇다면 관대한 사람은 스스로를 위대한 일을 할만한 인물로 여기는 사람인 셈이고, 사실이 그러하다. …관대한 사람은 가장 위대한 일을 할만한 사람이므로 곧 가장 위대한 사람이다. …그는 명예와 불명예를 특히 중요하게 생각하고, 훌륭한 사람들로부터 명예로운 찬사를 받을 때 적당히 기뻐할 줄 아는 사람이다. …그러나 행운이 찾아올 때 지나치게 기뻐하지도 않을 뿐더러, 불운이 찾아올 때도 지나치게 괴로워하지 않을 것이다. 왜냐하면 명예조차도 가장 큰 선이라고 생각하지 않기 때문이다. …숨기는 것은 겁먹은 사람에게나 적절한 것이므로 관대한 사람은 자신을 미워하는지 혹은 자신에게 호의를 베푸는지에 관계없이 자신을 열어둔다. …그는 친구를 제외하고는 아무도 그의 삶을 결정하도록 내버려 두지 않는다. …그는 잘 놀라는 경향이 없고, …험담하지 않는다. 특히 그는 별것 아닌 일을 간구하거나 한탄하지 않는다. …그가 중대하게 받아들이는 일이 많지 않아 동분서주하지 않으며 크게 마음 쓰는 일이 없어 공격적이지 않다.[41]

위 묘사는 분명 누가복음에 나오는 사회적 위신을 잃을까 두려워 발을 구르고 그의 삶의 결정권을 쥐고 있는 주인을 속이며 자신의 퇴직금을 마련하기 위해 다른 채무자들과 공모하고 있는 재무관리자의 모습과 전혀 다르다. 둘 간의 차이는 그에 대한 평가에 달려있다. 누가는 불의한 청지

40　Jebb, *Characters of Theophrastus*, 30–37; Millett, *Theophrastus and His World*, 105.
41　Translated(alt.) by Irwin in *Aristotle: Nicomachean Ethics*, 97, 99, 100, 102, 103.

기의 행동이 칭찬받을 수 있다고 말한다.

   금융가를 누비는 사기꾼이 위기를 벗어나기 위해 무엇인들 못하리(16:8b). 그로부터 예수님의 제자들이 배울 점은 그들의 진정한(단순히 경제적인 것이 아닌) 구원은 그와 같은 수단, 신실함, 그리고 만주의 주에 대한 헌신이 요구된다는 사실이다(눅 16:8-13).

   (프레드 알렌[Fred Allen][42]이 누가복음 12:16-21과 같은 선상에서 했던 말처럼) "관에 갖고 들어가지 못하는 것은 그 누구도 소유하지 못한다"라고 한다면, 전능하신 하나님을 경배한다는 자들이 왜 전능한 돈의 신봉자들을 뒤따라야 하는가?(16:10-11)

   여기서 우리는 주제의 핵심부에 도달한다. 테오프라스토스의 『캐릭터』는 인간의 하찮음에 대한 익살스런 일람표로서 한 번에 적은 분량씩 읽어나갈 때 효과를 거둔다. 처음부터 끝까지 단번에 읽어나가다 보면 비판적인 말투는 점점 지루해진다. 풍자적 인물 성격들, 즉 촌스러움, 아첨, 비겁함, 어리석음, 뻔뻔함 등을 교양 있는 독자들은 결코 보여서는 안 되는 것처럼 구는 태도는 점차 답답함을 가져온다. 결국 테오프라토스 자신이 약점-들춰내는 자(Mr. Fault-Finder)의 인상을 풍기는 셈이다.

   뿐만 아니라 그가 그리는 인물들 역시 너무 과장되어 있어 현대 독자들을 위험한 자기만족에 빠트릴 가능성이 다분하다. '그렇게까지는' 행동하지 않는다는 확신을 주는 것이다.

> 테오프라스토스의 독자층으로 알려져 있는 이들은 외부와는 차단한 채 『캐릭터』의 인물보다 자신들이 도덕적으로 우위에 있다

---

[42] Allen, "*all the sincerity in hollywood*," 107.

고 생각하며 철학적인 부분에서 인정받기를 좋아했던 사람들이었던 것 같다. 그래서 '최소한 나는 그렇게는 행동하지 않아. 하긴 나는 내 소중한 아리스토텔레스를 읽고 이해하지'라고 말한다.[43]

테오프라스토스는 그런 신념을 더 강화시킬 수 있도록 등장인물들을 희화화해서 그린다. 마치 오스카 해머스타인(Oscar Hammerstein)의 등장인물들이 "언어적 기벽이나 틱으로 표현된 인물 특징의 모음"에 불과한 것처럼 말이다. 도덕적 우월성에 사로잡혀있었다는 측면에서 아테네 소요학파(Peripatetic school) 학자들은 바리새인과 쉽게 연결된다. 예루살렘 성전에서 "바리새인은 서서 따로 기도하여 이르되 하나님이여 나는 다른 사람들 곧 토색, 불의, 간음을 하는 자들과 같지 아니하고 이 세리와도 같지 아니함을 감사하나이다"(눅 18:11)라고 기도하던 바리새인 말이다.

제3복음서 저자의 관점은 조금 다른 위치에 있다. 그 지점이란 인간의 악한 본성이 이따금씩 선해지는 지점(눅 11:11-13), 죄를 자백한 죄인이 자기만족에 빠지는 대신 그의 죄가 씻기는 지점(18:9-14), 책임의 완전히 새로운 장을 하나님의 나라가 보장하는 바로 그 지점(6:17-49)이다. 이러한 이유 때문에 제3복음서가 그리는 악당들은 테오프라스토스의 『캐릭터』보다 더 다각적이면서 덜 예측 가능하다.

누가복음에는 죄 많은 매춘부가 베푸는 환대를 부유한 집주인은 전혀 베풀지 않는 모습이 나오는가 하면(7:36-50), 종교적 외인이 종교 엘리트에게는 없는 친절함을 보여주는 모습이 나오고(10:29-37; 참조, 9:51-53),

---

43 Millett, *Theophrastus and His World*, 31.

사회에서 소외된 깡마른 여인이 그 지역의 배부른 권력자를 꺾는 모습이 나온다(18:2-8). 또 가족 전체가 낭비하는 이들로 구성된 한 집안의 모습도 나오는데, 여기서 누군가는 돈을, 누군가는 화를, 또 누군가는 자비를 쏟아 붓는다(15:11-32).

누가복음 비유는 테오프라토스의 『캐릭터』에 비해 두드러질 뿐만 아니라, 다른 복음서의 비유들에 비해서도 두드러진다. 모든 공관복음이 하나님 나라 교향곡을 연주하고 있긴 하지만 각 저자들은 한 멜로디를 제창하지 않는다. 대신 여러 화성을 더하는데 때로는 불협화음으로 들리기까지 한다.[44]

하나님 나라에 대한 마가복음의 관점은 규정하기 쉽지 않은데 이 복음서 비유에 등장하는 대부분의 인물은 그만큼이나 신비하고 파악하기 어렵다(3:23-27; 4:3-8, 21-32; 참조, 4:10-12). 마태복음 비유의 주인공들 및 적대자들은 심판 드라마를 상연하고 있다. 때로 은혜로운 비단으로 쌓여있기도 한 심판의 망치는 항상 내려칠 준비가 되어 있다(18:23-35; 20:1-16; 21:28-32; 22:1-14; 25:1-46).[45]

누가복음의 경우 우리는 비유의 결말을 모르고 있을 때가 더 빈번한데(13:6-9; 19:12-27) 비유의 결말을 알아채고 있을 때조차도(예, 11:5-8; 16:19-31) 그 등장인물이 독자를 놀래키지 않는 경우는 결코 없다.

내가 너희에게 말하노니 비록 벗 됨으로 인하여서는 일어나서

---

[44] Donahue, *The Gospel in Parable*은 이점을 강조한다. 고대 인물 묘사를 복음서 해석에 사용한 최근 예로 Wright, "Greco-Roman Character Typing"을 참조하라

[45] 어느 경우라도 망치를 들고 있는 분은 하나님이다. 하나님의 목공품은 인간의 건축을 따르지 않는다(Zimmermann, "Die Ethico-Ästhetik der Gleichnisse Jesu"를 보라).

주지 아니할지라도 그 간청함을 인하여 일어나 그 요구대로 주리라(11:8).

주인이여 금년에도 그대로 두소서 내가 두루 파고 거름을 주리니 이 후에 만일 열매가 열면 좋거니와 그렇지 않으면 찍어버리소서(13:8-9).

모세와 선지자들에게 듣지 아니하면 비록 죽은 자 가운데서 살아나는 자가 있을지라도 권함을 받지 아니하리라(16:31).

주인이 이 옳지 않은 청지기가 일을 지혜 있게 하였으므로 칭찬하였으니(16:8a).

아모스 와일더(Amos Wilder)가 예수님의 비유로부터 포착해낸 "상상력을 뒤흔드는 일종의 충격"[46]과 그 강렬함과 깊이는 테오프라토스의 『캐릭터』에서는 전혀 찾아볼 수 없다. 반면 누가복음 비유에서는 수도 없이 찾을 수 있다.

---

46 Wilder, *Early Christian Rhetoric*, 71-88, esp. 72.

제5장

"아버지께서 내게 주신 말씀들을 그들에게 주었사오며"

> 문체(style)는 '무엇'이 '어떤 방법'으로 효과를 거두는가에 관한 것이다.
>
> 에드먼드 L. 엡스타인(Edmund L. Epstein)¹

요한복음과 공관복음 사이에 눈에 띄는 여러 가지 차이 가운데 하나는 요한복음 예수님의 독특한 담화이다. 다른 복음서에 실린 간결한 가르침(예, 눅 9:58–60, 62), 비유(막 4:3–8, 26–32), 선언적 이야기(마 22:15–22) 같은 것들 대신 요한복음 "예수님은 더 고상하고도 성직자답게, 심지어는 과장되어 있는 듯한 문체로 말씀"하신다. 이는 "다른 복음서보다는 요한일서의 문체를 떠올리게 한다."²

무디 스미스(Moody Smith)가 관찰한 이러한 특징들은 본 장에서 다루게 될 두 가지 과제와 밀접한 관련이 있다.

---

1   Epstein, *Language and Style*, 1.
2   D. M. Smith, *John*(PC), 4. 추가로 Aune, "Oral Tradition"; Gerhardsson, "Illuminating the Kingdom" 등을 보라.

첫째, 고대의 특정 담화 이론들을 견지하는 가운데 요한복음 문체의 핵심적인 특징을 생각해볼 것이다.

둘째, 이 연구를 확장하여 요한복음과 함께 요한을 둘러싼 1세기 기독교 공동체의 중대한 증거 자료인 요한일서에 나타난 수사법의 양식 및 기능을 다룰 것이다.

이러한 분석은 요한신학의 형태를 그리는 동시에 해석시 제기되는 문제점들을 반영해 준다. 본 장은 실제적으로 요한복음 7:46에서 성전 경비병이 다음과 같이 예수님에 대한 변명조의 보고를 독자들이 깊이 생각해 보도록 초대하고 있다.

> 그 사람이 말하는 것처럼 말한 사람은 이때까지 없었나이다
>
> (요 7:46).

예수님에 대한 이러한 평가는 어디까지가 진실인가?

부정확하다면 어떤 점에서 그러한가?

이 질문들은 요한일서 및 요한복음 해석가들에게 어떤 차이를 가져오는가?

1. 요한복음에 나타난 예수님의 수사법

요한 문체를 연구하는 일은 전혀 새롭지 않다.[3] 이 연구 주제는 19세기

---

[3] Festugière, *Observations stylistiques*는 이 부분에 한한 가장 종합적인 연구다. Louw, "On Johannine Style"는 간략한 입문서로 볼 수 있다.

후반과 20세기 초반 경 원전에 대한 의문들이 비평적 패러다임을 지배하고 있을 때 이미 전성기를 맞았다. 이 시기는 특히 제4복음서가 히브리 전승에 유래하는지 아니면 공관복음 전승에 유래하는지, 그리고 요한복음 및 요한일서의 저자가 같은지 다른지 등을 놓고 갑론을박할 때였다.[4]

이러한 의문점들은 여전히 논쟁의 여지가 있다. 요한의 독특한 문체 또한 이 복음서를 이해하는 중요한 열쇠로 남아있다. 제4복음서가 다양한 문학 비평적 도구를 통해 광범위하게 연구되어 왔지만,[5] 고전 수사학의 이론과 실제가 특히나 요한복음 담화를 뜯어보는 데 적절히 사용될 것으로 판단된다. 조지 케네디(George Kennedy)와 마찬가지로, 필자 역시 "헬라어를 구사하는 청중이 들었던 것처럼" 요한의 언어를 듣는 데에 주된 관심을 집중시키려 한다.[6] 이 작업은 분명 고대 수사법에 대한 연구를 수반한다.

찰스 로젠(Charles Rosen)은 음악에 대해 역사 분석적 비평을 시도하면서, "과거의 음악에 대한 새롭고 독창적인 것을 찾아 내기 위한 시도로서가 아닌, 음악이 경험되고, 이해되며, 아니면 오해되어 온 방법을 설명하기 위한 시도"라고 정의했는데, 혹자는 성경 본문 수사 비평에 대해서도 동일하게 말할 수 있을 것이라고 본다.[7]

---

4   이에 관한 여러 연구들 가운데, Burney, *Aramaic Origin*; Dodd, "First Epistle of John"; Howard, *The Fourth Gospel*, 213–27, 276–96 등을 참조하라.
5   Culpepper, *Anatomy of the Fourth Gospel* 및 Segovia, *Farewell of the Word* 는 문학 비평 도구들의 예를 보여준다. Ashton, *Studying John*, 141–65, 184–208은 요한 해석계의 몇 가지 내러티브 비평 추세에 대한 날카로운 비평적 시각을 제공한다.
6   Kennedy, *New Testament Interpretation*, 10. Stube, *Greco-Roman Rhetorical Reading* 은 선교사적 원동력에 기인한 고전 수사학적 견본으로서 요 13–17장에 대한 가장 자세한 분석을 보여준다.
7   *The New York Review of Books* 39(April 9, 1992): 54에 로젠(Rosen)이 보낸 편지. Ashton, *Studying John*, 161에서 인용됨.

요한복음과 사해 사본(Dead Sea Scrolls) 사이에 보이는 사상적 유사성이 시사하는 바는 요한이 쿰란 공동체의 일원으로 있었다는 가정이다. 이 사실 이상으로 제4복음서 저자가 수사법을 정식으로 배웠음을 가정할 필요는 없다.[8] 단 한 가지 우리가 부인할 수 없는 전제가 있다면, 설득을 위한 담화 기술이 신약의 저자 및 독자들이 살았던 문화 속의 말과 문학에 만연해있었다는 사실이다.[9]

1) 수사적 과장에 대한 고전적 개념

최소한 아리스토텔레스가 살았던 시대(B.C. 384-322년, Rhet. 3.1403b-12.1414a를 보라)에 이르러서는 문체(프라시스[φράσις] 혹은 엘로쿠티오[elocutio])가 수사적 기교 가운데 주요 구성 요소로 여겨졌다. 퀸틸리아누스(A.D. 40-95년)는 담화의 요소 가운데 문체를 강조하면서 문체를 "말을 잘하는 방법에 대한 지식"(bene dicendi scientiam)이라고 정의했다(Inst. 2.15.38).

유명한 비평가 할리카르낫소스의 디오니시우스(Dionysius of Halicarnassus)와 같은 이들이 이론화한 대로(*De compositione verborum*, B.C. 20년), 문체는 두 개의 하위 범주로 나누어진다. 하나는 용어 선택(diction)고 다른 하나는 단어의 다양한 요소와 리듬을 고려하여 배열하는 단어 조합(compo-

---

8   Charlesworth, *John and Qumran*에 나타난 다양하게 파생된 결론들을 참조하라. 이들과 제4복음서 저자가 에세네파의 일원이었다는 Ashton, *Understanding the Fourth Gospel*, 232-37의 대범한 제안과 대조해보라.

9   방대한 해당 주제에 관한 신뢰할 만한 개요로서 Kennedy, *A New History*를 보라. 또한 G. Anderson, *The Second Sophistic*은 신약 및 그 이후 시대 동안 수사학이 어떤 사회적 함의를 가졌는지를 다룬다.

sition)이다. 두 범주는 다시 여러 가지 비유법(언어적 '선회'[旋回] 및 발화의 방식, 그리고 생각/발상의 방식 등으로 나누어진다(예, 코니피시오스[Cornificius], *Rhet. ad Her.* 4.19-69[B.C. 85년]).[10] 이 장치들은 요한복음에서 풍부하게 사용되었지만 본 장 연구에서는 부분적으로만 살펴볼 뿐 예수님 담화에 나타난 일반 문체에만 집중 할 것이다.

연구방향성 확보를 위해 B.C. 1세기경 쓰인 글로 추정되는 『문체에 관하여』(*On Style*)를 다루는 것으로 논의를 시작하려 한다. 전통적으로 드미트리오스(Demetrius)의 작품으로 여겨지는 이 글은 네 가지 주요 문체를 가장 조직적으로 다루었다. 일반체(the plain), 장엄체(the grand), 화려체 (the elegant), 강건체(the forceful) 등이 바로 그것이다. 데모스테네스(Demosthenes, B.C. 4세기 그리스 웅변가—역주)의 특징이라 할 수 있는 부분이 바로 강건체이고(*Eloc.* 5.240-304), 매력과 위트는 화려체의 특징이며(3.128-89), 일상의 소소한 주제를 담아 낼 때 쓰는 문체는 일반체였다(4.190-239).

요한복음 예수님의 수사적 문체는 드미트리오스가 웅장한 혹은 장엄한 문체(토 메갈로프레페스, τὸ μεγαλοπρεπες, 2.38-127)라 부르는 것과 가장 가깝다. 화려한 용어 선택 혹은 단어 조합을 통해 야기될 수도 있지만 "장엄체는 주제로부터 야기되기도 하는데 땅이나 바다에서 벌어지는 중대하고 유명한 전쟁, 혹은 하늘이나 땅을 다루는 주제 등이 그 예에 해당한다"(*Eloc.* 2.75; 참조. 2.38-74, 77-113).

밀랍을 녹이면 어떤 동물 모양이든 만들 수 있는 것처럼 드미트리오스

---

10 권위 있는 자료로서, Lausberg, *Handbook of Literary Rhetoric*, 271-41은 진이 빠질 만큼의 철저한 수사 표현 방식 목록을 만들었다. 더 간결하면서 신선한 자료로 Vickers, *In Defence of Rhetoric*, 294-339을 보라. Caird, *Language and Imagery*, 131-97은 해당 논의를 성경문학으로 가져왔다.

는 용어 선택이란 작업을 그와 같이 유연한 것으로 보았고 따라서 화자의 주제에 따라 유연하게 용어를 선택해야한다고 보았다(2.106; 5.296).

고대 이론가들 사이에서 더 일반적으로 발견되는 수사 문체 구분은 키케로의 『웅변가』(*Orator*, B.C. 50년)에서 볼 수 있듯 문체를 일반체, 중도체(the middle), 장엄체 등의 세 가지로 구분하는 것이다. "세 번째 문체를 사용하는 웅변가는 풍부하고 자세하며, 무게감이 있고 화려하여," 감정을 폭풍처럼 휘몰아치게 하거나 아니면 잠잠히 스며들게 하거나, 새로운 생각을 심어 주거나 아니면 기존의 생각을 뿌리 뽑기 위해 장엄체(the *gravis*)를 사용한다(*Or*. 28.97). 드미트리오스와 마찬가지로 말하는 주제와 문체가 적절히 조화를 이루어야 하는 것으로 보았다는 면에서 키케로 역시 문체를 단순한 장식 이상으로 여겼다.

"(웅변가가) 하늘의 이야기를 땅에 전할 때는 예외 없이 더 장엄하고 웅장하게 모든 것을 느끼고 말할 줄 알아야 할 것이다"(*Or*. 34.119).

퀸틸리아누스는 자신의 개론서 『웅변교수론』(*Institutio oratoria*, 12.10.58–80)에서 키케로가 다룬 문체의 세 가지 '캐릭터'(카락테레스[χαρακτῆρες])를 다음과 같이 풀어낸다. 일반체(이스콘[*subtile*; ἰσκόν])는 정보 전달에 가장 적합하고, 화려체(안떼론[*floridum*; ἀνθηρόν])는 심미적이거나 회유적인 글에 적합하며, 아래에 묘사한 장엄하거나 강건한 문체(grande, 하드론[ἁδρόν])는 감정을 움직인다고 보았다.

> 장엄한 문체는 바위 틈을 따라 굽이치며 흐르는 강이다. 세워져 있는 교량에 성질을 부리고 강변 비탈을 깎아낸다. 거대하고도 무서운 기세로 흘러 거기에 맞서서 버티고 있으려하는 재판관마저 휩쓸어 납득시킬 것이다. 이러한 웅변가는 죽은 자를 살려내

> 기도 하고…한 나라를 눈물바다로 만들기도 하며 때로는…한 나라 전체가 웅변가에게 귀를 기울이게 만들기도 한다. 자신의 말을 꾸밈으로써 목소리를 높이고 장황한 언변을 펼치기 시작한다. 그가 말을 시작하면 신들을 내려와 그와 만나서 이야기를 나누려 할 정도일 것이다. …그는 분노 혹은 연민을 고무시킬 것이고, 그가 말하는 동안 재판관은 점점 핼쑥해지고, 흐느끼기 시작하며, 감정 전체가 송두리째 빨려 들어가 한 걸음씩 온순히 따라올 것이다(*Inst.* 12.10.61–62).

율리시스(참조, *Iliad* 3.223; *Odyssey* 8.173)는 호메로스의 작품에 나타난 위와 같은 최고 달의 원형으로,

> 목소리에 힘이 있고, 그의 유려하고 화려한 웅변이 강력하여 그가 말을 하면 흡사 눈이 쏟아져 내리는 것 같은 인상을 주는 인물이다. 그래서 어떤 유한한 인생도 이러한 웅변가와 겨룰 수 없다. 사람들은 그를 신처럼 생각할 것이다. 유폴리스(Eupolis)가 페리클레스(Pericles)에게 찬사를 보낼 수 밖에 없도록 휩쓸었던 힘이 바로 이것이며, 아리스토파네스(Aristophanes, 아테네 희극 작가–역주)를 번개에 비견되도록 만든 힘이 바로 이것이다. 이것이야 말로 참 웅변에 담긴 능력이다(Quintilian, *Inst.* 12.10.64–65).

일반적으로 롱기누스(Longinus)가 썼다고 보는 A.D. 1세기 작자 미상의 한 문서, 『숭고에 관하여』(*On Sublimity*)에서는 "숭고"(타 휩세[τα ὕψη])의 특질과 생성에 대해 이야기한다. 숭고는

> 일종의 담화의 현저함 혹은 탁월함을 지칭하는 개념으로 가장 위대한 시인들과 작가들을 구별해낼 수 있게 하는 기준이다. 장엄한 말은 듣는 이들을 설득하기보다는 도취되도록 만들기 때문에, 놀라움과 전율이 함께 담긴 말은 단순히 설득적이고 기분을 좋게 해 주는 말보다 항상 더 우세하기 마련이다(Subl. 1.3 - 4).

숭고는 오랜 시간 동안 반추하고 소화시켜야 하는 지적인 양식을 제공함으로써 웅변을 듣는 청자의 격을 높여준다(7.2-3). 『숭고에 관하여』의 많은 부분은 고결한 문장, 인물, 작품을 구성하는 데에 필요한 실제적인 조언들로 구성이 되어 있다(10.1-43.6). 그런데 롱기누스는 장엄함의 주요 원천은 위대한 생각 및 강렬하고도 영감 넘치는 감정을 움켜잡는 것이라고 보았다(8.1). 생각의 위대함은 신들의 모습을 대표하는 경향이 있다. 비록 천상에 속한 것에 대한 모든 담화가 경외심을 불러일으키지는 않지만 말이다.

그 예로 『일리아드』(Iliad)는 시인의 능력이 정오의 태양처럼 이글거리는 한편 『오디세이』(Odyssey)는 호머가 예술가로서 해질녘에 이르렀음을 보여준다(9.5-15). 롱기누스는 이교도 작가로서는 두드러지게 진정한 숭고함은 창세기 1장에 나타나있다고 보고 다음과 같이 말했다.

"신성한 능력을 그에 걸맞게 이해하고 표현해냈다는 점에서 유대인 율법을 기록한 이는 단연 천재적이다"(Subl. 9.9).[11]

마지막으로, 타르수스의 허모게네(Hermogenes of Tarsus, A.D. 160년)는 『문체의 유형에 관하여』(On Types of Style)에서 일곱 가지 문체를 결정짓는

---

11 Russell, "Longinus": On the Sublime, 93 - 94에 나타난 역본을 사용하였다.

요소 중 하나인 장엄함(매개토스[μέγεθος])을 분석하는 데 상당 부분을 할애했다. 허모게네에 따르면 장엄함 자체는 다양한 구성 요소로 이루어지는데 "신들을 신들답게 표현하는 것"을 뜻하는 엄숙함(solemnity, *Per. id.* 242-54)을 비롯하여, 비평의 미묘하게 다른 세 가지 표현인 가혹함(asperity), 격렬함(vehemence), 화려함(florescense, 255-63, 269-77), 또 "주목받을 만하고 명성을 얻을 만한 행동에 내재된" 탁월함(brilliance, 264-69), 그리고 추가적인 생각을 통해 확장해 나가는 것을 뜻하는 부연(amplification, 혹은 풍성함[abundance], 페리볼레[περιβολή]; 277-96) 등이 그 구성 요소에 해당한다. "충만함(fullness, 메스토테스[μεστότης])는 풍성함의 극치에 해당하는 표현이라고 볼 수 있고, '풍성한 풍성함'(abundant abundance)라 불러도 무방하다"(*Per. id.* 291).[12]

위대한 생각을 품은 담화에 이러한 요소들을 가미함으로써 담화가 소소하고 평범한 이야기로 전락할 위험에서 건져낸다(222, 241).

본격적으로 요한복음을 살펴보기 전에 지금까지 우리가 관찰한 바를 정리해보자.

(1) 로마 제국 시대 수사학 이론가들의 논의에 대한 재구성은 현대독자의 요한복음 예수님 문체 연구에 장엄체 논의를 도입하기에 충분한 기반을 제공한다. 다양하게 정의되긴 하지만 장엄함 혹은 숭고함은 고대 수사학자들에게 널리 주목받았다.

(2) 장엄체(grand style)는 독자들 사이에서 강렬한 느낌, 지적인 자극, 종교적인 전율 등의 다양한 반응을 강력하게 이끌어낸다.

---

12 본 문단은 Wooten, *Hermogenes' On Types of Style*, 33, 51에 나타난 역본을 사용하였다.

(3) 다른 여러 유형의 문제들과 마찬가지로 장엄체는 단순한 장식 이상의 의미를 가진다. 즉 그 자체가 숭고하다고 인정되는 주제를 품고 있다.

(4) 웅대한 개념 중 가장 으뜸은, 그리고 장엄체를 사용하기에 가장 적합한 주제들 중 가장 으뜸은 신성(神性)이다.

흥미롭게도, 퀸틸리아누스가 말한 장엄체로 연설하는 이상적인 웅변가로 인해 발생하는 효과들, 즉 한 나라가 목 놓아 울도록 만들고, 죽은 자를 일으키고, 신들을 불러들여 대화를 나누고, 재판장이 감정에 휩쓸려 좌우되도록 만드는 일들이 제4복음서를 배경으로 등장하는 예수님에 의해 벌어졌다(5:18; 7:14-44; 11:43-44; 12:28-29; 18:28-40).

2) 장엄한 고별: 요한복음 14-17장

본 장의 제한된 공간을 고려할 때 요한복음 전반에 걸친 수사적 문제를 다루는 것은 불가능하다. 이 복음서에 나타난 고상한 수사법을 대표하는 부분을 꼽자면 14-17장의 고별사와 중보기도이다. 제4복음서에서 가장 긴 예수님의 말씀을 고전이란 프리즘을 통해 본다면 제의적(epideictic) 연설로 알려져 있는 웅변술의 한 종류와 가장 비슷하다.

제의적 웅변술의 주된 관심사는 청자의 현재가진 신념과 가치를 고양 및 고취시키는 일이다(Aristotle, *Rhet.* 1.3.1358b; Cicero, *Inv.* 2.59.177-78). 제의적 연설의 특징적 요소에도 불구하고(Cornificius, *Rhet ad Her.* 3.6.10.3.8.15), 14-17장은 논리적인 틀 안에서 엄격히 짜여진 주장을 펼지는 본문이 아니다. 대신 아래 네 가지 중심 주제를 준-예식적(13:1)

형태로 펼쳐나간다.[13]

    A. 예수님의 떠남과 돌아옴(14:1-3, 15-17, 18, 27-28; 16:4b-7).

    B. 다음과 같이 나타난 상호관계. 예수님과 신자 간(14:15-17, 18-21, 23-24; 15:1-10, 15; 17:6-26), 예수님과 아버지 간(14:24, 28; 15:9-10, 15, 23-24; 16:5, 15, 32b; 17:1-2, 4-5), 아버지와 신자 간(14:23; 15:27; 17:3, 11, 17), 신자와 세상(14:30; 15:18-25; 16:8-10, 28, 33; 17:9, 14-16), 신자들 상호 간(15:12-14, 17; 17:21-23)의 관계.

    C. 평화(14:27; 16:33), 기쁨(14:28; 15:11; 16:20-22, 24; 17:13), 충성(16:1-4a, 32; 17:6), 영화롭게 함(14:13; 15:8; 16:14; 17:1, 4-5, 10, 22-24).

    D. 아는 것(14:4-7; 16:25, 29-30; 17:3, 7-8, 23-25), 보는 것(14:8-10, 17-19; 15:24; 16:10, 16-22; 17:24), 구하는 것(14:13-14; 15:7, 16b; 16:23-24, 26), 사랑에서 나오는 순종(14:21-24; 15:1-10, 16a; 17:6).

14-17장의 예수님 담화는 제의적 수사법의 하위 범주로서 나중에 고별사(leave-taking, 순탁티코스[συντακτικός])로 분류되는 범주에 대체로 일치한다. 이 범주에 해당하는 글은 길을 떠나는 한 인물이 머무는 사람들

---

13 Kennedy, *New Testament Interpretation*, 73-85은 이와 비슷한 평가를 내린다. 이와 다른 대안으로 Segovia, *Farewell of the Word*, 291-308은 요 13:31-16:33이 네 개의 별개 단위로 구성되어 있다고 제안한다. 여기서 각 단위는 수사적 목적을 달성하기 위한 주장이 확인 가능한 배열을 나타낸다.

에게 남기는 사랑, 감사, 찬양, 기도의 표현을 담는다.[14]

첫째, 제4복음서 예수님의 수사적 문체에서 놀라운 측면 하나는 구문과 주제의 순환적 반복이다.

17:22-23만이 앞서 네 가지로 분류한 대부분을 집중적으로 요약하고 있는 단 하나의 예이다.

> 내게 주신 영광을 내가 그들에게 주었사오니 이는 우리가 하나가 된 것 같이 그들도 하나가 되게 하려 함이니이다. 곧 내가 그들 안에 있고 아버지께서 내 안에 계시어 그들로 온전함을 이루어 하나가 되게 하려 함은 아버지께서 나를 보내신 것과 또 나를 사랑하심 같이 그들도 사랑하신 것을 세상으로 알게 하려 함이로소이다(요 27:22-23).

이렇게 반복적이고 단조로운 언어가 어떻게 그렇게 오랫동안 종교적 걸작으로 기억되는 담화를 담아 내는 도구가 될 수 있었을까?[15]

---

14 Russell and N. Wilson, *Menander Rhetor*(2.15.430-34). "떠나는 지도자의 고별사"(*Abschiedsrede*)는 분명히 증명된 고대 문학 장르이다. 다음을 예들을 보라. 창 49:1-33(야곱); 신 31:1-34:8(모세); 플라톤의 소크라테스(*Apology*); 『에녹1서』 91-107(에녹); B.C. 2세기 문서집 『열두 족장의 유언』; 본서 제3장에서 다룬 막 13:5-37. 해당 장르에 대한 유익한 연구는 다음을 참조하라. Stauffer, "Abschiedsreden"; Munck, "Discours d'adieu"; Segovia, *Farewell of the Word*, 5-20. 특히 Kurz, *Farewell Addresses*는 통찰력 있는 신약 본문 주해의 예를 제공한다.

15 R. Brown, *John*(*xiii-xxi*), 582은 이 양식과 내용의 긴장관계를 언급하지만 깊이 다루지 않는다. Schnackenburg, *St. John*, 1:111-12은 "요한의 깊은 묵상이 담긴 신학"이 "단조로운" 용어 선택의 기저에 깔려있다고 보았다. Popp, *Grammatik des Geists*는 이러한 해석에 대해 이의를 제기한다. 그는 요한복음의 반복, 변동, 부언이 "성령의 문법"을 형성한다고 보았다. 요한복음에 나타난 반복의 해석적 함의에 관하여, 추가로 van der Watt, "Johannine Style"을 참조하라.

고대 문학 비평가들은 한 가지 답을 제안한다. 어지러울 정도로 빙빙 도는 요한복음 문체를 지칭하는 전문 용어는 부연(아욱세시스[αὔξησις], *amplificatio*)이라고 하는 장엄체의 주재료이다(Cicero, *De or.* 3.26.104 – 27.108; Cornificius, *Rhet. ad Her.* 4.8.11; Quintilian, *Inst.* 8.4.26 – 27). 고대 이론가들 간에도 부연을 어떻게 정의할 것인가에 대해 의견 차이가 있다. 즉 '종적'(vertical)인 차원에서 효과를 극대화시키는 방법으로 정의할 것인가 (Aristotle, *Rhet.* 1.9.1368a) 아니면 '횡적'(horizontal)인 차원에서 생각을 확장하는 방법으로 정의할 것인가에 대해 서로 의견을 달리한다.

그렇긴 하지만 다음에 나타난 근본적인 특질 및 장엄함과의 조화라는 요소만큼은 이견이 없다.

> 부연은 상황을 구성하는 모든 세부 사항과 주제들의 집합체로서 글이 펼치고 있는 주장을 강화하는 역할을 한다. …글이 진행됨에 따라 중요도가 점차 증대되는 효과를 주기 위해 하나의 단위에 또 다른 인상적인 단위를 덧입혀 일련의 반복 회전이 일어나도록 한다(*Subl.* 11.1; 12.2).

17:22-23이 보여주듯, 부연은 완벽한 논리를 전개하는 데 목적이 있지 않고 청중에게 영향을 주는 데 그 목적이 있다(Cicero, *Part. or.* 8.27).

부연의 핵심은 생각과 단어 등의 관습적 반복 패턴을 어떻게 활용하는가에 달려있다(Demetrius, *Eloc.* 2.59 – 67). 14–17장의 수사법은 구조적으로(말하자면) 완벽한 상태를 보이고 있다. 그 생각과 단어들이 아래와 같은 평행 구조를 나타내고 있다.

A 그 날에는 너희가 아무 것도 내게 묻지 아니하리라(16:23a).
  B 내가 진실로 진실로 너희에게 이르노니 너희가 무엇이든지 아버지께 구하는 것을 내 이름으로 주시리라(16:23b).

A´ 지금까지는 너희가 내 이름으로 아무 것도 구하지 아니하였으나 (16:24a).
  B´ 구하라 그리하면 받으리니 너희 기쁨이 충만하리라(16:24b).

A 내가 행하리니
  B 너희가 내 이름으로 무엇을 구하든지…(14:13a).
  B´ 내 이름으로 무엇이든지 내게 구하면
A´ 내가 행하리라(14:14).

A 내가 와서 그들에게 말하지 아니하였더라면
  B 죄가 없었으려니와(15:22a).
    C 지금은 그 죄를 핑계할 수 없느니라(15:22b).
      D 나를 미워하는 자는 또 내 아버지를 미워하느니라(15:23).
A´ 내가 아무도 못한 일을 그들 중에서 하지 아니하였더라면
  B´ 그들에게 죄가 없었으려니와(15:24a).
    C´ 지금은 그들이 나와 내 아버지를 보았고
      D´ 또 미워하였도다(15:24b).

때로 평행법은 아래와 같이 한 어절 안에 같은 단어숫자 및 같은 음절 숫자가 일치할 정도로 정교하게 나타나기도 한다(전문 용어로 평행소절법

[isocolon]이라 불린다[Cornificius, *Rhet. ad Her.* 4.20.27–28]).

"히나 오신 헨 카토스 헤메이스 헨"(ἵνα ὦσιν ἓν καθὼς ἡμεῖς ἕν).
그들도 하나가 되도록(17:22b).

14-17장에서 또 한 가지 지배적인 요소는 대조법(antithesis)으로, 서로 상반된 생각을 평행 구조 안에서 병치하는 방법이다(Anaximenes, *Rhet. ad Alex.* 26.25–38; Cornificius, *Rhet. ad Her.* 4.15.21; Quintilian, *Inst.* 9.3.81–86). 다음 예를 보라.

너희가 나를 택한 것이 아니요
내가 너희를 택하여 세웠나니(15:16a).

너희는 곡하고 애통하겠으나
세상은 기뻐하리라.
너희는 근심하겠으나
너희 근심이 도리어 기쁨이 되리라(16:20).

내가 그들을 위하여 비옵나니
내가 비옵는 것은 세상을 위함이 아니요
내게 주신 자들을 위함이니이다.
그들은 아버지의 것이로소이다(17:9).

'반복법'(Repetition)은 부연의 또 다른 주된 요소로서 여러 가지 다른 배열 형태(configuration)를 가정하는데, 이 배열 대부분의 형태가 14–17장에 아래와 같이 나타난다.

A. 정제하기(Refining, *expolitio*)는 "동일한 주제에 머물면서도 완전히 새로운 것을 말하는 것처럼 꾸미는 것을 일컫는다"(Cornificius, *Rhet. ad Her.* 4.42.54). 이 기술은 단순히 같은 생각을 반복할 수도 있고("조금 있으면 너희가 나를 보지 못하겠고 또 조금 있으면 나를 보리라"[John 16:16, 17, 19]; 추가로 14:1a, 27b; 14:10–11a를 보라), 주어진 주제에 추가로 덧붙일 수도 있다("내 계명은 곧 '내가 너희를 사랑한 것 같이' 너희도 서로 사랑하라 하는 이것이니라"[15:12; 참조, 15:17; 추가로 14:2b–3; 14:15, 23을 보라]).

B. 동음이의어/다의어 사용하기(Antanaclasis, *reflexio*)는 문맥에 따라 다른 의미를 지닐 수 있는 한 단어를 반복하며 말을 연결해가는 배열 형태로(Cornificius, *Rhet. ad Her.* 4.14.21; Quintilian, *Inst.* 9.3.68), 요14:4, 5, 6에서 예수님(과 도마)에 의해 사용된 "길"이라는 단어를 통해 예시된다.

C. 접속사 연속사용법(Polysyndeton) 및 접속사 생략법(asyndeton)은 "우리의 발화를 더욱 활기차게 만들거나 강조할 때 사용되며, 격렬한 인상을 심어줄 수 있다"(Quintilian, *Inst.* 9.3.54; 추가로 Demetrius, *Eloc.* 2.63–64; Cicero, *Part. or.* 15.53–54; Cornificius, *Rhet. ad Her.* 4.30.41; Longinus, *Subl.* 19.1–21.2 등을 보라). 접속사를 활용한 두 가지 배열법은 모두 예수님의 고별사를 부연하는 데 다음과 같이 사용된다.

사람이 나를 사랑하면 내 말을 지키리니 내 아버지께서 그를 사랑하실 것이요 우리가 그에게 가서 거처를 그와 함께 하리라(요 14:23; 추가로 14:3-4, 6-7, 12b-13a; 16:22-23a; 17:10-11a 등을 보라).

나는 포도나무요 너희는 가지라(I am the vine, you are the branches) (15:5a; 추가로 14:1b를 보라).

D. 요소 나열하기(Distribution, *distributio*)는 전체를 구성하는 요소들을 열거하는 배열법으로(Cornificius, *Rhet. ad Her.* 4.35.47), 16:8-11에서 보혜사가 세상에 향해 책망할 것을 예수님이 예고하는 장면을 잘 묘사해 준다.

E. 이음동의어 사용하기(Synonymy, *interpretatio*: Cornificius, *Rhet. ad Her.* 4.28.38)는 한 단어를 유사한 의미의 다른 단어들로 대체해나가는 배열법으로 요한복음이 다음과 같이 동의어들을 번갈아가며 사용하는 부분에서 나타난다.
포류오마이(πορεύομαι, "가다")와 후파고(ὑπάγω, "떠나가다"; 14:2-5, 12, 28; 15:16; 16:5, 7, 10, 17, 28), 로고스(λόγος, "말씀")와 엔톨레(ἐντολη, "계명"; 14:15, 21-24; 15:10, 20; 17:6), 아가파오(ἀγαπάω)와 필레오(φιλέω, "사랑하다," 예, 14:15, 21, 23-24; 15:12, 17, 19; 16:27; 17:23, 26), 레고(λέγω)와 라레오(λαλέω, "말하다" 혹은 "알리다," 예, 14:29-30; 15:11, 15, 20, 22; 16:4, 6-7, 12-13, 17-18, 25-26; 17:1).

F. 요한복음 예수님의 수사법은 아래 예시와 같이 칙면을 거는 것처럼

느낄 만큼 유사한 의미의 말을 다른 방법으로 반복 표현한다. "평안을 너희에게 끼치노니 곧 나의 평안을 너희에게 주노라"(14:27, 어두동어반복법[epanaphora]의 예: Cornificius, *Rhet. ad Her.* 4.13.19]); "아버지께서 나를 세상에 보내신 것 같이 나도 그들을 세상에 보내었고"(17:18, 어미동어반복법[antistrophe]: *Rhet. ad Her.* 4.13.19]); " 하나님을 믿으니 또 나를 믿으라"(14:1 AT, 문두문미반복법[epanalepsis]: Quintilian, *Inst.* 9.3.29]); "…내가 너희를 위하여 거처를 예비하러 가노니 가서 너희를 위하여 거처를 예비하면…"(14:2b-3, 중복법[reduplication]: Cornificius, *Rhet. ad Her.* 4.28.38; Quintilian, *Inst.* 9.3.28]); "너희가 나를 알았더라면[완료 시제] 내 아버지도 알았으리로다[미래시제] 이제부터는 너희가 [지금 현재] 그를 알았고 또 보았느니라"(14:7, 대위법[polyptoton]: Longinus, *Subl.* 23.1-2); "내가 아버지 안에 거하고 아버지께서 내 안에 계(시다)"(14:11, 역전법[antimetabole]: Cornificius, *Rhet. ad Her.* 4.28.39]).

둘째, 부연(amplification) 외에도 고대 이론가들이 숭고한 생각을 불러일으키는 것으로 간주했던 여러 수사학적 장치들 요한복음 고별 담화에서 대거 나타난다.

A. 어떤 단어들은 본질적으로 무게감, 충만함, 풍부함을 내재하고 있다 (Cicero, *Part. or.* 15.53). 아름다움이란 가치의 힘은 관찰자의 눈에 달려 있다. 그럼에도 불구하고 14–17장을 읽거나 들으면서 다음 단어들이 주는 무게감에 아무런 느낌을 받지 않기란 무척이나 힘든 일이다. "고아와 같이 버려진"(14:18), "거하다"(매노[μένω]; 14:10, 17, 25; 15:4-

10, 16), "영광/영화롭게하다"(14:13; 15:8; 16:14; 17:1, 4 - 5, 10, 22, 24), 경이로운 "그 날"(14:20; 16:23, 26)과 "그 때"(16:2, 4, 21, 25, 32; 17:1), "기쁨"(15:11; 16:20 - 24; 17:13), "근심"(16:6, 20 - 22), "거룩하게 하다"(14:26; 17:11, 17, 19) 등이 바로 그 예에 해당한다. 여기에 나타난 "나는…이다"("I am," 에고 에이미[ἐγώ εἰμι]) 구문은 요한복음 다른 부분에 나타난 것과 마찬가지로(6:20; 8:24, 28, 58; 13:19; 18:6) 그 자체로 무게감이 내재된 것으로 예수님과 하나님의 하나됨을 시사한다(14:6; 15:1, 5; 참조. 출 3:14; 사 43:10 - 11, 25; 51:12).[16]

B. 14 - 17장에서 예수님은 간혹 비교 구문을 사용한다(14:28; 15:13). 더 많은 경우 자신의 말의 함의를 증대시켜나가는 구문을 사용한다(14:12, 18, 21; 15:15, 18; 16:15; 17:4 - 5). 예수님은 특정 조건 아래에서 확신을 가질 수 있음을 표현함으로써(14:3, 12 - 15, 21, 23; 15:7; 16:7b - 8, 13, 33; 17:7 - 8 등을 보라) 제자들에게 위안을 준다. 이러한 과정은 생략 삼단 논법의 예이다(enthymeme, 명제를 뒷받침 논거를 통해 제시하는 방법, Aristotle, *Rhet.* 1.2.1356b). 이와 같은 담화 형태를 통해 장엄한 주제에 대한 담화는 그에 맞는 숭고함을 얻는다(Quintilian, *Inst.* 8.4.3 - 14; 5.9 - 11).

C. 문장 구성하는 구절들의 길이에 의해 형성되는 운율(Rhythmic flow)은 고전 수사학자들이 고려했던 또 하나의 문체적 특징이다. 이에 대한 여러 의견들 중에도, 절(節)의 길이가 긴 문장을 사용하는 방

---

16   Schweizer, *Egō Eimi*; Harner, *The "I Am"*을 참조하라.

법(예, 14:3; 15:19)과 여러 개의 짧은 절을 한데 묶어 긴 단락을 만드는 방법(예, 16:12-15; 17:20-23)이 장엄함을 유지하는 문체라는 데 대략 의견 일치를 보았다(Demetrius, *Eloc.* 1.5; 2.44; Longinus, *Subl.* 40.1-43.5; Hermogenes, *Per. id.* 251-54).

D. 표현의 명확성을 높이 샀던 고대인들의 보편적인 성향에도 불구하고(Aristotle, *Rhet.* 3.1404b; Cicero, *Or.* 23.79; Quintilian, *Inst.* 8.1.1-2.24; Hermogenes, *Per. id.* 226-41), 대부분의 수사학자들은 의도적인 모호성(엠파시스[ἔμφασις])을 장엄체의 한 요소로 인지하고 있었다. 예를 들어, 허모게네는 신성을 주제로 한 담화에 대해 다음과 같은 입장을 견지했다.

> (신성에 대한 담화는) 수수께끼나 처음 입문하는 대상에 다가가는 방법으로 엄숙한 생각의 영역에 있는 무언가를 희미하게 나타내 주는 힌트를 사용하여 풀어가는 것이다. 알 수는 있지만 드러낼 수는 없음을 표현함으로써 우리는 장엄하고 숭고한 인상을 글에 남길 수 있다(*Per. id.* 246; 참조, Cornificius, *Rhet. ad Her.* 4.53.67; Quintilian, *Inst.* 8.3.83-86).

이러한 설명은 14-17장에 나타난 모호한 '표현 방식'(파로이미아이[παροιμίαι], 16:25, 29)을 이해하는 실마리를 던져준다. 여기에 나타난 모호한 표현법은 직유법(simile, 16:21-22)과 은유법(metaphor, 14:6; 15:1, 5, 15; 17:12[Demetrius, *Eloc.* 2.77-90; Quintilian, *Inst.* 8.6.4-18; Longinus, *Subl.* 32.1-7 등을 보라]), 우의적 경향성(allegorical tendencies, 14:2-3, 23, 30;

15:2-4, 6, 8, 16[Quintilian, *Inst.* 8.6.44-53을 보라]), 불합리한 추론의 부조화(jarring non sequiturs, 14:5과 16:5; 14:31b와 15:1; 15:15과 15:20) 등이 있다.

요한복음 여러 다른 본문에 나타난 예수님의 대화 상대와 별다를 바 없이(3:4, 9; 4:11-12, 15; 7:32-36; 8:21-23), 예수님의 제자들은 가르침의 의미를 거의 헤아리지 못한다(14:5, 8, 22; 16:17-18). 다시 말해 그들의 귀는 담화의 낮은 주파수에 조율이 되어 있어서, 높은 주파수에 해당하는 신적 뉘앙스는 하나님의 부스터 없이 들을 수 없다(참조, 16:29-31).

요한복음 예수님이 보여주는 숭고함은 "깊이 숙고해야할 많은 자양분을 담고 있다"(Longinus, *Subl.* 7.3). 뿐만 아니라 끝없이 파헤쳐야 할 신비로운 깊이(Quintilian, *Inst.* 9.2.65)와 '하늘과 땅 사이의 대화'가 일으키는 여러 가지 반향 등을 담고 있다.[17] 14-17장 이면에 어떤 전승—역사가 있든지 간에,[18] 현재 정경(canon) 상에 보이는 본문의 분리된 지점들, 산재된 주제들, 빈번한 반복 등은 수사 비평이란 바탕 위에서 충분히 설명 가능하다.[19]

지금까지 우리가 살펴본 두 가지 주장은 서로를 확인해 준다.

---

[17] Wilder, *Early Christian Rhetoric*, 50. 고전 및 초대 기독교 담화에 나타난 종교적 모호함에 관하여 Kustas, *Byzantine Rhetoric*, 63-100, 159-99; Thielman, "Style of the Fourth Gospel" 등을 참조하라.

[18] 요한복음 고별 담화를 전승—역사적 관점에서 재구성하려는 시도 가운데 20세기 가장 영향력 있었던 연구는 Bultmann, *Evangelium des Johannes*이다. 이에 대항하여 Parsenios, *Departure and Consolation* 연구는 고대 희곡 및 수사학에 바탕을 두고 전승 비평적 결론들에 적절한 이의를 제기한다.

[19] O'Brien, "Written That You May Believe," 301은 요한복음이 독자를 내러티브상 등장인물의 위치에 서게 만들어 믿음이 평탄하지 않은 과정임을 경험시키는 "틈이 많은 문서"의 디자인을 가지고 있다고 보았다. 반면, Kellum, *Unity of the Farewell Discourse*는 현대 학계가 과소평가하는 것과는 달리 요한복음 고별 담화가 내적 일관성을 보이고 있음을 주장한다.

(1) 제4복음서 저자와 대략 비슷한 시기에 살았던 웅변가 및 비평가들은 수사적 장엄함의 개념을 세심하게 발전시켰고, 이 개념이 녹아있는 문체를 신성이란 주제와 특별히 연관지어 사용했다.

(2) 제자들을 향한 예수님의 초월적인 관심을 담고 있는 14-17장 고별사는 당대 발달된 수사적 장엄함과 다르지 않은, 그와 동일하게 겉으로 표현되어 있고 정밀한 그것을 보여준다. 요한의 문체가 그리스-로마 담화 방식과 부합된다는 주장이 요한복음에 나타난 히브리 영향을 간과하는 방향으로 이어져서는 곤란하다. 더구나 단순히 제4복음서가 "헬라 문명의 고등종교" 지지자에게 주어진 문서라는 C. H. 도드(C. H. Dodd)의 주장을 재현해서는 더더욱 곤란하다.[20]

최근 많은 학자들이 요한복음 배경이 유대적 요소를 더 많이 갖고 있다고 주장하고 있다는 점을 고려한다면, 이 복음서에 발견되는 헬라 수사학을 같은 시기에 쓰인 요세푸스(Josephus)나 필로(Philo)의 글에서 발견되는 것 이상으로 이례적이라고 할 이유가 없다.[21] 뿐만 아니라 우리는 내용을 희생하면서까지 문체에 과하게 사로잡혀있어서도 안 된다. 그렇게 하는 순간 우리는 요한과 수사학자들 모두를 왜곡하게 되고 말 것이다.

롱기누스가 상기시켜주듯, "과장(magniloquence)이 언제나 유용한 것은 아니다. 장엄하고 엄숙한 언어를 사소한 일에 입히는 것은 비극 배우의 큰 가면을 어린아이에게 씌우는 것과 같다"(*Subl.* 30.2; 참조, Aristotle, *Rhet.*

---

20 Dodd, *Interpretation of the Fourth Gospel*, 3-130.

21 Balch, "Two Apologetic Encomia"; Conley, *Philo's Rhetoric* 등을 보라. 마찬가지로 Daube, "Rabbinic Methods"는 힐렐(Hillel, B.C. 50-A.D. 10년경)에 나타난 랍비식 주해기준에 헬라 수사학이 영향을 미쳤음을 주장한다.

3.1408a; Demetrius, *Eloc*. 2.114 – 27). 논의를 더 진행하기 이전에, 우리는 예수님 고별사의 문체가 14–17장의 신학에 적합한가를 고려해야한다.

한편으로 이 담화가 보여주는 장엄함은 제4복음서가 변증적으로 그리고 있는 예수님의 모습과 조화를 이룬다. 이러한 그리스도론(christology)으로 모든 독자들이 입문할 수 있도록 열려있는 입구는 1:1–18이다. 여기에 나타난 고별 담화와의 개념적 문체적 유사성은 우연일 수 없다.[22]

요한복음 그리스도론의 심장부에는 나사렛 예수가 "아버지 품 속에 있는 독생하신 하나님"(1:18)이시며, 영접하는 자에게 영생을 주는 말씀의 성육신(1:1, 14, 16 – 18; 14:9; 20:28)이라는 믿음이 뛰고 있다. 만약 혹자가 왜 요한복음 예수님의 말씀은 공관복음 예수님의 그것과 이렇게 차이가 나는가라고 묻는다면, 전승 비평적 평가와 구분되는 '수사학적' 설명은 다음과 같을 것이다.

메타–역사적 그리스도론[23]은 그 적절한 표현으로 메타–역사적 수사법을 요구한다. 하늘과 땅에 대해 단순히 말만하는 사람으로서가 아니라 (Demetrius, *Eloc*. 2.75; Cicero, *Or*. 34.119) 실제로 그 위를 다스리는 사람으로서 그에 걸맞게 제4복음서 예수님 담화의 장엄함은 요한의 신학적 역설의 수사적 유사물이다. "(인자는) 땅에 있을 때 조차도 하늘에 있다"라는 말이 그 신학과 수사학을 잘 보여준다.[24]

---

22 Lausberg, *Der Johannes-Prolog*를 보라.

23 D. M. Smith, *Johannine Christianity*, 184 – 88. Syreeni, "*Incarnatus est*? Christ and Community," 263은 다음과 같이 말한다. "만약 우리가 요한복음을 읽으면서 불편함을 느낀다면 아마도 그것은 우리 현대인들은 신화와 역사를 구분하려는 성향이 있기 때문일 것이다. 요한복음에 나타난 두 가지를 조합하려는 성향을 가지기 보다는 말이다."

24 Barrett, *Essays on John*에 수록된 그의 글, "Christocentric or Theocentric?" 1–18 및 "Paradox and Dualism," 98 – 115(esp. 110)을 보라. Brodie, *Gospel according to John*, 507의 이 담화에 대한 아래와 같은 주해는 이 복음서가 인간 삶과 신앙의 단계를 보여주

예수님은 당신의 '실존'대로 '말씀'한다. 즉 그는 영원 속에 존재하지만(*sub species aeternitatis*), 육신에 거한다(요 3:13, 34; 6:63, 68b-69; 14:10, 24; 17:6-8, 14). 이러한 역설은 3:13-14에서 선명하게 드러난다. 인자의 오름과 내림을 이야기하는 부분에서 예수님은(니고데모에게) 과거를 회상하는 내용과 미래에 필연적으로 일어날 일을 한 번에 말씀한다. 요한복음 예수님 안에서 시간과 공간이 만난다. 그 정확한 이유는 땅과 하늘 사이를 연결하는 길이자 사다리가 바로 인자이기 때문이다(1:51).[25]

더 나아가 14-17장의 장엄함은 예수님의 관심사에 부합될 뿐만 아니라 그것을 전달하는 수단이다. 예수님의 관심사는 제자들을 위로하고 그들의 결의를 불로 제련하며 그가 떠난 후에도 그들의 진정성이 사랑으로 유지되는 것이었다. 어떤 독자나 청자라도 이 관심사를 확인할 수 있도록 이 주제들 모두가 담화 안에서 발전된다(14:1-3, 18-21; 15:9-17; 15:18-16:4; 16:19-24, 31-33; 17:13-26).

요한복음의 수사적 문체가 덜 명확하고 더 웅장하게, 그래서 더 강력하게(Longinus, *Subl.* 17.1를 보라) 전달하고 있는 것들이 바로 이 주제와 관련된 가치들이다. 예수님은 이 세상을 그 제자들의 증언의 근원으로 보지 않고 그들의 증언이 상연될 극장으로 본다(15:19; 17:14-18; 참조, 16:28; 17:11). 이 구분을 '설정'하는 예수님의 방법이 바로 장엄한 담화로서, 이

는 지도와 같다고 본 자신의 설명과 조화를 이룬다. "따라서 [요 17장이] 그리고 있는 바는 하늘이나 땅 어느 한쪽에만 있는 예수님이 아닌 어떤 면에서 양쪽 사이를 오가는, 그리고 아버지가 계신 곳에 가까이 올라가는 예수님이다"(31-39).

25 필자의 해석은 Stibbe, *John as Literature*, 231-47에 수록된 그의 글, "The Elusive Christ"에 나타난 해석과 유사하다. 케제만(Käsemann)을 따라서 스티비(Stibbe)는 필자보다 적은 단서를 가지고 요한복음 예수님의 순전한 신성을 강조한다. 더 민감한 주해를 보여주는 D. M. Smith, *Theology of John*, 101-3과 대조해보라. 스미스는 요한복음에서 대두되는 예수님에 대한 세 가지 구별 가능한 관점, 즉 우주적 관점, 부활 이후의 관점, 역사적 관점 등을 자세히 다룬다.

는 제자들로부터 그다지 총기가 번뜩이진 않지만 '놀랍고도 생소한' 응답(16:29-30; 참조, *Subl*. 1.3-4)을 불러일으키다.[26]

예수님은 단순히 "너희는 마음에 근심하지 말라"(14:1, 27c)고 말씀만 한 것이 아니라, '본문 수사법 전반에 충만한 균형'을 통해 말하고자하는 내용인 변함없는 고요함을 표현하고 있다. 예수님은 제자들에게 단순히 서로 사랑해야한다고 명령만 한 것도 아니었다(15:12-17). 상승작용을 일으키는 반복법 및 언어적 도치를 수반한 '요한복음 수사적 문체의 장대한 호혜성'을 통해 예수님과 하나님, 예수님과 그 "친구들" 사이에 내재한 상호 관계가 복음서 청중들 안에 활성화된다(15:15; 참조, 14:20-21; 15:9; 17:10-11, 21-23, 26).

예수님은 아버지 앞에 기도하면서 "내가 아버지의 말씀을 그들에게 주었사오매"(17:14)라고 했다. 이는 예수님과 제자들이 감당하고 있고 해야 할 사명의 영적 현실을 말해 주는 기도로서(17:17-19), 태초부터 계신 말씀(1:1)과 찬란한 영광(17:22)을 반영하는 요한의 장엄한 문체를 통해 이 영적 현실(혹은 진실[truthfulness], 알레떼이아[ἀλήθεια])이 더욱 부각된다. 이 문체는 진정 우리를 위한 선물이다.

요한복음 전반의 예수님 말씀이 그렇듯, 14-17장의 수사법은 예수님 주장의 논리를 보여주기 위한 것도, 보여주려고도 하지 않는다. 오히려 하나님의 역사하심을 통해 청자들 안에서 이미 생동하기 시작한 예수님에 대한 믿음을 더 이끌어 내고 강화하는 역할을 한다(1:12-18; 3:6-8, 16-21).

---

26 주제의 깊이 및 장엄한 문체라는 차원에서 요한복음은 수사학에 조예가 깊었던 교회의 초기 학자들에 의해 "영적 복음서"(spiritual Gospel)로 여겨졌다(*Hist. eccl.* 6.14.7). 다음 저작들의 분석을 비교해보라. Wiles, *The Spiritual Gospel*; Sider, *Ancient Rhetoric*; Kennedy, *Greek Rhetoric*, 180-264.

따라서 요한복음 예수님의 수사적 문체는 다름 아닌 자신이 드러내는 계시의 속성을 그대로 담고 있다. 그리고 진정 계시로서의 자신의 모습을 나타낸다.[27] 말하는 인물, 청자의 교감, 담화 환경 등 모든 요소를 고려하더라도 14-17장 문체와 내용이 한 지점에 수렴한다는 사실은 고전 수사학자들이 말하는 탁월한 문체에 대한 설명, 즉 탁월한 문체를 결정하는 시금석은 표현과 주제 간의 조화라는 설명과 더 이상 일치하기도 어려울 정도로 맞아떨어진다(Cicero, *Inv.* 1.7.9; Cornificius, *Rhet. ad Her.* 1.2.3).

2. 요한 해석가의 수사학

최소한, 빠르게는 3세기경부터는 요한복음과 요한일서 사이에 존재하는 문체 및 개념상 유사점들을 기독교 주석가들이 인지해왔다(Hist. *eccl.* 7.25.17-26). 전문적인 해석가와 별 차이 없이 많은 현대 독자들도 이 서신서의 저자가 '요한체'로 썼구나하고 직관적으로 알아본다. 요한일서의 빈도 높은 반복과 대구, 씨실과 날실을 교차시키는 듯이 쓴 문체는 신약 전체로 보면 아주 특색 있는 문체인 반면 요한복음 예수님 말씀에서는 다음 예처럼 아주 전형적으로 나타난다.[28]

---

27 "따라서 이 복음서의 근본적인 질문 혹은 쟁점은 계시의 본질에 대한 것이라고 말할 수 있다. 하나님은 무엇을 계시하며, 어떻게 계시하시는가?"(D. M. Smith, *Theology of John*, 75). 유사한 맥락으로, Ashton, *Understanding the Fourth Gospel*, 515-53; Cadman, *The Open Heaven* 등을 참조하라.

28 특히 Schnackenburg, *Johannine Epistles*, 6-11; Watson, "Amplification Techniques"; C. Black, "First, Second, and Third Letters of John," 371-72 등을 보라.

> 자녀들아 너희는 하나님께 속하였고 또 그들을 이기었나니 이는 너희 안에 계신 이가 세상에 있는 자보다 크심이라. 그들은 세상에 속한 고로 세상에 속한 말을 하매 세상이 그들의 말을 듣느니라(요일 4:7-8; 참조, 요 17:25-26).

이러한 예에도 불구하고 요한복음 장엄체에 비해 요한일서 장엄체의 논증적 기능 및 설득적 함의는 지금껏 별로 주목받지 못했다.

1) 요한일서 장엄체의 역할

첫째, 이미 앞서 예수님의 메타-역사적인 가르침(metahistorical presentation)을 뒷받침하기 위해 제4복음서가 사용하는 메타-역사적인 수사법(metahitorical rhetoric)을 살펴보았다. 그와 유사하지만 동일하지는 않은 장엄체 용법이 요한일서에서 발견된다.

이 서신서의 공공연한 목적은 이 땅의 공동체가 멸망치 않는 영생을 소유하여 하나님의 새 시대에 참여하게 되었다는 사실에 대해 공동체를 향해 선포하고 확신시키는 것이다(1:2; 5:13, 20).

이러한 맥락에서 중요하게 여겨지는 대목은 정의를 행하고, 죄를 멀리하며, 형제를 사랑하는 신자들이 바로 "하나님께로부터 난자들"(begotten of God; 3:9; 4:7; 5:1, 4, 18), 혹은 "하나님의 자녀들"(children of God; 3:1 – 2, 10; 5:2), 혹은 더 단순히 "하나님의 (속한 자)"(of God; 3:10; 4:4, 6; 5:19)라는 주장이다. 이와 같은 구절들, 즉 역사적인 동시에 초역사적(suprahistorical)인 공동체를 향한 권면이 시사하는 신학적 논증은 요한일서 문학 양식을 통해 구체적으로 실현된다.

이 서신서가 특정 시점에 작성된 것은 분명하지만(1:4; 2:1, 7-8, 12-14, 21, 26; 5:13) 인사말과 맺는말을 포함하지 않고 있으며 당시 문학적 관습을 통해 천계와 지상계를 통합시키는 문체로 시공을 초월한 듯 독자들에게 말하고 있다(Demetrius, *Eloc*. 2.75).

(요한일서에 자주 등장하듯) 논증이 신자와 세상 사이에 큰 격차를 가정하거나(2:15; 4:4; 5:4-5, 21) 최소한 차이가 있음을 가정하는(2:2; 4:9, 14) 이 분법을 제시할 때, 여기서 메시지 전달 방식은 대구적 평행법으로 장엄체의 한 가지 차원이다(2:16-17; 4:5-6a; 추가로 1:6-10; 2:4-5a, 9-11; 4:6-8; 5:10, 12 등을 보라; 참조, Anaximenes, *Rhet. ad Alex*. 26.25-38).[29]

요한복음이 인성과 신성의 장엄한 결합을 예수님이란 인물의 현현을 통해 보여준다면, 요한일서는 이러한 결합을 신자의 공동체를 통해 보여준다(3:1-3; 4:4, 6-7, 11-12; 4:16-5:4). 서신서는 공동체의 생명이 하나님으로부터 흘러나오며(2:5, 29; 3:1, 24a; 4:13), 공동체가 항상 바라볼 지침이 그리스도임(2:1-6; 3:16, 23; 4:2, 9-10, 14; 5:1, 5, 10-11, 20)을 명시한다.

둘째, 사랑의 상호 작용 및 하나님 안에 거함을 기독교 공동체를 정의하는 요소로 강조하기 위해 장엄체를 사용한다는 점은 요한일서와 요한

---

[29] 이러한 연유에서 요한일서가 격렬히 대항하는 상대가 누구였는지를 재구성할 때는 극도의 주의가 요구된다. 요한일서의 상대로 알려진 신학적 입장은 R. Brown, *Epistles of John*, 47-68, 762-63에서 큰 위치를 차지한다. 이 서신서의 저자가 신원 미상의 분리론자(2:18-22; 4:1-6) 및 속이는 자(2:26; 3:7a)에 대항하고 있었다는 사실에는 이견이 있을 수 없다. 확실하지 않은 부분은 요한일서의 논박조의 문체 이면에 분리파 교리가 실재하는가 하는 점이다(1:6-7, 8-10; 2:4-5, 9-11; 3:7b-8, 9-10; 4:7-8, 19-21; 5:10-12; 참조, Perkins, *Johannine Letters*, xvi-xxiii). 만약 누군가가 주장하듯 요한일서가 가차 없는 논쟁으로 일관하고 있다면, 그토록 파괴적인 효과를 낳으며 분란을 일으키는 가르침에 대한 저자의 접근 가능성을 생각해볼 때 도대체 왜 그 논박의 칼날이 무디기만 한지 의아해하지 않을 수 없다(요 8:21-59).

복음의 또 다른 유사점이다.

어쩌면 분열이 일으킨 바람의 영향으로(2:19; 4:1, 5), 연대 책임에 대한 요구(2:12-14; 3:17-18) 및 "형제"에 대한(2:10; 3:10; 4:20-21) 혹은 서로에 대한(3:11, 23; 4:7, 11-12) 사랑의 요구 등은 제4복음서에서보다(13:34-35; 15:12, 17) 요한일서에서 더 집중적으로 다루어진다.

이 주제들을 전개하는 데에는 다수의 매개가 사용된다. 내용면에서는 불의한 행위 및 "죄 짓는 행위"를 사랑하지 못하는 것과 연관 지음으로 주제를 전개해나가는 동시에 문체 면에서는 "사랑"이란 명사(아가페[ἀγάπη] 18회 등장) 및 동사(아가파오[ἀγαπάω] 28회 등장)의 순전한 중복법을 통해 주제를 발전시켜나간다. 그리고 내용과 문체의 균형을 동시에 고려하여 신자 안에 거하시는 하나님과 같이 하나님 안에 거하는 신자를 반영하는 표현을 통해 주제를 발전시켜나간다(2:24, 27; 3:24; 4:13, 15-16; 이와 유사하게, 요 15:4-5, 7, 10).

셋째, 제4복음서가 요한일서보다 먼저 쓰였는지 후에 쓰였는지에 대해서는 아직 확정된 이론이 없지만,[30] 요한복음에 광범위하게 보존되어 있는 어떤 전승으로부터 요한일서가 유래했다는 점만큼은 분명하다.

두 문서를 모두 읽은 현대 독자는 요한일서의 문체와 내용이 요한복음의 그것을 모방했다고 결론지을지도 모른다. 이 결론이 요한서신에 대한 비하로 이어지지 않도록 우리가 기억해야할 것은 모방(미메시스[μίμεσις])

---

[30] 다음과 같은 몇몇 주석은 요한일서가 요한복음 최종본이 있기 전에 혹은 같은 시기에 기록되었다는 소수 입장에서 해석해나간다. Grayston, *Johannine Epistles*; Talbert, *Reading John*; von Wahlde, *Gospels and Letters*. 이들 만큼이나 도발적인 시도로 M. Martin, *Judas and the Rhetoric of Comparison*이 고대 비교법(synkrisis)을 해석에 도입하여 다음과 같은 주장을 펼친 것을 꼽을 수 있다. "장로 요한이 서신에서 논쟁조로 분리주의자들을 신학적, 도덕적으로 가인과 결부시킨 것을 통해 하고자 한 것을(요일 3:11-17) (제4)복음서 저자는 전기문 내러티브상에서 그들을 유다와 결부시킴으로 이루어낸다"(150).

이 로마 제국 시기 많은 수사학 이론가들 사이에서 떳떳하게 여겨졌다는 사실이다.[31] 이론가들 가운데 롱기누스는 아래와 같이 '미메시스'(μίμεσις)를 숭고함(sublimity)을 달성하는 방법과 연관지었다.

> 숭고함에 이르는 또 다른 길은…과거에 있었던 위대한 작가를 모방하고 본받는 것이다. …이 모든 과정 속에 표절은 없다. 이는 조각상이나 예술 작품의 훌륭한 점을 재생산하는 것과 흡사하다. …우리가 고결한 표현이나 위대한 생각이 필요한 어떤 작업을 할 때 호메로스라면 이 상황에서 어떻게 말했을까, 혹은 플라톤이나 데모스테네스, 아니면…투키디데스라면 어떻게 이 상황을 장엄하게 그려냈을까를 상상하는 것이 도움이 된다. 우리에게 본받을 만한 대상으로 비춰진 이들, 즉 우리 눈앞에서 빛나고 있는 위대한 인물들은 우리가 마음속에 그리는 위대함이라는 이미지에 도달할 수 있도록 우리 정신을 고취시킬 것이다(*Subl.* 13.2 – 14.2; 추가로 Quintilian, *Inst.* 10.2.1 – 28도 보라).

---

31 모방의 개념은 고대로부터 복잡한 발달과정을 겪었다. 미메시스(*mimēsis*)라는 용어는 가장 일반적으로 현실에 대한 예술적인 재현을 일컫는데 쓰였다. 이 개념에 대한 인식론적, 심리적, 윤리적 함의는 고전 수사가들에 따라 다양하게 평가되었다(참조, 플라톤의 비교적 부정적인 평가[*Resp.* 10.1.595 – 7.607; *Soph.* 264a – 268d]에서부터 아리스토텔레스의 보다 긍정적이지만 다각적인 평가[*Poetica*, passim]를 살펴보고, 키케로[*Opt. gen.* 3.8; 5.14] 및 어거스틴[*Doctr. chr.* 4.29.62]의 평가 역시 참조하라). 후기 헬레니즘 및 로마제국 시대에 이르렀을 때 모방은 선하고 아름다운 사람을 본받는 것으로 종종 이해되었다. 왜냐하면 당시 웅변가는 전혀 나무랄 데 없는 성격을 갖춘 로마 시민으로 가정되었기 때문이었다(예, Quintilian, *Inst.* 1.pr.9 et passim). 수사학 역사 속의 미메시스(*mimēsis*)를 더 다룬 자료로서, Kennedy, Classical Rhetoric, 116 – 19; Russell, *Criticism in Antiquity*, 99 – 113; Swearingen, "*Ethos*" 등을 참조하라.

요한일서의 저자가 문학적 효과 그 자체를 의식적으로 노리고 이와 같은 숭고함 혹은 미적인 원리를 열망하며 글을 썼는가에 대해서는 필자도 회의적이다. 그러나 위 고대 수사학적 문맥을 고려할 때, 요한일서에 나타난 장엄체가 단순히 장식용이 아니라 공동체의 전통(1:1-3; 2:7, 24; 3:11) 및 예수님의 자기희생적 사랑을 반영한 공동체의 믿음(1:5-10; 4:2-3, 7-12) 등에 대한 지속적인 관심을 유의미하게 지지하기 위한 용도로 사용되었다고 해석하는 것은 타당하게 보인다.

요한문서 전승 속에 기억된 예수님 언어의 문체를 모방함으로써 요한일서는 교회에게 작은 그리스도(*imitatio Christi*)로 살아 내야 한다는 권고를 장엄하게 그리고 부지불식간에 강조한다(2:1-6; 3:16). 말하자면, 이 서신에 나타난 수사법은 저자의 저작 의도와 일치하는 방식으로 요한복음 예수님의 수사법 안에 거하고 있다.

> 우리가 그에게서 듣고 너희에게 전하는 소식은 이것이니
> (1:5a; 참조, 요 17:8).[32]

넷째, 모방적인 장엄함의 최종 함의는 요한일서에서 겉으로 잘 드러나지 않는 부분이다.

이 부분은 미결 문제로 남을 수 밖에 없다. 위에서 인용한 『숭고함에 관하여』의 또다른 발췌문에서 롱기누스는 '미메시스'(모방), 영감, 예술적 성취 사이에서 발견되는 상관 관계에 대해 고심하면서 다음과 같이 썼다.

---

[32] 이 제안은 D. M. Smith, *First, Second, and Third John*, 23-24의 다음과 같은 제안을 더 신학적으로 표현한 것으로, 스미스는 요한일서가 그 내용을 구조화할 때 요한복음을 모델로 사용하였다고 보았다. 추가로 Berge, "The Word and Its Witness"에 담긴 자세한 분석을 살펴보라.

(모방)은 우리가 단단히 붙잡아야 하는 하나의 목표이다. 많은 이들이 자기 자신의 것이 아닌 어떤 영(靈)에 사로잡혀 있다. 마치 델포이 신전에 있는 피티아 무녀에 대해 우리가 들은 바처럼 말이다.[33] …이처럼 고대 세계에서 천재성은 일종의 신탁을 내놓는 동굴처럼 인식되었다. 그 안에서 흘러나오는 유출물은 그것에 도취되는 모방자의 정신으로 흘러들어간다. 심지어 전에는 예언에 크게 관심이 없던 자들도 누군가의 위대함에서 나오는 열정에 영감을 얻고 자신도 그것을 나눠갖는다(*Subl.* 13.2; 참조. 8.1, 4; Plato, *Ion.* 533c–d; *Phaedr.* 245a; Cicero, *De or.* 2.46.194).

(필자가 아는 한 플라톤이나 키케로, 혹은 다른 고대 이론가와는 달리) 롱기누스는 한 작가가 자신이 모범으로 삼은 문체에 아주 깊이 잠길 수 있다고 믿었다. 그리고 그 모범의 숭고한 정신이 모방자의 청자들 마음속에서 재생산될 수 있다고 생각했다. 장황한 반복 대신 요한일서가 확언하는 바를 간략히 말하면 다음과 같다.

(1) 하나님이 신자의 공동체에 내주하신다는 선물은 성령으로 입증된다 (3:24; 4:13).
(2) 하나님의 영은 예수님에 대한 진정한 고백을 불러일으키고 그 증인이 되게 한다(4:2–3; 5:6–8).
(3) 교회가 "진리의 영"을 분별하는 기준 및 "하나님께 속하였음"을 확인하는 기준은 예수님이다(4:1, 6).

---

33 델포이 신전에는 신탁을 내놓는 동굴이 있어 피티아 무녀가 그 동굴에서 나오는 향을 맡고 황홀경 가운데 예언을 했다는 신화를 지칭-역주.

롱기누스를 통해 보게 되는 위와 같은 배경은 요한일서와 제4복음서 간 문체상의 유사성을 가장 도발적인 형태로 부각시킨다. 혹자는 이 미결 문제에 관해 다음과 같은 질문을 던질 것이다.

요한복음 예수님에 대한 요한일서의 모방(mimēsis)은 증언의 타당성을 암묵적으로 보강하기 위한 저자에 의해 의도되었을 가능성이 있는가, 혹은 청자들에게 그렇게 받아들여졌을 가능성이 있는가?

여기서 증언의 타당성의 무게는 다음과 같이 상대적으로 측정되었으리라.

(1) 모든 신자가 전승을 해석할 수 있는 영감이 있음을 가정하고 있었던 교회 안에서(2:20, 27).
(2) 저자와 미혹케 하는 자 사이의 대립으로 분열된 교회 안에서(2:26; 3:7; 4:1 – 6).

그 상황을 고려할 때 질문의 답은, 충분히 가능하다. 요한일서의 저자는 몬타누스주의의 시조가 아니다. 왜냐하면 이 서신에 언급된 단 한 분의 중재자(Paraclete)는 예수님이기 때문이다.[34] 마찬가지로 당연히 요한일서는 구원에 예수님 인성이 가지는 중요성을 강조한다는 면에서 요한이서 7절과 일치한다(분명 요일 4:2 – 3; 그리고 아마 1:1 – 4; 4:15; 5:1, 5 – 8 역시 이에 해당한다).

그럼에도 불구하고 저자 자신 및 독자들이 하나님께 속해있고 세상에 속해있지 않음을 주장하는 대목은(요일 3:1; 4:5–6) 요한복음의 '초세상적'(transworldly) 예수님을 독자들에게 끊임없이 상기시키는 수사적 장엄

---

[34] 몬타누스파(Montanism)에 대한 1차 자료는 Stevenson, *A New Eusebius*, 103 – 8를 참조하라.

함을 요한일서 저자가 일관성 있게 차용하고 있음을 보여준다. "(예수님이) 말한 모든 것을 생각나게" 할 "보혜사 곧 성령"을 보낼 것을 자기 안에 거하는 자들에게 약속한 '독생자, 성자 하나님'을 상기시키는 수사법 말이다 (14:25-26; 참조, 1:13, 18; 8:23; 15:19).[35]

그런데 요한일서 전체에 걸쳐 저자는 한 번도 자신의 주장에 힘을 실어줄 수 있는 외부 자료나 권위 있는 말을 인용하지 않는다. 예수님이 사용한 영광스러운 어휘 등과 같은 수사적인 호소를 사용했더라면 자신의 주장을 강력하게 뒷받침할 수 있었을 텐데 말이다.[36] 그러나 이러한 가설에 대한 증거는 우리가 다룰 수 있는 영역에서 상당히 벗어나있다. 왜냐하면 놀랍게도 이 서신이 성령에 대해서 거의 언급하지 않고 있고 성령과 복음 선포 문체(kerygmatic style)의 관계 대해서는 아예 아무런 말이 없기 때문이다.[37]

따라서 다음과 같은 더 일반적인 결론을 내리는 것이 문제 소지가 적다. 신학적으로나 수사학적으로나 제4복음서는 요한일서가 펼치는 주장의 범위를 묘사하는 동시에 한정한다.[38] 이점은 의심할 여지없이 서신서 저자에게도 그 내포 적대자에게도 동일하게 적용된다.

---

35 필자는 von Wahlde, *Johannine Commandments*의 다음 두 의견에 동의한다. "(요한일서의) 저자가 성령에 대한 이해를 줄곧 예수님의 사역에 고정시키고 있다는 점에서 그 상대자와 다르다"(127). 반면 그 상대자의 관점을 재구성하는 데 사용할 수 있을 만한 충분하고 명확한 무언가를 주는 것은 거부한다(Ibid., 105-98).

36 이보다 덜 사변적이면서 비교할 만한 자료로서, Lieu, *Johannine Epistles*, 23-27을 보라.

37 그리스도의 음성, 성령의 말씀, 그리스도인의 예언 세 가지의 동질성은 요한계시록에서 더 분명하게 나타난다(2:1, 7, 11, 17, 29, et passim). Bauckham, *Theology of Revelation*, 109-25를 보라. R. Brown, *Community of the Beloved Disciple*, 138-44은 요한일서 성령론의 양면성에 대한 흥미로운 평가를 제시한다.

38 같은 입장으로 D. M. Smith, *First, Second, and Third John*, 32, 130-32을 보라.

3. 머리말 같은 맺음말

문학 분석의 차원에서 본 장은 오랫동안 자리 잡고 있던 블라스(Blass)와 드브루너(Debrunner)가 내린 결론에 도전장을 내밀었다. 그들은 이렇게 말했다.

"요한문서 담화에 수사적 기법이 사용되지 않았다는 점은 꽤나 명백하다."[39]

만약 요한복음에 존재하는 문체와 내용 간의 공생관계가 계속해서 등한시 되었다면 지금 이 연구는 실패했을 것이고 독자들을 실망시킬 수 밖에 없었을 것이다.

저자가 복음서를 기록하던 당시 문화적 문맥에서 문체는 그 글에 담긴 생각과 따로 분리되는 단순한 장식품이 아니었다.[40] 특히 요한복음의 장엄한 수사법은 최소한 이 복음서가 가진 하나의 고유한 생각 양식에 해당하며, 이 수사법을 통해 요한 신학을 적절하게 연구할 수 있다.[41] 더 나아가 제4복음서와 요한일서에 나타난 숭고함은 요한 전승 내에 있던 신자 공동체의 삶을 굳건히 하려는 의도에서 나온 요한-특징적인 생각의 몇 가지 측면과 조화를 이룬다.

따라서 우리 연구 결과가 시사하는 바는, 요한문서를 둘러싼 교회들의 에토스를 바탕으로 요한 수사학이 '건설적인' 목적을 가지고 있었다는 점이다. 요한의 이분법적 언어 및 신학이 널리 알려진 바와 같이 비판하고

---

39 Blass and Debrunner, *Greek Grammar*, 260.
40 이와 유사한 입장으로 Evans, *Theology of Rhetoric*, 3-4이 있다.
41 Kysar, "The Fourth Gospel," 2464은 다음과 같이 언급한다. "문서는 그 자체가 최선으로 연구될 수 있는 생각의 양식을 스스로 독자에게 산출해내어야 한다."

구분 짓는 기능을 가진 것 못지않게 말이다.[42] 달리 표현하자면, 복음서 저자의 담화는 요한 공동체 경계 밖에 있는 적대적인 세상으로부터 공동체를 구분 지을 뿐 아니라(예, 요 3:16-21), 그만큼이나 중요하게 공동체의 신학적 자기-이해를 확고히 하고 있다고 볼 수 있다.

이 연구의 마지막 함의는 현대 설교를 위해 요한복음을 어떻게 읽을 것인가 하는 것과 관련이 있다. 설교는 본서를 읽는 많은 독자들이 정기적으로 경험하는 현대 웅변이라 할 수 있다. 명백한 케리그마(kerygma, 복음선포)가 빠진 요한문서가 있다면 그것은 무의미할 뿐이다(요 16:13-15; 요일 1:5).

요한 장엄체를 묵상해보는 것이 요한문서 해석을 강의실에서 강단으로 가져가려는 이들에게 어떤 차이를 만들 수 있겠는가?

이 질문에 대한 한 가지 적절한 해답은 다른 장에서 찾을 수 있겠지만 그 시작은 여기서 해봄직하다. 그 출발점은 요한 증언이 가진 숭고함(sublimity)이 (시대를 불문하고) 교회를 장엄함 및 거스를 수 없는 설득력으로 표현된 케리그마의 핵심과 '대면'시키고 이를 통해 교회의 격을 '향상'시킨다는 사실이다.

만약 성경적 신화를 도덕적 이상이란 여과기로 걸러 설교하는 자유주의 신학의 설교 경향성에 반대하는 신약 문서가 존재한다면 그것은 제4복음서일 것이다. 공관복음에 그렇게 흔한 권고의 말씀(paraenesis)이 요한복음에는 거의 등장하지 않는다는 이유 때문은 아니다. 그보다는 요한문서 신학과 수사법이 여타 문서와는 다른 엔진으로 구동되기 때문에 그렇다.

---

42 Ashton, *Understanding the Fourth Gospel*, 205-37.

그 엔진이란 성육신한 말씀으로부터 나오는 생생한 목소리이다. 교회가 증언하는 영광의 근원이자 교회가 거하는 사랑의 근원인 그 말씀 말이다. 따라서 진부하고 일상적인 설교 예화는 요한복음을 설명하는데 별로 도움이 되지 않는다. 하지만 요한이 증언하는 "참 빛 곧 세상에 와서 각 사람에게 비추는 빛"(1:9)의 조명을 설교자가 직접 받는 경험을 통해 스스로 예시가 되는 설교는 현대 회중들에게 헤아릴 수 없을 정도의 큰 도움을 줄 것이다.

요한문서 설교를 쉬지 않고 계속 듣는 회중들은 어떤 회중이라도 신학적 소화 불량에 걸릴 것이다. 그럼에도 불구하고 요한복음과 요한일서의 선포는 세상을 너무도 사랑해서 그 죄를 위해 독생자를 내어 주기까지 한 숭고한 하나님을 청중들이 직면하도록 하는 수사법으로 그리스도인들을 초대한다. 이처럼 요한의 증언이 청중에게 전달될 때 '성경에 담긴 언어'(a Bible-shaped word)가 '성경과 같은 방법'(a Bible-like way)으로 소통된다.[43]

이러한 설교를 하는 데 우리가 당면한 것은 다름 아닌 바로 "말씀이 육신이 되어 우리 가운데 거하시매 우리가 그의 영광을 보니"(1:14) 라는 가장 숭고한 고백을 통해 이 세상의 잔혹함과 시시함을 꿰뚫는 것이다. 이 시대 교회에 가장 필요한 것은 교회가 가진 복음의 장엄함에 새롭게 사로잡히는 것일 따름이다.

---

[43] 이 부분에서 필자는 Keck, *Bible in the Pulpit*, 106; idem, "Toward a Theology" 등의 도움을 입었다. 더 깊은 목회적 탐구와 관련하여 C. Black, "Christian Ministry"를 보라.

제3부 | 사도행전

제6장 • 쓸모없는 피쎌 자세히 들여다보기
제7장 • 초대 기독교 설교의 수사 양식

제6장

쓸모없는 피쎌 자세히 들여다보기

32 베드로는 이끌리듯 배에서 내려 물위를 걸어서 예수님을 향해 다가갔다. 그러나 사나운 바람이 부는 것이 눈에 들어오자 그는 두려움을 느꼈다. 물에 빠져들기 시작하자 그는 소리쳤다. 주여 나를 구원하소서. 33 그러자 예수님은 즉시 손을 앞으로 뻗어 베드로를 붙잡으시며 말씀하셨다. 믿음이 적은 자여 그저 겁에 질리지 않고 물 위에 가만히 누워있기만 했어도 물 위에 떠있었을 텐데, 간단한 유체 역학 아닌가. 언젠가 모든 유대인들이 수영할 날이 올 것이다. 개인적으로 나는 모세를 탓하고 싶다. 홍해를 가른 것은 백성들의 응석을 다 받아준 것에 지나지 않는다.

알렌 코랜, 성 더럼의 복음서

(Alan Coren, *The Gospel according to St Durham*)[1]

---

[1] Coren, *Chocolate and Cuckoo Clocks*, 256.

사도행전이란 풍성한 무대를 채우는 다채로운 등장인물 중에서 마가 요한은 희미하게 드러나는 단역 배우에 불과한 듯 보인다. 주석가들도 그의 역할을 대수롭게 여기지 않는다. 본 장은 이러한 해석적 부당함을 바로잡기 위해 할애되었다. 누가의 내러티브 제2권에 실린 마가 요한에 대한 미묘한 묘사 기법을 우리가 더 면밀히 검토할수록 누가의 몇 가지 신앙적 관심사들이 깊이와 여운을 더하게 된다는 것, 이것이 우리가 시험하고자 하는 가설이다.[2]

이 제안에 내재돼있는 가정은 편집 비평적(redaction critical) 관점 및 최근 몇몇 내러티브 비평에 나타난 특징과 관련된 것으로, 마가 요한에 대한 묘사가 사도행전에 등장하는 다른 인물들과 마찬가지로 누가의 특정 신학적인 신념을 형성 및 강화해나가는 것을 돕는 역할을 한다는 사실을 가정한다.[3]

이 가정은 누가의 역사에 대한 관심이 모든 신학을 배제한 역사적 집착과는 다르다는 점을 전제한다. 최근 수년 간 많은 학자들이 주의를 집중시켰듯, 본 장에서 필자는 마가 요한에 대한 누가의 인물화(characterization)가 유대교 모자이크라는 더 큰 그림 안에서 특별한 흥미를 유발하는 조각임을 주장할 것이다.[4]

---

2 제3복음서와 사도행전을 순서대로 읽어보면 두 내러티브가 통일성이 유지한다는 사실에 대해 학자들은 대체로 동의한다. 이 관점을 이끈 영향력 있는 저작으로 Bacon, *Introduction to the New Testament*, esp. 211–21, 280; Cadbury, *Making of Luke–Acts* 등이 있다. 대안적 입장은 Parsons and Pervo, *Rethinking the Unity*를 보라.

3 본서 제2장을 보라. Haenchen, *Acts of the Apostles*, 90–116 선구적인 편집 비평적 접근을 다음 저작들의 접근법과 비교해볼 수 있다. Tannehill, *Acts of the Apostles*, 1–8; Darr, *On Character Building*; idem, "Narrator as Character."

4 해석가들은 누가복음—사도행전의 유대인 및 유대교에 대한 그림이 본질적으로 긍정적인지(Jervell, *Luke and the People of God*), 부정적인지(Sanders, *The Jews in Luke–Acts*), 아니면 양면적인지(Tyson, *Images of Judaism*) 의견을 달리한다. 이 논의의 윤곽에 대한 유익

1. 사도행전에 나타난 마가 요한의 초상

1) 사도행전 12:12

우리의 출발점은 사도행전 12:12이다.[5] 여기서 누가는 지나가는 말로 마리아라는 한 여인의 아들인 "마가라 하는 요한"을 언급한다. 감옥에서 기적적으로 풀려난 베드로는 바로 이 여인의 집에 몸을 숨기고 있었다 (12:6-12). 마가 요한의 가족관계 이외에는 12:12을 통해 그에 대해 직접적으로 배울 수 있는 바는 없다.[6] 간접적으로 우리는 그의 어머니가 예루살렘에 사는 재력가라는 점을 배울 수 있다.

마리아는 시중드는 여자아이를 두고 있었고, 집을 소유하고 있었으며, 그 집은 대문을 통해 출입할 수 있었다. 뿐만 아니라 아마도 베드로의 안녕을 위해 기도하려고 모였던 여러 신자들을 수용할 수 있을 정도로 그 집은 충분히 넓었다. 흥미롭게도, 누가 내러티브에서 마가 요한은 그 어머니 마리아가 누구인지 나타내기 위해 소개되었다. 그 반대일거라는 우리의 기대와는 달리 말이다.[7]

마찬가지로 우리의 예상을 빗나가는 흥미로운 사실은 이 본문을 포함하여 사도행전 어디에서도 마가 요한과 베드로의 관계가 명시적으로 나

한 안내서로 Tyson, *Luke-Acts and the Jewish People*을 보라.

[5] 행 3-4장에서 베드로의 동료는 필시 마가 요한이 아닌 세베대의 아들 요한이었을 것이다. C. Black, *Mark: Images*, 26-27을 보라.

[6] 특히 행 12장 마리아의 집과 눅 22장 마지막 만찬 장소 간 연관성은 근거가 없다(이와 다른 의견으로 Bruce, *Acts of the Apostles*[1951], 247 등등과 대조해보라).

[7] Spencer, *Acts*, 127은 "사도행전에서 (마리아)가 알려진 주요 이유가 마가 요한의 어머니이기 때문이 아닐까"하는 의문을 품는다. 즉 마가는 사도행전 내러티브에 다시 등장하지만 마리아는 완전히 퇴장한다.

타나는 곳이 없다는 점이다. 베드로가 대문 앞에 갇혀 어쩌지 못하는 익살스런 장면(12:13-16) 후 마침내 마리아의 집에 들어서자, 베드로는 자신의 기적적인 탈옥을 설명하고 야고보와 예루살렘에 있다는 다른 신자들에게 그 일을 전해달라는 부탁만 하고는 그 집을 떠나갔다(12:17).

때로 당연하게 가정되는 사실, 즉 "아마도 마가는 이 시기에 집에 있었고 새로운 종교 운동의 초대 대표자들과, (특히 베드로와) 밀접한 관계를 맺고 있었다"[8]는 사실을 누가는 어디에서도 제안하지 않는다. 실제로 사도행전의 서술자[9]는 "(그리고 베드로는) 떠나 다른 곳으로 가니라"(12:17)하고 기록하면서 베드로가 그 장소에 도착하기 무섭게 내쫓아버린다.

12:12-17에서 마가 요한의 이름은 베드로의 후원자인 마리아를 거론하기 위해 잠깐 스쳐지나가는 정도로 사용된다. 사도와 그녀의 아들 사이 어떤 관계를 설명하기 위해 사용된 것이 아니었다. 초대 기독교 전승 및 문서를 의식하지 않은 상태에서 사도행전을 처음 읽는 독자라면 마가 요한이 어디선가 다시 등장할 것이라는 기대를 가질 이유가 전혀 없었을 것이다.

2) 사도행전 12:25

사도행전 12:25에서 우리는 놀라운 사실을 발견한다. 마가 요한이 사

---

8 Case, "John Mark," esp. 372.
9 현대 비평가들은 '원저자'를 문학 안에 그 이상이 '내포되어 있는' 저자와 구분한다. 나아가 '내포 저자'는 우리에게 직접 그 목소리로 이야기를 '들려주는' '서술자'와 구분될 수 있다. Dawsey, *Lukan Voice*의 견해와 달리 필자는 누가복음-사도행전의 '내포 저자'와 '서술자' 간의 차이가 없다고 본다(Darr, "Narrator as Character"의 견해와 같다). 따라서 필자는 본서에서 실제 인물 저자에 대한 특별한 전제 없이, '(내포) 저자,' '서술자,' '누가' 등의 용어를 상호교환 가능한 것으로 보고 사용한다.

도의 수행원에 포함되어 있었던 것이다.

> 바나바와 사울이 부조하는 일을 마치고 마가라 하는 요한을 데리고 예루살렘에서 (안디옥으로: 11:27–30; 13:1을 보라) 돌아오니라 (행 12:25).[10]

독자들의 기대는 새로운 전환점을 맞는다. 사도행전이란 드라마에서 마가 요한이 주인공으로 급부상하게 될지도 모른다는 기대감이 피어오르기 시작할지도 모르겠다. 어쨌든 이제 마가가 함께 동행할 인물들은 당시 기독교 중심지로 주목받은 예루살렘과 안디옥의 주요 사절단으로 두각을 나타낸 바나바와 사울(9:26–30; 11:19–30)이었다.

여기서 더 생각해 볼 점은, 이들 두 주요 인물 모두 처음 소개될 때는 비중이 없는 인물로 나타났다가 돌연 사라졌다는 사실이다(4:36–37; 8:1a). 이러한 인물 소개 방식은 사도행전 내러티브의 통일성을 강화하는 방편으로 사용되었고, 내포 저자의 특징적인 요소로 보인다.[11]

그렇다고 해서, 누구도 마가 요한의 잠재적인 영향력을 확대 해석하기는 힘들다. 왜냐하면 그 동행인들과 완전히 동등한 입장에 있는 동료로서 그가 그려지고 있지는 않기 때문이다. 즉, 누가는 세 사람의 선교사를 동등한 연결어를 통해 언급하고 있지 않다. 그 대신 바나바와 사울에 대한 설명으로 완전한 문장을 구성한 후, 마가 요한을 "(그들과 함께) 데리고 (숨파라라본태스[συμπαραλαβόντες])" 돌아왔다는 의미의 종속절을

---

[10] 이 구절에 대한 본문 비평 논점에 관해서는 Metzger, *Textual Commentary*, 350–52을 보라.
[11] Tannehill, *Acts of the Apostles*, 78, 99. 또한 빌립을 소개하고 한참 후에 인물을 발전시키는 행 6:5; 8:26–40을 주목하라.

첨가했다. 결국 마가 요한은 팀 내에서 추가적인 인물 설명을 기다리고 있는 비중 적은 구성원에 지나지 않은 것이다.

그렇다면 예루살렘에 있는 모든 신실한 그리스도인들 가운데 왜 마가 요한이 바나바와 사울의 동료로 뽑혔을까?

누가는 어떤 이유도 언급하지 않는다. 헨리 바클레이 스위트(Henry Barclay Swete)는 아마도 가장 일반적으로 받아들여지는 제안을 내놓는다. "바나바는 자신의 사역에 함께할 새로운 동료를 찾고 있었고, 요한은 그의 가까운 친척이었다."[12]

이 이론은 12-13장의 마가 요한을 골로새서 4:10의 "마가"와 같은 인물로 보는데서 기인한다. 하지만 누가는 바나바와 마가 요한이 사촌 관계에 있다고 단 한 번도 밝히지 않는다. 반면, 마치 마가가 마리아보다 훨씬 널리 알려진 인물이라고 암시하듯 마리아를 마가 요한의 어머니라고 밝히고 있다.

만약 12:12에 담긴 누가의 의도가 그 독자들에게 잘 알려진 누군가와 마리아의 관계를 밝히는 것이었다면, 그리고 누가가 마가와 바나바의 사촌 관계에 대해 알고 있었다면, 도대체 왜 마리아를 바나바의 친척이라고 밝히지 않았을까?

또한 바나바와 바울이 예루살렘에 머무는 동안 마가의 어머니 집에 머물렀다거나,[13] "마가가 바울의 첫 번째 선교여행에 동행하게 된 이유가 바울 혹은 바나바가 말할 수 없었던 복음의 특정 요소를 마가의 목격담이 도움을 줄 수 있었기 때문이었다거나" 하는 암시를 내러티브 기저 어디에

---

12 Swete, *St. Mark*, xvi.

13 Bruce, *Commentary on Acts*(1954), 258.

서도 발견할 수 없다는 점 역시 고려해볼 점이다.[14]

의문점은 이것이다.

왜 마가 요한은 12:25에서 갑자기 바나바, 사울과 함께 동행하게 되었을까?

내러티브 내에 분명한 증거가 없기에 어떤 답변이든 확정적이지 않다는 사실은 피할 길이 없다. 전승 비평적 입장에서 접근했을 때 한 가지 가능한 답변은 누가의 기록 의도는 마가의 친척 관계에 대한 정보를 설명하기 위한 것이 아니라 원전을 통해 알게 된 이 사실을 단순히 있는 그대로 기록했다고 보는 것이다. 이와 또 다른 가능한 접근이 있다면, 마가 요한과 다른 등장인물 사이에 일어나는 암시적인 잔향 및 12:25에서 그가 연루된 여러 사건들을 살펴봄으로써 사도행전 내러티브의 논리적 타당성에 초점을 맞추고 접근하는 방법이다.

리차드 퍼보(Richard Pervo)는 마가 요한이 베드로, 바나바, 바울을 한 데 엮는 실이라고 보았다.[15] 당시 그리스도인들이 마리아의 집에 모여 뜨겁게 기도했다는 것이 나타내듯(12:12), 그런 어머니를 통해 마가는 부와 신앙 모두와 암묵적으로 결부된다. 누가는 앞서 비슷한 말로 요셉 바나바를 소개하고 묘사했다. 그는 땅을 팔아 수익을 사도들의 발 앞에 둔 "위로의 아들"이자(4:36-37)[16] 예루살렘과 안디옥교회 양쪽 모두를 이끄는 대표

---

14 Paul, *St. John's Gospel*, 16 n.1. 이러한 제안들을 고려하도록 조언을 주고 본 인용구를 소개해 준 베벌리 가벤타(Beverly Gaventa)에게 감사를 표한다.

15 Pervo, *Acts*, 317.

16 누가의 말(행 4:36)과는 달리, "바나바"의 의미는 "느보(Nebo)의 아들"이지 "위로의 아들"(son of encouragement)이 아니다. 그럼에도 불구하고 사도행전의 이러한 인물 묘사는 여전히 유효하다. 어원학적인 연계성이 없다는 사실과 관계없이 말이다.

자이며(11:22, 30),[17] 선함과 믿음과 성령 충만함이 드러나는 사람(11:24a)이라고 묘사했다. 이처럼 누가는 마가 요한이 예루살렘 사람임을 언급한다(12:12; 13:13). 즉, 이방인 지역으로 향하는 바울의 첫 번째 선교여행 출발점에 마가가 함께 있었다는 점은 은연중에 예루살렘 기독교의 영향이 미치는 범위를 대변한다.

사도행전에서 예루살렘 기독교의 일반적인 영향력은 일관성 있게 유지되면서도 유대 지역 너머 기독교가 강세를 띤 다른 권역과 조화를 이룬다(일찍이, 4:35-36에서 구브로 사람 바나바는 자신에게 새로운 이름을 준 예루살렘 사도들의 권위에 순종했다. 뒤이어 9:26-30과 11:25-26에서 바나바는 길리기아 사람 사울을 사도들 앞에서 보증하고 그를 사역지로 데려오기도 했다).

더욱이 앞으로 벌어질 일들을 감안해볼 때, 인간의 우둔함(로데와 예루살렘 성도들: 12:14-16) 혹은 노골적인 자만심(헤롯 아그립바: 12:18-23) 속에서도 꾸준히 이어지는 하나님의 개입과 조정의 내러티브가 바나바 및 사울과 함께 여행을 시작하는 마가 요한에 대한 내러티브와 서로 얽혀있는 것은 단순한 우연이 아니리라.

누가는 11:27-12:25에서 베드로의 퇴장에서 바울의 대두로 이어지는 과도기 내러티브를 풀어간다. 이 와중에 과도기 전후에 맞물린 하나의 연결 고리가 있다면 그것이 바로 마가 요한인 듯 보인다.[18] 이러한 암시적인 연결들이 아주 생뚱맞지는 않지만 추정에 불과하다는 점은 인정해야만 한다. 누가는 그저 바나바와 사울이 선교를 떠나는 문턱에서 마가 요한을

---

[17] 바나바는 이 대표들 중에서도 영향력 있는 구성원으로 그려진다. 대체로 바울이 바나바의 영향력 아래 있는 모습으로 나타나는 점을 주목하라. 행 9:27; 11:25-26, 30; 12:25; 13:1-2, 7; 14:14. 바나바의 중추 역할과 관련하여 Johnson, *Literary Function*, 53, 203-4을 보라.

[18] Longenecker, "Lukan Aversion."

데리고 갔다고만 언급하고 있다. 그 이유는 독자들의 상상에만 맡기고서 말이다.

3) 사도행전 13:5b

다음으로 우리가 사도행전의 마가 요한을 만날 수 있는 장면은 바나바와(이제 "바울"이라고 하는[13:9]) 사울이 바나바의 고향인 구브로(4:36)에서 선교를 하는 현장이다.

> 살라미에 이르러 하나님의 말씀을 유대인의 여러 회당에서 전할 새 요한을 후페래테스(ὑπηρέτης)로 두었더라(13:5).

이 구절은 두 가지 의문점을 포함하고 있다. 그 중 해결이 비교적 쉬운 의문점은 "요한"이라는 누가의 애매모호한 언급이 누구를 지칭하는가 하는 부분이다. "마가라 하는 요한"이라는 서술자의 마지막 언급이 포함된 12:25부터 본문 13:5 사이 구절 가운데 "요한"이란 이름으로 불린 어떤 사람도 없었다는 점에서 바로 같은 인물이 여기서 언급되었다고 확신할 수 있다.

좀 더 어려운 의문점은 누가가 요한을 후페래테스(ὑπηρέτης)로 묘사한 것과 관련하여 이 동격(appositive) 명사를 어떻게 번역하는 것이 가장 적절하겠는가하는 점이다. 고전 헬라어에서 후페래테스의 어근이 갖는 의미는 갤리선 노예(galley slave), 즉 트라이림(양쪽에 노가 삼단으로 줄지어 있는 배)의 아래층에서 노를 젓는 사람이란 말이었다.[19] 헤로도토스(*Wars* 3.63.1; 5.111.4)와 플라톤(*Polit.* 289c)에서 이 용어는 일반적으로 아랫사람, 하인, 혹은 수행원을 지칭하는 데 사용된다. 이 단어는 가정이란 문맥, 정치적인 문맥, 혹은 종교적인 문맥에서 종속 관계를 의미하는 것으로 나타난다.

이렇게 다양한 용법은 헬라파 유대인의 저작들 속에서 꾸준히 지속된다(잠14:35; 솔로몬의 지혜서[Wis.]6:4; 사32:5 위 구절들에 대해 70인역을 참조하라; *Ep. Arist. 111*; Philo; Josephus). 좀 더 기술적으로 사용된 예로, 아테네 역사가 투키디데스(*Hist.* 3.17)와 크세노폰-위서(僞書; Pseudo-Xenophon) (*Cynegeticus* 2.4.4; 6.2.13)은 후페래테스(ὑπηρέτης)를 군사적 문맥에서 무장 보병의 시종(군인의 짐, 전투식량, 방패 등을 들어 주는 사람), 혹은 부관이나 참모나 보좌관 등을 일컫는데 사용하였다.

누가복음-사도행전에서 여섯 번 등장하는 후페래테스(ὑπηρέτης)는 하나의 일관적인 의미로 사용되지 않았다. 누가의 용법은 이 용어의 의미 범위 내에서 서로 다른 뉘앙스를 나타낸다.

(1) 누가복음 서문에서는 일종의 종교적 문맥을 포함하긴 하지만, 아랫사람의 섬김이란 일반적인 의미가 시사된다(1:2: "처음부터 목격자와 말씀의 일꾼 된 자들"). 아그립바 앞에 선 바울이 자신을 예수님이 그의 "종과 증인"으로 임명했다는 대목에서도 마찬가지다(행 26:16). 누가가 사용한 같은 어근의 동사, 후페래테오(ὑπηρτέω, 행 13:36; 20:34; 24:23) 역시 같은 어감을 나타낸다.

---

19 Moulton and Howard, *Accidence and Word Formation*, 328. 바울의 은유에서도 이러한 갤리선 노예라는 어감이 남아있었을 가능성이 있다(고전 4:1).

(2) 누가복음 4:20에서 사용된 이 단어는 유대 회당장의 예식 보좌관을 지칭하며, 종교의식 담당 관원이라는 뉘앙스를 담고 있다.

(3) 사도행전 5:22, 26에서는 특별히 군사적인 용도로, 대제사장과 산헤드린 공회의 명령을 듣는 '관리'를 지칭하는 용어로 이 단어를 사용했다.

이 가운데 어떠한 어감이 13:5이 말하는 마가 요한을 가장 잘 설명하는가? 현대 학자들은 다음의 두 가지 (1)과 (2) 가능성에 기반하여 다양한 의견을 내놓는다.

(1) 콘젤만(Conzelmann)과 헨첸(Haenchen)은 '조력자'라는 가장 일반적인 어감만이 13:5에 들어맞는다고 주장한다.[20] 스위트(Swete)는 마가의 조력을 구체적으로 "여행 채비, 숙식 조달, 메시지 전달, 면담 교섭 등과 같은 일"로 정의한다.[21]

(2) 마가를 후페래테스(ὑπηρέτης)라는 전문인으로 해석하는 것은 폭넓은 지지를 받아왔다. B. T. 홈스(B.T. Holmes)는 이 용어가 비서관의 직책을 암시한다고 보고 다음과 같이 주장한다.

> 마가는 구브로로 향한 첫 번째 이방인을 향한 선교여행에서 예수에 대한 기록물을 담당했다.[22]

---

[20] Conzelmann, *Acts of the Apostles*, 99; Haenchen, *Acts of the Apostles*, 397.
[21] Swete, *St Mark*, xvi.
[22] Holmes, "Luke's Description," esp. 64.

그런가 하면, 더 만족할만한 어원학상의 정밀함을 기하는 가운데 R. O. P. 테일러(R. O. P. Taylor)는 13:5에 나오는 후페래테스(ὑπηρέτης)가 기능적으로 팔레스타인 및 후기 랍비유대교(Rabbinic Judaism) 제례의 제사 보조관에 해당하는 명칭이라고 제안한다("성전 관료[ministers of the Temple]": *m. Tamid* 5.3; *t. Sukkah* 4.11–12).[23]

즉, 테일러에 따르면, 마가 요한은 "당시 초등교육을 맡은 교사였는데 그의 일은 신성한 기록물에서 사용된 표현 및 그들의 종교의 기초가 되는 역사와 가르침에 대한 정확한 기술을 교육하는 일이었다."[24] 일부 학자들이 13:5의 마가를 바울과 바나바로부터 공인받은 선생 혹은 교리 교사로서 묘사할 때는 이와 같은 이미지를 가정한 것이다.[25]

가장 타당한 해석으로 우리를 인도하는 것은 13:5b의 문맥이다.

첫 번째로 고려할 부분은 13:1-3의 사역을 위임받는 장면이다.

안디옥에 모여 예배하고 금식한 인물들은 여러 "선지자들과 교사들"이었다. 바나바와 니게르라 하는 시므온과 구레네 사람 루기오와 마나엔과 사울이 바로 그들이었다. 마가 요한이 바나바와 사울과 함께 있었다는 사실이 막 언급되었음에도 불구하고(12:25), 그는 프로페테스(προφήτης, 선지자)나 디다스칼로스(διδάσκαλος, 교사) 어느 그룹으로도 소개되지 않는다.

바나바와 사울이 특별한 일을 위해 성령의 부르심을 받고 따로 세워진 것과 달리(13:2) 마가 요한은 지목되지 않는다. 더욱이 금식과 기도 후 13:3의 안수 장면에서 마가가 어느 쪽에 있었는지, 성령의 위임받은 이

---

23 해당 명칭과 관련하여 L. Levine, *Ancient Jewish Synagogues*, 387–428을 보라.
24 R. O. P. Taylor, "Ministry of Mark," 136; Chase, "Mark(John)." 최근 저작으로 Beavis, *Mark's Audience*, 63–67을 보라.
25 이와 같은 제안과 관련하여 다음을 보라. Blair, "Mark, John"; Barclay, "Comparison of Paul's Missionary Preaching," esp. 169–70.

들을 안수한 자들 중에 있었는지, 아니면 안수를 받는 입장에 있었는지조차 확실치 않다. 만약 사도행전 독자들에게 마가를 가르치거나 교육하는 권한을 가진 특사로서 인식시키길 기대했다면 누가는 내러티브상 적절한 시점에서 분명히 했어야할 내용을 다루지 않은 채 지나간 셈이다.

성령의 보내심을 받은 대표자들은 안디옥에 인접한 고대 항구도시, 실루기아(Seleucia)로 향한다. 거기서부터 살라미(Salamis)로 항해를 하여 그곳 유대인의 여러 회당에서 하나님의 말씀을 전한다(13:4-5a). 여기서 누가는 그 종속절에(13:5b) 그들이 후페래테스(ὑπηρέτης)인 마가 요한을 데리고 있었다고(에이콘[εἶχον]) 덧붙여 설명한다. 말씀 전하는 사역이 이 용어의 의미인 '조력'에 포함될 수도 있긴 하지만, 13:4-5의 어감과 구문형태는 마가의 역할을 승격시키는 것을 오히려 방해한다.

(1) 요한은 여기서 자신이 돕고 있는 이들과 구분되고 있다. 그렇기 때문에 13:5b의 주체는 바나바와 사울에 해당된다고 보아야 하고, 따라서 13:4-5a 여정을 기술하면서 누가가 가장 확실히 초점을 맞추고 있던 사람들은 바로 이들 사도들이었음을 암시한다.

(2) 누가는 뒤늦게 생각이 나서 추가한 듯 마가 요한이 여전히 바나바 및 사울과 함께 동행하고 있다고 독자들에게 귀띔해 준다(13:5b). 사도행전을 처음 읽는 독자라면 그렇게 추정할만한 하등의 이유가 없는 정보이다. 12:25에서와 마찬가지로 누가의 표현은 요한이 여전히 부차적인 위치에 있었다는 점을 암시한다.

이 구절 뿐 아니라 바로 다음 나오는 구절에서도(13:7) 요한이 조력하고 있는 이들, 즉 내러티브가 초점을 맞추고 있는 선교사들과 요한은 같은 위치에 서있지 않다. 이 사실은 바로 다음 이어지는 사도들과 박수 엘루마 사이의 대립을 그리고 있는 이야기 전체에서도 계속 이어진다(13:6-12). 여기서도 마가 요한은 어디에도 보이지 않는다. 그리고 사울이 무대 중심에서 조명을 받는다.

(3) 그리고 어쩌면 가장 확실한 요소로, 13:5b는 요한에 대해 기록하길, 성령의 수행원이 아닌(참조. 13:2, 4), 주 예수의 수행원도 아닌(참조. 26:16), 말씀의 수행원도 아닌(참조. 눅 1:2), 바나바와 사울의 **수행원**이라고 그를 소개한다. 마가 요한의 지위를 폄하하지 않은 상태에서, 그의 지위를 분명히 하자면, 분명 종(*servus*)이긴 한데, 하나님의 종의 종(*servus servorum Dei*) 이다.

내러티브를 가장 단순하게 읽어볼 때 후페래테스(ὑπηρέτης)를 중립적으로 해석하는 것이 자연스러워 보인다. 즉 마가 요한은 단순히 바나바와 사울에게 삶을 맡긴 사람이었다. 그가 어떤 종류의 섬김으로 조력했는가에 대해 짐작하는 것은 아마도 누가의 의도와 동떨어진 주제인 듯하다. 13:5b이 나타내고 있는 마가 요한이란 인물의 특징은 누가가 후페래테스(ὑπηρέτης)를 사용한 모든 경우 중에서도 특히 특색 없다.

4) 행 13:13b

우리는 13:13에서 마가 요한에 대한 누가의 가장 구미 당기는 언급을 보게 된다. 구브로(Cyprus) 동쪽 해안, 살라미에서 빠져나온 바울과 그의 동행자들은 섬 전체를 돌아 서쪽 항구 바보(Paphos)를 통해 남 소아시아에 있는 밤빌리아(Pamphylia)의 주요 항구인 버가(Perga)로 출항한다. 그러나 "요한은 그들에게서 떠나 예루살렘으로 돌아"간다(13:13b).

고전 그리스어(Classical Greek)에서도, 헬레니즘 시대 그리스어(Hellenistic Greek 혹은 Koine Greek)에서도, 아포코레인(ἀποχωρεῖν)란 동사는 '에서부터 떠나다' 혹은 '출발하다'라는 의미가 있다. 어떤 경우에는 직무 유기 혹은 패배 후 퇴각(전장의 군대와 관련하여: Thucydides, *Hist*. 2.89.8)이란 의미를 나타내기도 한다. 스캇 스팬서(Scott Spencer) 역시 이 동사에 "이탈" 혹은 "명분을 저버리다"라는 뉘앙스가 포함되어 있음을 언급한바 있다.[26] 이곳 13:13 외에 이 동사가 신약성경에 사용된 경우는 단 두 군데 밖에 없다.[27]

9:39에서는 악한 영과 관련하여 사용된 동사로서 반드시 그럴 필요는 없지만 철회(capitulation)하다라는 어감을 시사하기도 한다(마 7:23의 경우에는 해당하지 않는 듯 보인다). 13:13b의 또 하나의 동사인, 후포스트레패인(ὑποστρέψειν)는, 누가복음-사도행전에서 가장 흔히 사용되는 경우와 마찬가지로, 단순히 "돌아가다"로 번역할 수 있다(예, 눅 1:56; 행 1:12). 혹은 공격을 받고 퇴각한다는 부정적인 뉘앙스를 가진 단어로 번역될 수도 있다(Homer, *Iliad* 5.581; 12.71; Herodotus, *Wars* 7.211.3; 9.14; Thucydides, *Hist*. 3.24; 참조, 눅 11:24; 23:48).

마가 요한이 바울 일행과 헤어진 정확한 시점은 알 수 없다. 나중에 15:38에 가서 우리는 요한이 밤빌리아까지 바울 및 바나바와 함께 동행했다는 사실을 알게 된다. 그 추가 설명 없이 13:13b의 표현만 보면 요한이 바보(Paphos)에서, 즉 구브로에서 배를 타던 시점에 그 일행과 헤어졌다는 의미로 이해할 수도 있다. 이 부분은 아마도 역접 어감(adversative import)을 가미하는 접속사로 쓰인 듯한 13:13b의 '데'(δέ)를 보면 더 분명해진다.

---

[26] Spencer, *Acts*, 143.
[27] 눅 20:20의 본문 이형(textual variant)에 나타난 단어는 포함하지 않았다.

다시 말해 비시디아(Pisidia) 선교에 착수하는 시점에서 사도들은 어떤 한 방향으로 출발했고 요한은 다른 방향으로 향했다는 말이다. 만약 13:14 첫 부분에서 사용된 "데"(δέ) 역시 역접 접속사로 본다면 누가는 모든 인물의 위치를 배치하고 있는 셈이다. 다시 말해 마가 요한은(바보가 아닌) 버가(Perga)에서 동행을 중단했지만, 바울과 바나바는 비시디아의 안디옥으로 향했다.

마가 요한은 왜 일행으로부터 떠나 예루살렘으로 돌아왔는가?

여러 추측들이 난무한다. 마가의 선교 서약이 처음 출발할 때부터 시리아의 안디옥 혹은 구브로까지만 한정되어 있었다는 추측,[28] 바울의 이방인 선교에 참여하고자하는 의지가 없었거나[29] 사촌인 바나바의 위치가 바울에게 밀린 것에 대해 분개했을 것이라는 추측,[30] 북 밤빌리아의 무시무시한 타우루스 산맥을 넘는 것에 대한 두려움에 사로잡혔을 것이라는 추측,[31] 예루살렘에 있는 모친에 대해 책임감을 느껴 돌아갔다는 추측,[32] 심지어 마리아가 만든 집밥에 대한 그리움 때문이었다는 추측[33]까지 다양하다. 많은 이들은 본문의 서술자가 설명하지 않은 내용을 상상하는 것이 무의미한 일임을 언급해왔다.[34]

13:13에서 마가 요한의 의도에 대해 걷잡을 수 없이 불어나는 추측을

---

28 F. Jackson and Lake, *Acts of the Apostles*, 147.
29 Culpepper, "Paul's Mission," 488.
30 Bruce, *Acts of the Apostles* (1951), 259. 누가가 골 4:10을 알았을 것이라는 가정을 하고 있음을 고려하라.
31 Krodel, *Acts*, 231.
32 Swete, *St Mark*, xvii.
33 Krodel, *Acts*, 231의 이러한 제안은 그에 대한 부정적인 어투를 포함하고 있다.
34 Haenchen, *Acts of the Apostles*, 407; Conzelmann, *Acts of the Apostles*, 105.

거부하는 이들과 필자는 같은 입장에 서있다. 그러나 누가의 내러티브에 대해 충분한 고민 없이 사안을 쉽게 흘려버리려는 유혹에도 역시 넘어가지 말아야한다.

별도의 설명이 없는 마가 요한의 예루살렘 귀환은 마치 바울과 실라를 잡아들였던 빌립보 지역 행정관이 별도의 설명 없이 돌변해서 풀어 주는 장면과 그 모호함에서 유사하다(16:35). 또한 유두고가 입은 상해의 정도 와 그가 소생된 장면에(만약 사용되었다면) 사용된 상징법의 정도 등과 관련된 모호함과도 유사한가하면(20:7-12), 자신이 바울 건을 직접 판결내리겠다고 약속한 총독 벨릭스가 바로 다음 문맥에서 아무 언급 없이 약속을 이행하지 않는 장면의 모순점과도 유사하다(24:22-27).

이 모든 장면에서 사도행전 서술자는 독자들에게 관련 정보를 주지 않는다. 그리고 이로 인해 다양한 해석의 여지가 생긴다. 마이어 스턴버그(Meir Sternberg)는 히브리 내러티브 연구에서 '공백'(gap)과 '여백'(blank)을 구분하여 설명한다. 전자는 해석에 유의미한 내용을 일시적 혹은 영구적으로 누락한 것을 의미하는 반면, 후자는 서술자 자신이 본문에 무관하거나 중요하지 않다고 판단한 내용을 누락시킨 것을 의미한다.[35]

우리는 13:13b에서 어떤 종류의 누락과 맞닥뜨리고 있는 것일까?

지금 단계에서 어느 쪽이라고 분명히 말할 수는 없다. 누가는 독자들에게 요한의 행동에 대해 어떤 설명도 해 주지 않는다. 사도행전을 처음 읽는 독자들은 요한이 예루살렘으로 돌아온 것이 본질적으로 잘못된 행동이었는지 아닌지는 분명히 알 수 없다.

35　Sternberg, *Poetics of Biblical Narrative*, 230-40. 행 13:13 마가 요한과의 관련성은 고려하지 않은 채 Tannehill, *Acts of the Apostles*, 199-200, 248-50, 306-7은 스턴버그(Sternberg)의 개념을 사용한다.

어쨌든 그는 예루살렘 거주민이었고(12:12), 예루살렘교회는 내러티브 전체에서 초대 기독교 활동의 주요 기반이자 공동 결정권자 역할을 담당한다(1:4, 12; 9:26-30; 11:1-18, 27-30; 15:1-35; 16:4; 21:15-26). 이 시점에서 예루살렘으로 걸음을 돌린 요한의 행동이 불가사의하긴 하지만, 그렇다고 본질적으로 악하다고 말할 수는 없다.

한편, 누가는 결정적이지는 않지만 내러티브 내에 마가 요한의 행동을 둘러싼 한줄기 의혹에 대한 몇 가지 증거를 남긴다. 요한의 지위는 바나바 및 사울/바울의 그것과는 달랐다. 그는 그 두 사람이 데리고 다닌 수동적인 인물이었다. 독자인 우리는 그가 어떤 인물인지 정확히 알 길이 없다. 왜냐하면 그가 긍정적인 기독교 가치 혹은 행위를 독립적으로 행사하는 것을 본 적이 없기 때문이다. 비록 사도행전이 신자들 간의 관계를 눈에 띄게 조화로운 모습으로 그리는 경향이 있다 하더라도(2:43-47; 4:32-37), 누가가 결코 모든 그리스도인의 불법적 행위를 숨기고 있는 것은 아니다(5:1-11; 8:9-24).

여기서 우리가 상기해볼 만한, 그리고 궁금증을 가져볼 만한 부분은 성령이 명확하게 마가 요한을 구분하여 보냈다는 표현이 나타나있지도 않을 뿐더러, 안디옥 교회가 선교를 위해 그를 승인했다는 표현도 나타나있지 않다는 점이다(13:1-4). 마가 요한이 그 일행으로부터 떠났다는 기록 바로 이전 문맥을 통해 우리가 볼 수 있는 것은 로마 지방 총독의 개종 및 바울과 박수 엘루마 사이의 대치에 대한 내용이다(13:6-12). 이 내용을 통해 마가의 인물 특성을 해석하는 데 도움이 될 수 있는 몇 가지 사항을 읽어낼 수 있다.

첫째, 엘루마 이야기는 하나님의 개입이 타개하는 인간의 완고함과 부패를 단적으로 보여주는 예이다.

마가 요한에 대한 누가의 첫 두 번의 언급(12:12, 25)은 이와 같은 주제를 다루는 서로 다른 두 개의 에피소드(베드로를 영접함[12:12-17]; 헤롯의 참극[12:18-23])를 앞뒤로 묶어 주고 있다.

둘째, 13장의 요한에 대한 두 번의 언급(바나바 및 사울의 수행원 역할을 함[5b절]; 그들에게서 떠남[13b절])은 한 저명한 이방인이 기독교로 개종하는 이야기의 구조적 틀을 제공한다.

이 사건에 대한 요한의 반응이 어떠했는지는 알 수 없으나, 이 예루살렘인이 유대인 회당에서 있었던 선교활동에 동참하고 있었다는 사실만은 분명 알 수 있다(5a절). 우리는 얼마 지나지 않아(행 15장에서) 유대인과 이방인 사이의 반감이 앞선 예루살렘 회의 이후에도 전혀 누그러지지 않았다는 사실을 보게 된다(11:1-18을 보라).

셋째, 언급하고자 하는 부분이 마가 요한이란 인물을 파악하는 데 얼마나 중요한지는 가늠하기 어렵지만 한번 주목해볼만 하다.

즉 바나바-사울 관계의 역전을 암시하는 내러티브가 배경으로 삼고 있는 이야기가 엘루마와 서기오 바울(Sergius Paulus)의 이야기라는 점이다(참조, 9:26-30; 11:19-30; 12:25; 13:1-2, 7).

여기서 바울은 선교 일행의 '선임자'가 된다. 이 시점 후로 바울의 이름은 대개 여럿 중 첫 번째로, 혹은 대표격인 단독으로 언급된다(13:13, 43, 45, 46, 50; 14:9, 11; 15:2, 35; 참고로 그렇지 않은 경우도 있음, 14:14; 15:12, 25). 그리고 바울의 권위와 설교와 운명은 사도행전 무대의 중심부를 차지 한다(13:9-12, 16-41; 14:9-11, 19-20; 15:36).

비록 바울과 바나바는 함께 활동하고 복음을 전하는 것으로 묘사되긴 하지만(13:43, 46-47, 50-52; 14:1-7, 14-18, 21-28; 15:2-4, 12, 22, 30-35), 첫 번째 선교여행 및 예루살렘 회의, 혹은 그 이후 일련의 사건을 통틀어 바나바가 어떤 활동을 단독으로 했다는 기록은 없다(13:1 - 15:35). 이러한 시점이 어떤 중요성을 내포하는지는 미지수이지만, 바나바가 물러나고 바울이 떠오르는 이 때, 사도행전 내러티브의 바로 이 시점에 마가 요한이 등장한다는 점은 흥미롭다.

마가 요한이 내러티브 안으로 들어오고 나가는 것에 수반된 위와 같은 맥락, 긴장, 전환 등은 상당히 미묘하다. 13:13b에서 우리는 요한의 퇴장이 대수롭지 않은 '여백'인지 중대한 '공백'인지 판단하기 어렵다. 뿐만 아니라 만약 후자라 하더라도 이 누락이 일시적인 것인지 영구적인 것인지 판단하기 어렵다. 역경을 이겨나가는 사도들의 승리에 대한 내러티브 속에서(13:42-52; 14:1-28; 15:30-35), 마가의 철수에 대한 누가의 언급은 독자들의 마음 속에 긴장감의 씨앗을 심어 주는 역할을 할 수도 있다. 아니면 쉽게 무시하고 지나쳐버릴 수도 있다. 13:13b 이후를 읽어보지 않은 사람이라면 마가 요한이 여기서 마지막 인사를 하고 사도행전을 떠났다고 생각할 수도 있을 것이다.

5) 행 15:36-40

13-14장의 내러티브는 이방 세계를 향한 바울의 선교를 간략히 그려주고 있다. 이 두 장에는 바울의 담대한 설교와 이적을 모두는 아니지만 많은 이들이 받아들이는 모습을 비롯하여(13:14-43), 이교도 다신론과 맞닥뜨리는 장면 및 이고니아, 루스드라, 더베에서 유대인들의 박해에 맞서 복음을 전하는 모습(13:44-14:20), 신생 교회를 성실히 목양하는 모습(14:21-25) 등이 그려져 있다. 바울과 바나바가 처음 성령의 지명을 받고 떠나온 시리아 안디옥으로 돌아온 후 성도들에게 사역을 보고하면서

"이방인에게 믿음의 문을" 연 것이 하나님의 하신 일이라는 점을 분명히 한다(14:26-28).

15:1-35에서 교회는 기독교로 개종한 이방인들이 할례를 받을 필요는 없지만 레위기 17:1-18:30에 나타난 모세의 기본적인 요구 사항만큼은 충실히 지켜야 한다는 합의에 도달함으로써(15:19-29), 안디옥과 예루살렘, 두 지역의 그리스도인들 간에 일어날 수도 있었던 대재앙과도 같은 분열은 피할 수 있게 된다.

이러한 '사도의 결정'은 몇 가지 누가의 주요 관심사에 해당한다. 다시 말해 누가의 주요 관심사는 이방 선교의 근본적인 정당성, 이방인의 유대교 전통 준수를 면제해 주는 문제, 유대인과 이방인 간의 관계를 그리스도 안에서 재확립하는 문제 등이었다.

새로운 여정을 떠나기 전날, 15:36에서 바울은 바나바에게 전에 자신들이 선교했던 각 성으로 다시 가서 성도들을 방문하자고 제안한다.

> 바나바는 마가라 하는 요한도 데리고 가고자 하나 38 바울은 밤빌리아에서 자기들을 떠나 함께 일하러 가지 아니한 자를 데리고 가는 것이 옳지 않다 하여 서로 심히 다투어 피차 갈라서니 바나바는 마가를 데리고 배 타고 구브로로 가고 바울은 실라를 택한 후에 형제들에게 주의 은혜에 부탁함을 받고 떠나 수리아와 길리기아로 다니며 교회들을 견고하게 하니라(15:37-41).

여기서 마가 요한은 예기치 않은 상황에서 내러티브에 다시 등장한다. 이제 우리는 13:13b 이후 보이지 않던 마가의 행방이 관심밖에 있는 여백(blank)이 아닌 일시적인 공백(gap)이었음을 알게 된다. 또한 우리는 즉

각적으로 그의 예루살렘 귀환이 바울에게 어떻게 비춰졌는지도 알게 된다. 바울은 마가 요한이 예루살렘으로 돌아가는 것을 탐탁지 않게 여겼다(13:13을 보라). 이로써 마가의 행동에 대해 우리가 가장 두려워했던 것이 확인된 셈이다. 이 짧은 장면 속 누가의 어휘 선택에서 명백히 드러나는 격한 어조는 마가에 대한 그러한 평가를 지지한다.

첫째 37절과 38절의 두 서술어에 주목해보라.

바나바는 마가도 데리고 "가고자"(애불래토[ἐβούλετο]) 했지만, 바울은 그렇게 하지 않을 것을 "주장"(엑시우[ἠξίου])했다. 두 동사는 모두 과거에 계속된 행동을 나타내는 미완료 과거 시제(imperfect tense)의 형태를 띠고 있다. 이 경우에는 상호 반대되는 입장에서 각각의 태도를 지속적이고도 의도적으로 고수하는 모습을 나타낸다고 볼 수 있다.

둘째, 등장인물들의 행위를 표현하기 위해 누가가 사용한 어휘는 자극적이기까지 하다.

마가 요한은 밤빌리아에서 그 일행으로부터 떠나버린 인물로 묘사된다. 이 묘사에 사용된 분사구문 톤 아포스탄타(τὸν ἀποστάντα)는 전형적으로 이탈, 변절, 혹은 배교 등의 함의를 담고 있는 동사 아피스테미(ἀφίστημι)에서 온 것이다(눅 8:13; 행 5:37-38; 70인역: 렘 3:14; 『마카비1서』 11:43; 등을 보라; 70인역 곳곳에서 하나님을 저버린 행위를 나타내는 데 사용됨).[36]

바울과 바나바 사이의 '뚜렷한 의견 충돌'을 나타내는 데 사용된 용어, 파록수스모스(παροξυσμὸς, 39절)는 영어 파생어 발작(paroxysm, 갑작스런

---

[36] 이 동사는 타동사로 사용되어 다른 이들을 호도하거나 반란을 조장하는 어떤 사람을 묘사하는 데 사용된다(Herodotus, *Wars* 1.76, 154; Thucydides, *Hist.* 1.81; Josephus, *Ant.* 8.198; 20.102; 신 7:4 LXX; 행 5:37). 교부문학에서 avfi,sthmi는 성찬식에서 제외되는 상황(Irenaeus, *Adv. haer.* 3.4.2), 혹은 배교 행위(Herm. *Sim.* 8.8.2; Irenaeus, *Adv. haer.* 1.13.7)에 적용된다.

격렬한 폭발)뿐만 아니라 더 선명한 헬라어 동족어, 파록시조(παροξίζω, "매서운 냄새를 풍기다")를 연상시킨다. 영어 구어 표현을 빌리면 이러한 어감을 다음과 같이 잘 살릴 수 있다. 안디옥에서 바나바와 바울은 마가 요한을 데리고 가는 문제로 "심한 냄새를 일으켰다"(raised a stink[즉, 물의를 일으켰다-역주]).

셋째, 누가는 38절 끝부분에 마가 요한의 자리에 지시대명사를 사용하면서 그가 배반자임을 강조한다.

"파울로스 데 엑시우, 톤 아포스탄타…카이 메 쉰엘쏜타 아우토이스…메 쉼파라람바네인 투톤"(Παῦλος δὲ ἠξίου, τὸν ἀποστάντα … καὶ μὴ συνελθόντα αὐτοῖς … μὴ συμπαραλαμβάνειν τοῦτον: "바울은…자기들을 떠나 함께…가지 아니한 '[이] 자'를 데리고 가는 것이 옳지 않다 하여").

뿐만 아니라 두 선교사가 갈라선 후 평행적인 대조를 이루며 여정을 떠나는 것에도 주목할 필요가 있다. 마가를 택한 바나바는 구브로(Cyprus)로 출항했고 실라를 택한 바울은 수리아(Syria)와 길리기아(Cilicia)로 떠났다(39-41절). 지금까지 동역했던 두 사람은 각각 새로운 일행을 데리고 서로 반대되는 방향을 향해 나아간다.

이 본문에 대한 해석의 역사를 보면 본문이 언급하지도, 암시하지도 않는 것들을 강조하는 경향이 있었음을 알 수 있다. 예를 들면 마가를 위해 중재에 나선 바나바의 동기에 초점을 맞추고 손위 사촌으로서의 손아래 사람에 대한 애정을 강조하는 것을 들 수 있다.[37] 또 다른 이들은 15:36-40 본문이 갈라디아서 2:11-14에 서술된 분쟁에 대한 누가의 언급의도 보다 더 많은 사실을 제안하고 있다고 보기도 한다.

---

37   Krodel, *Acts*, 294; Johnson, *Acts of the Apostles*, 282-83.

바나바와 바울이 갈라선 이유가 선교 본질에 있지 않고 개인 성향의 충돌에 있었다고 누가가 말한다는 것이다. 바울의 확고부동한 성향과 마가요한의 신뢰하기 힘든 성향 간의 충돌 말이다.[38]

15:36-40은 사건에 대해 상술하고 있지 않다. 이는 초대 기독교의 수치스런 한 부분을, 그것도 특히 두 영웅적인 사도가 연루된 수치스런 사건을 서술하는 누가의 당혹감을 암시한다고도 볼 수 있다. 하지만 인물 성향에 대한 누가의 관심은 잘못 해석될 수 있다. 그는 단 한 번도 바나바와 마가가 사촌 관계에 있다는 전승을 언급하지 않았고, 그 사실을 몰랐을 수도 있다(골 4:10).

무엇보다 분명한 것은 그 전승이 15:37-39에 나타난 바나바의 판단을 설명하는 근거로 단 한 번도 사용되지 않았다는 점이다. 그리고 누가의 서술이 막연히 '중립적'이라고 보는 것도 적절하지 않다.[39] 실제로 파록수스모스(παροξυσμὸς)는 결코 바울과 바나바 간의 의견 차이를 중립적으로 묘사하는 용어가 아니다. 이 용어의 정확한 어감에 대한 해석은 아직 미해결 상태로 남아있다. 거의 틀림없이 이 용어는 단순히 마가의 오점에 대한 바울의 언짢음 그 이상을 수반하고 있다.

15:36-40에서 보이는 표현의 섬세함의 정도와는 상관없이 이 본문은 누가의 내러티브 내에서, 트라우마를 안겨줄 정도는 아닐지 몰라도, 일종의 충격적인 분열을 다룬다. 그리고 마가 요한이 그 진원지에 서있다. 바울, 바나바 사이의 다툼은 그간 누가가 내러티브에서 그렇게 큰 공을 들여 세워온 기독교 공동체 내 공유된 정신과 일치된 행동을 파괴하는 일이

---

38 Conzelmann, *Acts of the Apostles*, 123; Achtemeier, *Quest for Unity*, 41-42.
39 Haenchen, *Acts of the Apostles*, 474.

었다(2:41-47; 4:32-37).⁴⁰ 좀 더 신랄하게 표현하자면, 리차드 캐시디(Richard Cassidy)가 언급한 것처럼,⁴¹ 사도행전의 독자는 큰 호의를 가지고 바나바를 지켜보도록 고무되어 있었다.

독자들은 바나바를 관대하고(4:36-37), 갓 개종한 사울을 견식 있게 지지해 주는(9:26-27; 11:25-26), 누가의 직접적인 표현을 빌리자면, "착한 사람이요 성령과 믿음이 충만한 사람"(11:24a)으로 보아왔다. 독자들에게 바나바가 바울과 소원해졌다는 사실은 깜짝 놀랄 만한 일인 동시에 괴로운 소식이다. 그 후 관계가 명쾌하게 회복된 모습을 결코 찾을 수 없다는 점에서 특히나 그러하다. 내러티브 여러 장면에서 바울이 화해의 중재자 역할을 함에도 불구하고(15:1-31; 16:3-4; 21:18-26), 15:36-40 이후로 그의 가장 가까운 동료였던 바나바와 만나는 장면은 어디에도 기술되어 있지 않다.

예루살렘으로 돌아온 마가의 동기가 무엇이었는지(13:13b) 그를 다시 선교팀에 포함시키고자했던 바나바의 판단 근거가 무엇이었는지(15:37) 내러티브를 통해 답에 접근할 수 있는 길은 없다. 대신 내러티브가 들려주는 것은 바울이 무슨 생각을 갖고 있는지에 대한 것이다. 바울은 주어진 자리를 떠나 자기들과 함께 "일하러"(에이스 토 애르곤[εἰς τὸ ἔργον], 15:38) 가지 않은 자는 데리고 가지 말아야한다고 생각했다.

(누가가 표현한) 바울의 마음속에 그 "일"이란 무엇이었을까?

사도행전 내에서 '토 애르곤'(τὸ ἔργον)이 명백히 쓰인 곳은 여섯 군데이다. 산헤드린 공회에서 가말리엘이 충고하는 발언을 내놓으면서(5:38) 사용한 이 용어의 의미는 매우 모호해서 "과업"(undertaking, NRSV),

---

40 Kee, *Good News*, 86-89을 참조하라.
41 Cassidy, *Society and Politics*, 26, 66-67, 190 n. 38.

"운동"(movement, NJB), 혹은 "(어떤 사상의) 실행"(NEB) 등으로 다양하게 번역된다. 70인역(합 1:5)을 인용한 13:41에서 이 용어는 두 번 사용되는데 흔히 "행위"(deed)로 번역되어왔다. 나머지 사도행전 내 '토 애르곤'(τὸ ἔργον)이 사용된 경우는 모두 서로 가까운 위치에 있다.

13:2에서는 성령이 바나바와 사울을 구분하여 하도록 한 그 일을 지칭하는 데 사용되었다. 14:26에서는 선교여행을 떠난 두 사람이 구브로, 밤빌리아, 비시디아, 갈라디아 지역에서 완수한 일을 지칭하는 데 사용되었다. 15:38에서는 마가 요한이 피했던 그 일을 지칭하는 데 사용되었다.

여기서 누가가 염두에 두고 있는 특정 '일'은 하나님이 믿음의 문을 여신 이방인들에게까지 복음을 전하는 것임이 분명해보인다(14:27에 표현된 바울의 1차 선교여행의 절정처럼. 10:1–11:18도 보라).

만약 그렇다면(누가를 통한) 바울이 보기에, 바로 이 일을 마가 요한이 거부한 것이다. 그리고 만약 이 독법이 15:38을 바로 이해하는 것이라면, 이 본문에 대한 통상적인 해석은 큰 차이로 과녁을 비껴난 것이다. 누가의 입장에서 마가 요한이 가진 문제는 단순히 중도 포기한 것이 아니었다. 더 심각한 문제였다. 즉 마가는 유대인을 넘어 이방인에게까지 선교가 확장되도록 돕는 일을 포기한 것이었다.[42]

이 결론을 지지하는 몇 가지 정황증거의 파편들이 있다.

첫째, 사도행전이 마가라는 인물 자체에 대해서는 거의 이야기를 해 주

---

42 Gaventa, *Acts of the Apostles*, 231은 다음과 같이 이의를 제기한다. "바울의 단호함은 [아마도] 마가의 이방인 사역에 대한 거부에 대한 것이라기보다는 어떤 이유에서 건 증인으로서의 사역에서 벗어난 것에 대한 것일 수 있다." 하나님의 구원이 이방인에게까지 확장된 사실이 마가 요한 사직의 계기가 된 것으로 나타나고 있는 반면, Brawley, *Text to Text*, 169 n.37은 사도행전 바울의 사역이 민족에 구애받고 있지 않다는 점에 주목한다. 즉 많은 유대인들이 바울과 바나바의 설교를 받아들였다(13:42–43; 14:1, 27).

지 않지만, 우리는 그가 예루살렘 사람이라는 것, 그 도시에 동조하는 거주민이라는 것을 알고 있다(12:12, 25; 13:13b).

그곳 거주민이란 사실을 통해(요한이란 유대인 이름으로 더 잘 알려진[13:5b]) 마가는 유대교 양식을 중시하는 무리의 거점에 깊이 뿌리를 내리고 있었다. 즉 "너희가 모세의 법대로 할례를 받지 아니하면 능히 구원을 받지" 못할 것이라는 입장을 취하고 있던 자들과 깊이 연관되어 있었다(15:1; 참조. 갈 2:12). 실제로 율법을 준수하는 유대인들 혹은 바울의 이방인을 향한 진보적인 선교를 반복적으로 반대하는 유대 기독교인들이 불러일으키는 적지 않은 긴장감이 사도행전 후반부 전체에 감도는 것을 느낄 수 있다.[43]

둘째, 마가를 데리고 간 사도들이 유대인 회당에서 복음을 전하는 장면에서 마가가 사도들을 돕고 있는 것을 우리는 목격할 수 있다(13:5).

정확히 이방인인 지방 총독이 복음을 받아들이는 시점에서 마가 요한은 선교일행에서 빠져 예루살렘으로 돌아간다(13:6-13).

셋째, 마가가 내러티브에 다시 등장하기 바로 전의 문맥을 보면 유대인과 이방인이 그리스도인으로서 어떻게 한 공동체를 이룰지에 대한 계획을 예루살렘의 사도들이 승인하고 안디옥에서 확인하는 장면이 나온다(15:1-35).

넷째, 15:36-39에서 마가 요한 건을 놓고 바울과 바나바가 소원해진 바로 직후, 바울은 새로운 선교팀을 꾸린다(15:40-16:5).

바나바의 자리에는 예루살렘의 손꼽히는 성도들 중 하나인 실라를 포함시켰다(15:22b, 27, 32). 그리고 이전에 마가 요한이 맡았던 조력자의 위

---

[43] L. Wills, "Depiction of the Jews," esp. 640-43을 보라.

치에는 그 혈통 자체가 유대인과 이방인이란 인종 간 연합을 상징하는 인물인 디모데를 포함시켰다(16:1-5). 누가는 이러한 연합이 기독교가 앞으로 일으켜 나아가야할 물결이라고 판단했다.

확실한 것은 누가는 좀 더 직접적으로 표현할 수 있었을 텐데 그러지 않았고, 따라서 필자의 위 분석은 대부분 추측에 지나지 않는다는 사실이다. 그러나 만약 위 제안이 받아들여진다면 15:35-40의 마가 요한을 둘러싼 문제는 단순한 성격적 결함이나 판단 과실보다는 더 깊은 어떤 문제를 수반하는 것이 된다. 다시 말해 마가는 사도행전에서 장래 기독교의 실패를 대변하는 인물일 수 있다. 옛 이스라엘의 틀 안에 고집스럽게 주저앉아있는 유대교의 종교적 결과물로서의 기독교 말이다.

만약 그렇다면 사도행전은 비극을 내포하고 있는 글이 된다. 그렇게도 염원했던 소망이 도래했다는 소식, 복음을 백성 대부분이 거부한 이스라엘의 비극을 내포하고 있을 뿐만 아니라,[44] 중도에 저지되긴 했지만, 그 소망을 인종배타적으로 개념화하여 그곳에 집착하고 있었던 초대교회의 비극 역시 사도행전이 내포하고 있는 것이다.

그런데 마가의 옹호자인 바나바(15:37-39)는 그런 편협하고 끝내 속절없이 끝난 입장을 지지하고 있었다고 추측하도록 누가가 독자들을 유도하고 있지는 않는가?

누가는 바나바를 유대인과 이방인 사이의, 그리고 예루살렘과 안디옥 사이의 중재자로 끊임없이 그리고 있지는 않는가?(11:19-30; 13:1-48; 15:1-35)

사실이 그러하다. 그리고 아마도 이 사실이 15:35-40에 일어난 사건

44　Tannehill, "Israel in Luke-Acts."

의 아픔을 우리가 잘 이해할 수 있도록 돕는 듯 보인다. 바나바가 4:32-37 및 9:26-27에서 처음 등장했을 때부터, 누가는 그를 "위로의 아들"이라고 묘사했다. 그는 약자들의 옹호자이자, 기독교 일치와 관대함의 기준-제시자였다.

하지만 만약 마가 요한 입장에 대한 우리의 해석이 타당하다면, 15:35-40에서 바나바는 결코 빠져나올 수 없는 진퇴양난의 덫에 걸린 것이 된다. 만약 그가(이방인을 향해 선교하고자 하는 성향을 가진 또 하나의 유대인인) 바울과 운명을 같이 할 것을 결정하고(이방인 포용력이 좁은) 마가 요한과 갈라섰다면 기독교 운동에 균열이 생겼을 것이다. 반대로 그가 바울과 갈라서고 마가의 편에 선다고 해도(이와는 다른 이유로 9:26-30에서 바울의 편에 섰던 것처럼), 그 결과는 동일하다.

누가가 그린 의견 대립과 유사하지만 똑같지는 않은, 이방인들을 대하는 유대인들의 방식을 놓고 안디옥에서 사도들 간에 벌어진 의견 대립에 대한 바울의 기록을 누가는 아마 모르고 있었을 것이다(갈 2:11-14). 그러나 고통스럽고도 아마 미해결로 끝나버린 이와 동일한 의견 대립의 어떤 부분에 대해 15:35-40은 바나바가 진퇴양난의 덫에 빠져 전략적으로 갈라설 수밖에 없었던 사건으로 극화하여 우리에게 속삭여주고 있다.[45] 아마도 이러한 이유로 누가는 마가 요한을 사이에 둔 바울과 바나바의 분열을 이토록 가볍게 다룬 듯하다.

15:1-5에서와 마찬가지로 15:35-40에서 우리는 전통을 더 준수하는 내부의 다른 유대 그리스도인들에 의해 기독교의 미래가 난항을 겪는 사

---

45 Spencer, *Acts*, 158을 눈여겨보라. "바나바는 마가를 위해 바울과 맞섬으로써 모두의 예상대로 행동한다. 선을 넘어간 사람은, 말하자면, 바울이다. 바울은 회심한 박해자로서 자신이 일찍이 바나바로부터 받았던 무죄 추정의 혜택을 탈선한 마가에게는 똑같이 주려고 하지 않는다."

도행전의 몇 안되는 예들 중 하나를 만나는 셈이다. 모두를 만족시키는 타협점을 찾는 것으로 끝이 난 예루살렘 논쟁과는 달리(행 15:22-35), 우리는 여기서 결코 만회 불가능한 균열은 아니지만 즉시로 눈에 보이는 기독교 운동 내부의 균열을 발견한다.[46]

정확한 이유는 나타나지 않았지만 사도행전 상 그의 성격에 일관성있게 바나바는 바울과 갈라선 후 마가를 데리고 구브로로 간다. 지나고 나면 눈에 띄는 요소 중 하나로서 이제야 우리는 왜 바나바의 리더십이 13장 이후로 점차 줄어들고 있는지 어렴풋이 깨닫는다. 이 등장인물은 내러티브에서 완전히 사라지는 예비 절차를 밟고 있었고, 바울은 그의 자리를 이어가게 될 참이었다. 물론 주석가들이 일반적으로 관찰하는 바와 같이,[47] 이와 같이 슬픈 상황들이 오히려 긍정적인 결말을 암시한다고도 볼 수 있다.

바나바와 바울이 각자의 수행원을 데리고 다른 길을 가는 것이 이방인 선교를 효과적으로 배가했음을 암시할 수도 있지 않은가?

다른 본문에서 발견할 수 있듯,[48] 이러한 하나님의 섭리를 표현하는 풍자적 기법이 누가신학과 조화를 이룬다고 볼 수 있는 것도 사실이다. 그러나 누가가 실제로 이 입장을 취하고 있었는지는 분명히 나타나지 않

---

46 가벤타(Gaventa)와의 사적인 연락에서(March 6, 1991) 그녀는 행 15장의 적대자와 행 5:1-11; 8:9-24의 적대자 간의 유사한 대조에 대한 관찰을 다음과 같이 언급하였다. "아마도 누가는 마가(와 바나바)를 신중하게 다루었던 것 같다. 왜냐하면 그들은 넓은 의미에서 (아나니아와 삽비라 마술사 시몬 등과 같은) 악한이 아니었기 때문이다. 그들의 (이방 선교에 대한) 입장을 누가가 지지하지는 않겠지만, (마가와 바나바)는 공동체의 덕망있는 인물들이었다."

47 Bruce, *Commentary on Acts*(1954), 319; Haenchen, *Acts of the Apostles*, 474; Achtemeier, *Quest for Unity*, 42; Pervo, *Acts*, 387.

48 사도행전 전반에 걸쳐(4:1-22; 8:1-4; 16:25-34; 26:32-28:31), 박해와 감옥살이가 복음 전파의 도구로 나타난다.

는다. 다시 말해 바나바와 마가 요한이 간 구브로가 이방인 영역이긴 하지만, 이미 이전에 복음이 전해진 곳이었고(13:4-12), 그 곳으로 간 후 여정에 대해서는 아무런 언급이 없다. 그 둘은 내러티브상에서 사라졌다. 그 후 바울과 함께했던 선교 여정과 다시금 조화를 이루었다는 흔적은 전혀 찾을 수 없다. 이 점은 마가 요한이 줄 곧 동의한 것으로 보이는 폭 좁은 기독교 비전에도 역사적으로 그리고 신학적으로 똑같이 적용된다고 말할 수 있다.

2. 결론

사도행전에서 마가 요한은 비중은 작지만 굉장히 함축적인 역할을 맡고 있다.

(1) 그는 틀림없이 예루살렘의 초대 그리스도인 모임과 연관이 있었다(12:12; 13:13). 잠재적으로는 그 집단의 신앙 및 부를 공유하고 있었을 것이다(12:12).

(2) 그는 분명 바나바 및 바울과 친분이 있었고, 동행하자는 그들의 제안에 응하여 구브로에서의 첫 선교를 기점으로 그들의 사역에 조력한다(12:25; 13:5). 본문상에서 그가 바나바의 친족이었다는 것은 나타나있지 않다(참조, 골 4:10). 뿐만 아니라 그와 베드로의 연관성 역시 직접적으로나 간접적으로나 나타나있지 않다(비록 베드로가 마가의 모친 마리아의 집에 찾아온 것은 사실이지만 말이다. 12:12; 참조, 벧전 5:13).

(3) 암묵적으로 그는 유대인 회당에서 행해진 기독교 선교에는 관여하

고 있었던 반면(13:5) 이방인 지역에서 광범위하게 이루어졌던 선교에서는 동떨어져 있었다(13:13; 15:38).

(4) 일반적으로 마가 요한은 무대에서 흐릿한 조명을 받거나(13:5, 13) 혹은 순전히 비판적인 조명을 받는 인물이다(15:38-39). 주장하건대 그 이유는(누가의 관점에서 볼 때) 그가 바울의 이방인을 향한 선교 노력에 참여하길 주저했거나 거부했기 때문인 듯하다. 누가의 기록에서 확실한 것은 이러한 마가 때문에 바나바와 바울이 갈라서게 되었다는 점이다(15:39b-40).

(5) 15장 이후로 마가 요한은 그를 지지해 주는 바나바와 함께 내러티브에서 사라진다.

이 결과는 즉시로 몇 가지 일반적인 반향을 일으킨다.

첫째, 비록 사도행전과 신약 서신서 등에 나타난 요소들을 섞어 마가 요한이란 인물에 대한 하나의 그림을 만드는 것이 구미가 당기는 일임은 오랫동안 증명되고 있긴 하지만, 즉 사촌의 도움으로 다시 바울과 베드로의 품으로 돌아온 탈선했던 유대 그리스도인을 그리는 일이 끌리긴 하지만,[49] 이러한 유혹에 넘어가서는 안 된다.

---

[49] Cross and Livingstone, *Oxford Dictionary of the Christian Church*, 1038b에 나타난 요약을 신중히 살펴보라. "마가는 벧전 5:13에서 베드로와 연관된 것으로 나타난다. 베드로는 전통적으로 바나바의 사촌(골 4:10) 마가 요한과 어울린 것으로 알려져 있다. 이 의견에 따르면 바나바 및 바울과 함께 그들의 첫 번째 선교여행을 나선 이 유대인은 바울을 만족시키지 못한 이유들로 인해 되돌아왔고(행 12:25; 13:5, 13; 15:37f.), 그 후 그는 바나바와 함께 구브로를 향해 선교를 떠났다(행 15:39). 그러나 나서 바울과 함께 로마에 머물렀다(골 4:10, 몬 24, 딤후 4:11). 그러나 이들을 모두 같은 인물로 보는 견해는 정당하지 않을 수 있다." 그럼에도 불구하고 이 견해는 다음 저작들에서 계속해서 유지되고 있다. Parker, "Authorship of the Second Gospel"; Jefford, "Mark, John"; Barrett, *Acts of the Apostles*, 200, 243.

위 분석의 결과를 볼 때 사도와 동행하게 되는 마가라는 인물을 그리면서 누가가 바울서신(몬 1:24)이나 제2바울서신(Deutero-Pauline, 골 4:10; 딤후 4:11) 아니면 베드로서신(벧전 5:13) 등과 같은 문서를 원전으로 사용했다거나 알고 있었다는 근거는 어디에도 나타나지 않는다.[50]

둘째, 누가가 그린 마가가 어떤 인물인지 자세하게 나타나있지는 않지만, 그리고 그 인물의 중요성을 알기 위해 사도행전 독자들이 열심히 노력해야 하는 것도 사실이지만, 마가가 **피쎌**(Ficelle)이란 문학 장치로 사용되었다는 점에는 의심의 여지가 거의 없다.

즉 그는 대표성을 갖지만 개별화된 인물로서, 드라마의 '포일'(foil, 주인공이 돋보이도록 그와 상반된 성향을 가진 제2의 인물을 일컫는 드라마 장치 용어)의 전통적인 역할처럼, 내러티브에 참여하는 인물들이 상세하게 부각되도록 하는 역할을 한다.[51]

마가 요한이란 인물 성향과 행동을 통해 누가는 바나바 및 바울이 가진 가치관과 목적을 은연중에 드러내고 확인시킨다. 뿐만 아니라 심지어 그들의 선교 계획을 성령을 통해 시작하도록 그리고 지속되도록 하시는 하

---

50 마가에 대한 신약의 다양한 묘사는 표면적인 유사성과 서로 구분되는 차이점을 동시에 내비추고 있다. 이 차이점은 전통적으로 서로 연관지어 생각되었지만 각각 서로 독립적으로 보이는 문서들에서 예상되는 차이들이다. C. Black, *Mark*: *Images*, 50–73을 보라.

51 '피쎌'(Ficelle)(참조, 몽트레 라 피쎌[*montrer la ficelle*], "[무언가를 당기는] 줄을 내보이다")을(불어에서 빌려온) 영어 신조어로 처음 사용한 것은 헨리 제임스(Henry James)로 그는 이 용어를 자신의 *The Portrait of a Lady* 뉴욕판(1908) 서문에서 다음과 같이 사용하였다. "마리아 고스트리(Maria Gostrey)와 (앙리에타) 스텍폴(Henrietta Stackpole)은 각각, (소설의)진정한 전달자가 아닌, 가벼운 피쎌에 해당한다. 그들은 코치 옆에서 '최선을 다해' 달릴 수도 있고 숨이 벅차오를 때까지 멈추지 않을 지도 모른다. …그러나 시종일관 둘 중 어느 누구도 본격적인 일을 시작조차 하지 않을 뿐 더러, 둘 다 한 순간도 쉬지 않고 먼지 날리는 길을 달리기만 한다"(13). 제임스의 용어에 덕을 보았다는 점을 언급하면서, Harvey, *Character and the Novel*, 56–58, 62–68은 20세기 문학 이론가들 사이에 이 용어를 널리 보급했다.

나님의 가치관과 목적 역시 보여준다.[52]

셋째, 만약 본 장의 결론이 사실이라면 유대교에 대한 양가감정은 단순히 누가복음—사도행전 내에서만 팽팽하게 유지되는 종교 내부의 긴장이 아니다.[53]

마가 요한과 바울은, 그리고 그 사이 어딘가에 있는 바나바는 초대 기독교 갈등을 대변한다. 한쪽은 예수 그리스도 사역의 함의가 유대인에게 있다고 굳게 믿고 그것이 이스라엘 너머로 나아가는 것을 반대하는 반면, 다른 한쪽은 이스라엘 회복을 성취하는 하나님의 뜻 안에서 믿음의 문이 유대인과 이방인 모두에게 열렸음을 믿는다.

비록 누가의 마음은 후자에 속해있지만 그의 기록은 마가 요한을 기억하고 있다. 그의 존재를 부인하는 대신 그는 전자의 입장이 공존했음에 비통해하고 있다.

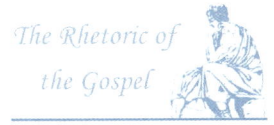

52 누가의 미묘함과 관련하여 Phillips, "Subtlety as a Literary Technique"를 보라. Bass, "Narrative and Rhetorical Use"의 절충적인 결론에 주목하라.

53 같은 관점으로 다음 저작들이 있다. Tyson, *Images of Judaism*, esp. 187–89; R. Thompson, "Believers and Religious Leaders."

제7장

초대 기독교 설교의 수사 양식

우리는 허공에서 설교문을 가져오지 않는다. 우리의 창조물은, 그것이 보잘 것 없든 기가 막히든, 항상 다른 누군가가 다루었던 주제의 변주곡에 지나지 않는다. 주선율은 항상 주어져 있다. 심지어 우리가 대담한 즉흥연주를 시작할 때조차도 한 옥타브 안에서 만들어지는 스케일에 제한될 수밖에 없다. 우리의 언어는 그 자체로 결과물이 될 수 없다. 그 단어들은 다른 단어들을 돕기 위해 존재한다. 말인즉슨 우리는 결코 혼자 무언가를 이뤄낼 수 없다. …우리는 서로가 발견한 진리를 시험해보고 잘 답할 수 있도록 격려하면서 함께 공동의 믿음의 한도를 탐구해 나간다. 우리 말을 들어 주는 이들을 현혹시키기 위해서가 아니라 그 말을 들은 그들이 자라날 수 있도록 돕기 위해서 말이다.

바바라 브라운 테일러(Barbara Brown Taylor)[1]

---

1 B. Taylor, *The Preaching Life*, 81.

수년전[2] 로렌스 윌스(Lawrence Wills)는 광범위한 헬라파 유대교 및 초대 기독교 문서 내에 존재하는 반복적인 패턴을 발견했다. 이 패턴은 그 문서들 내에서 간혹 '권면의 말'(로고스 파라클레새오스[λόγος παρακλήσεως], 행 13:15; 히 13:22; 참조. 행 2:40; 『마카비1서』 10:24; 『마카비2서』 7:24; 15:11; *Ap. Const.* 8.5)로 표현된다.

그는 이러한 "충고하는 말"이란 양식이 그리스-로마 헬레니즘 안에 있는 수사학이란 거대한 궤도의 한 지점을 규정한다는 의견을 피력하면서 "아마도 더 나아가 그리스 수사학에서부터 유대교 및 기독교 웅변술로 전해진 실제 작문 기술 등에 주목해 볼 수 있을 것이다"라고 제안했다.[3]

이러한 분석에 대해 필자는 윌스가 어느 정도 옳다고 생각한다. 본 장의 목표는 그가 했던 헬라파 유대교 및 초대 기독교 설교의 양식 분석(formal analysis)을 기반으로 그의 주장을 어떻게 개선해나갈 수 있을지 모색하는 것이다.

1. 윌스의 제안 되돌아보기

로렌스 윌스 연구의 윤곽을 탐구하는 것으로 본 장을 시작해보자. 윌스는 비시디아 안디옥 선교에서 바울이 했던 설교 구조(행 13:13-41)를 하나의 전형으로 보고 다음 세 가지 요소를 포함하는 논증 패턴을 기술한다.

그 세 가지 요소는 다음과 같다.

---

[2] L. Wills, "Form of the Sermon"(1984).
[3] Ibid., 298.

(1) 성경 인용 혹은 과거 및 현재의 다른 권위 있는 증거인용 등의 '사례 제시'(*exempla*, 13:16b-37).
(2) 그 사례로부터 도출되는, 그리고 그 설교를 듣는 대중에게 주어지는 함의를 강조하는 **결론** 제시(13:38-39).
(3) 그 결론을 기반으로 한 '권면'(13:40-41) 등이다.[4]

위 기본 요소를 확인한 후, 윌스는 사도행전 외 다른 초대 기독교 및 유대교 문서 내에서 놀라울 만큼 자주 반복되는 권면의 말 양식을 포착해낸다.[5] 그 탐구 과정에서 윌스는 몇 가지 필연적으로 수반되는 현상을 발견한다.

(1) 이러한 설교 패턴의 각 부분 사이의 논리적 상관관계 및 그에 준하는 관계는 대개 추론적 연결어/구를 통해 성립된다.[6]
(2) 위 패턴의 마지막 요소인 권면은 단지 그 권면이 성립하도록 지지하는 사례와 결론만을 상기시키는 것이 아니라 그 권면에 의해 발생할 수 있는 또 다른 예와 결론에 대한 기대를 포함한다(예, 히 2:1; 3:1; 4:1, 14b-16;『클레멘트1서』7:2; 13:1a; 40:1b).[7]
(3) 권면의 말 양식은 독립적으로 쓰일 수도 있고(예, 행 2:14-40; 13:13-41;

---

4   Ibid., 279.
5   나열하자면, 히브리서,『클레멘트1서』, 고린도전후서, 베드로전후서, 이그나티우스의 서신들,『바나바서』(*Barnabas*), 70인역에 수록된 수산나(Susanna), 예레미아 서신서(the Epistle of Jeremiah),『열두 족장의 유언』(*Testaments of the Twelve Patriarchs*), Eusebius의 *Preparation for the Gospel*, and Josephus의 *Jewish War* 등이 있다.
6   L. Wills, "Form of the Sermon," 279 et passim.
7   Ibid., 281-82, 284-85.

고후 6:14-7:1) 주어진 문서 내에서 반복, 순환적인 형태로 쓰일 수도 있다(많은 예가 있지만 다음 예를 보라. 히 1:5-4:16; 8:1-12:28b; 『클레멘트 1서』 4:1-13:1a; 37:2-40:1b; Ign. *Eph*. 3:1-4:2; 5:1-3b; 7:2-10:1).[8]

증거를 수집, 분석, 해석한 후 윌스는 '로고스 파라클레새오스'(λόγος παρακλήσεως)가 어디서 유래했는지 확정하고자 시도한다. 히브리 성경에서 어떤 흔적도 발견할 수 없던 그는 이와 같은 독특한 설교 양식이 그리스 수사학에서 유래했음을 결론으로 도출한다.[9]

양식 비평가들이 사용하는 '강론'(sermon) 혹은 '설교'(homily) 등의 용어는 애매모호하기로 악명이 높다. 2세기 말 이전의 유대교 및 기독교 설교에 대해 과연 얼마나 자세히 말할 수 있을까를 놓고 현대학자들의 의견이 뚜렷이 나눠질 정도로 그러하다.[10] 이러한 상황 속에서 윌스는 헬라

---

[8] Ibid., 280-85, 291.

[9] Ibid., 296-99.

[10] 대부분의 논쟁은 신약에 나타난 가르침 혹은 후기 유대교 미드라쉬(유대교 구약 해석서-역주)가 1세기 설교의 실제를 대변한다고 얼마나 확신할 수 있는가에서부터 시작된다. Thyen, *Stil der jüdisch-hellenistischen Homilie*, 1955는 대표적인, 최대한 수용적 관점에서의 재구성을 담고 있다. 마찬가지로 포괄적이면서 더 최근 연구를 담고 있는 저작으로는 Osborn, *Folly of God*, 1999를 들 수 있다. 둘 모두(Thyen, 47-58; Osborn, 51-74) 연구 주제의 역사적인 맥락을 고려하여 수사학에 초점을 맞춘다. 고대 수사학 이론에 크게 바탕을 두지는 않았지만, Siegert, "Homily and Panegyrical Sermon"는 헬라어권 디아스포라 회당에서 사용된 유대교 설교 형태를 초대 그리스도인들이 모방했다고 주장한다. 상대적으로 상당히 회의적인 평가를 내린 연구들은 다음과 같다. Evans, "'Speeches' in Acts"; L. Levine, *Ancient Jewish Synagogues*; Stemberger, "Response (to Folker Siegert)." 본 장이 진행되면서 필자의 입장이 위 양극단 사이 어딘가에 위치해 있다는 사실이 분명해질 것이다. 기독교 설교가 교부 시대까지 발전되어가면서 몇 가지 서로 다른 근거에 의해 우리 평가의 토대가 견고해지기도하고 불안해지기도 한다(Cunningham and Allen, *Preacher and Audience*; Stockhausen, "Christian Perception of Jewish Preaching"). Stewart-Sykes, *From Prophecy to Preaching*은 가정교회(house churches)에서 이뤄진 기독교 예언이 심판 및 "하나님의 집"에의 적용을 주제로 한 설교로 변화되었다고 주장한다.

파 유대교 및 초대 기독교 논증의 확실한 패턴을 구체화했을 뿐만 아니라 그 패턴이 당대 자료 내에 광범위하게 나타난다는 사실을 실제로 보여주었다는 점에서 그 업적을 자랑스러워 할만하다.

그의 주장은 치밀하게 뒷받침되었고, 대체로 설득력이 있었다. 그의 주장이 학계에서 완전히 새로운 시도도, 그렇다고 완전무결한 종지부를 찍은 것도 아닌 점을 고려하더라도, 그것이 성경 연구의 잘 밝혀지지 않았던 한 분야를 신중하게 파고 들었다는 점에서 그 유효성을 명백하다.

그러나 여전히 많은 질문들이 대답을 기다리고 있다. 그 가운데 몇 가지 질문은 윌스 자신이 던진 것이다.

첫째, 사례-결론-권면이란 기본적인 패턴을 세우고, 또 그 패턴이 한 문서 내에서 때로 순환 반복된다는 점을 확인한 후, 윌스는 때로 그 양식이 일정 구간 동안 불규칙해진 경우들이 있음에 흥미를 갖고 주의를 기울인다. 동시에 이를 어떻게 설명할지 부담을 느낀다.

히브리서 5:1-7:28이나『클레멘트1서』(*1 Clement*) 42:1-44:6, 혹은 베드로후서 1:12-3:2, 혹은 이그나티우스의『에베소서신』(*To the Ephesians*) 17:2-20:2, 혹은『바나바서』(*Barnabas*) 7:3-16:10 등에 확장된 형태로 나타나는 사례 제시(exempla)나 교리 강해에서는 이들 문서에 분명히 자리 잡은 것으로 보였던 설교 패턴이 예외적으로 한 동안 방해를 받는다.[11]

월스가 제안한 설교 논증 패턴은 이러한 구조적 모순(aporia)을 설명할 수 있는 방향으로 수정될 수 있을까?

둘째, 사도행전 설교를 다루면서 윌스는 최소 두 가지 짧은 담화가 권면의 말 양식을 나타내고 있음을 제시한다.

11　L. Wills, "Form of the Sermon," 282, 285, 291-92.

비록 예배 혹은 선교 문맥과 동떨어져 있어 설교로 분류되기 어렵긴 하지만 말이다. 그 두 담화는 에베소 시의 서기장이 군중들을 향해 한 연설(19:35-40)과 예루살렘 장로들이 바울에게 한 문제 제기 담화(21:20-25) 등이다. "권면의 말 양식이 유대교 및 기독교 설교에 국한되어 있을 것이라는 가정에 대해 이의를 [제기]" 할 수 있는 근거를 이 두 담화가 제공한다는 사실에 윌스는 동의한다.[12]

만약 사례-결론-권면 패턴이 반드시 설교에 국한되어 있진 않지만 설교적 발화의 특징이라고 본다면, 이 패턴이 포함되는 그리고 이 패턴을 더 잘 설명해줄 수 있는 더 넓은 수사적 패러다임이 존재하지 않을까?

셋째, 윌스의 판단에 의하면 권면의 말의 가장 유력한 유래는 그리스 수사학이다.

왜냐하면 "유대인과 그리스도인들은 헬라 문화권에서 교육을 받는 과정에서 그리스 수사학의 일부를 배울 수 있었기 때문이다."[13] 그러나 헬라파 유대교 및 기독교가 사용한 양식은 윌스가 바라는 대로 그리스 수사학이란 문맥에 그렇게 딱 들어맞지는 않는다.

> 비록 말하는 기술이 포함할 수 있는 거의 모든 측면을 철저히 분석하는 일에 그리스-로마 수사학자들이 푹 빠져 있긴 했지만, 그들은 어느 곳에서도…여기서 권면의 말이라고 불리는 이 패턴에 대해 명쾌하게 묘사하지 않는다. …(법정적, 심의적, 제의적) 연설이

---

12 Ibid., 287. 윌스의 연구는 선교 문맥 설교나 교회 외부인을 향한 발화가 아닌 교회 문맥 안에서의 설교(intramural sermons)에 초점을 맞춘다(Ibid., 277, 280, 298-99).

13 Ibid., 299. 윌스의 추론을 입증하는 연구는 다음과 같다. Marrou, *History of Education in Antiquity*; Clark, *Rhetoric in Greco-Roman Education*; Clarke, *Higher Education*.

> 일반적으로 포함하는 각 부분들, 예를 들면 법정 진술이 포함하는 서론(prologue), 서술(narration), 증명(proof), 결론(epilogue) 부분들 같은 이러한 각 부분들의 구성은 우리가 위에서 살펴본 패턴과 일치하지 않는다. 뿐만 아니라 우리에게 잘 알려진 유대교 및 기독교 문서들이 모든 측면에서 아리스토텔레스, 키케로, 퀸틸리아누스의 기준을 따를 것이라고 기대해서도 안 된다.[14]

그가 발견한 패턴이 전통적인 수사학 내에 어떤 위치를 차지하는지 알 수 없게 되면서 윌스는 잠정적으로 투키디데스(Thucydides)가 했던 여러 심의적 연설과 플라톤의 『메넥세노스』(*Menexenus*, 236d-248e)에 실린 소크라테스의 제의적 연설을 염두에 두고 "B.C. 5세기 그리스 수사학에 일어난 혁신"에서부터 그 패턴의 유래를 찾고자 한다.[15]

이와 같은 평가는 많은 문제점을 내포하고 있다.

첫째, 이는 윌스 자신을 딜레마에 빠트린다.

헬라파 유대인 및 그리스도인들이 고전 수사학과 친숙했다고 주장하는 한편 그리스 수사학 기준에 비추어 봤을 때 그들의 설교 구조는 본질적으로 예외에 해당한다고 결론을 내리고 있는 것이다.

둘째, 투키디데스와 플라톤의 연설을 두고 "혁신적"이라고 본 점은 흔치 않은 평가이다.

왜냐하면 아리스토텔레스, 키케로, 퀸틸리아누스 등과 같이 후에 일어난 이론가들이 공공연히 조직화하고 표준화하고자했던 대상이 바로 정확

---

14 L. Wills, "Form of the Sermon," 296. "(헬라 교육기관의 헬라어 수사학 어디에서도) 사례제시-결론-권면이란 구분에 대한 언급은 발견하지 못했다"(299).

15 Ibid., 297-98; 추가로 293쪽을 보라.

히 위 인물들과 같은 초기 수사학자들이었기 때문이다.[16]

셋째, 이러한 의문점들을 바탕으로 혹자가 이의를 제기하듯, 그리스-로마 웅변 구조 패턴과 유대-기독교 설교 구조 패턴 간의 차이점을 윌스가 과도하게 강조했을 가능성이 있다.

개인적인 판단으로 권면의 말 양식과 고전 수사법 관례적 배열의 차이를 윌스가 과도하게 언급한 것은 사실이다. 필자는 그 둘 간의 유사점이 차이점보다 훨씬 많다고 생각한다. 헬라파 유대교 및 초대 기독교 설교를 그리스-로마 수사학 기준과 같은 선상에서 바라볼 때 많은 윌스의 직관들이 우선적으로 증명된다. 그리고 그의 접근법에 의해 생겨난 잔여 문제들 역시 해결된다.

2. 고전 수사학 내 권면의 말의 배경

로렌스 윌스에 의하면, 그리스-로마 수사학 기준으로 두 가지가 '로고스 파라클레새오스'(λόγος παρακλήσεως)의 독특성을 확인해 준다.

(1) 권면의 말은 고전 수사학의 여러 형태(법정적, 심의적, 제의적[judicial, deliberative, epideictic])와 내용면에서 일치하지 않는다.

---

[16] 투키디데스(Thucydides)와 플라톤(Plato) 이후 수사학 이론가들은 그들을 혁신가로서가 아닌 능변과 논증의 척도로서 존경했다. 투키디데스에 대한 언급은 다음을 보라. Cicero, *Opt. gen.* 5.15-6.16; Quintilian, *Inst.* 10.1.73. 플라톤에 대한 언급은 다음을 보라. Aristotle, *Rhet.* 1.9.1367b; 2.23.1398a; 3.7.1408b; 3.14.1415b; Cicero, *Opt. gen.* 6.17; Quintilian, *Inst.* 2.15.25-32; 5.7.28; 10.1.8; 12.2.22; et passim; 참조, Cornificius, *Rhet. ad Her.* 1.2.3; 3.6.10; 4.37.49; 4.45.58.

(2) 유대교 및 기독교 설교 '양식'은 서론, 서술, 증명, 결론이라는 그리스-로마 연설의 관례적인 배열과 차이가 있다.[17]

필자는 이 두 가지 주장 모두에 반대한다.
내용을 생각해보자.
만약 윌스가 주장하듯 법정적, 심의적, 제의적 발화를 각각 "법정에서의 주장," "주로 운영위원회 앞에서 하는 정책에 대한 주장," "주로 명예로운 사람/일을 기리는 공공장소에서의 연설" 등으로 번역한다면, 권면의 말은 그 어디에도 속하지 않는 것으로 보인다. 현존하는 대부분의 헬라파 유대교 및 초대 기독교 설교는 법정이나, 법을 제정하는 모임이나, 예식을 그 문화-사회적 배경(Sitz im Leben)으로 두고 있지 않은 것이 사실이다.
그러나 이와 같은 정의는 고전 수사학 기준에서 보아도 지나치게 제한적으로 내려진 것 아닌가?
먼저 아리스토텔레스에 의해 형성되고 이후 여러 이론가들에 의해 다듬어졌듯이, 법정적 연설은 진실 혹은 정의에 바탕을 두고 과거에 벌어진 사실 혹은 행동에 대해 긍정적 혹은 부정적인 판결을 도출하는 것을 그 목적으로 한다. 심의적 발화는 개인의 이익 혹은 미래의 혜택을 염두에 두고 미래에 행할 둘 혹은 그 이상의 행동 중에서 무엇이 더 적절한지를 선택하는 일을 수반한다. 보통 제의적 발화는(무엇이 명예로운 일이고 정의로운 것인지 등과 같은) 공인된 가치관에 바탕을 두고 청자의 현재 신념을 고취 혹은 고양시키고자 한 사람, 사물, 가치 등을 찬양하거나 비난하는 데 사용되었다.[18]

17　L. Wills, "Form of the Sermon," 296.
18　다음을 참조하라. Aristotle, *Rhet.* 1.2.1358b; Cicero, *Inv.* 2.3.12-13; 2.51.155-58.

더 실천적인 문맥에서 볼 때, 윌스가 다룬 설교들은 고전 웅변의 형태들과 어느 정도 조화를 이룬다. 그것이 과거에 일어난 일에 대한 법정적 평가든("너희가 십자가에 못 박은 이 예수를 하나님이 주와 그리스도가 되게 하셨느니라"[행 2:36]),[19] 장래 혜택을 염두에 둔 미래 행동에 대한 심의적 호소이든("너희가 회개하여 각각 예수 그리스도의 이름으로 세례를 받고 죄 사함을 받으라 그리하면 성령의 선물을 받으리니"[행 2:38]),[20] 아니면 현재 청자의 신념을 자극하고자하는 제의적 발화이든("그러므로 함께 하늘의 부르심을 받은 거룩한 형제들아…사도이시며 대제사장이신 예수를 깊이 생각하라[히 3:1]) 상관없이 말이다.[21]

확실한 것은 윌스도 권면의 말과 투키디데스의 신중한 연설과 『메넥세노스』의 심의적-제의적 연설 사이의 유사성을 인정한다는 사실이다. 윌스는 조직적 구조라는 면에서 후대의 유대교 및 기독교 설교와 유사한 이 수사적 선행물을 '혁신'이라고 본다.

이 부분에 대해 혹자는 분명 이의를 제기할 것이다. 윌스와는 정반대로, 이들 설교는 물론 그 선구자 격인 고전도 전혀 어떤 면에서도 '혁신적'이지 않다고 말이다. 왜냐하면 둘 모두 고대 웅변술의 두 가지 기본 형태를 조합한 예에 지나지 않기 때문이다. 투키디데스 및 플라톤의 발화와

176; 2.58.176-77; Cornificius, *Rhet. ad Her.* 1.2.2; 3.2.2-3; 3.6.10-11; Quintilian, *Inst.* 3.4.12-16; 3.7.1-28; 3.8.1-6; 3.9.1.

19 사도행전에 나타난 법정적 수사법 최고의 예는 단언코 바울이 여러 재판에서 했던 연설들을 꼽을 수 있다(행 22:1-21[예루살렘 대중들을 향한 연설]; 24:2b-21[펠릭스 앞에서의 연설]; 26:2-23[아그립바 등 앞에서의 연설]). 퀸틸리아누스의 기준에 대한 이 연설들의 합치성에 관하여 Hogan, "Paul's Defense"; Keener, "Some Rhetorical Techniques" 등을 참조하라.

20 Haraguchi, "A Call for Repentance"는 행 3:12-26을 세심하게 다룬다.

21 Lestang, "À la louange de dieu inconnu"는 행 17:22-31의 제의적 성격에 대해 평가한다.

권면의 말 사이의 유사성은 단지 구조적 배열에만 국한된 것이 아니다.

이 모든 발화는 몇 가지 미래 행동 방침을 규정하고자 하거나 현재의 관점을 주장하고자하는 의도에 있어서 '내용면에서도' 서로 일치한다.[22] 실제로 퀸틸리아누스에 의하면(*Inst.* 3.4.15), 발화의 모든 종류가 법정적이거나 심의적이거나 제의적인 범주 가운데 하나에 필연적으로 속하는 것으로 생각되었기 때문에 유대교 및 기독교 설교를 기본 웅변 장르의 예외로 고려하는 일은 '불가능한 일이었다'.

그러면 권면의 말 구조가 그리스–로마 연설 배열과 다르다는 윌스의 주장은 어떻게 보아야 하는가?

그의 주장의 요점에 따르면 고대 수사학 지침들은 담화를 사례, 결론, 권면이란 부분으로 나누지 않는다. 그러나 이 사실에 대해 최소한 네 가지 주의 사항을 염두에 두어야 한다. 이 주의 사항을 통해 고대 유대교 및 기독교 설교 전체를 헬라 수사학 관습과 별개로 놓지 않고 나란히 놓고 비교해 볼 수 있다.

첫째, 우리는 특정 현상을 설명해 주는 정확한 명칭의 부재와 그 현상 자체의 부재를 혼동하지 않도록 주의해야한다.

윌스의 제안처럼, 고대 수사학자들이 사례–결론–권면이 아닌 서론–서술–증명–결론이란 구조의 연설을 했다고 주장하는 것은 유대교 및 기독교 설교로부터 윌스가 발견한 같은 종류의 요소들에 대해 고전 이론가

---

22 법정적, 심의적, 제의적 담화 사이의 구분은 어떤 경우에도 변치 않는 절대적인 것이 아니다. 퀸틸리아누스는 수사법 종류들 사이의 구분선이 종종 흐려진다는 사실을 인정한다(*Inst.* 3.4.16). 즉 법정적 수사법과 마찬가지로 심의적 담화가 종종 과거에 대한 질문을 던지는가 하면(3.8.6), 어떨 때는 법정적, 심의적 수사법 모두 제의적 담화의 관심사로 가득 차 있는 경우들도 있다(3.7.28; 3.8.15). 이론과 실제 모두에서 수사법 종류의 구분은 절대적인 것이 아니라 발화의 주요 의도를 나타내는 상대적인 척도에 해당한다.

들이 관습적인 용어로 지칭했다는 것을 의미할 뿐이다.[23] 윌스는 이들에 대해 또 다른 명칭을 사용한 것에 지나지 않는다.

둘째, 윌스의 고전 담화 배열(혹은 텍시스[taxis])에 대한 설명을 아주 정확한 것으로 볼 수는 없다.

이론적으로 법정 연설은 배열 순서가 가장 굳게 확립되어 있고 가장 종합적인 구조를 나타낸다. 즉 도입을 위한 서론(exordium) 혹은 머리말(proem), 다음으로 사실 기술(배경 정보), 입증될 제안(종종 주제별로 세부 사항이 나누어지기도 함), 주장에 대한 실제적인 증명, 일련의 반대 입장에 대한 반박 및 (필요한 경우) 부수 정황에 대한 지엽적인 검토, 결론(epilogue) 혹은 마무리 연설(peroration) 등이 차례대로 이어진다.[24]

초대 기독교 설교를 헬라 수사학과 비교하면서 윌스가 비교 대상으로 참고한 것은 바로 이러한 종합적인 배열이었다. 그가 사용한 것이 좀 간결한 양식이긴 했지만 말이다.[25]

그러나 윌스는 이러한 완전한 배열이 모든 종류의 웅변에서 발견되지는 않는다는 사실을 언급하지 않았다. 대개 심의적 발화(서론, 사실 기술[때로 생략], 제안, 증명, 결론을 특징으로 함)와 제의적 발화(서론, 주제 부연, 결론)에서는 축약되거나 극단적으로 짧아진 형태의 배열이 사용되었다.[26] 연설

---

[23] Hilgert, "Speeches in Acts"는 사도행전 연설들에 대한 수사 비평은 누가의 생각과 완전히 동떨어진 것일 테지만 사도행전 연설들이 할리카르낫소스의 디오니시우스(Dionysius of Halicarnassus, B.C. 40-10년)와 사모사타의 루키안(Lucian of Samosata, A.D. 120-180년)이 주창한 기준에 들어맞는다고 주장한다.

[24] 이러한 **텍시스**(배열)는 다음 이론가들의 설명을 조합한 것이다. Aristotle, *Rhet*. 3.13.1414a-18.1420b; Cicero, *Inv*. 1.14.19-56.109; Cornificius, *Rhet*. *ad Her*. 1.3.4-2.31.50; Quintilian, *Inst*. 4.pr.6-6.5.11.

[25] L. Wills, "Form of the Sermon"은 발제(proposition) 및 선택적으로 사용될 수 있는 분할(partition), 논박(refutation), 여담(digression) 등에 대한 언급을 생략했다.

[26] 심의적 및 제의적 연설의 텍시스에 관해서는 다음을 참조하라. Cornificius, *Rhet*. *ad*

이 어떤 종류의 수사법에 속하는 것인지, 어떤 수사적 상황이 수반되는지에 따라, 연설에 들어가는 요소들 및 그 요소들의 상술 정도가 가지각색으로 구성되었다.[27]

따라서 헬라파 유대교 및 초대 기독교 설교가 법정적 담화의 모든 배열의 요소를 갖추지 않았다고 해서 크게 놀랄 일은 아니다. 다시 말해 어떤 종류의 고전 수사학도, 심지어는 법정적 연설 자체도 위와 같은 종합적인 배열에 구속되지 않았다. 넓은 제한 범위 안에서 구조적 변경 및 축약은 예외가 아닌 규칙의 일부였다.

셋째, '로고스 파라클레새오스'(Λόγος παρακλήσεως)의 구조에서 법정적, 심의적, 제의적 연설의 특정 측면들이 보이지 않는다는 점은 윌스가 제안하는 것만큼 그렇게 중대한 사안이 아니다.

윌스가 다룬 대부분의 설교에서 사실 기술, 형식적 제안, 증명 등의 요소가 구별되지 않는 것은 사실이지만, 이 요소들에 대해 고전 수사학자들이 항상 인지하고 있었던, 혹은 규정하였던 경계선이 분명하지 않다는 것도 사실이다.[28] 또한 윌스가 조사한 유대교 및 기독교 설교문 가운데서 완전히 갖추어진 서론이 없는 경우가 있다는 것 역시 사실이다.

이 부분에 대해서도 고전 수사학이란 배경에서 설명이 가능하며, 충분

Her. 3.2.2–5.9; 3.6.10–8.15; Quintilian, *Inst.* 3.7.1–6; 3.8.6–15.

27 웅변이 특별한 케이스 혹은 정황에 적절하게 유연성을 가질 필요가 있음에 대한 논의로 다음을 보라. Quintilian, *Inst.* 5.10.103; 6.1.4–5; 7.2.22, 51; 7.10.11–13; 8.3.13–14; 9.3.101–2; 10.2.25–27.

28 퀸틸리아누스는 대부분의 고전 수사학자들이 가진 특징을 구체적으로 나타내는데, 그 특징이란 이론상으로는 발화의 여러 부분들을 구분하고자 하면서도 그 실천에서는 각 부분들이 종종 서로 겹칠 수 있음을 인정하는 것이다. 이와 관련, 다음 그의 저작들을 보라. *Inst.* 4.2.4, 8; 4.2.79; 4.4.1–2; 참조, Cicero, *Inv.* 1.24.34; Cornificius, *Rhet. ad Her.* 2.30.47.

히 변호할 수 있다. 퀸틸리아누스가 언급한 바와 같이,[29] 서론이 갖는 단 하나의 목적은 앞으로 들을 내용에 대해 청자가 마음의 준비를 잘 하도록 유도하는 데 있다. 따라서 청중이 연설가를 호의적으로 받아들일 준비가 이미 충분히 되었거나, 그것을 가정할 수 있는 상황이라면 서론은 불필요한 것으로 여겨졌고 삭제될 수도 있었다. 이는 물론 윌스가 언급한 권면의 말의 예시에서 발견할 수 있는 정황과 정확하게 일치한다.

다시 말해,

(1) 대부분의 경우 회당이든 교회든 같은 신념이라는 공감대를 이미 가지고 있는 청중들이 설교를 들었기 때문에 긴 서론이 필요 없었다. 또한

(2) 모든 설교들은 설교문 자체보다 더 큰 문맥인 여러 문서에 기반을 두고 있었는데 그 문서의 저자들이 이미 설교 청자의 주의 및 호의를 한 몸에 받고 있었기 때문에 긴 서론이 필요없었다.[30] 흥미로운 사실은 사도행전의 설교들 중에서도 호의적인 반응을 자연스럽게 기대할 수 없는 상황 속에 있는 설교의 경우 설교자가 청자의 주의를 유도하거나, 이어지는 내용에 대해 청자들이 준비될 수 있도록 하는 서론이 포함된 것을 발견할 수 있다(2:14, 15; 3:12; 4:8, 10; 7:2a; 10:34, 35; 13:16b; 15:13; 17:22; 19:35; 21:20, 22; 22:3; 24:2b, 4,

---

29 Quintilian, *Inst.* 4.1.5-6, 25-26; Aristotle, *Rhet.* 3.14.1414b-15.1416b; Cicero, *Inv.* 1.15.20-18.26; Cornificius, *Rhet. ad Her.* 1.4.6-7.11.

30 다음 예들을 보라. 행 1:1-5; 벧전 1:1-9; 벧후 1:1-4; *1 Clem.* pr.; 1.1-3.4; *Ign. Eph.* pr.; 1.1-3.2; *Barn.* 1.1-8; *T. Reu.* 1:1-10; *T. Levi* 1:1-2; *T. Naph.* 15:7; *Josephus*, 『유대인 전쟁』 1.1.1-12.30. Maxwell, "Role of the Audience"이 바르게 본 것처럼, 누가복음은 몇 가지 정보를 의도적으로 누락시킴으로써 청중들이 내러티브에 더 완전히 녹아들도록 독려하려는 경향이 있다.

10; 26:2, 3; 27:21; 28:17).[31]

넷째, 위 요소들은 필자가 윌스에 대해 동의하지 않는 핵심적인 부분을 향해 주의를 기울이도록 인도한다.

윌스가 느끼는 의구심에도 불구하고 필자는 '로고스 파라클레새오스'(λόγος παρακλήσεως)의 기본 양식이 법정적, 심의적, 제의적 담화의 배열(taxis)과 일치한다고 본다. 이를 부연하기 위해 비시디아 안디옥에서 바울이 했던 설교(행 13:13-41)를 살펴보고자 한다. 이는 윌스가 주장한 권면의 말 구조의 전형을 보여주는 설교이다.

사실 사도행전에서 회당설교라고 구체적으로 기록하고 있는 부분은 이 담화가 유일하다(13:14). 회중의 요청(13:15b: 엘라메드누 라베누[*yelammedenu rabbenu*], "우리의 선생이여 우리를 가르치소서," 랍비 문서를 보면 이러한 가르침을 구하는 문구가 보다 분명히 발견된다)에 따라 성경에서 함의를 이끌어 내어 보여주는 이 설교는 율법(Torah, 행 13:15a, 17 – 19; 참조, 신 4:37-38)에서 시작하여 선지자의 글(Prophets, 행 13:20-22; 참조, 삼상 13:14)로 이어지는 당시 설교 패턴의 흔적을 고스란히 담고 있는 듯 보인다.[32]

윌스에 따르면, 이스라엘이 이집트 포로 생활로부터 구속된 출애굽 역

---

[31] 청중들이 호의적으로 들을 것을 가정할 수 있는 상황에서 주어진 사도행전의 발화들도 다음의 도입부를 통해 좋은 상호 관계가 외부적으로 견고화된다. 안드레스 아델포이/이스라엘리타이(ἄνδρες ἀδελφοί/Ἰσραηλῖται["여러분, 형제들이여"/"⟨친애하는⟩ 이스라엘사람들이여"]: 1:16; 5:35; 15:7; 참조, 20:18b – 21).

[32] 추천할만한 태도로서, Bowker, "Speeches in Acts," 103은 다음과 같이 말하며 증거를 억지스레 사용하지 않는다. "불행히도 이와 같은 [재구성은] 추측성에 지나지 않는다. 굳이 직접적인 인용구를 사용하지 않고서도 당대에 알려진 구문들을 암시하며 떠올리게 하는 것은 설교자의 기술 중 일부였다. 그 구문들이 어떤 것들이었는지는 직접 인용이 없는 경우 설교자체로부터 유추해내는 수 밖에 없다. 말인즉슨 언제든지 상당 부분의 의심의 여지가 있을 수 밖에 없다."

사에서부터 가나안 정복과 다윗 왕국을 거쳐 예수님의 초림과 복음 선포에 이르는 과정을 되짚어 이야기하는 과정에서 사례 제시라는 구조적 단위를 찾을 수 있다(행 13:16b-33a). 또한 성경 인용 및 부활한 메시아와 다윗을 비교하는 부분에서도 이 구조적 요소가 발견된다(33b-37절). 이러한 사례로부터 유추할 수 있는 결론은 38-39절에 나타나있다.

> 그러므로 형제들아 너희가 알 것은 이 사람을 힘입어 죄 사함을 너희에게 전하는 이것이며 또 모세의 율법으로 너희가 의롭다 하심을 얻지 못하던 모든 일에도 이 사람을 힘입어 믿는 자마다 의롭다 하심을 얻는 이것이라행(13:38,39).

월스의 독법에 의하면 바울의 설교는 멸망의 위험성을 알리며 그의 메시지를 거부하는 것에 대한 경고로 끝맺고 있다(40-41절).

그렇다면 월스가 분석한 사례제시-결론-권면이라는 이 설교 구조의 어떤 측면이 고전 담화의 배열과 일치하는가?

월스가 사례 제시라고 명명한 이 설교 구조의 단위는 차이가 있지만 아주 관련성 높은 고전 담화의 세 부분을 실제 포함하고 있다. 바울이 사도행전 13:16b에서(월스가 계산에 넣지 않은) 담백하리만치 짧은 서론을 하는데, 이어 이스라엘 역사에 대한 하나님의 구속 개입(17-25절)을 이야기한 부분은 사건 발생과 관련된 인물, 시간, 장소, 원인 등을 제시하는 사실 진술을 일컫는 용어인 '서술'(나라티오, *narratio*)에 부합된다(Quintilian, *Inst.* 4.2.1-3, 31). 이러한 서술은 청자가 판단을 내릴 수 있도록 필수적인 배경정보를 제공한다.

월스가 사도행전 13:16b-37 및 유대교-기독교 설교를 통해 설명한 사례 제시 부분의 기능, 즉 "뒤이은 주장이 도출되도록 권위 있는 근거를 제시"하는 기능과 정확하게 일치한다.[33]

사도행전 13:17-25에는 퀸틸리아누스가 '나라티오'(*narratio*, 서술)의 요소라고 보았던 특질이 많이 포함되어 있다. 무엇보다 바울의 사실 진술은 짧고 명료하며 타당성이 있고 생생하다(*Inst.* 4.2.31 – 52, 123; 마찬가지로 Cicero, *Inv.* 1.20.28 – 21.30). 청중이 주의를 기울일 것이라 가정한 상태에서 시대의 요구를 예측하고 그에 대해 반응하고 있다(Quintilian, *Inst.* 4.2.64, 76, 119). 그리고 내용을 설명하고자 할 뿐만 아니라 설득하고자 하는 의도를 분명히 가지고 있다(*Inst.* 4.2.21, 31).

언뜻 보기에 이 담화의 사실 진술 부분은 예수님의 고난, 십자가 사건, 부활을 예언의 성취로서 설명하는 부분까지 계속 이어지는 듯하다(13:27-37). 실제로 윌스는 16b-37절에 속한 모든 내용이 사례 제시 부분을 구성하는 것으로 생각한다. 이러한 분석은 그럴듯해 보이지만 26절에서 문제점을 드러낸다. 이 구절에서 바울은 예수를 통해 그 절정에 도달한 구원의 메시지가 유대인과 하나님을 경외하는 자들 모두에게 드러났다는 주장으로 17-25절에서 자신이 했던 구속사에 대한 서술을 요약하고 있다.

결국 이 부분은 또 다른 사례 제시 자료가 아니라 명료한 '제안'(프로포시티오, *propositio*), 그리고 27-37절에 이어지는 '증명'(프로바티오, *probatio*)의 기능을 가진 것으로 나타난다. 즉 예루살렘 거주자들과 지도자들이 외면했던 예수의 중요성이 그분의 부활로 증명되었고 성경으로 확증되었음을 입증하고 있다는 것이다.

33　L. Wills, "Form of the Sermon," 279.

월스의 주장과는 달리, 사도행전 13:27-37에서 누가는 단순히 추가적인 근거로서 사례를 제시하는 그 이상의 무언가를 하고 있다. 고전 수사학적 관점에서 하나의 주장은 신중에 신중을 기하여 구성된다. 즉 "증거를 제시하고 어떤 사실로부터 다른 사실이 도출되도록 추론하며, 확실한 사실을 참조함으로써 불확실한 사실을 확인하는 사고의 과정"을 거쳐 주장을 구성한다(Quintilian, *Inst.* 5.10.11).[34]

나아가 행 13:27-37의 증명 부분을 구성한 화자는 최대한 설득력 있는 주장을 내놓기 위해 퀸틸리아누스가 개념화한 선험적인 "확정성"의 네 가지 유형(5.10.12-13) 모두를 사용한다. 즉 감각을 통해 받아들일 수 있는 것들(신뢰할 만한 목격자들에게 부활하신 예수님이 나타난 사건, 30-31절), 일반적인 동의를 얻는 것들(하나님의 섭리와 능력, 32-33, 37절), 법으로 제정된 것들(성경의 성취, 27, 29, 33-35절), 바울의 청중들 가운데 공감대가 있는 자들이 인정할 만한 사안과 관련된 것들(예수님의 결백함과 빌라도에 의한 처형, 28절; 예수님과 다윗의 죽음과 매장, 29-36절) 등이 바로 그것이다.[35]

위 내용은 우리를 사도행전 13:38-41으로 인도한다. 월스의 분석에서 이 부분은 결론(38-39절)과 최종 권면(40-41절)에 해당하는 부분이다. 월스

---

34 Kurz, "Hellenistic Rhetoric"는 누가의 그리스도론적 증명이 수사적 생략 삼단 논법(enthymeme)으로 이루어짐을 확인한다.

35 수사학 개념화가 이뤄진 주 원동력이 법정에 사건을 제출하는 일이었기 때문에 고전 수사학자들은 주장을 펼치는 기교에 많은 주의를 기울였다(Aristotle, *Rhet.* 3.17.1417b-1418b; Cicero, *Inv.* 2.4.1-59.177; Cornificius, *Rhet. ad Her.* 2.2-31.50; Quintilian, *Inst.* 5.pr.1-14.35). 아리스토텔레스는 어떤 발화든 단 두 가지 필수 요소로 구성된 배열을 일반화하기에 이르렀는데, 그 두 가지 요소란 사건 진술 및 그 증거였다(*Rhet.* 3.13.1414a-b). 이와 유사하게 퀸틸리아누스는 "증명을 제외하면 (발화의 어떤) 한 부분이라도 상황에 따라 생략될 수 있지만, 증명이 전혀 불필요한 경우는 있을 수 없다"라고 제안했다(*Inst.* 5.pr.5; 참조, 3.6.104). 고대 유대-기독교 담화 고려시, 주장 및 증명에 대한 고전 수사학의 강조는, 추가로 이 강조점을 달성하기 위한 도구로서의 문체 및 배열은 반드시 명심해야 하는 요소이다.

는 고전 수사학 기준에 비추어 연설 결론부의 두 가지 특징을 추출하여 구분했다.

그리스-로마 수사학자들은 몇 가지 특성을 융합하여 결론(epilogue)이라는 마지막 부분을 구성해놓았다. 결론이 가져야 할 네 가지 필수 조건을 논한 아리스토텔레스의 분석은(*Rhet*. 3.18.1419b‒1420b) 행 13:38-41의 내용과 깊은 관련이 있다. 결론의 네 가지 필수 조건이란, 다음과 같다.

(1) 청중이 웅변가에게는 호의적인 마음을, 그 반대편에 있는 사람들에게는 비호의적인 마음을 갖도록 만들 것("형제들아"[38절] vs. "멸시하는 사람들아"[41절]).
(2) 중요한 사실을 강조할 것("죄사함을 너희에게 전하는 이것"[38a절]).
(3) 근본적인 주장을 요약할 것("이 사람을 힘입어…모세의 율법으로 너희가 의롭다 하심을 얻지 못하던 모든 일에도 이 사람을 힘입어 믿는 자마다 의롭다 하심을 얻는 이것이라"[38b-39절]).
(4) 청자의 감정을 격양시킬 것("삼가라…보라…놀라고 멸망하라!"[40-41절]) 등.[36]

이 마무리 호소가 "다소 간접적이긴 하지만, 그래도 틀림없는 설교의 어조를 담고 있다"라고 한 윌스의 말은 옳다.[37] 이러한 간접성이 시사하는 바는 결국에는 이 호소가(심의적 발화에서 찾을 수 있는 것 같은) 행동 규정이란 직접적인 권면이 아니라 신앙을 고양시키는 제의적(epideictic) 발화에

---

[36] 이 발화의 마무리 연설 부분(peroration)은 퀸틸리아누스가 주장한 다음의 두 가지 특질을 예시한다. 최대한 간결하게 요약할 것(행 13:38-39; 참조, Quintilian, *Inst*. 6.1.2), 그리고 설득 효과를 위해 신적 요소를 불러일으킬 것(합 1:5의 야훼의 말씀을 인용한 행 13:40-41; 참조, *Inst*. 6.1.34) 등이다.

[37] L. Wills, "Form of the Sermon," 279.

해당한다는 점이다.

이와 같은 판단은 바울의 설교를 들은 청중이 어떤 반응을 보이는지 묘사한 누가의 말을 통해 확증된다. 청중들은 특정 행동을 하는 대신 "다음 안식일에도 이 말씀을 하라"고 청했다(행 13:42).[38] 누가가 제시하듯,[39] 비시디아 안디옥에서의 바울 설교의 성공은 설교 내용면 뿐 아니라 설교자의 설득력이란 측면에 대해서도 긍정적으로 보도록 인도한다.

요약하자면, 사도행전 13:13-41의 구조나 내용 모두 그리스-로마 수사학 관습에서 벗어나있지 않다. 오히려 정반대로, 인상적일 만큼, 비시디아 안디옥에서의 바울의 설교는 그 기준을 면밀히 따르고 있다. 아마도 윌스가 다루었던 다른 설교들 역시 같은 주장으로 이의를 제기할 수 있을 것이다. 따라서 고전의 기준을 혁신적으로 벗어남으로 그러한 설교 양식이 생겨났다는 그의 판단은 옳지 않았지만, 소위 '권면의 말'이 그리스-로마 웅변술에서 유래했을 것이라고 본 윌스의 직관은 입증되었다.

헬라파 유대교 및 초대 기독교 설교의 구조는 아리스토텔레스의 『수사학』(Rhetoric), 퀸틸리아누스의 『웅변교수론』(Institutio oratoria), 코르니피키우스의 『헤렌니우스를 위한 수사학』(Rhetorica ad Herennium) 등에 비추어 볼 때 대체로 쉽게 이해된다.

---

[38] 행 13:43이 주장하는 바와 같이, 믿음의 자극은 행동 변화를 일으킬 수 있다. 바울의 청중 가운데 많은 이들이 바울과 바나바를 따랐다. 행 13:16b-41을 제의적 연설로 분류하는 것은 본문이 믿음을 고양시키는 데 주목적이 있었음을 제안하는 것이다. 믿음에 바탕을 둔 행동 변화는 수사적 효과의 부산물에 해당한다.

[39] Penner, "Reconfiguring the Rhetorical Study," 438-39은 다음과 같이 우리를 상기시킨다. "누가가 독자들 사이에서 자신의 캐릭터 요소를 불러일으키고자 노력하는 만큼이나 누가 내러티브는 궁극적으로 저자의 캐릭터를 반영한다." 그의 분석의 체계는 Penner, In Praise of Christian Origins에서 볼 수 있다.

3. 남아있는 의문점들 및 함의

윌스가 결론지은 '로고스 파라클레새오스'(λόγος παρακλήσεως)의 기원이 틀렸다거나 결함이 있다고 현학적으로 증명하는 것보다 더 중요한 사안이 있다. 이러한 설교 양식이 고전의 관습과 놀라울 만큼 일치한다는 점을 한번 생각하기 시작하면, 설교를 통해 나타나는 다양한 현상의 기능을 더 충분히 이해할 수 있는 길이 열린다. 윌스 역시 이 부분에 주의를 환기시키고 있긴 하지만 많은 경우 설명을 제공하지는 못한다.

첫째, 윌스는 이 설교들에 사용된 예시, 결론, 권면 등이 추론격 불변화사 혹은 접속사(운[οὖν, '이와 같이'], 디오[διό, '그러므로'], 디아 투토[διὰ τοῦτο, '왜냐하면'])를 통해 서로 연결되어 있음을 관찰했다.

이러한 연결은 "각 부분 간의 정밀한 논리적 관계를 절대적으로 담고 있지는 않지만" 연역적 추리 과정의 인상을 주는 준-논리적인 관계를 나타낸다(예, 행 13:38-39; 『클레멘트1서』 7.2).[40] 윌스의 관찰은 적절하지만 그가 누락시킨 부분에 더 중요한 사실이 담겨있다. 즉 이와 같은 논리적 및 준-논리적인 특징들은 유대교 및 기독교 설교를 고전 수사학의 일반적 흐름 안에 정확하게 위치시킨다는 사실이다.

퀸틸리아누스는 문체(style)에 대하여 논하면서 연설의 다양한 부분들이 서로 부드럽게 전환되도록 웅변가들이 노력해야한다고 권고했다(*Inst.* 4.1.76; 4.4.2; 9.4.32-33). 그러나 퀸틸리아누스는 내용면에서 허위 정보의 여부가 주장의 논리(logic)를 결정짓는 경우가 있다는 사실 역시 잘 숙지하고 있었다.[41] 연설의 로고스(논리, *logos*)를 두고 퀸틸리아누스 및 다른 이

---

40 L. Wills, "Form of the Sermon," 284.
41 이러한 면에서 가장 교묘한 수사법은 그 기교를 감추어서 재판정에 앉은 청자를 기만한다

론가들은 증거 혹은 증거의 '겉모습'(appearance)이라고 묘사할 정도였다.[42] 따라서 헬라파 유대교 및 초대 기독교 설교가 논리적 주장의 '양식'을 띠고 있는 것은 별로 놀라운 일이 아니다. 비록 그 주장의 '타당성'은 논리적으로나 객관적으로 증명될 수 없는 전제에 달려있을지라도 말이다. 이와 같은 현상들은 신약성경에 나타난 수사학의 여러 다른 형태에서 발견된다.[43] 그리고 그 현상들은 로고스가 논리적인 확정성이 아닌 주장의 개연성을 수반하고 있다고 보는 고전의 이해와 일치한다.

둘째, 물론 권면의 말 양식을 사용한 이들이 논리적 주장에 관심을 갖지 않은 것은 아니었다.

윌스는 이 설교 양식 자체가 귀납적 추론을 통한 설득에 깊은 관심이 있음을 시사하는 증거라고 보았다. 그러나 사례 제시(exempla)에 기반한 이 같은 주장 패턴이 헬라 문화권 청중들에게 '도대체 왜' 설득력 있게 들렸는지에 대해 그는 아무런 설명도 하지 않았다.

여기서 다시 한 번 고전 수사학 작동 방식으로부터 몇 가지 단서를 찾을 수 있다. 아리스토텔레스는 서로 다른 두 종류의 증명(proof)을 구분한다. 하나는 화자가 만들어 내지 않았지만 이미 존재하고 있는(이를 테면 목격자 같은) 외부적인, 혹은 비인위적인(아테크노이[ἄτεχνοι]) 증명이고,

---

고 퀸틸리아누스는 언급한다(Quintilian, *Inst.* 4.1.57; 4.2.58–59; 4.5.5; 9.4.147). 이러한 교묘한 속임수가 능숙한 웅변가는 우선 선하고 고결한 인물이어야 한다는 퀸틸리아누스의 흔들림 없는 확신을 거스르는 요소로 나타나지는 않는다(*Inst.* 1.pr.9–20; 1.2.3; 2.2.1–8; 2.16.11; 2.20.4; 12.1.1–2.10; et passim).

42 Aristotle, *Rhet.* 1.2.1356a–1356b. 최적의 설득 효과를 거두기 위해 웅변가가 펼칠 수 있는 가장 강력한 주장의 세심한 특징에 관한 다음의 조언들 역시 보라. Cornificius, *Rhet. ad Her.* 3.10.18; Quintilian, *Inst.* 5.12.4; 7.1.17.

43 Kennedy, *New Testament Interpretation*, 49–50에서 보여주듯, 마태복음 산상수훈의 팔복을 예로 들 수 있다.

다른 하나는 화자가 만들어낸(이를 테면 삼단 논법[syllogisms]이나 생략 삼단 논법["enthymemes"] 등과 같은) 내부적인, 혹은 인위적인(엔테크노이[ἔντεχνοι]) 증명이다.[44]

이론상 두 가지 증명법 모두 결점 및 한계가 있었지만 용인되었다. 그리고 어떤 수사법 내에서 쓰이는가에 따라 어느 한쪽이 다른 쪽보다 더 효과적으로 사용되었다. 예를 들면 아리스토텔레스와 퀸틸리아누스는 생략 삼단 논법에 기반을 둔 연역적 증명이 법정적 연설에서 더 설득력이 있다고 보았다. 반면 예시에 기반을 둔 귀납적 추론은 심의적 발화에 적합하다고 보았다(Aristotle, *Rhet.* 1.9.1368a; 3.17.1418a; Quintilian, *Inst.* 3.8.36).

비록 윌스가 분석한 설교에 생략 삼단 논법식 주장이 없는 것은 아니지만,[45] 그리고 그 설교자들이 신론적인 혹은 그리스도론적인 해설을 통해 인위적인 증명법을 사용하길 조금도 꺼리지 않은 것이 사실이지만,[46] 단연코 가장 빈번히 사용된 증명법은 사례 제시다(아리스토텔레스식 용어로는 파라데이그마타[παραδείγματα], 퀸틸리아누스 식으로는 *exempla*). 그 사례들은 다

---

44 Aristotle, *Rhet.* 1.2.1355b–1356b; 2.20.1393ab; Cicero, *Inv.* 1.34.57–41.77; Quintilian, *Inst.* 5.1.1–3; 5.10.1; 5.14.1; 8.5.9.

45 벧전 1:17–21의 이면에는 논리적 삼단 논법(syllogism)이 숨어 있다. 그 요소들은 다음과 같다. 숨겨진 대전제("하나님과 그리스도에 대한 적절한 이해가 있는 이들은 믿음과 소망과 경건한 경외심 안에 굳건히 서있을 것이다"), 드러난 소전제("소아시아의 기독교 디아스포라들은 자신 있게 하나님을 아버지이자, 허무한 자기 인생들의 예정된 불멸의 흠 없는 대속자 그리스도를 죽음에서 일으키신 공평한 심판자로 부른다"), 결론("따라서 망명 중인 그리스도인들의 믿음, 소망, 외경심은 굳건하며, 이는 당연한 것이다"). 이러한 논법이 겉으로는 거의 드러나지 않지만, 필자는 이 논법이 윌스의 설명보다 더 그럴듯하게 본문의 논리를 설명한다고 본다. Wills, "Form of the Sermon," 289–90은 전전긍긍하며 이 본문을 두 설교 순환의 사례 제시 및 결론에 연결된 권면으로 분석한다.

46 예, T. Naph. 2.2–10; 행 3:12–26; 13:17–33a, 38–39; 17:24–31; 고전 10:1–14; 히 2:14–18; 5:1–10; 6:13–7:28; 8:1–7; 9:1–10:18; 벧전 2:21–25; 3:18–22; 벧후 2:4–10a; 『클레멘트1서』 16.1–17; 20.1–12.

음과 같이 범주화할 수 있다.[47]

(1) 성경 인용: 행 2:17-21, 25-28, 34-35; 13:33-35; 고후 6:16-18; 히 1:5-13; 3:7-11, 15; 8:8-12; 벧전 2:6-8;『클레멘트1서』30.1-8; 53.1-5;『바나바서』의 여러 부분.

(2) 역사적 인물 제시: 행 7:2-50; 고전 10:1-14; 히 11:1-40; 벧후 2:4-10;『클레멘트1서』4.1-12.8; 17.1-18.17; 43.1-6; 47.1-7;『열두 족장의 유언』(Testaments of the Twelve Patriarchs); 요세푸스(Josephus),『유대인 전쟁』(J.W.) 여러 부분.

(3) 중요한 사건에 대한 목격자 제시: 행 2:32; 3:15b; 13:31; 20:18b, 34; 벧후 2:16-19a;『클레멘트1서』42.1-5; 44.1-6; T. Jos. 1-18; T. Benj. 2.1-5; 10.1-11:5;『유대인 전쟁』1.1-12.

(4) 초자연적 권위에 대한 호소: 행 2:33; 3:12, 16; 11:17; 고전 7:40; 히 2:4; 벧전 1:10-12; 벧후 1:3-4;『클레멘트1서』8.1; 9.1; 58.1-2; T. Levi 2.6-9.14; T. Naph. 5.1-6.10.

고전 기준에 따라 판단할 때 헬라파 유대교 및 초대 기독교 설교는 섬세하고도 정교한 증명 양식을 보여주고 있다.[48] 그 설교자들은 퀸틸리아누

---

47 이에 대한 논의는 다음을 참조하라. Aristotle, *Rhet.* 1.15.1375a-1376a; Cornificius, *Rhet. ad Her.* 2.6.9; Quintilian, *Inst.* 5.7.9-25; 5.11.8, 32-44. 경전에 바탕을 둔 유대교 및 기독교 주장들은 고전 법률 문서의 증명과 유사하게 나타난다(참조. Aristotle, *Rhet.* 1.15.1375ab; Cicero, *Inv.* 1.12.17-18; Quintilian, *Inst.* 5.11.32-33).

48 혹자는 Evans, "'Speeches' in Acts," 296의 행 2:14-40. 오순절 베드로 설교에 대한 다음과 같은 언급을 일반화하고 싶은 생각에 빠질 수 있다. "이 설교처럼 논증이 치밀하게 이루어진 설교는 일반적으로 받아들여지는 다음 가정들에 물음표를 던진다. 그 가정들이란 사도행전 발화의 간결함을 고려할 때 그 발화들은 요약본이며 실제 이루어진 설교를 재구성하기 위해서는 더 길고 구체적인 설교문을 통해 확장되거나, 누락된 기독교 메시지의

스의 충고와 은연중에 유사하면서도 그들이 가진 모든 재료를 자유롭게, 그리고 창의적으로 끌어 모았다(*Inst*. 2.21.4, 20). 그들의 주장은 자신이 연루된 사건의 배경에 민감하게 반응하는 한편(5.10.119-21; 10.2.25-28), 그들의 궁극적인 관심사는 청중들이 확실하게 받아들일 만한 증거를 통해 의혹 속에 있는 입장들을 확증하는 것에 있었다(5.10-11).

셋째, 유대교 및 기독교의 '로고스 파라클레새오스'(λόγος παρακλήσεως)에서 '권면'으로 구분되는 구조적 요소는 때때로 설교 내에서 서로 구분되는 주장의 순환관계 사이에 연결 고리를 제공한다고 윌스는 주장한다. 즉 권면은 앞서 나오는 부분, 혹은 뒤 이은 부분, 혹은 앞뒤 부분 모두와 연관지어 언급될 수 있다는 것이다(예, 히 2:1; 3:1; 4:1, 14b-16;『클레멘트1서』7.2; 13.1a; 40.1b).

여기서 쟁점은 서로 다른 주장을 하나의 생각으로 결합할 때 오는 일관성의 문제다. 우리는 여기서 고전 기준을 벗어나지 않고 부합되는 예시로 이해하는 것이 가장 적절해 보이는 현상에 다시 한 번 직면한다. 일찍이 플라톤은 B.C. 370년경 다음을 인식하고 있었다.

> 말하자면 어떤 담화라도 살아있는 생물체의 몸처럼 구성되어야 한다. 결코 머리나 발이 빠져서는 안 된다. 서로 잘 어울리면서도 전체 기능에 조화로운 서두, 본론, 말미는 구성의 필수 요건이다 (Phaedr. 264c6-9).

요소들로 더 확충되어야한다는 것이다. 또한 위 본문 설교의 치밀한 논증은 이 본문을 단순히 기독교 설교의 전형을 보여주는 예시이자 복음 선포의 모범으로 보아야한다는 입장에도 물음표를 던진다"("'Speeches' in Acts," 296).

퀸틸리아누스는 이러한 원칙을 발전시켜(*Inst.* 4.2.55; 7.10.5 – 9, 16 – 17; 8.5.34), 서술부(*narratio*)의 제시된 상황과 증명부(*probatio*)의 제시된 주장이 일으키는 상호 작용을 통해 성취되는 일관성의 중요성을 강조하였다. 유대교 및 기독교 설교에서 주어지는 권면들과 그를 둘러싼 주장들 사이에 일어나는 상호 작용을 볼 때, 그 설교 저자가 수사적 일관성을 염두에 두고 있었음을 의심할 여지가 있는가?

넷째, 몇몇 헬라파 유대교 및 초대 기독교 문서 안에 반복되는 권면 패턴을 인지한 후 윌스는 다음과 같은 양면적 결론을 도출한다.

> 그리스 문학 발화들이 삼단 패턴(사례 제시–결론–권면)을 반복하지 않기 때문에 우리가 반복 패턴을 찾을 시 그것은 단순한 그리스 수사학 양식의 문학적 차용이 아닌 특정 설교 양식의 독특성을 나타내는 강력한 증거라고 보는 것이 가장 타당하다.[49]

그러나 혹자는 증거가 실제 나타내고 있는 것보다 더 큰 독특성을 이 설교들에 부여하고 있는 것이 아닌가하는 의구심을 갖는다.

(1) 이에 대해 윌스가 제시한 반복되는 권면 패턴의 수많은 예들이 독립적인 연설의 기능이 의도되지 않은 문학이라는 넓은 문맥 안에서 나타나고 있음을 기억하라(사도행전의 다양한 발화들은 신학적으로 해석된

---

[49] L. Wills, "Form of the Sermon," 299. 윌스가 언급한 구절은 다음과 같다. *T. Naph.* 8.1 – 2; 8.9 – 10; *T. Jos.* 10.1 – 2; 17.1 – 2; *T. Benj.* 2.5 – 3.1; 4.1a – b; 6.7 – 7.1; 7.5 – 8.1; 10.2 – 3; Josephus, 『유대인 전쟁』 5.362 – 415; 7.341 – 80; 히1:5 – 4:16; 8:1 – 12:28b; 『클레멘트1서』 4.1 – 13.1a; 37.2 – 40.1b; 이그나티우스, 『에베소서신』 3.1 – 4.2; 5.1 – 3b; 7.18a – 10.1.

교회 역사의 일부이며, 고린도전서나 『바나바서』와 같은 서신 전반에 흩어져 있는 성경 해석들도 같은 문맥 속에 있다). 사도행전 설교에 반복되는 구조와 그리스 단일 연설을 비교하는 것은 복숭아를 배와 혼동하는 행위다.

(2) 윌스의 입장을 십분 활용한다 해도 "그리스 문학에 나타난 발화들은 반복적인 삼단 패턴을 보이지 않는다"는 주장은 틀린 것이다. 이 주장을 논박할 만한 예들은 얼마든지 들 수 있지만, 무작위로 하나만 골라도 충분하리라 본다. 투키디데스가 기록한 페리클레스의 전사한 아테네인들을 위한 추모 연설을 보면(*Hist.* 2.34–46), 최소한 세 가지 서로 다른 단계, 즉 사례 제시, 결론, 권면(이라고 윌스가 범주화할 만한) 단계를 보이고 있다.[50]

(3) 이러한 고전 연설들은 반복을 허용할 뿐 아니라 장려하기까지 했다. 히브리서나 『클레멘트1서』 저자가 여러 주장을 보완하기 위해 생각들을 첨가하는 것은 고전 수사학 안내서가 '부연'(amplification) 혹은 '정제하기'(refinement)라고 부르는 것을 하고 있는 경우로 생각하면 된다. 이는,

---

[50] 순환#1: 아테네 정부, 경기, 전투, 고결함에 대한 찬사(Thucydides, *Hist.* 2.37–40), 이에 이은 결론(아테네는 헬라스[Hellas, 그리스의 옛 이름—역주]의 학교이다. 2.41.1–5a)과 권면(아테네에 존속하는 사람들은 도시를 위해 기꺼이 희생해야 한다. 2.41.5b). 순환 #2: 전투에서 희생된 아테네인들을 위한 찬사(2.42.1–4), 이에 이은 결론(그 죽음의 고결함은 그들의 도시에 걸맞다. 2.43.1)과 생존자들의 고결한 삶을 위한 세 가지 권면(2.43.1, 4). 순환 #3: 희생자들의 부모들을 향한 애도(2.44.1–2), 이에 따르는, 다른 자녀를 가질 것에 대한 소망으로 꿋꿋이 견뎌낼 것에 대한 권면(2.44.3)과 이 권면의 바탕으로서 새로운 아들들이 전쟁에 잃은 아들에 대한 아픈 기억을 극복하게 하고 향후 도시를 안전하게 할 것이라는 결론(2.44.3). 위 순환들 중 하나는 다수의 권면을 포함하고 있음을 주목하라. 이는 윌스가 초대 기독교 로고스 파라클레세오스(λόγος παρακλήσεως)에서 주목하는 현상이다("Form of the Sermon," 282, 284, 287의 히 10:22–25; 『클레멘트1서』 9.1; 행 20:28, 31에 대한 언급을 보라).

> 같은 주제에 머물러 있으면서도…단순히 같은 주제를 반복하든
> 지 혹은 그 주제에 다른 목소리를 가미하든지 함으로써 완전히
> 새로운 무언가를 말하는 것처럼 보이는 것이다(Cornificius, *Rhet. ad
> Her.* 4.42.54).

이를 놓고 말이 많다거나 아이디어가 부족해서 그렇다고 생각하지 않아야 한다. 퀸틸리아누스에 따르면 이상적인 웅변가를 판단하는 한 가지 기준은 "같은 생각을 여러가지 형태로 표현해 낼 수 있는 [능력]…한 가지 주제에 머물면서 같은 생각을 한동안 곱씹을 수 있는" 능력이다(*Inst.* 9.1.41; 추가로 4.5.14 – 17; 8.4.3 – 29).

다섯째, 마지막으로 권면의 말과 고전 웅변이 서로 조화를 이룬다고 보는 것은 이에 반대되는 여러 일반적인 견해들을 더 적절히 볼 수 있는 관점을 제공한다.

히브리서(5:1–7:28), 베드로후서(1:12–3:2), 『클레멘트1서』(42.1–44.6), 『바나바서』(7.3–16.10), 이그나티우스의 『에베소서신』(17.2–20.2) 등과 같은 문서가 사례 제시 혹은 신학적인 해설 부분을 길게 확장하면서 확립된 설교 패턴을 벗어날 때는 최소 두 가지 동기가 작용한다고 설명할 수 있다.

(1) 이러한 불규칙성을 '여담'(digression)으로서 설명할 수 있다. 설교에 관련된, 그리고 때로는 쟁점의 요지에 수반된 배경에 대한 생생한 검토로 볼 수 있다는 것이다(Aristotle, *Rhet.* 1.9.1368a; Quintilian, *Inst.* 6.2.29 – 36; 8.3.61).

(2) 이러한 여담은 엄격히 말해 설교적 관심사를 나타내기보다는, 성격상 분명히 법정적 혹은 제의적 발화가 갖는 관심사를 나타낸다고 설명할 수 있다.[51] 만약 그렇다면, '로고스 파라클레새오스'(λόγος παρακλήσεως)라는 명칭을 몇 가지 문서들이 직접 사용하긴 하지만, 윌스가 다룬 모든 설교를 '권면'이라고 지칭한 것은 지나치게 제한적이다.

요약하자면 헬라파 유대교 및 초대 기독교 설교를 그리스–로마 연설에서 혁신적으로 벗어난 어떤 것이 아닌 그와 상응하는 것으로 볼 때 진정한 이득이 있다.

이러한 관점을 가질 때 우리는 그 설교자들의 논리적 및 준 논리적인 주장, 여러 주장들의 연결 고리 역할을 하는 권면의 수사적 기능, 또 주장의 확립된 패턴의 반복 혹은 파괴가 만들어 내는 기능 등을 더 잘 이해할 수 있게 된다. 실제로 윌스의 분석에서 해결되지 않고 남겨진 모든 의문점들은 1세기 유대교 및 기독교 설교를 고전 및 헬라 수사학의 주요 흐름 속에 포함시킴으로써 해결된다.[52]

---

51 예를 들어, 히 6:1–10:18에 길게 나타난 교리적이고 대체로 비–권면적인 담화는 "권면의 말"을 캐내려는 눈으로 읽는 사람에게만 이례적으로 보인다. 이러한 이례성은 저자가 권면을 위해서 뿐 아니라(6:1) 과거 사건에 대한 적절한 이해(천상의 대제사장인 그리스도의 단번에 드려진 숭고한 희생 제사, 즉 많은 사람의 죄를 대신한 희생 제사)를 바탕으로 현재 신앙에 견고화를 가져오기 위해서 본문을 썼다는 점을 기억하는 순간 사라진다.

52 그렇긴 해도, 혹자는 Oporto, "La articulación literaria del Libro de los Hechos"의 경우와 같이 사도행전 전체에 고전 연설적 성향을 부과함으로써 하나의 증거를 과도하게 해석할 수 있다.

4. 결론 및 향후 연구를 위한 방안

로렌스 윌스는 우리가 헬라파 유대교 및 초대 기독교 설교 양식을 이해하는데 상당한 공헌을 했다. 그의 연구를 기반으로 본 장에서 시도한 것은 그의 주장의 요지 가운데 하나를 반박하는 작업을 수반한다. 즉 윌스의 주장과는 달리, '권면의 말' 양식은 고대 웅변술의 기준에 부합된다. 이와 같이 유대-기독교 설교가 당대 지배적이었던 수사학 기준과 같은 선상에 있었다는 사실을 우리가 인지하는 순간, 윌스가 지적한 어딘가 들어맞지 않는 현상들 대부분이 제자리를 찾는다.

하지만 윌스의 연구나 필자의 연구, 어느 것도 해당 연구 주제에 마침표를 찍지 못한다. 상당 부분이 아직 연구자의 손길을 기다리고 있다. 이를 위해 몇 가지를 제안한다.

첫째, 만약 필자의 관찰이 타당하다면, 우리는 해당 설교들을 더 깊이 파헤쳐볼 필요가 있다. 그래서 고전 기준이란 틀에 비추어 볼 때 그 설교들이 정확히 어떤 방법으로 설득력을 발휘했는가에 대해 탐구해볼 필요가 있다.

윌스가 다룬 유대교 및 기독교 설교들은 모두 같은 '정체 지점'(*stasis*), 즉 사건의 기본 쟁점을 파악하는 같은 정형화된 공식을 가정하고 있는가?[53]

그 설교들의 주장은 같은 수사적 주제(topic, *topos* 혹은 *locus*)에 기반하여

---

[53] 아리스토텔레스에 의해 초석이 놓인 후(*Rhet*. 3.17.1417b), 사건의 쟁점에 대한 주요 질문들, 즉 사건의 사실, 사건의 정의, 사건의 본질, 사법권 등은 키케로(*Inv*. 2.14.12–39.115)와 퀸틸리아누스(*Inst*. 5.10.53; 8.pr.8)에 의해 틀이 형성되고, A.D. 2세기 후반 타르수스의 허모게네(*Peri ideōn*)에 의해 구체화되었다.

고안되었는가?[54]

그 설교들에 담긴 '문체'(style, 곧 용어 선택[diction]과 구성[composition] 및 비유와 상징의 사용 등)는 어떻게 특징지어 지는가?[55]

논리성(logos) 외 어떤 설득 방식이 그 설교들 안에 작용하고 있는가?

구체적으로 그 설교의 에토스(ēthos)와 파토스(pathos)가 얼마나 실질적인가?

즉 설교하는 인물에 대한 신뢰도와 청중들 사이에 일어나는 감정적 반향은 어떤 결과를 가져오는가?[56]

이처럼 '로고스 파라클레새오스'(λόγος παρακλήσεως)를 고전 수사학과 같은 기준에 놓고 보는 것은 더욱 세밀한 수사적 안목을 가질 수 있는 기반을 제공한다.[57]

둘째, 윌스가 특별히 구분된다고 본 양식이 과연 종교 외부자를 위한 설교가 아닌 일차적으로 내부인들을 향한 선언이었는가에 대해 논란의

---

54   "일반적"인 그리고 "물질/물리적" 주제에 관하여 다음을 참조하라. Aristotle, *Rhet.* 1.3.1359a–8.1366a; 2.18.1391b–19.1393a; 2.23.1397a–1400b; Cicero, *Inv.* 2.15.48–50; Quintilian, *Inst.* 5.10.20–52.

55   문체에 관하여 다음을 보라. Aristotle, *Rhet.* 3.2.1404b–7.1408b; Demetrius, *De elocutione*; Cornificius, *Rhet. ad Her.* 4.8.11–55.69; Quintilian, *Inst.* 8.1.1–9.4.147.

56   이와 같은 설득 유형들 및 각 유형과 관련한 수사적 의무에 대한 논의는 다음을 보라. Aristotle, *Rhet.* 1.2.1356a; 1.15.1377b–2.1.1378a; 3.1.1403b; Cicero, *De or.* 2.27.115; 2.43.183–85; idem, *Or.* 69; Quintilian, *Inst.* 3.5.2; 3.8.15–16; 6.2.9–20; 8.pr.7; 12.10.58–59; Augustine, *Doctr. chr.* 4.27–33.

57   최근 두 가지 연구는 연구의 새로운 물꼬를 튼다. 먼저 Forbes, "Comparison, Self-Praise and Irony"는 바울이 고후 10–12장에서 비교(순크리시스[σύγκρισις]), 과장(알라조네이아[ἀλαζονεία]), 역설적 자기비하(에이로네이아[εἰρωνεία]) 등의 당대 수사적 관습을 정교하게 사용했음을 입증한다. D. L. Smith, *The Rhetoric of Interruption*은 누가가 특히 사도행전에서 담화 개입(interrupted discourse)이란 독특한 용법을 사용함으로써 예수님에 대한 찬양 및 그분의 이방인 구원이란 복음의 논쟁적이고도 타협의 여지가 없는 진리를 강조한다고 주장한다(예, 행 4:1; 7:57; 13:48; 22:22; 26:24).

여지가 남아있다.

　윌스가 주의를 집중시킨 대부분의 특징들, 즉 설득이라는 목표, 주장을 관철시키는 방편, 정형화된 구조 등은 '권면의 말'을 당대 수사학적 관습으로부터 멀어지도록 하기 보다는 오히려 그 쪽에 가깝게 보이도록 하는 경향이 있음을 필자는 보았다.

　이러한 경향성은 아이러니하게도 윌스 스스로에 의해 지지를 받는다. 윌스는 종교 '내부자'에게 전해진 설교 양식의 정의를 찾고자 함에도 불구하고 비시디아 안디옥에서 '외부자'에게 했던 바울의 설교(행 13:13-41)를 그 양식의 전형이라고 보았다. 또한 에베소에서 서기장이 했던(행 19:35-40), 그리고 예루살렘에서 장로들이 했던(행 21:20-25) 불규칙적인 발화를 '종교내부자들 간 예배식 연설'의 전형적인 예를 보여준다고 추정했다.[58]

　이 부분들이야말로 윌스가 예배의 산물만을 다룬 것이 아니라, 필자가 위에서 언급한 더 광범위하고 더 기본적인 수사적 양식을 다루고 있다는 것을 강력하게 보여주는 지표라고 생각한다. 이 부분에 대해 우리가 분명해진 상태에서 향후 연구가 이루어진다면 헬라파 유대교 및 기독교 설교자들이 얼마나 그리스-로마 웅변을 정밀하고 창의적으로 변용했는지 설명할 수 있을 것이다.[59]

　셋째, 성경 및 신구약 중간기 문서의 양식과 내용을 포함한 여러 차원을 평가할 때 수사 분석이 얼마나 유용한지가 여기서 다시 한 번 입증된다.

58　L. Wills, "Form of the Sermon," 278-80, 287-88; 참조, 277-78.
59　이 연결 고리에서 슈바이처의 기민한 관찰을 상기하라. 사도행전 발화들은 "광범위하게 미치는 구조의 정체성을 보여주는 한편…[,] 그리스도론적(christological) 케리그마는 전형적인 이방인 청중이 있는 어떤 장소에서든 신론적인(theological) 것으로 대체된다"(Schweizer, "Concerning the Speeches," 210, 214).

수사 비평은 이 문서들 대부분이 눈으로 읽혀졌을 뿐 아니라 청중들의 귀에 전해졌다는 사실을 심각하게 받아들인다. 아리스토텔레스가 비록 십자가에 못 박힌 메시아를 믿는 믿음에 그리스도인의 행위가 달려있다는 신약의 핵심을 지지하진 않았을지 몰라도 그 모든 글이 설득을 위한 목적으로 쓰였다는 사실은 이해했을 것이다(*Rhet.* 1.2.1355b).

수사학 연구는 종교적 선언에서 논리가 얼마나 널리 사용되는지, 그리고 논리가 어떤 한계를 갖는지 더 잘 이해할 수 있도록 돕는다. 탁월하게 정립된 수사학 개념은 고대 문서를 읽는 우리의 해석적 직관을 더 잘 제어하고 발전시킬 수 있게 한다. 수사 비평은 해석을 위한 만능열쇠가 아니다. 성경 해석가들이 던지는 모든 물음에 답할 수 있는 단일 방법론이란 존재하지 않는다.

그럼에도 불구하고 로렌스 윌스가 이목을 집중시킨 설교들을 분석할 때 수사 비평은 전도유망한 방법론이다. 단순히 설교 양식을 설명하는 데 뿐 아니라 그 힘을 설명하는 데에도 그러하다.

제4부 | 설교

제8장 • 비유 설교 노상에 만나는 네 정거장
제9장 • 한 늙은 변호사의 설교자를 위한 조언

제8장

비유 설교 노상에 만나는 네 정거장

말을 마굿간에서 나오게 하라고 지시를 내렸다. 그 하인은 내 말을 이해하지 못했다. 나는 직접 마굿간으로 가서 말에 안장을 얹고 그 위에 올라탔다. 나는 멀리서 들려오는 뷰글나팔 소리를 들었고 하인에게 이 소리가 무엇을 의미하는지 물었다. 그는 아무것도 몰랐다. 아무 소리도 들은 적이 없었다. 마굿간을 나서는 문 앞에서 그가 나를 멈춰 세우고는 물었다. "주인님 말을 타고 어디로 가십니까?" 나는 대답했다. "모르겠네. 여기를 벗어나기만 하면, 여기만 벗어나면. 항상 여기만 벗어나면, 그러면 내 목적지에 도착할 수 있겠네." 그가 물었다. "그러면 주인님은 가시는 목적지를 알고 계십니까?" "그렇다네." 나는 대답했다. "내가 그렇게 말하지 않았는가? 여기만 벗어나면, 그게 내 목적지라네." 그가 말했다. "주인님은 아무런 양식도 챙기지 않으셨습니다." "아무것도 필요 없네." 나는 말했다. "노상에서 아무것도 구하지 않으면 굶어죽을 수밖에 없을 정도로 이 여정은 너무도 길다네. 어떤 대비책도 나를 구원할 수 없다네. 왜냐하면 이 여정은 운 좋게도 무한한 여정이기 때문이지."

프란츠 카프카(Franz Kafka)[1]

1. 니느웨

여호와의 말씀이 아밋대의 아들 요나에게 임하니라 이르시되, 너는 일어나 저 큰 성읍 니느웨로 가서 그것을 향하여 외치라 그 악독이 내 앞에 상달되었음이니라 하시니라.

그러나 요나가 여호와의 얼굴을 피하려고 일어나 다시스로 도망하려 하여…여호와께서 큰 바람을 바다 위에 내리시매 바다 가운데에 큰 폭풍이 일어나 배가 거의 깨지게 된지라. …

무리가 여호와께 부르짖어 이르되 "여호와여 구하고 구하오니 이 사람의 생명 때문에 우리를 멸망시키지 마옵소서." …요나를 들어 바다에 던지매 바다가 뛰노는 것이 곧 그친지라.

그 사람들이 여호와를 크게 두려워하여 여호와께 제물을 드리고 서원을 하였더라.

여호와께서 이미 큰 물고기를 예비하사 요나를 삼키게 하셨으므로 요나가 밤낮 삼 일을 물고기 뱃속에 있으니라. 요나가 물고기 뱃속에서 그의 하나님 여호와께 기도하여…

여호와께서 그 물고기에게 말씀하시매 요나를 육지에 토하니라

---

[1] Kafka, *Parables and Paradoxes*, trans. E. Kaiser and E. Wilkins, 189.

여호와의 말씀이 두 번째로 요나에게 임하니라 이르시되 "일어나 저 큰 성읍 니느웨로 가서 내가 네게 명한 바를 그들에게 선포하라" 하신지라. 요나가 여호와의 말씀대로 일어나서 니느웨로 가니라. …

요나가…외쳐 이르되 "사십 일이 지나면 니느웨가 무너지리라" 하였더니

니느웨 사람들이 하나님을 믿고 금식을 선포하고 높고 낮은 자를 막론하고 굵은 베 옷을 입은지라. …

하나님이 그들이 행한 것 곧 그 악한 길에서 돌이켜 떠난 것을 보시고 하나님이 뜻을 돌이키사 그들에게 내리리라고 말씀하신 재앙을 내리지 아니하시니라.

요나가 매우 싫어하고 성내며 여호와께 기도하여 이르되 "여호와여 내가 고국에 있을 때에 이러하겠다고 말씀하지 아니하였나이까 그러므로 내가 빨리 다시스로 도망하였사오니 주께서는 은혜로우시며 자비로우시며 노하기를 더디하시며 인애가 크시사 뜻을 돌이켜 재앙을 내리지 아니하시는 하나님이신 줄 내가 알았음이니이다. 여호와여 원하건대 이제 내 생명을 거두어 가소서 사는 것보다 죽는 것이 내게 나음이니이다." 하니 여호와께서 이르시되 "네가 성내는 것이 옳으냐…네가 수고도 아니하였고 재배도 아니하였고 하룻밤에 났다가 하룻밤에 말라 버린 이 박넝쿨을 아꼈거든 하물며 이 큰 성읍 니느웨에는 좌우를 분변하지 못하는 자가 십이만여 명이요 가축도 많이 있나니 내가 어찌 아끼지 아니하겠느냐?" 하시니라(욘 1:1 – 3a, 4, 14a, 15 – 17; 2:1, 10; 3:1 – 3a, 4b – 5, 10; 4:1 – 4, 10b – 11[원문은 NJPS의 장과 절을 기준으로 함]).

이 비유(parable)를 한번 들어보라.

그런데 비유는 무엇인가?

가장 간단히 말하자면, 비유는 "유다는 사자 새끼로다"(창 49:9)에서와 같은 은유법(metaphor)이다.

이러한 은유법의 범위에서 직유법(simile)까지 나아가보라.

> 이 세대(는)…아이들이 장터에 앉아 제 동무를 불러 이르되 '우리가 너희를 향하여 피리를 불어도 너희가 춤추지 않고 우리가 슬피 울어도 너희가 가슴을 치지 아니하였다' 함과 같도다 (마 11:16b-17).

이제 직유법을 풀어보라.

그러면 제대로 된 비유를 맛볼 수 있다.

> 여호와의 말씀이 아밋대의 아들 요나에게 임하니라. 이르시되, '너는 이렇게 깊이 비통해하느냐?'…'내가 니느웨를 아끼는 것이 당연하지 않겠느냐?'[2]

비유의 정의를 논할 때 1935년 C. H. 도드(C. H. Dodd)가 제안한 정의만큼 신약학자들 사이에서 널리 통용되는 것도 없다. 그 정의는 다음과 같다.

---

[2] V. Taylor, *Formation of the Gospel Tradition*, 88–118은 이러한 분류를 구체화한다.

> 간단히 말해 비유는 자연이나 일반적인 삶에서 발견되는 생생함이나 기묘함을 통해 청자를 사로잡되 충분한 의구심이 마음속에 남아 정확한 의미를 능동적으로 생각하도록 하는 은유 혹은 직유법을 일컫는다.[3]

도드의 정의가 감탄을 자아 내긴 하나, 여기에는 한 가지 필수적인 요소가 빠져 있다.

문자적으로 번역하면 '비유'(헤 파라볼레[ἡ παραβολη])라는 용어는 어떤 대상 '옆에 던져진' 무언가를 지칭한다. 비유는 '병치(倂置)성'에 관한 것이며 이 세상과 하나님 말씀의 충돌에 관한 것이다. 바로 이 요소가 도드가 내린 정의의 은유적 특질, 생생한 기묘함, 의구심을 일으키는 충동 등의 많은 부분을 설명해 준다. 일상이 하나님의 계시로 관통될 때 파라볼레(비유, parabolē)가 성립된다. 이 때 하나의 비유가 발화(發話)된다.

이러한 이유로 예수님이 갈릴리에 발을 들이기 무섭게, 어떤 말이나 행동도 하기 전에, 마가복음은(1:14-15) "때가 찼고 하나님의 나라가 가까이 왔(다)"라고 말한다. 또한 예수님이 "비유가 아니면 말씀하지 아니하(셨다)"(4:34b)는 마가의 언급 역시 같은 이유에서 설명이 가능하다. 물론 마가복음에서 예수님은 모호한 이야기 없이도 많은 것을 말씀하셨고 어떤 부분은 아주 "드러내 놓고"(8:32a) 말씀하기도 했지만 말이다.

마가는 예수님에 대해 양식 비평적(form-critically)으로 이야기하지 않고 신학적 관점(theologically)에서 이야기한다. 예수님이 가는 어떤 곳이든 하나님의 비유가 튀어나온다. 이때는 예외 없이 그를 따르는 자들의 신앙적

---

3 Dodd, *Parables of the Kingdom*, 5.

상상력이 번쩍 깨어나고 그들의 신경계가 짜릿한 충격을 받는다.

그들이 놀라고 따르는 자들은 두려워하더라(막 10:32b).

이러한 제안에는 두 가지 필연적인 결과가 뒤따른다.

첫째, 비슷한 두 가지 요소로 이루어져 있다.

그 두 가지는 비유가 이야기 내에서 사용될 수도 있지만 반드시 그럴 필요는 없다는 사실과, 그와 동시에 종교적 배경이 있는 모든 이야기가 비유로 기능하는 것은 아니라는 사실이다. 요한이 그린 예수님이 "나는 생명의 떡이니 내게 오는 자는 결코 주리지 아니할 터이요 나를 믿는 자는 영원히 목마르지 아니하리라"라고 천명할 때(요 6:35) 요한복음은 공관복음의 그것과는 조금 다르지만 하나의 비유를 다루고 있는 것이다.[4]

예수님의 이러한 공언을 통해 이 세상의 어떠한 먹고 마시는 것보다 더 큰 만족을 주는 참 하나님의 임재 앞에 우리 안에 있는 가장 깊은 배고픔과 목마름을 가지고 나아가게 된다. 우리는 예수님 앞으로 나아가서 믿을 수도 있고 반대로 믿지 않고 물러날 수도 있다.

우리의 반응이 무엇이건 간에 현실과 우리의 대면은 계속해서 변화된다. 더 나아가 종교적 배경을 두고 서술되는 모든 이야기가 비유로서, 적어도 기독교적 의미의 비유로서 기능하는 것은 아니다. 레너드 번스타인(Leonard Bernstein)에게는 내러티브가 가르침의 도구였고 로널드 레이건(Ronal Reagan)에게는 일화가 투표를 이기게 하는 도구였으며, 개리슨 케일러(Garrison Keillor)에게는 이야기가 즐겁게 하는 도구였다. 복음을 전하는

---

[4] Schweizer, "Johannine 'Parables.'"

설교자에게는 비유가 하나님의 능력으로 이 세상을 뒤집는 도구가 된다. 이러한 하나님 중심의 폭발력이 우리에게 없었다면, 이야기를 장황하게 해왔을 수는 있겠지만 비유를 말한 것은 아니다.[5]

둘째, 필연적인 결과는, 오해의 소지는 있지만, 긍정적인 것이다.

진정한 기독교 설교는 본질적으로 비유적 행위로 볼 수 있다. 이 말은 모든 설교가 비유를 본문으로 삼아야 한다는 말이 아니다. 그렇다고 모든 설교가 비유를 사용하거나 만들어 내야한다고 주장한다거나 비유적 이야기의 틀을 가지고 있어야 한다고 제안하는 것도 아니다. 또한 기독교 설교가 비유로, 혹은 설교란 이름을 가진 어떤 비유적 틀로 단순화될 수 있는 것도 아니다.[6]

필자가 주장하는 바는 형식이나 전략에 관한 것이 아니라 신학에 관한 것이다. 다시 말해 어떤 모습이든지 간에 기독교 설교는 다름 아닌 인간의 배고픔과 하나님의 보살핌, 둘 사이의 생명이 오가는 대면이다. 바로 이러한 본질 때문에 설교는 비유적이다. 왜냐하면 설교는 피할 수 없는 인간의 필요가 하나님의 자비로운 능력과 불협화음을 내지만 동시에 정교하게 맞부딪히는 현장이기 때문이다.[7]

따라서 설교단에 신실하게 오르는 모든 설교자에 대해 우리는 순교자 저스틴(Justin Martyr)이 다음과 같이 예수님을 묘사했던 것과 마찬가지로

---

[5] Wilder, *Early Christian Rhetoric*, 71–88은 이와 유사한 언급을 한다.

[6] 다음 두 연구, Long, *Preaching and the Literary Forms*와 Sensing, "Imitating the Genre of Parable"은 필자가 하는 것보다 더 직접적으로 비유(parable)들을 실제 설교와 연계한다.

[7] 기독교 교육의 몇 가지 형태에 대해서 똑같은 말이 적용될 수 있다. 다음을 보라. Boys, "Parabolic Ways of Teaching"; Cavalletti, "The Parable Method and Catechesis." 이 중 후자의 다음 언급에 주목하라. "존재의 일상적 단계에서 추출된 한 요소와 초월적 단계에서 추출된 다른 요소 간의 관계를 통해 만들어지는 비유는 '성육신' 자체이다. 그래서 성육신의 신비를 전달하는 특별한 도구로 사용된다"(90).

말할 수 있다.

"그분은 간단명료하게 말씀했다. 궤변가가 아니었기 때문이다. 그의 말씀은 하나님의 능력이었다"(1 *Apol.* 14.5).

2. 갈릴리

또한 제자들에게 이르시되 "어떤 부자에게 청지기가 있는데 그가 주인의 소유를 낭비한다는 말이 그 주인에게 들린지라. 주인이 그를 불러 이르되 '내가 네게 대하여 들은 이 말이 어찌 됨이냐? 네가 보던 일을 셈하라 청지기 직무를 계속하지 못하리라!' 하니 청지기가 속으로 이르되 '주인이 내 직분을 빼앗으니 내가 무엇을 할까? 땅을 파자니 힘이 없고 빌어 먹자니 부끄럽구나. 내가 할 일을 알았도다 이렇게 하면 직분을 빼앗긴 후에 사람들이 나를 자기 집으로 영접하리라' 하고 주인에게 빚진 자를 일일이 불러다가 먼저 온 자에게 이르되 '네가 내 주인에게 얼마나 빚졌느냐?' 말하되 '기름 백 말이니이다' 이르되 '여기 네 증서를 가지고 빨리 앉아 오십이라 쓰라' 하고 또 다른 이에게 이르되 '너는 얼마나 빚졌느냐' 이르되 '밀 백석이니이다' 이르되 '여기 네 증서를 가지고 팔십이라 쓰라' 하였는지라 주인이 이 옳지 않은 청지기가 일을 지혜 있게 하였으므로 칭찬하였으니"(눅 16:1-8a).'

종교적 혹은 도덕적 가치를 잘 수용할 수 있도록 고안한 '설교 예화'로서 예수님의 비유를 보는 견해는 그 어떤 종류라도 결국에는 약삭빠른 청지기 비유에 부딪힐 수밖에 없다. 사실상 이 비유가 누가복음에 포함되던 순간부터 이 비유의 해석은 미궁 속에 있어왔다. 1세기 당시 사업 관례 및 사회적 관행에 대한 아마도 어쩔 수 없이 뿌리 깊은 무지, 그리고 이 비유의(아마도) 가장 첫 해석이라 할 수 있는 누가복음 16:8b-13에 나타난 교훈의 심각한 불확실성이 그 원인이다.[8]

청지기가 돈을 횡령했다는 사실이 밝혀지기 전후 할 것 없이 어떤 종류의 부정이 이미 그를 둘러싸고 있다(16:1). 제멋대로인 사이비 청지기를 고용한 데서, 혹은 과도한 융자금을 부과한 데서, 혹은 체면치레를 위해 불법적인 대출금 인하를 승인한 것에서, 아니 어쩌면 이 모든 면을 다 가진 것에서 볼 수 있는 형편없는 분별력이 시사하듯, 주인이란 인물 자체의 행동 역시 나무랄 데 없는 이미지와는 거리가 멀다(눅 6:24; 12:16; 14:12; 16:19-22에 나타난 부자에 대한 누가의 비판을 참조하라).

"불의의 재물"(호 맘모나스 테스 아디키아스[ὁ μαμωνᾶς τῆς ἀδικίας])의 때가 묻은 악한 인물들이 등장한다는 점을 떠나서 그저 누가가 무슨 말을 하고자 하는지에 대해서조차도 현대 주석가들은 합의에 이르지 못했다.[9]

---

[8] Wailes, *Medieval Allegories*, 245-53은 눅 16:1-8을 비유적으로 해석하고자 한 중세의 시도들을 요약한다. 참고로 Hendrickx, *Parables of Jesus*, 170-97은 역사 비평적 노력들을 살펴본다.

[9] 다음은 몇 가지 대표적인 대안들이다. "그리스도의 제자들은 예수님의 하나님 나라/심판에 대한 설교는 그리스도의 제자들을 위기에 직면하게 만들기도 한다. 그리고 이 위기의 불빛 아래에서는 물질적인 소유물을 신중하게 사용하는 것이 권장된다"(Fitzmyer, Luke[X-XXIV], 1098); 예수님의 제자들은 "빚을 탕감해 주어야 하고 부를 거저 나눠주어야" 한다(Tannehill, *Luke*, 249); "'이 시대의 자녀들'이…세상이 어떻게 돌아가는지를 이해하고 그들에게 이익이 되도록 그것을 사용할 줄 안다면, 도대체 왜 '빛의 자녀들'은 하나님 나라가 어떻게 돌아가는지 이해하지 못하는가?"(Joel Green, *Gospel of Luke*, 593); "이

기분 좋게 예상 가능한 카드들의 묶음 속에 들어 있는 교활한 청지기카드가 조커라고 한다면 혹자는 반대할지도 모르겠다.

그러나 복음서 저자들이 우리에게 돌리는 다른 패들이 정말 다루기 쉬운 카드인가를 따져보라.

'선한' 사마리아인의 비유?(눅 10:29-37)

자, 더 생각해보자.

당일 매매 투기꾼은 상을 받고, 침낭에 솜 넣는 일을 하는 사람들은 벌을 받는 비유?(참조, 마 25:14-30)

이런 일은 미연방준비제도(Federal Reserve System) 이사에게 말해보라.

부모를 먼지만도 못하게 여기고 유산을 탕진하다 삶을 돼지 오물 속에 던져버리고 집으로 기어들어온 부랑자들에 대한 비유?(참조, 눅 15:11-32)[10]

현실을 직시하라!

해리 에머슨 포스딕(Harry Emerson Fosdick)의 설교 준비 시간 배정을 따라 설교 1분 당 한 시간을 준비하는 목회자들과 교회로 유유히 가는 길에 갑자기 설교를 꿰어 맞추는 얼간이가 같은 급여를 받는 비유?(참조, 마 20:1-16)

곰곰이 생각해보라.

비유는 고대 그리스, 이스라엘, 로마, 모든 지역에서 교육 자료로 환영받았다. 아리스토텔레스(B.C. 384-322년경)는 『수사의 기술』(*The Art of*

는 정확히 우리가 실제 삶에서 어떻게 난해하고도 도덕적으로 애매한 상황을 풀어나가는지 보여준다. 그리고 우리의 진정한 성격을 드러내준다"(Landry and May, "Honor Restored," 308). 누가복음 16:1-8a과 관련한 해석적 난제들은 본서 제4장에서 다루고 있다.

10   필자는 누가가 15:11-32 탕자와 아버지의 미심쩍은 행동과 16:1-8a 청지기와 주인의 그러한 행동을 서로 연관짓도록 독자들을 닦달한다고 본다는 점에서 Carroll, *Gospel of Luke*, 322과 동의한다.

Rhetoric)에서 파라볼레(*parabolē*)를 논리적인 설득을 위한 필수 도구로 보면서 다음의 유명한 소크라테스 비유를 예로 들었다. 경기력과 배 모는 능력에 관계없이 운동선수나 선원을 무작위로 뽑는 것만큼이나, 주사위로 행정관을 뽑는 것은 어리석은 일이다(2.20.4). 벤 시락(Ben Sirach, B.C. 180년경)을 통해 전승된 지혜 가운데는 다음과 같은 말이 있다.

"지혜의 보고 안에는 지식의 '파라볼라이'(*parabolai*)가 있다. 그러나 신앙은 죄인이 보기에 혐오스러운 것이다"(1:25).[11]

퀸틸리아누스(A.D. 35-95년경)는 그리스 '파라볼레'가 라틴 '시밀리투도'(*similitudo*)에 상응하는 것임을 관찰하고 연설 기술을 위한 실제적인 예를 다음과 같이 제시했다.

> 정신은 경작을 요구한다는 주장을 하고 싶다면, 내버려둘 경우 가시와 덤불을 생산해내고 경작하면 열매를 생산해내는 토양에서 비유를 만들어 사용할 수 있다(*Inst.* 5.11.1 - 5, 24).

비유에 대해 무언의 결론을 담은 귀납적 주장이라고 정의한 조지 케네디(George Kennedy)는 예수님이 비유를 사용한 다른 몇 가지 이유를 제안한다.

> 예수님에게 비유는 바리새인과의 대립을 피하는 데 유용한 도구였을 수 있다. 하지만 동시에 예수님의 주된 관심의 대상이었던

---

11   지혜 잠언과 선지자적 비유 구문 사이에 밀접한 관련성에 관해서는 다음을 보라. Herbert, "The 'Parable'(*MĀŠĀL*)"; Westermann, *Parables of Jesus*. Schipper, *Parables and Conflict*는 구약 비유 담화의 눈부신 우수함에 주목한다.

들을 귀 있는 청중들이 속한 광범위한 대중과의 소통을 이어나가는 데에도 동일하게 유용했을 것이다.

예수님의 가르침이 거의 전적으로 비유로 이루어져 있는 마가복음과 같은 복음서에서 우리가 발견하는 것은 "급진적인 기독교 수사법, 즉 어떤 증거나 논리적인 주장이 포함되지 않은 권위 있는 진리에 대한 절대적인 주장으로 특징 지어진 '신성한 언어'의 한 양식"이다.[12]

필자는 사복음서에 나타난 수사학이 '근본적으로' 그리고 '과장되게' '급진적'이라는 케네디의 말에 동의한다.

"만일 네 손이 너를 범죄하게 하거든 찍어버리라 장애인으로 영생에 들어가는 것이 두 손을 가지고 지옥 곧 꺼지지 않는 불에 들어가는 것보다 나으니라"(막 9:43)하는 식으로 말이다. 그럼에도 불구하고 케네디의 몇 가지 주장을 사복음서와 나란히 놓고 볼 때 얼마나 진실에서 벗어나 있는지 놀라움을 금할 수 없다. 예수님의 비유는 종교 지도자들과의 충돌을 피하는 것과는 거리가 멀고 일반적으로 분노를 샀다.

일례로 서기관들과 대제사장들은 예수님이 그들을 포도원 비유를 통해 공개적으로 비난했다는 사실을 알았다(눅 20:19). 제자들이 비유를 이해했다고 말하는 마태복음에서 예수님은 노골적으로 말씀하길 자신의 비유는 이스라엘을 응징하는 동시에 신자의 교회를 축복하는 행위라고 했다(마 13:13-17).

요한복음에서는(요 6:60, 66) 한층 더 심각해진다. "내 살을 먹고 내 피를 마시는 자는 영생을 가졌고"라는 표현을 담은 그리스도 섭취의 비유는 너

---

[12] Kennedy, *New Testament Interpretation*, 71, 104.

무도 생생해서 많은 예수님 제자들이 혐오감 때문에 그 말씀을 받아들일 수 없다고 고백하며 뒷걸음질 치고 더 이상 그분을 따르기를 꺼려할 정도였다.

아마도 비유에 대한 케네디의 견해에서 도출되는 가장 큰 의문점은 비유가 '유창한 수사법'의 증거가 된다는 그의 가정이다. 다시 말해 그는 비유가 논리적인 설득력을 지닌 담화라고 본다.[13] 예수님의 팔복(마 5:3-12= 눅 6:20-23)에서 케네디가 발견한 모든 삼단 논법이 어떻게 기존에 믿음을 갖지 않은 사람에게 그리스도 안에서 열린 새 시대, 가난한 자와 부당하게 고난받는 자가 천국을 이미 누리게 되는 새 시대에 대해 무엇을 증명할 수 있는지 필자는 이해할 수 없다. 오늘날 설교의 뿌리인 설득력 있고 능동적인 수사 전통을 상기시키고자 하는 설교학 영역을 몹시 괴롭히고 있는 것이 있다면 바로 이와 같은 문제이다.[14]

오늘날 설교학 영역은 예수님의 비유가 최소한 청중의 이해를 돕고자 하는 것만큼이나, '깨닫지 못하게' 만드는 것과 깊은 연관이 있음을 거의 고려하지 않고 있다(막 4:10-12). 예수님 풍의 설교는 단순히 차별 없이 씨를 뿌리고 그 씨 뿌림에 반응하는 무작위의 남은 자(remnant)를 엄청나게 많이 양산하는 것과 거리가 있다. 나아가 청중에게 뿌려진 말씀의 씨 중 75퍼센트는 무의미한 결과를 낳는다(막 4:3-9).

설교행위?

설득력?

---

13 Ibid., 45-63.
14 여러 저작들 중에서도 다음을 살펴보라. Lowry, *How to Preach*, 19-41; P. Wilson, *Practice of Preaching*, 61-124, 197-284; Childers, *Performing the Word*; Buttrick, *Speaking Parables*.

배부른 자본가를 더 배불리는 별난 음식에서 복음을 발견한 교회가 있다면 내게 보여 달라.

그렇다면 나는 성령을 통한 믿음의 기적을 보여주겠다. 말의 타당성도 아니고 유창함도 아닌 이것이야 말로 가장 중요한 것이다.

3. 히포

> 따라서 성부는 하나님이시고, 성자도 하나님이시고, 성령도 하나님이시다. 성부는 선하시고, 성자도 선하시고, 성령도 선하시다. 성부는 전능하시고, 성자도 전능하시고, 성령도 전능하시다. 그러나 세 분의 하나님이 있거나 세 분의 선한 존재가 있거나, 세 분의 전능한 존재가 있는 것이 아니라 한 분의 선하고 전능한 하나님, 삼위일체 하나님이 계신다. …그렇다면 (온 마음이) 그 이미지를 따라 자신을 만든 하나님을 기억하게 하라. 그리고 그분을 이해하며, 사랑하게 하라. 한마디로 말하자면, 그 마음이 자존하는 하나님을 예배하게 하라. 그 하나님에 의해 그것은 하나님을 받아들일 수 있도록 창조되었고 그분께 참여할 수 있게 되었다. 이리하여 마음은, 자기 자신의 빛을 통해서가 아닌, 지고의 빛에 참여함을 통해 지혜롭게 될 것이며 그 빛이 영원히 통치하는 그곳에서 행복하게 통치할 것이다(어거스틴[Augustine], *Trin.* 8.pr.1; 14.4.15).[15]

---

15   E. Hill, trans., *Saint Augustine: The Trinity*, 241, 383.

히포의 어거스틴(A.D. 354-430년경)은 문장가이다. 서양의 어떤 기독교 사상가도, 그의 생 이전과 이후를 막론하고, 기독교 신학에 그보다 더 막대한 영향력을 행사한 인물은 없다. 우리는 그의 『삼위일체론』(*The Trinity*)을 포함한 수많은 주요 걸작들이 그가 바쁜 주교의 삶을 보내던 아프리카 지저분한 항구도시 히포레기우스(Hippo Regius, 현대 알제리의 안나바 인근)에서 쓰였다는 사실을 잊어버리곤 한다.

그곳에서 그는 대부분 가난하고, 대체로 문맹이며, 야만스러울 정도로 급한 성격을 지녔고, 철저히 미신적인 그리스도인들을 돌보는 성직을 맡고 있었다. 그의 일상 업무는 목회자로서의 보살핌, 민사 재판 중재, 로마의 사법 및 형법 기구를 인도적으로 만드는 일, 끝없는 편지의 무더기 속에서 헤엄치며 답장을 보내는 일 등으로 이루어져 있었다. 그의 기도 생활은 그 일들로 시달리고 있었다. 자신의 일들에 세심한 주의를 기울여 처리하곤 했지만 쓸데없이 시간을 잡아먹는 업무들에 불평이 절로 나왔다.

하지만 어거스틴의 매일의 책무 가운데 그 어떤 일도 설교의 우선순위를 앞지르지 못했다.[16] 그는 대체로 하루에 한 번 이상 예배 상황에 따라 짧게는 10분에서 길게는 두 시간까지 매일 설교했다.

그는 무슨 목적을 생각하며 설교를 했을까?

자신이 성직을 맡은 것을 기념하는 어느 날 그는 이렇게 고백한다.

> 파장을 일으키는 누군가를 꾸짖기 위해, 용기 없는 자를 세워주기 위해, 약한 자 옆에 서기 위해, 반대자에게 반박하기 위해, 함정을 피하며 경계를 늦추지 않기 위해, 무지한 자를 가르치기 위

---

16 Bright, *Augustine and the Bible*, xv은 다음과 같이 언급한다. "이 지점이 그의 집이자 공간이자 선호하는 환경이었다."

해, 게으른 자를 흔들어 깨우기 위해, 사고 파는 일에 자신을 불태우는 사람의 의욕을 꺾기 위해, 오만한 자가 제자리를 찾도록 하기 위해, 언쟁을 누그러뜨리기 위해, 가난한 자를 돕기 위해, 억압된 자를 해방시키기 위해, 선한 일을 격려하기 위해, 악한 자들 사이에서 고난받기 위해, 모든 사람들을 사랑하기 위해 (이 일을 한다., *Serm.* 340.1).

어거스틴은 다람쥐 쳇바퀴 같은 일상에서 벗어나길 간절히 바랐다. "하지만," 그가 고백하길,

(안이한) 삶의 길에 들어서길 두려워하도록 만드는 것은 바로 복음이다. 물론, 나는 스스로 물을 수 있다. '사람들을 따분하게 만들고, 악한 일을 책망하고, 사람들에게 이것 좀 그만두라 저것 좀 그만하라 참견하면서 나는 무엇을 얻는가?' 바로 복음. 복음이야말로 나를 잡아끄는 고삐다(339.4).[17]

어거스틴은 서방교회에서 최초이자, 거의 틀림없이 가장 영향력 있는 설교 안내서인『기독교 교리』(*De doctrina christiana*[*Christian Instruction*], A. D. 396-426년 사이에 기록됨)를 쓴 장본인이다.[18] 어거스틴이 기독교로 개종하기 전, 전문적인 수사학자였기 때문에(*Conf.* 4.2), 그리고『기독교 교리』는 그가 설교와 가르침의 기술에 대해 그간 기록한 거의 모든 것을 담고 있

---

17 추가로 van der Meer, *Augustine the Bishop*, 235-74을 보라.
18 이 저작물이 중세부터 르네상스에 걸쳐 미친 영향에 관하여 English, *Reading and Wisdom*을 참조하라.

는 원숙한 작품이기 때문에, 그 내용과 관점에 대한 우리의 신중한 검토를 요구한다. 하지만 자신을 탈근대적이라고 생각해서 근대적인 것들조차 소원하게 여기는 이들에게 이 안내서의 작품 세계는 너무 이상하게 여겨질 것이다.

그러나 필자는 본 장에서 어거스틴이 비유를 포함한 성경 해석 및 설교에 대해 가지고 있었던 견해를 일반 상식이란 문맥 속에 던져 넣고 다루어 보기로 마음먹었다.

어거스틴은 오늘날 대부분의 학자들과는 다른 방법으로 해석 과정에 진입한다. 본문의 역사적 혹은 문학적 세부 사항을 바탕에 둔 '객관적' 주해를 하는 해석가들과는 달리, 동시에 해석을 특정 하위문화(subculture)의 특정 경험이란 문맥 속에서 '주관적'인 해석을 시도하는 이데올로기 비평가(ideological critics)와도 달리, 어거스틴은 시대(kairos)의 반영과는 거리가 먼 열정 가득한 신학적 확신으로부터 해석을 시작한다.

"성경은 오직 박애(博愛)만을 가르친다"(*Doctr. chr.* 3.10.36).

어거스틴에게 '카리타스'(*Caritas*, 박애)란 실제 자연 상태에 걸맞는 질서정연한 사랑이다. 즉 하나님에 대한 사랑이 동시에 이웃에 대한 사랑으로 이어지는 것을 일컫는다(1.22.20 – 1.35.39). 이와 같이 양면을 나눌 수 없는 사랑이 모든 정돈된 해석과 설교가 가지는 '단 하나'의 인식론적 원리다. 이러한 원리 때문에 어거스틴은 다음과 같은 대담한 주장을 펼친다.

> 혹자는 자신이 성경을 이해했다고 생각할지도 모른다. 그러나 그들의 견해가 하나님과 이웃에 대한 이중 사랑을 강화하는 데 실패한다면 그들은 아직 바로 이해하지 못하고 있는 것이다 (1.36.40).

반대로 이중 사랑을 고양시키는 해석은 성경 저자의 실제 의도를 잘못 이해했다 할지라도, 심각한 해석적 오류를 범하지 않는 것이라고 보았다.[19] "그러므로 믿음과 소망과 사랑으로 강건해진, 그리고 그것들을 확고히 붙잡는 사람은 다른 이들을 가르치는 용도 외에는 성경이 필요가 없다"(1.39.43)라고 했다.[20]

나의 강의나 설교가 사랑에 굳게 닻을 내리고 있는 성경을 강조하는 것으로, 그리고 궁극적으로 그것이 불필요할 수도 있음을 선언하는 것으로 시작하고 끝맺었던 것이 언제던가?

우리가 강의실에서 바울을 따라서 선포했던 어거스틴의 안내를 따랐던 적이 언제였던가?

> 사랑은 언제까지나 떨어지지 아니하되 예언도 폐하고 방언도 그치고 지식도 폐하리라(고전 13:8; 참조, *Doctr. chr.* 1.39.43).

어거스틴이 성경을 대하는 출발점, 즉 하나님과 이웃에 대한 한 쌍의 사랑을 받아들여보라.

그러면 도미노가 쓰러지듯 우리의 교육학적 접근에 대해 생각할 점이 보일 것이다. 예를 들어, 우리는 방법론에 대해 한이 없는 듯 계속해서 매료된다. 대부분의 주제에 대해 성경문서학회(Society of Biblical Literature)와 설교학술원(Academy of Homiletics), 그 외 북미주 신학계에 속한 전문적인 단체들을 이끌어 가는 것은 방법론의 증식이다. 놀랄 만한 일이 아니다.

---

19 *Doctr. chr.* 1.36.40–41을 간결하게 바꾸어 표현한 이 부분은, 그리고 앞 문장의 원문 번역은 대부분 Babcock, "*Caritas* and Signification"으로부터 온 것임을 밝힌다.

20 R. Green, trans., *Augustine*, 53. 강조는 필자에 의한 것임.

철학, 해석법, 그만의 정제된 교육법 외에 한 협회를 진실성 있는 학술기관으로서 공인할 수 있는 기준이 있는가?

많은 이들이 매우 반사적으로 『기독교 교리』가 설교 전략들을 주지 않는 것에 실망하고 떠난다.

아니 어째서 그러한가?

어거스틴의 '방법들'은 실제적인 몇 가지 조언으로 요약이 가능하다.

청중을 알라.

말씀을 자세히 설명하라.

사람들이 반드시 알아들어야 하므로 명료하게 말하라.

명확성을 위해 기도하라.

만약 좋은 설교가 당신 능력 밖의 일이라면 조바심내지 말라.

당신이 잘 할 수 없는 말을 현명하게 말하는 것이 당신이 현명하게 할 수 없는 말을 잘하는 것보다 낫다(4.4.6 - 5.7; 4.8.22 - 10.25).

"더없이 유창한 설교자란 그의 삶으로 말할 수 있는 사람이다"(4.27.59).

어거스틴은 우리 중 누군가가 아무리 배워도 못 배울 양의 수사학을 뒤로 했다. 기술에 목매기를 거부한 그의 고집스러움에 우리가 분이 나는 것도 당연하다. 그러나 만약 우리가 그의 말을 끝까지 듣고자 하면 이 주교는 우리가 처한 곤경의 해결책을 던져준다.

어거스틴이 말한 기쁨으로 즐기는 것과 사용하는 것 사이의 중대한 구분을 상기해보라.

'기쁨으로 즐기는' 것은 그 자체를 위해 사랑으로 붙잡는 것을 일컫는다. '사용하는' 것은 우리가 사랑하는 것에 스스로 이르도록 돕는 것이어야 한다. 하나님, 그리고 우리와 함께 하나님을 기뻐할 수 있는 이웃만이 그 자체로서 사랑의 적합한 대상이 된다. 우리가 근본적으로 잘못된 길을 갈 때는 즐김의 대상만이 제공할 수 있는 성취를 사용의 대상에서 찾을 때이다(1.3.3 - 1.27.28).

바로 이러한 견지에서 어거스틴은 근본적으로 사랑의 질서를 잃은 모든 인간의 계획에 담긴 자기-기만을 폭로한다. 어쩌면 우리 전문가란 사람들은 무질서한 사랑이 얼마나 우리네 신학 작업들을 오염시켜왔는지 검토해볼 수 있는 기한조차도 넘겼는지 모르겠다. 어쩌면 그 신학 작업의 주창자들은 자신의 이름이 '불합리한-사용 박사'(Dr. Strange-use)로 알려지고, 그 작품이 『나는 어떻게 즐김을 멈추고 기술을 사랑하는 법을 배웠는가』로 알려지고 있음을 발견할지도 모르겠다.

더 나아가, 어거스틴은 기독교 교리가 성경 해석과 설교의 바탕이 되는 문맥을 제공한다고 주장할 정도의 순진함, 혹은 무모함 같은 것이 있었다.

> 신중히 본문을 연구하다가 어떻게 강조되고 표현되어야할지가 불분명한 부분이 보이는 순간, 성경의 더 분명한 구절 및 교회의 권위(*ecclesiae auctoritate*)를 통해 이해되는대로, 우리는 신앙규범(rule of faith, *regula fidei*)에 자문을 구해야만 한다(Doctr. chr. 3.2.2).

이 부분은 역사 비평이 맞서 싸우는 거의 모든 것을 한 문장으로 압축해 놓은 것이다.

성경 말씀에 대한 교리의 해석적 교학권(*magisterium*, 敎學權) 및 억지에 맞선 것이 역사 비평 아닌가?

압제적이고 복잡하기만 한 말들이 역사 비평가들에 의해 물러가고서야 성경 본문은 오염되지 않은 상태로 설교의 대상으로서 설교자들에게 다가올 수 있었다. 적어도 그런 줄로 알고 있었다.

　의심할 여지없이 교회와 교리가 성경 해석에 대해 지나친 영향력을 위험하게 휘두르던 시기가 있었다. 그러나 필자의 견해로는 그 시기가 다른 새로운 시대로 대체되었다고 본다. 이 새로운 시대에서 해석에 대한 사전 규정이 주는 역효과는 개선책을 통해 약화되었다. 분명하게 말하지만 필자가 이 책을 통해 말하고자 하듯 나는 반역사 비평 옹호자가 아니다.[21] 히포의 주교 역시 그렇지 않았다.[22] 그러나 그는 신학적으로 빈약한 역사 비평에 대해 우리보다 인내심이 적었다. C. K. 베렛(C. K. Barrett)의 다음 입장과 같이 말이다.

> 역사는 단지 과거의 문제만을 다루는 것이 아니라, 과거와 현재가 불가분하게 연결되는 유기적인 과정을 다루는 것이다. 신약 역사가 기록된 방법은 그것의 연구자가 역사 속에 담긴 하나님의 목적, 그리고 그 속의 자신의 위치에 대한 질문을 던지게끔 강하게 이끈다.[23]

　이러한 견해를 잊거나 무시해온 결과 설교는 처참한 상황에 이르렀다. 만약 가톨릭의 유산에 대해 개신교가 그토록 신경질적으로 반응하지 않

21　눅 16:1-8a 만큼이나 난해한 본문들과 씨름하는 동안, 앞선 본서 제4장에서 언급한 통찰력 있는 역사–사회학적 연구를 고려하지 않는다면 빈약한 해석에 도달할 수밖에 없을 것이다. 그러나 본 장에서 우리가 보는 바와 같이, 그러한 연구의 혜택을 입고서도 누가 해석가들은 이 비유의 의도가 무엇인지에 대한 결론에 도달하지 못하고 있다.

22　알레고리 해석을 완전히 버리지는 않았지만 어거스틴의 후기 성경 주해는 본문의 문자적 의미를 지지하면서 영적 의미는 감소시킨다. 이와 관련하여 G. Bonner, "Augustine as Biblical Scholar"를 보라.

23　Barrett, *Biblical Problems*, 3.

았더라면, 아래 논할 우리가 처한 상황에 대해 어거스틴으로부터 도움을 얻을 수 있었을 것이다.

첫째, 성경을 둘러싼 교리라는 껍질을 저며내고 교회라는 요리에서 성경을 벗겨냄으로서, 너무 많은 성서 비평가들이 살점이 하나도 남지 않은 칠면조구이가 담긴 1회용 접시를 굶주린 교회를 향해 내밀었다. 설상가상으로 우리 학자들은 설교자와 전도자들 역시 학자들과 동일하게 가르쳐야 한다고 설득해왔다.

그 결과 너무도 많은 경우, 성경 해석에 확실히 나타난 은혜는 망각한 채 해설에만 초점을 맞춘 의기양양한 강의로서의 설교가 양산되어 왔다. 예배 의식, 찬송, 신조, 의례 등을 아직 그다지 능숙하게 조리하지 못하는 설교자와 회중에게, 매주 일요일은 신학적 정신분열을 일으키도록 신중하게 짜여진 행사에 지나지 않게 되어버렸다.[24]

둘째, 이 시점에서 성경이 역사 및 실천신학과 결별함으로서 나타난 결과는 명백해진다. 즉 신학적으로 꽉 막힌 역사가들과 그들의 경박한 이념적 후손들은 후대 지적 해석의 결과물인 신조(the rule of faith)를 성경의 증언과 구분하면서 조악하고 세속화된 것들로 그 자리를 대체해버렸다.

5세기경 히포의 그리스도인들은 그들의 설교자를 따라 삼위일체 하나님의 깊은 곳까지 들어가도록 초대받았다. 그 곳에서 그분의 자비로운 형상을 따라 고집 센 요나와 누가복음의 교활한 청지기와 기이한 은혜에 침범당한 다른 악한들과 마찬가지로 그들 역시 변화되어가고 있음을 믿었다.[25]

---

24 아마도 이러한 흐름은 바뀌는 중에 있다. 이와 관련하여 다음을 보라. Yeago, "The New Testament and the Nicene Dogma"; Wainwright, "Towards an Ecumenical Hermeneutic"; Braaten, "Scripture, Church, and Dogma"; C. Black, "Trinity and Exegesis."

25 필자의 소논문, "Serving the Food"에서 이러한 제안을 발전시킨 바 있다.

교회의 권위가 말씀의 진리를 보증한다(*Util. cred.* 14.31)는 어거스틴의 확신을 공유하는 21세기 그리스도인들에게 이와 같은 초청은 여전히 유효하다. 그러나 우리 모두가 알다시피 너무 많은 지역 교회 설교자들이 사회적 내러티브 분석, 비평 이론, 대중 심리 치료 등의 우물에 깊이를 가리지 않고 흠뻑 취해있다. 그 결과 이해를 통해 결사적으로 믿음을 추구한 안젤름학파(Anselmians)로부터 애처롭게 퇴보한 세대에 우리는 지금 직면해있다.[26]

비유 설교, 즉 성경 및 인간의 요구가 사도의 고백이란 신비 안에 자리 잡도록 하는 말씀을 최소화하려는 우리 태도는 주변 환경이 어떤 짤막한 피리 곡조를 불어도 발하나 꼼짝 못하고 춤추기를 지나치게 두려워하는 소심한 교회를 낳는다. 오늘의 설교가 내일 폐기될 책에 든 부스러기나 훔쳐오는 동안, 니케아 및 후기 니케아 시기 교부들의 글을 모아놓은 책 위에는 뽀얀 먼지만 늘어간다.

청중들에게 일곱 가지 치명적인 죄를 경고하는 것을 꿈도 꾸지 않는 설교자는 더 생각할 필요도 없이 '아주 잘되는 교회의 일곱 가지 습관'이란 주제로 자랑스럽게 연거푸 설교해댈 것이다. 수도원 생활의 폐해에 대해 뭐니 뭐니 해도 그에 대한 기록은 변함이 없다. 다시 말해 '광야의 소리'는 결코 당시 병든 세상과 동화되지 않았다. 오히려 수도승들은 당시 문화를 기독교화 하는 중개인 역할을 했다.[27] 그들은 기독교 신앙의 명맥을 이었다.

우리 자녀들의 손자 손녀는 우리와 똑같은 고백을 할 수 있을까?

---

26 Hoitenga, "Faith Seeks Understanding"이 상기시키듯, 어거스틴 신학은 성 안셀름(Saint Anselm)의 기저를 이룬다. Witten, *All Is Forgiven*의 사회학적 분석은 당대 기독교 설교에 퍼져 있는 전통적 경건, 세속적 개인주의, 사상적 상대주의 사이의 긴장을 드러낸다.

27 Dawson, *Allegorical Readers*; Burton-Christie, *Word in the Desert*; Young, *Biblical Exegesis*를 참조하라.

4. 골고다

십자가의 도가 멸망하는 자들에게는 미련한 것이요 구원을 받는 우리에게는 하나님의 능력이라 기록된 바 "내가 지혜 있는 자들의 지혜를 멸하고 총명한 자들의 총명을 폐하리라" 하였으니 지혜 있는 자가 어디 있느냐 선비가 어디 있느냐 이 세대에 변론가가 어디 있느냐 하나님께서 이 세상의 지혜를 미련하게 하신 것이 아니냐 하나님의 지혜에 있어서는 이 세상이 자기 지혜로 하나님을 알지 못하므로 하나님께서 전도의 미련한 것으로 믿는 자들을 구원하시기를 기뻐하셨도다 유대인은 표적을 구하고 헬라인은 지혜를 찾으나 우리는 십자가에 못 박힌 그리스도를 전하니 유대인에게는 거리끼는 것이요 이방인에게는 미련한 것이로되 오직 부르심을 받은 자들에게는 유대인이나 헬라인이나 그리스도는 하나님의 능력이요 하나님의 지혜니라 하나님의 어리석음이 사람보다 지혜롭고 하나님의 약하심이 사람보다 강하니라…그러나 하나님께서 세상의 미련한 것들을 택하사 지혜 있는 자들을 부끄럽게 하려 하시고 세상의 약한 것들을 택하사 강한 것들을 부끄럽게 하려 하시며 하나님께서 세상의 천한 것들과 멸시 받는 것들과 없는 것들을 택하사 있는 것들을 폐하려 하시나니 이는 아무 육체도 하나님 앞에서 자랑하지 못하게 하려 하심이라(고전 1:18-25, 27-29).

서방교회에서 우세한 신학적 대화 방식은 긍정법(kataphatic)이다. 즉 하나님에 대한 긍정적 진술을 확증하는 방식을 통해 신학적 대화를 펼쳐나간다. 우리 중 누군가가 신학 에세이를 쓴다면 우리는 이를 긍정법(*via affirmativa*)으로 풀어간다. 이와 반대로 부정법(*via negativa*)은 동방교회와 마이스터 에크하르트(Meister Eckhart) 같은 서방 교회의 몇몇 예외적인 인물들이 오랫동안 고수해온 주요 접근 방식이다. 이들은 하나님에 대한 확증적 진술에 불편함을 느끼는 한편 그 대신 부정적 진술을 선호한다. 다음과 같은 14세기의 그레고리 팔라마스(Gregory Palamas)의 말이 그 좋은 예이다.

"하나님은 지식을 초월할 뿐 아니라 미지(unknowing) 역시 초월한다."[28]

부정법(*via negativa*)과 함께, 다음 말처럼 침묵은 여전히 금보다 낫다.

"그저 무언가 말하려고만 하지 말라. 들으라."

각 접근법은 모두 유효하다. 유한한 존재가 하나님께 접근할 때 침묵해야 할 시간이 있는가 하면 말해야 할 시간이 있다. 긍정법('부합 언어'[accordant speech])과 부정법('회피 언어'[turning from speech])은 상호 보완적이며 서로를 바로잡아 준다.

오랜 관습이 쉽게 사라지지 않기에 너무 긍정법적 진술로 말하긴 했지만, 본 장이 말하고자하는 주된 요지는 기독교 설교가 순전한 긍정법과 완전한 부정법 사이, 즉 확증의 골목과 부정의 골목이 만나는 지점에 위치해 있다는 것이다. 원한다면 특이한 유비법(*via analogia*)이라 불러도 좋다.[29] 이 교차로에서 두 가지 현실이 부딪힐 때, 즉 이 세상의 완강한 실상들이 불가항력적인 복음의 능력과 충돌할 때, 비유가 일어나고 계시가

---

28 Palamas, *The Triads*, trans. N. Gendle, 32. Meyendorff, *St. Gregory Palamas*는 비잔틴 헤시카즘(Hesychasm)에 대한 훌륭한 논의를 제공한다.

29 기독교 특유의 요소이긴 하지만 *via analogia*가 기독교에서만 발견되는 것은 아니다. Stern, "Rabbinic Parable," 80이 지적하듯, 대부분의 랍비 메샬림(비유들)은 "개방적 예시와 비밀스런 담화라는 양극단 사이 어딘가에" 위치한다.

번득이며 말씀이 선포된다.

그 근본적인 이유는 비유가 절묘하고 귀에 잘 감겨서가 아니다. 우리 신경 회로가 내러티브에 맞게 배선되어 있기 때문도 아니고 나태하고 흐리멍덩한 이야기를 강단에서 편리하게 사용할 수 있는 권리가 비유 설교에 주어지기 때문도 아니다.[30] 기독교 설교자들이 비유를 오랫동안 피할 수 없는 진정한 이유는 '십자가의 말씀'인 기독교 복음이 본질적으로, 충격적이리만큼 비유적이기 때문이다.

'십자가에 못 박힌 그리스도를 전한다'가 우리 설교자의 모토가 아닌가?

우리는 강단으로 뚜벅뚜벅 올라갈 때마다 세상의 지혜를 어리석게 만드는 하나님의 넌센스를, 세상의 힘을 압도하는 하나님의 연약함을 선포한다. 이러한 과장법이 달성하는 효과와 마찬가지로 비유 역시 다음과 같은 효과를 낳는다. 즉,

"방향을 재정립(reoriented)하기 위해 방향을 잃게 된다(disoriented)."[31]

매우 오랫동안 우리는 거룩한 것들을 다루어왔고, 그 거룩한 것들의 경이로움에 거의 단련되어 인이 박혔다(하나님 우리를 불쌍히 여기시길). 모든 복음 선포의 중심에는 설명할 수도 없고 발뺌할 수도 없는 신비가 자리 잡고 있다. 그 신비란 세상의 기초가 놓이기 전부터 우리를 감싸고 있던, 그리고 예외 없이 세상 모든 것을 재평가하는 하나님의 가려진 지혜이다. 나는 폴 마이어(Paul Meyer)가 30여년 전 프린스턴신학교 교수로 부임하면서 했던 취임사보다 사도 바울의 생각을 예리하게 풀어 말한 경우를 거의

30　다음을 보라. Lischer, "Limits of Story"; idem, Theology of Preaching, esp. 37–40.
31　Ricoeur, "Listening to the Parables," 243. 그의 다음 언급을 보라. "즉각적으로 추측하건데, …경솔한 열정은 비유들을 사소한 조언이나 진부한 도덕률 정도로 재빨리 바꿔버린다. 그리고 우리는 사소한 도덕으로 바꿔버림으로써 초월적인 신학으로 바꿔버리는 것보다 더 분명하게 비유들을 죽인다"(Ibid.).

들어보지 못했다. 다음은 그 일부이다.

> 새해를 축하하고, 종교 설립자의 탄신일 혹은 종교 설립일을 기념하며, 과거 소외되었던 위치에서 화해의 위치로 옮겨짐을 의식적으로 상기할 뿐만 아니라 현재의 죄악 및 그 속죄를 상기하고, 한 개인 혹은 집단의 인생 주기의 절정 및 하락을 종교적 엄숙함으로 표현하는 것은 어느 여타 종교 공동체라도 동일하게 하는 것들이다. '그러나 오직 그리스도인만이 성 금요일을 지킨다'. 오직 그리스도인만이 문서를 통해서나 예배 의식을 통해 역사 속에 공공연히 벌어진 한 사건, 즉 기독교의 가장 핵심 주장을 조롱거리로 만들었던, 그리고 아직도 만들고 있는 그 역사적인 순간을 상기한다. 그리스도인만이, 그럼에도 불구하고, 그 핵심 주상으로 계속해서 놀아온다. 그 핵심 신리란 구속받시 못한 세상에 메시아가 오셨다는 사실이다.[32]

다음의 말을 하는 어거스틴과 함께 나란히 서서 전율을 느끼라.

> 당신의 말씀의 깊이는 경이롭습니다. 그 말씀의 표면 앞에서조차 우리는 어린아이와 같이 매혹됩니다. 그러나 그 깊이는 경이롭습니다. 오 나의 하나님, 그 깊이가 얼마나 경이로운지요! 그 속을 들여다보는 것은 떨림, 즉 경외심이 불러오는 떨림, 사랑이 불러오는 전율을 경험케 합니다(*Conf.* 12.14.17).[33]

---

[32] Meyer, "This-Worldliness of the New Testament," 223. 강조는 필자에 의한 것임.
[33] Trans. Finan, "St Augustine on the 'mira profunditas,'" 173.

> 내 입에서 나가는 말도 이와 같이 헛되이 내게로 되돌아오지 아
> 니하고 나의 기뻐하는 뜻을 이루며 내가 보낸 일에 형통함이니
> 라(사 55:11)

복음(케리그마)이 그리는 포물선은 이사야로부터 바울을 지나 어거스틴, 그리고 그 후에 이르기까지 일정하게 뻗어나간다. '여호와의 말씀'은 단지 실용적인 차원에서 교회의 위안과 통합만을 위해 들먹일 수 있는 수사법이 아니다. 그렇다고 이 세상의 무지와 사랑 없음과 힘의 남용 등에 분개하여 토해내는 열변도 아니다. 설교를 통해 전해지는 말씀 및 성례를 통해 표현되는 말씀은 진정으로 우리를, 우리의 청중들을, 그리고 우리의 세상을 바꾼다.

때로는 명명백백히 때로는 은밀히, 그러나 항상 실제적이고 파격적이며 축복이 가득하도록 세상을 바꾼다. 십자가의 말씀을 통해 하나님은 인간의 지혜가 가짜라는 사실을 그저 드러내기만 한 것이 아니다. 우리가 지혜롭다고 한번쯤 생각해보았을 이 세상 모든 것, 다시 말해 힘, 명성, 부, 교회 성장, 성경 연구, 설교, 등 그야말로 '모든 것'을 하나님은 어리석게(에모라넨 호 떼오스[ἐμώρανεν ὁ θεός], 고전 1:20) 만들었다.

십자가에 못 박힌 그리스도보다 더 어리둥절하게 하면서도 건전한 비유의 말씀은 없다. 이 비유를 전한다는 것은 심장 경화증에 걸린 이 세상을 향해 고장난 심장을 고치는 은혜의 폭탄을 들고 하나님의 안심(安心)을 집행하는 것이다.

그러나 하나님의 안심, 하나님의 능력, 하나님의 지혜, 하나님의 신비로운 말씀은 사그러지지 않고 남는다. 우리는 이 모든 것들의 청지기일 뿐이다(고전 4:1). 물론 우리의 최선에서는 믿음직한 청지기가 되겠지만 최

악에서는 주인을 음해하는 청지기가 될 뿐이다. 어느 경우에서나 틀림없이, 비유와도 같은 하나님의 지혜는 번성할 것이다. 아마 그 지혜가 선지자들에게 드러났던 경우보다 더 명백히 그러한 경우도 없을 것이다. 그 지혜가 선지자의 삶을 성가시게 만들고 물고기가 토해놓은 해안가에서부터 가장 기억할 만한 업적을 이룬 것과 같이 말이다.

우리가 가드헤벨 출신이든 니느웨 출신이든(왕하 14:25; 욘 3:5-9) 우리는 성경을 통해 우리를 지금 있는 지점에 그저 내버려두지 않을 하나님을 만난다. 예수 그리스도를 통해 드러난 하나님은 구원의 웅변(saving eloquence)이자 육신이 된 말씀 그 자체로서의 하나님이다. 그 분의 다정함은 우리 안에 믿음 소망 자애(caritas)로 아로새겨진 새로운 인성을 창조한다.[34]

"모든 그리스도인의 행동은 십자가의 형상 안에 새겨져 있다"(Augustine, *Doctr. chr.* 2.41.62).

왜 그러한가?

왜냐하면 우리가 하나님의 사랑을 나타내는 비유 그 자체이기 때문이다. 우리는 죽었다. 그리고 우리 생명은 그리스도와 함께 하나님 안에 감추어져 있다(골 3:3).

---

[34] "(어거스틴의 *De doctrina christiana*)에서 우리가 보는 것은 엄밀한 의미에서 수사학 이론이라기보다는 회심 이론에 가깝다"(Cavadini, "Sweetness of the Word," 164).

제9장

한 늙은 변호사의 설교자를 위한 조언

> 나는 고등법원 판사로서 변호사가 없는 피고에게 법원이 그를 변호해줄 변호사를 배정해 주길 원하느냐고 항상 묻곤 했다. …한 젊은이가 변호사가 없는 채로 르누아르 카운티 고등법원으로 출두해서 내 앞에 섰다. 나의 관례적인 질문에 그는 대답했다. "아닙니다 판사님. 저는 변호사가 필요없습니다. 저는 유죄를 주장할 것이고 법원의 무지에 저를 맡기려고 합니다."
>
> 샘 J. 얼빈 주니어(Sam J. Ervin Jr.)[1]

베드로 및 바울이 아직 살아있던 시절, 젊은 시절을 보낸 마커스 파비우스 퀸틸리아누스(Marcus Fabius Quintilianus, A.D. 30-96년)는 유명한 웅변가요 변호사이자 교육가로 대부분의 시간을 로마의 베스파시아누스(Vespasian, A.D. 69-79년), 티투스(Titus, A.D. 79-81년), 도미티아누스(Domi-

---

[1] Ervin, *Humor of a Country Lawyer*, 111.

tian, A.D. 81-96년) 황제 치하에서 지냈다.² 스페인 태생이었지만 로마에서 교육(57-59년)을 받은 그는 갈바 황제(Galba, A.D. 68-69년)가 황실 소송 담당자로 그를 로마로 부르기 전까지 스페인 지방 법정에서 법률 업무를 보았다. 갈바는 금방 목숨을 잃었다. 아마도 대략 A.D. 71년경 여전히 재판을 담당하던 당시 "퀸틸리아누스는…로마에서 국고에서 급여를 받으며 공립학교를 경영하는 첫 번째 인물이었고, 그는 점차 유명해졌다."³

그곳에서 그보다 더 걸출한 웅변가이자 변호사인 키케로를 기준으로 삼아 소(小)플리니우스가 포함되어 있었던⁴ 청소년들을 대상으로 수사학 강의를 했고 그것으로 상당한 명성을 쌓았다.⁵ A.D. 90년경 변호사직과 교직을 모두 내려놓은 후 그는 자신의 강의들을 정리하여 그로부터 4-5년 후 출판된 『웅변교수론』(*Institutio oratoria*[Education of the Orator])을 썼다.

그 즉시로 영향을 미치지는 못했지만 열두 권의 책으로 이루어진 이 작품은 중세로 넘어가기 이전 고대 후기에 새롭게 주목받았다.⁶ 그리고 오

---

2 우리가 다루는 인물의 삶과 사상을 파악하는데 유익한 요약으로 Kennedy, *Quintilian*을 보라.

3 St. Jerome, *Chronicle*(ca. 380)이 기록하는 바에 의하면 퀸틸리아누스의 국가 임용 교수직을 시작하는 시점을 이보다 17년 늦게 본다. 이에 대해 Kennedy, *Quintilian*, 19은 아마 틀린 연대 계산일 것이라고 주장한다.

4 가이우스 플리니우스 카이킬리우스 세쿤두스(Gaius Plinius Caecilius Secundus, A.D. 61-112년)는 유명한 변호사이면서 로마제국 행정관이자 문필가였다. 그가 트라야누스 황제(ca. 98-112)와 주고받은 서신은 기독교 예배에 관한 교회 외부 증언 가운데 가장 오래된 것으로 분류되며 로마의 기독교 박해에 대한 이유를 보여주고 있다. 그의 숙부 가이우스 플리니우스 세쿤두스(숙부 플리니[Pliny the Elder], 23-79)는 숙취 해소를 위해 카나리아를 튀겨먹거나 부엉이 알을 날로 먹는 처방을 내린 것으로 기억된다(*Natural History* 14.142-43). 독자들은 다른 것으로 그를 기억할지 모르겠지만 이 처방이 필자의 머릿속을 떠나지 않는다.

5 "방황하는 젊음의 위대한 인도자, 퀸틸리아누스여/퀸틸리아누스 당신은 정녕 로마 토가의 자랑이로다"(Quintilian, greatest director of straying youth,/You are an honor, Quintilian, to the Roman toga)(A.D. 86년 마르티알리스[Martial, A.D. 40-103년]가 쓴 시; Kennedy, *Quintilian*, 25에서 인용됨).

6 기독교 소녀를 위한 제롬의 교육 프로그램(*Epistles*, 108)은 퀸틸리아누스의 작업을 그가

랜 시간이 흐른 후, 페트라르카(Petrarch, A.D. 1304-1374년; *Letters to the Famous*[*Familiares*] 24.7을 보라)에 의해 그리고 르네상스 시기의 다른 이탈리아 인문주의자들에 의해 재조명되었다.[7]

현대에 들어와서 퀸틸리아누스의 '요점정리'는 고전 수사학의 모든 차원을 가장 종합적으로 정리한 작품으로 인정받고 있다.

그가 의도하지는 않았지만 그의 『웅변교수론』은 오늘날 설교자들이 씹고 음미해야할 양식을 제공한다. 아리스토텔레스와는 달리 퀸틸리아누스는 이론가가 아니었다. 그는 실천가였다. 공공 연설에 대한 그의 확신들은 로마 법정의 난투극 사이에서 주조된 것이었다.[8] 또한 교육자로서 오늘날로 따지면 신학교에 채용된 유명한 설교자와 같은 사람으로서, 화술을 배워야 하는 학생들에게 실전을 '똑똑히 자각'하도록 가르쳤다.[9]

나아가 퀸틸리아누스는 교육에 헌신했다. 단순히 기술을 가르치는 측면에서가 아니라 한 인간 전반을 가르치는 교육에 자신을 바쳤다. "실제로 [이러한 웅변가가] 존재하지도 않고 존재한 적도 없지만, 가장 작은 세부적인 것에 이르기까지 완벽해서"(1.10.4) "말을 막 떼기 시작하는 그 순간부터 모든 교육 단계를 거쳐…화술이 최정점에 이르기까지"(1.pr.6; 추가

이 어받았다는 명백한 증거이다(그 출처가 모호하긴 하지만 말이다). 원로원 카시오도루스(Cassiodorus Senator, A.D. 485-585년)와 세빌랴의 이시도루스(Isidore of Seville, A.D. 560-636년)는 확실하게 퀸틸리아누스와 중세 학생들 간에 다리를 놓는 역할을 했다.

7 스코틀랜드교회(Church of Scotland) 목사이자 에딘버러대학교의 수사학-순수문학 왕립 교수(Regius Prophessor)인 휴 블레어(Hugh Blair, 1718-1800)는 스코틀랜드 계몽운동 당시 퀸틸리아누스를 대중화하는 장본인이었다.

8 "어떤 진지한 학생도 무슨 말인지 알아들을 수 있을만한 정도라면, 나는 정확한 용어 사용에 대해 별로 까다롭지 않다"(Quintilian, *Inst*. 8.4.15). 이 부분 외 전체적으로 필자 나름의 수정을 거쳐 H. E. Butler(LCL)의 번역본을 따른다.

9 "나의 관심사는 이 기술의 숨겨진 원리를 밝히는 것이다. 이 주제의 가장 깊은 구석구석을 펼쳐서 결과를 보여주고 타인에게서 얻은 지식이 아닌 직접 경험한 것을 바탕으로 그리고 주제 본연의 성질이 인도함을 바탕으로 가르치는 것이 나의 관심사다"(Ibid., 6.2.25).

로 12.1.25를 보라) 배운 그 화술이 평생 동안 정점을 유지하는 이상적인 웅변가를 기르는 데 관심이 있었다.

    그 때나 지금이나 변호사의 책임은 원고 혹은 피고의 입장에서 가장 힘든 사건을 변호하는 것이다(12.9.7). 이와 유사하게 설교자의 임무는 복음의 진리가 다른 사람에게 설득되게끔 복음을 변호하는 것이다.[10] 물론 로마 제국 당시 언변의 능력은 21세기 미국과 비교할 수 없을 정도로 근본적인 인간 활동으로서 공공연히 칭송을 받고 있었다.[11]

    그러나 설교는 교회의 가장 오래된 직무이자 많은 사람들이 정기적으로 듣는 몇 안 되는 웅변 장면 중 하나로서 특히 개신교 내에서는 여전히 중요한 위치를 차지하고 있다. 강대상에 서는 모든 이들은 그곳에서 전해지는 말씀이 청자의 주의를 얻기 위해 토론 프로그램이나 유명 미디어에서 나오는 말들로 가득한 세상과 경쟁을 벌여야만 한다는 사실을 알고 있다. 본 장을 통해 하고자하는 것은 오늘날 설교의 필요에 맞도록 고대 웅변가를 구겨 집어넣으려는 것이 아니다. 그 대신 『웅변교수론』에 나타난 몇 가지 현대 설교자에게 여전히 유요한 측면들을 적절히 걸러서 강조하고자 한다.

---

[10] 필자가 고백할 수밖에 없는 본 장의 가장 두드러진 약점은 하나님의 복음을 깊이 다루지 못하고 있는 점이다. 현대 기독교 설교자 입장에서 복음은 모든 필자의 말 안에 숨겨진 전제다. 그것을 다루는 대신 본 장은 퀸틸리아누스의 작업과 나란히 실천적인 방향성을 갖고 있다. 더 성경적이고 신학적인 반추는 본서 제8장을 보라.

[11] 언어에 대한 퀸틸리아누스의 다음 찬양을 보라. "태초에 모든 것의 아버지이자 세상의 설계자이신 하나님이 죽을 수밖에 없는 모든 살아있는 피조물 가운데 인간을 단 하나로 구분 지었다. 바로 언어 능력"(Ibid., 2.16.12).

1. 피할 수 없는 3요소

퀸틸리아누스는 그의 강의 초반에 한 가지 주안점을 언급한다. 다음 부분은 강의 전반에 지속적으로 반복된다.

> 좋은 사람이 되지 않고서는 아무도 진정한 웅변가는 될 수 없다 (*bonum virum*). 만약 될 수 있다손 치더라도 나는 그렇게 되도록 용인하지 않을 것이다(*Inst.* 1.2.3; 추가로 1.pr.9; 8.4; 12.1.1 – 45를 보라).

이 부분은 당시 논란이 되는 입장이었다. 최소한 빠르게는 키케로 시기,[12] 그리고 특히 소위 제2소피스트학파 시기[13] 동안 전문 웅변술은 덕목은 빠진 채 이윤에만 이끌려 말을 파는 행위로 전락해있었다. 이러한 타락을 인정하는 한편 퀸틸리아누스는 "자신의 독자들만큼은 (수사학을) 금전 가치로 환산하고, 돈을 위해 (수사학을 사용하여) 추잡한 돈을 긁어모으는 사람이 없을 것이라 믿었다"(1.12.16-17).

퀸틸리아누스가 찾는 웅변가는 진정으로 선한 시민으로 "공과 사 양쪽 일을 모두 관리할 자격이 되고 (지혜로운) 조언으로 도시가 나아갈 방향을 제시할 뿐 아니라 탄탄한 법적 기반도 마련해줄 수 있으며, 법의 결정을 통해 악습을 타파해나갈 수 있는," "용기와 정의와 자가조절 능력을" 가진 사람이었다(1.pr.10-11).

이는 제국을 염두에 둔 스토아학파의 미덕이었지만 지역 기독교 공동체에 속한 감독, 집사, 장로, 과부 등을 향한 기대를 다룬 디모데전서(딤후

---

[12] Cicero, *De or.* 3.60; idem, *Brutus* 31은 소크라테스에게 허물을 씌운다.
[13] 이에 대해 Kennedy, *Art of Rhetoric*, 553 – 613을 보라.

3:1-13; 5:1-22)와 디도서(딛 1:7-9; 2:2-15) 문맥에 와서는 더 이상 그렇지 않다. 퀸틸리아누스는 "(위와 같은) 근본적 재능이 결여된 기술적인 통치는 무의미"하며 철학은 무익해진다고 주장한다(1.pr.26). 그의 성향이 아무리 실용적인 부분에 치우쳐있다고는 하나, 그가 오늘날 설교자를 만난다면, 성질이 뒤틀린 사람은 기술과 신학 어느 것으로도 바꿀 수는 없다고 조언할 것이다. 설교는 남자든 여자든 선한 사람이 전하지 않고서는 좋은 설교일 수 없다.

이 말은 곧 그리스도인의 관점에서 "그리스도의 마음"(고전 2:16)에 따라 설교하는 자여야 한다는 말로 이해할 수 있다.

"요사이 너무도 자주 철학자의 이름이 최악의 부패를 가리는 가면으로 이용된다"(1.pr.15).

이 말은 어떤 신학에도 똑같이 적용될 수 있다. 퀸틸리아누스의 관점에서 진정한 수사(혹은 설교)는, 그 이름에 적합한 종류의 것이라면, 고결하다. 왜냐하면 고결한 화자로부터 나온 것이기 때문이다(2.20.4; 참조, 약 3:1-18).[14]

가장 훌륭한 웅변가 혹은 설교자는 태어난다. 만들어지지 않는다.(제4복음서의 저자라면 "위로부터 태어난다"라고 명기했으리라[요 3:3].) 그러나 이는 충분치 않다. 자연히 내재된 재능은(바울의 표현을 빌리자면, "성령의 은사

---

14 현대 설교학 이론 가운데서 혹자는 웅변가의 인물 성격에 대한 퀸틸리아누스의 강조점을 Phillips Brooks, *On Preaching*, 8의 다음 언급에서 발견 할 것이다. "인성을 통해 전달되는 진리는 진정한 설교에 대한 우리 자신의 서술이다. 진리는 단지 사람의 입술을 통해서가 아닌, 지식이나 글을 통해서가 아닌, 진정으로 사람을 통해 다가와야만 한다. 그의 성격, 그의 감정, 그의 모든 지성과 현재 실존을 통해 다가와야만 한다. 진리는 그 자신을 통해 진정 다가와야만 한다." 참고로 자유주의 개신교의 산물로서 브룩스가 격찬하는 엄숙함, 용기, 존중, '남자다움' 등의 자질은 기독교 형성과 그 실천의 본질이라기보다는 로마 고전에 나타난 미덕에 더 가깝다.

는"[롬 12:3-8; 고전 12:1-11]) 반드시 훈련받아야 한다.

> 전달되는 지식을 수용할 수 있는 능력을 가진 사람은 극소수에 지나지 않고 대다수는 우둔하여 교육이란 시간과 힘을 낭비하는 일이라는 주장은 전혀 근거가 없는 불평일 뿐이다(*Inst.* 1.1.27).

특히나 어린이는 사고가 빠르고 배우고자하는 열망이 가득하다(1.1.27). 여기서 도출되는 세 가지 함의는 오늘날 설교자들이 주목할 만하다.

첫째, 설교에 대한 적성이 어떠하든 간에 철저한 연구와 깊이 있는 독서 없이 절대 저절로 설교를 할 수 있게 되지 않는다.

퀸틸리아누스는 우리가 평생 교육이라고 부르는 것에 헌신한 교육자로(1.pr.22) 다음과 같이 언급했다.

"글과 독서에 대한 사랑과 가치는 학창 시절에 멈추지 않으며 목숨이 붙어 있는 한 이어진다"(1.8.12).

"문학에 대한 교육이 기초를 굳건히 잘 놓지 않는다면 그 상부 구조는 무너지고 말 것이다"(1.4.5; 추가로 10.1을 보라).

둘째, 교육에 대한 퀸틸리아누스의 관점은 포괄적이었다. 즉 당시 문법, 수사학, 논리학, 수학, 지리학, 음악, 천문학 등을 총망라한 모든 학문이 웅변가의 방앗간에서 다루어지는 곡식에 해당했다(*Inst.* 1.10).[15]

"화제(話題)로서 앞에 놓여있는 모든 것이 수사학의 재료이다"(2.21.4).

---

15 퀸틸리아누스 시대 교육은 법정적 연설을 일컫는 콘트로베르시아(*controversiae*, 논쟁)와 비교적 단순한 심의적 발화를 일컫는 수아소리아(*suasoriae*, 권면)에 편중되는 경향이 있었다. 이와 관련하여 Clarke, *Rhetoric at Rome*, 85-129를 보라. 본격적인 수사학을 배움에 앞서 준비하는 과정이 있었는데 이를 프로김나스마타(*progymnasmata*)라고 불렀다. 대개의 소년들은 이 과정을 12세에서 15세 사이에 시작했다(Kennedy, *Progymnasmata*를 보라).

"마음을 넓히고 가장 높은 단계의 지성의 양분을 공급해 주는"(1.8.8; 추가로 12.2-3을 보라) 학문을 연구하는 우선권은 도덕적으로 우수한 사람에게 먼저 주어져야한다(1.8.4).

셋째, 퀸틸리아누스의 제자들은 상당히 어린 편에 속했기 때문에 그들을 가르치는 데 자신을 바쳤다.

그가 많은 로마인들과 구별되는 특질은 어린이를 향한 온화한 교감이었다(참조, 막 9:36-37; 10:13-15).[16] 교사가 어떻게 가르쳐야 하는지에 대한 세부 사항을 논하는 곳에서는 철저히 어린이의 입장을 고려했다. 어린이는 다정함, 탐구심, 애정, 타당한 요구, 적절한 규율, 상황에 맞는 칭찬, 발전에 대한 소망 등에 쉽게 반응을 보인다(2.2.5-8; 2.4.13).

> 잘못을 고치려할 때 (스승은) 모든 종류의 학대와 빈정대는 어투를 절대로 삼가야한다. 많은 (제자들)이 자신들을 경멸하듯 잘못을 집어 내는 스승으로 인해 공부에 겁을 집어먹고 달아나기 때문이다(2.2.7).

"관례적으로 행해지고 있긴 하지만 나는 아이를 때리는 것에 반대한다"(1.3.13).

이러한 상황에서 "어린이는 속수무책이며 쉽게 희생양이 되어버린다. 따라서 그 누구에게도 그들 위에 행사할 수 있는 절대적인 권력이 주어져서는 안 된다"(1.3.17).

작품 초반 퀸틸리아누스가 말한 좋은 웅변가의 자질과 마찬가지로, 좋

---

[16] "이들 어린 (아이들)을 나는 내 아이라고 불렀다. 왜냐하면 이들 어린 학생들은 내게 언제나 소중하기 때문이다"(Quintilian, *Inst.* 7.3.30).

은 스승 역시 선함을 나타낸다. 여기서 선함이란 "최상의 자가 조절 능력"(2.2.4), "스스로 악습으로부터 자유하며 타인에게 있을 때에도 용인하지 않음"(2.2.5), "지속적으로 선과 고결함을 고취시키는 언변"(2.2.5) 등을 일컫는다.

무엇보다 최고의 스승은 그 가르침을 행하는 사람이다.

> 당신이 제자들에게 읽히는 책 속에 모방할 수 있는 예들이 얼마나 많든 간에 여전히 소위 살아있는 언어가 훨씬 더 많은 가르침을 준다. 특히 제자들이 그간 바르게 배워왔다면 그들이 사랑하고 존경하는 스승의 목소리는 최고의 자양분이다. 우리가 좋아하는 대상을 그렇지 않은 대상보다 얼마나 열렬히 더 닮으려고 하는지는 아무리 과장해도 지나치지 않다(2.2.8).

오늘날의 교회에 적용해보자.

만약 복음에 담긴 사랑을 어린 세대 안에 고취시키고자 한다면, 당신이 가르치고 전하는 그대로 복음이 스스로에게 나타나는 것을 보이라.

만약 타인에게 영감을 주어 설교자로 세우고 싶다면 그들이 가능한 한 어릴 때 제자로 삼으라. 퀸틸리아누스의 말과 같이 말이다.

> 어린 시절을 낭비하지 말라. …마음은 그것이 굳어지기 전이 훨씬 더 다듬기 쉽다. …당신이 돌보도록 맞겨진 아이가 알렉산더 대왕이라고 생각하라. 우리 무릎에 안긴 젖먹이는 결코 (가장 위대한 자)보다 덜 소중하지 않다. 물론 이 부분에 있어 모든 어머니의 아이

가 동일한 관심을 누릴만한 존재임은 분명하다(1.1.19, 24; 1.13.8).[17]

모든 어린이가 다음 세대의 마틴 루터 킹 주니어(Martin Luther King Jr.)가 될 수는 없다. 따라서 아동의 성향에 민감한 교사라면 맞지 않는 틀에 아이를 억지로 집어넣지 않는 대신 "제자에게 특별히 내재된 재능을 발전시킬 수 있는 영역을 향해 살살 유도하는 방향을 택할 것이다"(2.8.4).[18]

"우리가 그렇게만 했어도 우리 아이들의 성격을 종종 망쳐버리는 일이 없을텐데!"(1.2.6)

수사법은 타고나는 재능으로, 하나의 기술로서 완전해지기 위해서는 교육이 필요하다(2.17.1-12). 여기에 필수적인 한 가지 특질이 있다면 바로 연습이다.

"모든 학파 가운데 제일은 경험이다"(2.17.12).

왜냐하면 "수사학은 전반적으로 실제적인 행위와 관련 있기 때문이다"(2.17.25).

퀸틸리아누스는 세속으로부터 격리된 철학자와 대중 앞에 서는 웅변가

---

[17] Cuppy, *Decline and Fall*, 38, 40-41, 44에서 언급하듯, 마케도니아의 알렉산더 3세 (Alexander III of Macedon, B.C. 356-323년)는 "알렉산더 대왕으로 알려져 있는데 그 이유는 그가 당대 어떤 인물보다 많은 다양한 사람들을 죽였기 때문이다. …알렉산더가 [아리스토텔레스의]『니코마코스 윤리학』(*Nicomachean Ethics*)을 다 읽자마자 천지의 사람들을 죽여나가기 시작했다. …그가 죽인 민족들은 테베인, 트라카이안, 일리리아인, 메데아인, 페르시아인, 피시디아인, 카파도키아인, 파플라고니아인, 기타 메소포타미아인, 갈라디아인, 아르메니아인, 박트리아인, 소그드인, 아라코시아인, 약간의 우시아인 등이다. …(그의 친구) 헤파이스티온(Hephaestion)을 치료하지 못했다는 이유로 자신의 의사를 십자가형에 처하지만 않았어도 그는 더 오래 살았을런지 모른다. 아무튼 그의 화려한 시대도 지나갔다."

[18] 설교 작문에 귀납적으로 접근하는 것은 1세기 감수성에 어긋나지만, 퀸틸리아누스와 Fred Craddock, *As One without Authority*는 다음 한 가지 부분에서 입장을 같이 한다. 퀸틸리아누스와 크레덕 두 사람 모두 사람이 유기적으로 성장한다는 점 및 사람이 소통을 배우는 방법이 유기적이라는 점에 민감하다.

사이에 분명하게 선을 긋는다.

> 내가 찾아서 빚어 내고 싶은 인물은 로마인들의 관점에서 지혜로운 사람이어야 한다. 다시 말해 학구적인 논쟁을 통해서가 아니라 실제 삶의 행위와 경험에서 지혜가 드러나는 진정한 정치가이어야 한다(12.2.7).

이 인물이 언쟁을 벌이는 대상은 웅변가의 배움의 대상인 철학 등의 학문이 아니라(10.1.35-36), 자신의 진정한 활동 범위인 "백주 대낮 토론의 장"을 버려두고(12.2.8), 본분에 역행하여 공허한 대화만 오가는 작은 영역 안으로 숨어버린 철학자들이다. 퀸틸리아누스는 그들과 달리 다음과 같이 말한다.

"이론과 실제가 함께 작용할 때에야 비로소 웅변가는 모든 학문의 수확물을 거두게 된다"(12.6.7).[19]

그의 역작 마지막 권은 법정일을 시작하기 가장 좋은 나이(12.6)부터 시작해서, 다루기 좋은 사건을 선택하는 원리 및 법무 관련 수수료 책정(12.7), 사건을 준비하는 방법(12.8) 및 변호하는 방법(12.9), 가장 효과적인 문체를 선택하는 기술(12.10), 좋은 은퇴 시기 및 은퇴시기를 보내는 방법(12.11) 등 실제 변호사 생활에 초점을 두고 있다.

반복적으로 강조하는 부분은 정직한 행함과 현실적인 상식이다. 책임감 있는 변호사라면 누구도 깊은 연구와 준비 없이 대충대충 사건을 다루지 않겠지만, 책임감 없는 이들이라면 항상 그럴 것이다(12.8.2-6; '토요일

---

[19] "법정 논쟁과 철학 토론 간의 차이, 법정과 강의실 간의 차이, 이론적 행동 수칙들과 술집의 위험 요소들 간의 차이는 넓디 넓다"(Quintilian, *Inst.* 10.1.36).

밤 특정 시간'만 되면 인터넷에서 이것저것 훔쳐오는 설교자들을 대입해보라). 이 양심적인 변호사(혹은 설교자)가 얼마나 부지런한가와 관계없이 준비한 것들이 때로는 계획대로 되지 않을 때가 있다. 그럴 때 우리가 할 수 있는 가장 최선은, "오래된 속담처럼, '두 발로 스스로 서'는 것이다"(12.9.18).

스스로가 타성에 젖어 쓰러지도록 내버려두지 말고, 당신의 직업 영역에서 나이가 들어갈수록 새로운 지식과 연습에 대해 유연한 마음을 가지라(12.11.16).

당신의 영역을 계속 파악하고 있을 시간이 없었다고 투덜대지 말라.

인생의 얼마나 많은 시간을 쓸데없는 일에 허비하고 있는지 기억하라(12.11.18-19).

"우리는 공부하는 시간을 쉽사리 일단락 짓는다. 우리가 얼마나 적은 시간을 공부하는데 보내는지 보라!"(12.11.18)

배움을 멈추지 말라.

그러면 "나머지는 전적으로 연습에 달렸다. 그 연습이 우리 능력을 발전시킴과 동시에 그것을 유지시켜준다"(12.11.16).

요약하건대, 만약 말을 잘하고 싶으면 재능과 연구와 연습이 필요하다. 이 모든 것에 전력을 다한다면, 완전함에 이르기는 힘들지 몰라도 점차 그 근사치에 가까워질 수 있다. 이 세 가지를 적절한 위치에 조화롭게 갖지 않고서는 어떤 웅변가, 변호사, 설교자라도 성과를 보기 힘들다.

2. 현대 설교자를 위한 오래된 기법

재능과 연습의 조화에 대한 퀸틸리아누스의 진술이 지금까지 우리에게 분명히 전달되었다면, 이제 『웅변교수론』의 대부분이 할애된 수사 기교에 대한 그의 조언에 귀를 기울여볼 차례이다.[20] 이 작품의 중점적으로 제시하는 내용은(법정적, 심의적, 제의적 등) 주장법의 여러 다른 종류 및 각 주장법이 적용될 수 있는 다양한 기반(제3권), 법정적 진술이 특징적으로 갖는 구성 요소 및 각 요소의 목적(제4권), 구두 입증(口頭立證) 구성과 증거 사용(제5권), 재판관 기질의 분별과 그에 대한 반응(제6권), 법 해석의 논리 및 모호성(제7권), 문체(제8권), 생각하고 말하는 방식(제9권), 문학 비평 탐색(제10권), 환경에 적절하도록 말을 다듬는 것의 중요성(제11권) 등이다.

본 장 하나를 통해서 이 자료에 나타난 해석 및 설교와 관련된 함의를 모두 자세히 다루기란 불가능하다. 이 같은 분석은 이미 제3장, 제5장, 제7장에서 이미 시도한 바 있다. 사실 퀸틸리아누스가 대부분의 논의는 1세기 로마 법정이란 특정 당면 사안에 맞게 진행되었기 때문에, 21세기 기독교 설교라는 당시와는 상당히 다른 환경에 직접 적용되지 않는다.[21]

그럼에도 불구하고 그의 작품이 제기하는 다양한 쟁점은 여전히 오늘날 설교자들이 실용적인 차원에서 유익하다고 여길법한 것들이다. 왜냐하면 "필요한 것을 잠자코 있다가 놓치는 스승이 자주 있는가 하면"(*Inst*. 5.12.23), "부주의한 화자일수록 많은 실수를 범하기 마련"이기 때문이다(5.13.34).

---

[20] 필자가 아는 설교학 연구들 가운데 Quintilian, *Institutio oratoria*(*Education of the Orator*)와 가장 가까운 연구는 1958년 처음 출판된 후 여러 번 재판된 Davis, *Design for Preaching*에서 말하고 있는 수사학적 설교이다.

[21] 그 예로, 고문으로 얻은 증언에 대한 퀸틸리아누스의 논의는 현대 설교에 적용할 수 있는 부분이 희박하다(*Inst*. 5.4). 물론 설교자의 설교 기술이 청중들을 고문하는 것에 맞먹지 않는다는 가정 하에 말이다.

1) 설교를 위해 연구하는 단계에서

(1) 수사법이란 무엇인가

"(수사법의) 성격과 가장 잘 들어맞는 정의는" 잘 말하는 지식 혹은 기술(the science[혹은 art] of speaking well; 라틴어로 베네 디센디 스케엔티아[*bene dicendi scientia* 혹은 *ars*[아르스])이다(*Inst.* 2:15.34; 2.17:37; 추가로 2.14.5; 3.3.12; 8.pr.6를 보라). 본질적으로 수사학은 청중을 가르치고(*docendi*) 감동시키고(*movendi*) 매료시키고자(*delectandi*)하는 세 가지 목표가 있다(3.5.2; 8.pr.7). 처음 두 목표에 대해서는 현대 설교자들이 받아들인다 할지라도 세 번째 목표에 대해서는 우려가 생길지도 모르겠다.

사실 '매료시킨다'는 말은 모호한 뉘앙스를 풍긴다. 퀸틸리아누스는 그의 『웅변교수론』에서 이 말이 그가 재판관을 자기편으로 끌어들이기 원하는 문맥에서 사용했음을 상당히 명료하게 보여준다. 그에 반해 우리는 매료(*delectatio*)라는 말을 보다 긍정적인 의미로 해석해야한다. 즉 유쾌하거나 만족스럽거나 혹은 흥미로운 어떤 것을 뜻하는 의미로 해석해야 한다는 것이다.

이 라틴어가 '매력' 혹은 '여흥'의 뜻을 내포하고 있다는 점에서 위 해석이 일리가 있다. 더 살펴보겠지만 퀸틸리아누스의 이상적인 변호사가 가진 의도 역시 단순히 재미를 주는 데 있지 않고 판사의 마음을 특정 관점 및 행동 방침에 호의를 느끼도록 하는 데 있었다. 이는 설교자와 그 청자 사이에도 동일하게 적용된다.

(2) 더 나아가기 전에, 생각 없이 학문적 규정 그 자체만을 목적으로 삼고 따라가는 수사학을 배제하여 '유연한 실행'을 반복적으로 역설하는 퀸틸리아누스에 맞추어 우리 스스로 나아갈 방향을 정립해보자(*Inst.* 4.1.72-73; 4.2.4, 8; 5.10.110).

퀸틸리아누스는 현학적인 것을 참지 못했다(5.11.30). 다음과 같이 말할 정도였다.

"오직 정신병자만이 자기 사건에 가장 이익을 막는 미신적인 규칙이 자신을 인도하도록 허용할 것이다"(4.2.85).

사건은 무한할 정도로 다양하다(7.pr.4). 그러나 "모든 사건은 상식이 결론짓도록 해야 한다. 상식은 학습을 통해 배울 수 있는 것이 아니다"(6.5.2). 웅변가는 시간이 지남에 따라 지혜를 배워나간다(6.5.3-5) 그리고 필요에 따라 특정 상황에 맞게 규칙을 바꾸어 적용해나간다(7.1.12).

> 아무도 융통성 없이 따르기만 해야 하는 규칙을 나에게 요구하지 말라. …법률체계를 어떤 불변의 운명처럼 변하지 않는 것인 양 수사법 제자들을 가르치도록 요구하지도 말라(2.13.1).

이에 맞게 이어지는 배움의 대상은 특정 환경에 맞게 적용되어야만 하는 일반 지침이다(7.2.51).

(3) 요지란 무엇인가

담화 정체 지점 이론(stasis theory)은 고전 수사학의 가장 난해한 측면들 가운데 한가지이다(퀸틸리아누스는 해당 이론에 관해 *Inst.* 3.6-104에서 다루었다). 이러한 정교한 분석의 요지는 특정 형태의 담화가 말하고자 하는 중심 사안을 확인하는 작업이었다.

쟁점이 무엇인가?

쟁점의 종류는 무엇인가?

무슨 일이 있긴 했는가?

어떤 일이 일어났는가?

왜 일어났는가?

그 원인은 정당한가?

그렇지 않은가?

퀸틸리아누스는 법정 안에서 "재판관의 마음에 [내가] 가장 남기고자 하는 것은 무엇이며"(3.6.12), "전체 사안을 좌우하는 가장 중요한 요지는 무엇인가"(3.6.21)에 대해 결정지어야 했다. 『웅변교수론』은 이 물음을 향해 끊임없이 돌아온다(3.6.9, 15, 80, 85, 104; 3.8.2, 22, 51; 3.11.9, 19, 24–26; 4.2.21, 31, 35, 40, 43, 45; 5.10.11, 103).

> 논의되고 있는 '주요 쟁점'(원인 혹은 중심 주장)이 무엇인지, 양 입장이 '대립하고 있는 질문'이 무엇인지, 재판관이 '판단해야 하는 요지'가 무엇인지, 다른 말이지만 사실 동일한 이 세 가지를 이해 못하는 사람은, 그 사람이 바보로 태어나 말할 기회조차 없었던 사람이 아니라면, 극히 드물다(3.11.24, 저자 강조).

현대 설교자에게 적절한 적용점은 명백하다.

성도들을 위해 이번 주일 성경 본문으로 전할 설교 요지가 무엇인가?

만약 설교자가 위에서 말한, 하나로도 요약할 수 있는 여러 질문들에 분명하게 대답할 수 없다면 청자들이 요지를 찾아 내는 것을 기대하기란 불가능하다.

설교자들은 설교의 핵심을 결정하기 위해 어떤 전략들을 사용할 수 있을까?

퀸틸리아누스가 제공하는 몇 가지 전략은 아직도 유효하다.

(a) 핵심을 결정하는 한 가지 기준은, 하나의 수렴하는 지점을 잡은 채 시각을 달리하여 볼 때, '적절성'이 있는지를 확인하는 것이다.

> 제일로 중요한 부분은 어떤 상황에서 우리가 발언을 하든지 그 상황의 시기, 장소, 성격이 요구하는 그 무언가를 찾아 내는 것 이다(*Inst.* 9.3.102; 참조, 10.2.27; 11.1.46를 보라).

본질이 결정된 지점에서부터 실제 발언에 대한 결정이 흘러나올 것이다.

"모든 사건, 모든 청중, 모든 화자, 모든 상황에 적절한 한 가지 문체로 된 웅변이란 결코 존재하지 않는다"(11.1.4).

(b) 성경 주해 혹은 설교문 작성 중 정확한 요지에 대해 궁리하는 동안 다양한 해석 가능성을 고려해보라.

요지가 점차 응축되고 확고해지면 바보처럼 그 요지에 다시 이의를 제기하지 말라(5.13.42; 7.1.29).

당신의 요지가 얼마나 건실한지 시험하기 위해서는 당신이 최종 선택한 입장에 반대된 관점에서부터 요지를 추론해보라(5.13.44, 52; 7.1.31, 몇몇 성도들은 하고 있을 지도 모른다.)

잘못된 사고방식을 옹호하며 고집부리지 말라(6.4.16).

(c) 법률 제도(혹은, 우리 입장에 맞게, 성경)에 담긴 모호성 혹은 자기 모순적인 부분을 해석 때 각별히 주의하라(5.10.106-7; 7.6-7).

때로는 본문의 의도와 그 문자가 구분되어야 하는 경우들이 있다(7.10.3; 참조, 고후 3:4-18).[22]

(d) 철저한 연구 후에는 당신이 말하고자 하는 의도의 핵심을 결정하고, 직접 진술하고, 그것을 고수하라(*Inst.* 7.1.37).

일단 요지를 정하면 이상적으로 보자면 당신의 설교는 "많은 다른 형태로, 때로는 한 주제를 곱씹고 같은 생각에 오랜 시간을 할애하기도 하면서 만들어져갈 것이다"(9.1.41).

(e) 본문과 청중을 해석할 때 어느 쪽이든 그 정황들을 마음에 확고히 인지하라(5.10.44-52, 94).

정황이 바뀌면 우리 웃는 모습도 바뀐다.

"새로운 배(ship)는 오랜 배보다 더 유용하지만 우정(friendship)의 경우에는 그렇지 않다"(5.11.26).

(4) 일단 요지가 정해지면 그것을 어떻게 풀어나갈지 현명하게 구조화하라(3.9.1; 4.1.35, 51, 53; 4.2.51).

'구술되는 구조'(Oral Organization)는 구성이 탄탄해야 하며 전환이 부드럽고 일관성이 있으며 각 부분이 적절한 균형을 이루어야 한다(4.1.76; 4.2.79; 4.4.2; 4.5.17, 28; 7.pr.1; 7.1.1; 7.2.57; 7.10.8).[23]

---

22 "일반적인 쟁점은 두 가지 맞서는 법칙 중 어느 쪽이 더 오래되었는가 하는 것이다. 그러나 가장 중요한 쟁점은 두 가지 법칙 중 어느 쪽이 그것이 위배되었을 때 덜 고통스러운가 하는 것이다"(Ibid., 7.7.8). 이 부분은 공관복음에 나타난 예수님의 성경 해석의 특징을 보여준다(예, 막 7:1-23//; 막 10:2-9//).

23 고전이 말하는 연설의 구성 요소들을 대체하는 문학 비평의 통찰들을 염두에 두라. 다음

> 다양한 부분을 배치하는 것만으로는 부족하다. 각 구성 요소가 내적 실속을 갖추어서 한 생각이 제시되면 다음 생각이 뒤를 잇고 그 다음 생각이 뒤에 나와야 한다. 단순히 생각들을 적절한 순서에 맞게 배치하는 수준이 아니라 생각들이 서로 긴밀히 연결되어 요소 사이에 어떤 봉합선도 찾아볼 수 없도록 일관성을 부여해야 한다. [담화의] 요소들이 뒤죽박죽 섞인 팔다리가 아닌 하나의 신체를 형성해야만 한다.(7.10.16)

이렇게 긴밀히 직조된 설교는 설교자에게나 성도들에게나 일종의 필연성을 느끼도록 해 준다(참조, 7.1.35).[24] 한 가지 주의할 점은 당신 생각의 순서와 발화 시 자료제시의 순서를 혼동하지 말아야 한다는 것이다.

"대체로 우리에게 '가장 먼저' 떠오른 것은 발화에서 '가장 마지막'에 와야 하는 바로 그것이다"(7.1.25, 저자 강조).

(5) 전적으로 구술 문화 속에서 수사법을 가르쳤지만, 퀸틸리아누스는 '글쓰기 기술'에도 많은 주의를 기울였다.

이는 틀림없이 현대 북미에서 중고등학교라 불리우는 단계의 당시 교육기관 같은 곳에서 그가 20여 년간 가르쳤기 때문일 것이다. 하지만 그와 같이 전문 직종에 있는 사람들도 자신이 할 연설을 있는 대로 기록하기를 바랬다(3.9.9). 퀸틸리아누스의 입장에서 글을 잘 쓰는 것과 말을 잘

연구는 이와 유사한 제안을 한다. Lowry, *Homiletical Plot*; Long, *Witness of Preaching*, 106-55.

24 현대 설교자들은 설교를 써내려갈 때 고전 수사학 법칙에 얽매이지 말아야 한다. 설교의 외적 일관성은 설교되는 성경 본문과 설교문 사이의 내적 조화를 반영한다. 이와 관련, Craddock, *Preaching*, 155-222을 보라.

하는 것은 동일한 것이었다. 실제로 전자를 꾸준히 연습하면 후자가 개선되는 것은 확실하다.

"잦은 글쓰기 연습을 통해 힘을 갖추지 않고서는 결코 언변의 성숙함이나 강건함을 습득할 수 없다"(10.1.2).

"글쓰는 것을 성실하게 연습하면 즉흥적으로 말할 때도 글과 비슷한 운율이 말에 나타나는 효과를 거둘 수 있다"(9.4.114).

"언변의 뿌리와 기초는 글쓰기에 있다. 긴급 상황에 맞게 요긴하게 꺼내 쓸 수 있도록 수사라는 부가 저장되어 있는 가장 거룩한 곳을 열어 주는 것은 바로 글쓰기이다"(10.3.3).

『웅변교수론』은 작자/화자에게 다음과 같은 실용적인 조언을 한다.

"우리는 가능한 한 많이 써야한다. 그때는 극도의 주의를 기울여야 한다"(10.3.2).

> 요약하자면 이러하다. 빨리 써보라. 그러면 결코 잘 쓰지 못할 것이다. 잘 쓰라. 그러면 곧 빨리 쓰게 될 것이다"(10.3.10). 쓰고 난 후에는 당신이 쓴 글을 고치라(10.4.1), 그러나 괴로워하지 말라. 당신의 노트에 보기에 완벽하지 않을 정도로 적어넣어라. 그 다음 상쾌하게 자고 일어나서 다듬어 주길 기다리고 있는 당신의 글로 돌아가라(10.4.4).

⑹ 말하기와 마찬가지로 작문은 단어에 달려있다.

단어를 어떻게 잘 보관할 수 있을까?

폭넓고도 선별적인 '독서'를 통해 할 수 있다(8.pr.28; 10.15).

> 독서는 풍부한 표현의 창고를 우리에게 제공한다. 단순히 단어들이 떠오를 때 사용하는 것이 아니라 단어가 시의적절할 때 그것을 사용할 수 있도록 배워야한다(10.1.13; 추가로 10.7.7보라).

"가장 뛰어난 작가의 글을 읽으라. 가장 훌륭한 웅변가의 말을 들으라"(10.1.8).

"청자의 판단은 종종 특정 화자에 대한 호감이나 열성적인 군중의 박수에 휩쓸리기" 때문에 듣기보다는 읽기가 더 신뢰할 만한 비평 능력을 길러준다(10.1.17).

당신이 무엇을 읽을지 신중히 판단하여 결정하라.

글을 읽을 때는 지금 당신 앞에 놓인 사건(혹은 설교)를 염두에 두라(10.3.15).

> 거듭되는 훈련을 통해 모든 단어가 언제든 요긴하게 쓰일 수 있도록 언어습득 능력을 계발하라. 그렇게 하면, 단 한 순간도 무슨 말을 해야 할지 모르는 경우가 없을 것이다(8.pr.28).

특히 시문학은 "언어에 대한 숭고함을 통해, 그리고 모든 종류의 감정을 불러일으키는 능력을 통해 우리에게 감명을 줄" 뿐 아니라, "법정에서 날마다 옥신각신 벌어지는 일로 [우리] 마음이 피폐해져 있을 때나 유쾌한 공부를 통해 마음을 환기시킬 필요가 있을 때" 시문학은 절실하다(10.1.27). 그러나 단어는 결국 도구에 지나지 않는다.

"단어 자체만을 위한 무언가는 무의미하다. 단어는 무언가를 표현하기 위해 발명되었을 뿐이다"(8.pr.32).

"단어에는 사실을 대변하는 능력 외에는 어떤 진정한 고결함도 들어 있지 않다"(8.pr.26).

(7) 퀸틸리아누스는 그의 작품에서 동시대 법정에 있었던 변호사들 사이의 관례를 가정하고 있었다.

법정 변호사들은 일의 전후 관계를 머릿속에 기억한채 서서 빨리 말해야했다. 그들은 간결한 메모를 참고하면서(10.7.31), 재판정에 앉은 이들을 향해 '외워서' 발언했다(11.2.1). 『웅변교수론』이 설교 원고가 필요한지 그렇지 않은지에 대해 어떤 주장을 펼치고 있는지를 우리가 여기서 다룰 필요는 없다.[25]

"다른 모든 것과 마찬가지로 기억은 수양을 통해 향상될 수 있다"(11.2.1).

암기 기술의 아버지인 케오스의 시모니데스(Simonides of Ceos, B.C. 556-468년)을 인용하여(11.2.11) 퀸틸리아누스는 어떤 장소를 비망록을 대신하여 상상하는 방법(*imagines*, 이마기네스)으로 연설을 암기한 몇몇 화자들을 소개했다. 즉 연설의 각 부분을 긴 여행길 중간에 있는 정거장들과 결부하거나(11.2.21) 널찍한 집 곳곳에 있는 방과 결부하여(11.2.18) 기억하는 것이다.[26] 이렇게 하는 목적은 한 단계에서 다음 단계로 자신을 이끌어가

---

[25] 다음과 같은 예를 보라. Fant, *Preaching for Today*, 112 – 26; Webb, *Preaching without Notes*.

[26] 이 기술을 깊이 신뢰하는 여러 설교자들을 알고 있다. 필자는 반대 입장에 있지만 말이다. 필자의 경우 설교 도중 다음 문맥에서 주방으로 가야할지 거실로 가야할지를 너무 생각하느라 지금 내가 어디에 있는지를 잃어버리는 수가 있다. 이러한 곤경에 공감을 표하며 퀸틸리아누스는 이 기술을 사용하는 동안 생각에 과부하가 걸린다는 사실을 인지한다(*Inst.* 11.2.25 – 26). 다른 한편으로 우리 고대 조상들은 우리와는 굉장히 다르게 사고했다는 사실을 잊으면 안된다. Thatcher, "John's Memory Theater"는 제4복음서 저자가 그의 당대 기억 연상법(mnemonics)을 사용하여 예수님 이야기들을 '썼다'는 대담한 주장을 제기한다.

도록 하는 심리적 표지를 세우는 것이다(11.2.29-30).

이에 더하여 퀸틸리아누스는 모든 요소를 하나로 묶기 이전에 각 부분을 단편적으로 학습하기를 추천한다(11.2.27). 이러한 학습에는 글에 담긴 논리적인 무언가가 기억이 논리를 따라가는 데 도움을 줄 것이라는 자신감이 수반된다(11.2.36).

암기하는 동안에는 "발성에 주의를 기울이며" 소리내어 읽으라(11.2.33).

그러면 암기하는 사람은 단어 단위로 외워야 하는가 아니면 생각 단위로 외워야 하는가?(11.2.44)

"확실한 암기와 넉넉한 시간을 가정한다면 나는 단 한자도 빠짐없이 외우길 선호한다"(11.2.45).

편안한 밤잠은 기억력을 향상시킨다(11.2.43). 빨리 암기하는 "속성 공부"는 대개 암기한 내용이 그리 오래 지속되지 않는다(11.2.44). 암기력이 어느 정도 시들해져버렸다면 염려 속에서 억지로 기억을 더듬어 말하는 것보다, 머릿속에 사실들을 잘 담아둔 채 자유롭게 말하는 것이 더 좋다(11.2.48). 만약 그마저도 힘들어진다면, 그때는 은퇴를 고려할 나이가 된 것이다.

"물론 이러한 불운은 아주 드물게 일어나겠지만 말이다"(11.2.49).

> 암기를 위한 최선의 방법 한 가지는 매일 연습하고 생산해내는 것이다. 기억만큼이나 연습을 통해 더 향상되고 방치를 통해 손상되는 것도 없다(11.2.40).

2) 강단에 섰을 때

(1) 준비 단계의 가장 큰 몫이 로고스(*logos*)에 집중되어 있었다면, 전달은 에토스(*ēthos*, 화자의 성향)와 파토스(*pathos*, 청중의 감정)가 수렴하는 지점이다 (*Inst.* 3.8.15; 4.1.5, 14, 17, 26; 6.2.12).

퀸틸리아누스는 교육 현장에서는 학생의 편에 섰고 법정에서는 청자에 초점을 맞추었다. 판사의 마음을 얻지 못하면 사건에 패하게 되어 있다는 것이 현실적으로 예상되는 사실이다. 그러나 『웅변교수론』이 말하고자 하는 바는 '청중과의 진정한 공감과 그들에 대한 존중'이었다. 이 점이 바로 그의 작품이 오늘날의 설교자에게도 유익한 이유다.[27]

몇 년에 걸쳐 교회당 의자에 자리 잡고 있어본 사람이라면 누구나 진부함을 통해(4.2.49, 111; 4.3.8) 그리고 단조로움을 통해(5.14.30; 8.3.52; 9.4.143) 청중을 따분하게 만드는 것에 대한 퀸틸리아누스의 두려움을 이해할 수 있을 것이다. 경청하는 것은 어려운 일이며 최고의 웅변가라야 회중 사이에 있는 중압감을 완화시킬 것이다(4.2.118-119).

어떤 논의가 진행될지 미리 청중들을 준비시켜주고(4.2.115), 진행 중에도 어디로 향하고 있는지 상기시켜주라(4.5.3).

청중들은 당신의 요지가 무엇인지 빨리 이해하고 싶어 하기 때문에(4.5.10), 재차 확신시켜주라(4.5.18).

그들이 집중력을 잃지 않고 계속 듣도록 하라(4.2.71, 80).

일반적인 조건이라면 사람들은 의미가 통하지 않는 것보다는 통하는

---

[27] 반 더 기스트(Van der Geest)는 설교를 듣는 청중들에게 대체로 세심하다. 그의 번역된 저작 *Presence in the Pulpit*의 독일어판 원제는 *Du hast mich angesprochen*, 『당신은 나에게 말씀을 전해왔다』이다.

것을 선호하므로 분명하고 논리적으로 말하라(5.10.1 - 19; 5.14).

만약 말하던 도중 중심 주제에서 벗어나기 시작했다면(4.3.8, 17; 5.25), 혹은 청중들이 결론을 기다리도록 만들었다면(6.1.2), 간결하게 말하라 (4.2.64, 68, 108; 4.3.3).

물론 청자들을 혼란에 빠트릴 정도로 급작스럽지는 않아야 하겠지만 말이다(4.2.44; 8.2.19).

강력한 결론을 도출하라(5.12.14; 6.1.11, 29).

이 경우 심지어는 "문장에 힘이 점차 실리도록 써야한다"(9.4.23).

마지막에는 "내키는 대로 말하길" 두려워하지 말라(6.1.51). 그러나 절대 풍미를 훼손시키지 말아야 한다(6.2.19). 청중의 마음을 움직이길 두려워하지 말라(6.2.3-4).

'당신 스스로' 감정을 절제하는 것이지 그 반대는 아니라는 것을 잊지 말라. "웅변의 생명은 감정을 지배하는 힘에서 발견된다"(6.2.7).

결론은 억지스럽지 않고 자연스럽게 도출되어야 한다(6.2.13). 당신이 가장 강하게 호소하고자 하는 요지는 청중이 듣는 가장 처음과 마지막에 나타나야한다(6.4.22; 7.1.17 - 18).

(2) "'문체'는 꾸밀 수 있는 숫자만큼이나 변질될 수 있는 경우의 수가 많다"(8.3.58).

그러나 "평범한 언어는 화제의 품격 혹은 화자의 체면을 떨어뜨리는 일이다"(8.2.2; 추가. 5.12.20 - 21을 보라). 퀸틸리아누스는 언제나 절제를 선호하는 편에 치우쳐있었기 때문에(5.14.35), 우아하되 화려하지 않고(8.3.42), 차분하면서도 아취가 있고(3.8.59, 62, 65; 4.1.28; 4.5.26; 8.pr.17), 자연스러우면서 마음에서 우러나온(8.pr.19), 진정성 있고 간결하며(8.pr.23), 품위가 있고 명료한(4.5.22, 26; 8.1.1) 문체를 권했다.

"좋은 문체의 첫 번째 필수 조건은 명료성(페르스페쿠이타스, perspecuitas)이다"(8.2.22).

퀸틸리아누스가 제자들과 동료들이 명료한 문체를 쓰는지에 대해 어찌나 관심이 많았는지 그의 작품에서 반복적으로 이 주제에 대해 언급했다. 그는 말하길, "청자가 머리를 짜내야 이해할 수 있는 글은 쓸모없는 글로 여긴다"라고 했다(8.2.19).

"한 문장은 결코 그 흐름을 따라가지 못할 만큼 길어서는 안된다"(8.2.14).

"기본적으로 의미 혹은 문체에 기여하지 하는 모든 단어는 잘못된 것이다"(8.3.56).

퀸틸리아누스는 "일반적인 표현 양식을 피하려고 애쓰면서 아름다움에 대한 잘못된 생각에 심취한 사람들," 즉 "단지 사실을 직접적이고 간결하게 쓰고 싶지 않다는 이유 때문에 아무데나 과다하게 단어를 사용하는 사람들"을 매우 싫어했다(8.2.17). 이러한 경우는 문체와 관련한 모든 잘못 중에서도 가장 죄질이 나쁜 잘못일지 모른다.

왜냐하면 "다른 잘못은 부주의에 의한 것이지만 이 경우는 의도적"이기 때문이다(8.3.56). "불명확성은 특정 지역에서 더 익숙한 단어를 사용함으로써 발생된다"(8.2.13). 지리적 지역이든 문화적 지역이든 상관없이 말이다(8.1.3). 어떤 신자도 "구원론"(수아소리아, suasoria)이라는 말을 일상 대화에서 사용하지 않는다. 그러니까 이런 단어를 강단에서 마구 쏟아 내면 청자들의 마음은 떠나갈 것이고 다시 그들을 돌려놓을 수 없을 지도 모른다.

> 만약 우리가 이상도 이하도 아닌 필요한 만큼만 말한다면, 그리고 사용하는 모든 단어가 분명하고 정확하게 정돈되어 배치되어 있다면, 많은 주의를 기울이고 있지 않은 청중들에게까지도 모든 사안이 있는 그대로 명료하게 들릴 것이다(8.2.23).

퀸틸리아누스는 생생하게 말하기를 권한다(4.2.123; 8.3.51-60). 때로는 마음의 귀만큼이나 그 눈을 매료시키는(9.2.40) "직접적인 단어로 장면(visio)을 그리듯" 생생하게 표현하기를 권한다(8.3.63; 추가. 7.2.29-36).[28] 예화라면 당연히 이해의 빛을 던져주어야만 한다. 즉 "다른 어떤 대상에 대한 이해를 돕고자 하는 목적으로 추려진 예시는 그 대상보다 더 명백해야만 한다"(8.3.73).

당신의 발언을 상상력을 불러일으키고 심화시키며 활성화시키는 강렬한 단어를 통해 채색하라(3.8.86-89).

설교가 통나무 같이 경직되어 있다면 회중들이 나무광택제를 설교자에게 뿌리더라도 변명의 여지가 없다.

퀸틸리아누스는 명료함과 생생함 외에도 몇 가지를 더 귀띔한다.

(a) 단어가 만드는 **소리**에 주의를 기울이라.

우리는 일반적으로 우아한 글을 쓰도록, 그리고 조악함에서 벗어나도록 애써야한다(8.3.17; 9.4.58).

또 다른 한편으로는 생각과 문체를 결합시키라(3.8.64; 4.2.62; 8.1.1;

---

[28] 30여년 전에 신학교에서 들었던 설교 가운데, 그 설교가 기억나지는 않지만, 결코 잊혀지지 않는 생생한 **장면**이 있다. '한 요양원의 빈 주차장에 끊어지지 않고 그어져 있는 수십 줄의 하얀 직선'이란 표현이다.

8.3.13-14).

다시 말해 청중을 들뜨게 하려면 고상한 단어를 사용하고(8.3.11), 상스러운 화제를 꺼낼 때는 당신의 논점을 담은 천한 단어를 선택하라(8.3.21).

(b) 고어(古語)는 "문체에 숭고하고 장엄한 분위기를 더해 준다. …그러나 지나치게 사용해서는 안되며, 이러한 단어를 너무 오랜, 언제인지 보이지도 않는 옛날로 돌아가 끄집어 내와서도 안된다"(8.3.24-25).

(c) 꾸밈말은 억지로 강요하지 않고 귀를 사로잡아야한다(8.3.5; 8.5.34).

(d) 당신의 문체에 비유로 양념을 하되,[29] 글이 양념으로 뒤덮여 질리는 일이 없도록 하라(9.3.4-5).

비유법이 세우는 특별한 공로는 일상적이고 따분한 대화가 주는 갑갑함을 덜어 주고 단조로운 언어에서부터 우리를 구해 주는 것이다(9.3.3). 비유적 언어는 "청자의 주의를 끌어 그것이 시들해지지 않도록 하고, 이따금 특별히 현저한 표현을 통해 분위기를 환기한다"(9.3.27).[30]

---

[29] 오늘날의 설교자들은 우회적 표현술 및 사고 방식에 대해 덜 생각하는 경향이 있는 듯하다. 물론 항상 그런 것은 아니지만 말이다. 수사 문체에 관해 영국에서 발행된 논문 가운데 가장 이른 것은 노섬브리아(Northumbrian)지역 수도자인 가경자 비드(the Venerable Bede, A.D. 673-735년)의 저작, *De schematibus et tropis*(『표현술 및 비유에 관하여』)다. *De schematibus et tropis* 구조는 변증법적인 목적을 띠고 있다. "나는 시대를 막론한 달변가들이 성경에 우선적으로 나오지 않는 표현술과 비유를 통해서는 가르치지 못하는 것이 있음을 성경에 나온 예시를 통해 입증하기로 마음먹었다"(Venerable Bede, "Concerning Figures and Tropes," trans. G. H. Tannenhaus, 97).

[30] 20세기 들어 Perelman and Olbrechts-Tyteca, *New Rhetoric*, 168은 비유는 문체의 일부에 지나지 않는다는 퀸틸리아누스의 입장에 다음과 같이 반기를 든다. "우리에게…중요한 사실은…어떻게, 그리고 어떤 측면에서 논증의 요소들이 특정 비유법을 설명하는가를 보여주는 것(이다.) 즉 증명의 가치로서의 비유를 보여주는 것이다."

(e) 은유법을 현명하게 선택하고(8.6.18) 여러 가지를 섞지 말라(8.6.50).[31] 그리고 "당신의 연설의 논지가 흐려지거나 청중들이 지치지 않도록" 은유법은 가볍게 언급하는 정도로 사용하라(8.6.14).
(f) 반어법은 까다로운 작업이다. 만약 주제의 본질, 혹은 화자의 성격, 아니면 발언의 방식이 확실하지 않으면, 청중은 화자의 의도를 완전히 놓칠 수도 있다(8.6.54).
(g) "(당신) 자신의 귀에 자문을 구해보고"(9.4.93), 문체에 변화를 주라. "언변의 기쁨은 관심을 사로잡을 만한 참신함 연속적으로 제공하는 다양성에 있다"(9.2.63).

마찬가지로 속도에 변화를 주라.

> 긴 음절은 더 큰 숭고함과 무게감을 전달하고 짧은 음절은 속도감을 창출한다. 만약 짧은 음절이 몇몇 긴 음절과 섞이면 말의 보폭은 달리기 정도가 될 것이다. 그 때 긴 음절을 빼라. 그러면 질주하게 될 것이다(9.4.91).

"리듬을 가장 잘 판단하는 것은 귀다"(9.4.116).
(h) 명료성의 요구는 정교하게 다루어진 콘트로베르시아에(controversiae, 논쟁), 즉 "청중이 알아보도록 감추어둔 의미"를 금하지 않는다(9.2.65). 성공적으로 사용되었다면, "청자는 화자가 숨겨둔 의미를 기쁘게 찾아 내고, 자신의 지각력을 자랑스러워하며 화자가 자신을 존중하고 있다고 받아들인다"(9.2.78).

---

31 은유법을 혼합해서 사용하지 말라는 조항이 포함된 고대 수사학 문서 가운데 이보다 더 이른 것은 없다.

(i) 이와 유사하게 "몇가지 요지를 언급하되 그 논의자체는 잠시 미루는 것을 통해 우리 연설을 매력적으로 만들 수 있다. 그렇게 함으로써 우리는 그 요지를 (청자의) 기억 속에 보관해두었다가 후에 되돌려 받을 수 있다"(9.2.63).

퀸틸리아누스는 웅변술과 평이한 말을 구분하고 있는 것으로 보인다.

"웅변술(엘로퀜티아, *eloquentia*)은 풍부하고 아름다우며 위엄있는 문제를 가지는 것을 목적으로 한다"(5.14.30; 추가로 4.5.6을 보라).

"웅변은 가치를 입증하는 일이다. 웅변의 세계와 힘과 그 독특한 승리는 그 안에 놓여있다"(7.4.24).

다른 한편, 귀에 거슬리고 과장된 어조의 연설은 불편하여(6.1.49), 박수치려고 기다리는 것이 끔찍하다(4.2.126 - 27; 8.5.14). 따라서 퀸틸리아누스가 확실히 괜찮다고 생각하는 흥취있는 문제라면 결국 핵심 전달을 돕는 것이라야 한다.

"웅변가는 조심해서 단어를 선택해야 하지만 그 보다 주제 선택에 더 많은 주의를 기울여야한다"(7.pr.20).

"좋은 문법에 우아함과 정확함을 갖춘, 의미가 그득한 단어들을 사용했다면 무엇을 위해 더 노력해야 되겠는가?"(8.pr.31).

(3) 유머는 섬세하게 사용되어야 한다(4.1.49; 6.2.3, 6).

세밀한 절제를 통해서 말이다(6.4.10).[32] 유머를 가르칠 방법은 없다

---

[32] 이 부분에 대한 신학적인 적용은 다음과 같다. "설교 주제와 적절히 버무려진 유머는 집에 온 것 같은 편안함을 주어서 듣는 이들이 유쾌하게 마음껏 크게 웃고 하나님의 은혜를 기뻐할 수 있도록 해 준다"(Craddock, *Preaching*, 219).

(6.3.14). 비유법과 마찬가지로 재치는 메인 요리가 아니라 양념에 불과하여(6.3.19), 그 맛은 상황이 어떠한가에 달려있다(6.3.28). 최고의 유머는 쉽게 받아들여지는(6.3.93), 때로는 놀래키는(6.3.61, 84), 태연한 농담이다(6.3.30, 45, 57, 107). 강요된 말장난이 잘되는 경우는 드물다(6.3.48).

우스꽝스러운 행동을 하지 말고 어떤 음란한 것도 하지 말라(6.3.29, 46-47).

거만함에 빠져들지도 말고(6.3.33), 광대가 되지도 말라(6.3.82).

"웃음을 위해 우리의 진정성을 희생해야한다면 너무나 끔찍한 대가를 지불하는 것이다"(6.3.50).

무엇보다 당신이 말하고자 하는 요지를 흐리는 유머를 허용하지 말라(6.4.13).

(4) 수사문의 실제 전달에 대해 어떤 고대의 수사학자도 퀸틸리아누스보다 더 많이 말한 사람은 없다.

말의 전달은 귀에 대한 호소이기 때문에 전달하는 목소리가 중요하며, 동시에 전달하는 순간 눈의 주의를 끌게 되기 때문에 몸동작 역시 중요하다(11.3.1, 14). 좋든 싫든 간에 탁월하게 전달되는 평범한 언어는 단조롭게 전달되는 탁월한 내용보다 더 많은 인상을 남길 것이다(11.3.5).

데모스테네스(Demosthenes)의 주장을 인용하자면, "웅변에서 가장 중요한 것은 전달이요, 그 두 번째, 세 번째 역시 전달이다"(11.3.6). 가장 좋은 목소리는 안정적이고 쾌활하며 강직하고 지속성있는 어조이다(11.3.16, 23, 43-44). 이러한 어조는 역동성의 범위와 억양을 조절하는 연습과 (11.3.24-25, 29) 호흡 훈련(11.3.54)을 날마다 함으로써 계발할 수 있다. "가장 위대한 웅변가, 웅변가의 진정 단 하나뿐인 모범인"(10.1.76), 데모스테네스는 발화에 장애를 극복하기 위해 혀 밑에 자갈 넣고 굴리기 그 이상을 했다.

"(그는) 언덕을 오르는 동안에도 최대한 많은 구문을 낭송하기를 연습하곤 했다"(11.3.54).

문체를 위해서 뿐 아니라 발성을 통한 전달을 위해서도 말은 정확하고 명료하며 다양한 발화 주제의 특징 및 그 주제가 불러일으키는 분위기에 적절해야한다(11.3.45; 추가로 11.3.30, 61, 174을 보라). 퀸틸리아누스는 구체적인 몸짓을 부위별로 상술함으로써 영상 녹화 및 재생을 위한 장치가 없었음에도 글을 통해 배울 수 있도록 했다. 머리, 손, 눈, 어깨, 발의 위치(11.3.65-138) 및 눈썹과 손가락까지(11.3.78,92) 자세와 행동거지를 포함해서(11.2.158-59) 철저하게 묘사했다. 연설의 "각 부분에 꼭 맞게 몸짓을 재단하되"(11.3.110; 추가로 11.3.161-74를 보라), 과장되게 하지말라(11.3.123-24, 184).

"연극같이 보이기를 피하고 모든 과한 얼굴 표정과 몸짓과 걸음걸이를 삼가라"(1.11.3).

품위있게 옷을 입으라(11.3.137-49).

우호성(콘킬리아티오[*conciliatio*], conciliation), 설득력(페르수아시오[*persuasio*], convincing), 감동(모베아트[*moveat*], moving), 기쁨(델렉타티오[*delectatio*], giving delight) 등(11.3.154), 네 가지 기준을 충족시키기 위해 노력하라.

선천적인 자질과 후천적인 양육, 즉 재능, 학습, 훈련 모두를 통해 완전해지기를 도모하라(11.3.11).

(5) 가장 뛰어난 예술성은 눈에 보이지 않는 것이며, 절대 배후에 있는 노력을 티내지 않는다(4.1.57, 60; 4.2.57–58, 117; 9.4.45–147).

가장 뛰어난 연설은 "그 말이 반복적인 연습에서 나온 것이 아니라 순간의 영감에서 흘러나왔다는 인상을 주는" 연설이다(11.2.46).[33] 퀸틸리아누스가 20세기 배우 프레드 아스테어(Fred Astaire)를 보았다면 칭찬했을 것이다. 그는 겉보기에 즉흥적이고 힘이 들어가지 않는 것 같은 연기를 아주 짧은 시간 보여주기 위해 녹화하기 전 수개월 동안 그 춤을 계속 반복했다.

(6) 철저한 준비 이후에는 순간적으로 찾아오는 진정한 영감에 여지를 남겨두라.

"우리는 사전에 했던 계획에 미신적으로 매달리지 말아야한다"(10.6.5).

지금 바로 앞에 놓인 상황에 주의를 기울임으로써(6.1.4–5; 7.2.32) 즉흥적인 능력을 계발하라(10.7).

예상치 못한 기회가 찾아오면, 심지어 당신의 요지에 도전하는 것처럼 보인다 해도 그것을 놓치지 말라(6.4.8).

(7) 에토스(ēthos)와 파토스(pathos)는 그 본성에 의해 그리고 전략에 의해 한 지점에서 결합된다.

당신이 청중에게 감동을 주고자 하는 내용이 어떤 것이든, 행복, 분노, 두려움, 호기심, 비탄, 분개, 욕망 어떤 것이든 간에 그것을 담기 위해 단어들을 신중하게 조율하라(9.2.26).

---

[33] Thielicke, *The Waiting Father*는 필자에게 이러한 종류의 인상을 준다.

다른 사람이 느끼도록 하고자 하는 감정을 당신 자신이 느끼고 있는가?(6.2.25-31)

당신이 진리라고 하는 사실에 스스로 사로잡혀 있는가?(4.2.38, 108; 5.13.51-52)

3) 나가면서

대화가 막바지에 이르렀다. 우리 모두가 지쳤다. 멀리서 온 우리 손님, 퀸틸리아누스는 다시 오랜 시간 돌아가야 한다. 그의 토가(로마 시민이 입던 헐렁한 겉옷-역주) 접힌 부분이 속에 받쳐 입는 옷 아래쪽 끝에 위치하도록 정리하면서 떠날 채비를 한다(11.3.140). 그에게 마지막으로 질문한다.

끝으로 한마디 하신다면요?

모든 경우가 다 다르다.

당신이 얼마나 자주 설교를 하는가와 관계없이 **매 순간** 신중하게 준비하는 것을 대체할 수 있는 것은 없다(7.1.4).

당신의 주제에 대해 안팎으로 완전히 알라(7.1.16).

당신의 생각이나 의견을 바꾸고 수정하는 것에 대해 부끄러워하지 말라(3.6.63).

새로 연구를 요하는 새로운 가능성에 대해 문을 열어두라(5.11.44).

"고풍(古風)에 대한 과한 흠모"와 "값싼 유행의 치명적인 매력" 사이의 절충안을 찾으라(2.5.21-22).

어떤 새로운 것이 저속한 것이라면 절대 스스로 사로잡히지 않도록 하라(8.pr.26).

"다가오는 시대는 (현재의) 것들에 대해 더 충분하게 말해줄 것이다"(10.1.92).

어떤 기술이든 그것을 완전히 통달하려면 어느 지점까지 모방하는 사람이 되어야만 한다. 어린이는 모방을 통해 자연스럽게 배운다.

"무엇이든 간에 성공적으로 만들어진 어떤 것을 모방하는 것은 배움의 편리한 방편이다"(10.2.1).[34]

당신과 같은 직종에 있는 누군가에게 들을 수 있는 기회가 있다면 절대 빼앗기지 말고, 그들로부터 배워라(10.5.19).

그러나 당신의 안내자를 지혜롭게 선택하여(5.10.119-20; 7.10.10-11), 반드시 **최고를** 모방하도록 하라(10.2.18).

"여러 다른 종류의 탁월함이 당신 눈앞에 항상 펼쳐져 있도록 하라"(10.2.26).

그러나 "타인이 만들어 놓은 발자국을 따라가는 것에 만족하기보다는 가장 탁월한 것이란 표지를 향해 돌진하라"(10.2.19).

당신의 무지를 인정하고 잘못을 개선하라.

키케로가 비유법을 상술하면서 **참조**(렐라티오넴[*relationem*], reference)를 언급한 적이 있는데 그에 대해 퀸틸리아누스는 "정확히 그가 무엇을 말하고자 했는지는 여전히 모르겠다"라고 했다(9.3.97).

나는 지금까지 한 변론들 가운데 유일하게 [아르피눔의 네비우스를] 재판하는 자리에서 했던 나의 연설을 출판했다. 젊은 시절

---

34 고전 시대의 교육에서 사용된 미메시스(*mimēsis*), Clark, *Rhetoric in Greco-Roman Education*, 144-76을 참조하라. 또한 본서 제5장의 요한복음에 대한 요한1서의 미메시스(*mimēsis*, 모방) 관련 논의를 보라.

영예에 대한 나의 욕망이 그것을 출판하도록 했음을 시인한다 (7.2.24).

당신이 이룬 업적에 대해 대수롭지 않게 생각하라(5.12.17).

아무도 떠버리를 좋아하지 않는다(11.1.15).

통례로 거만함은 그 사람의 자존감이 가짜임을 암시한다는 것을 발견할 것이다. 진정한 가치를 가진 사람은 그 가진 것에 대한 인식만으로도 충분히 만족한다(11.1.17).

웅변가에게 가장 권할 만한 요소는 예의, 친절, 절제, 관대함이다 (11.1.42).[35]

개인적인 강점과 선천적인 재능을 발휘하라(4.2.88).

언어 전달의 기술은 항상 개인의 독특성에 맞추어 변형되어야 한다 (11.3.181). 다윗은 사울이 준 갑옷을 입고 싸울 수 없었다(삼상 17:38-40). 그와 같이 "각기 다른 종류의 수사법은 각기 다른 화자에게 어울린다"(*Inst.* 11.1.31).

멈출 때가 언제고 속도를 올릴 때가 언제인지 스스로 판단하라(6.1.45).

당신의 생각에 집중하라(10.3.28).

"군중 속에 있든, 여행 중에 있든, 아니면 어떤 축제 가운데 있든, 우리의 생각이 언제든 조용히 물러가 있을 수 있는 자기 내면의 거룩한 장소가 있어야 한다"(10.3.30).

---

[35] 민감한 주제에 대한 신중한 논의에 관해 Arthurs and Gurevich, "Theological and Rhetorical Perspectives on Self-Disclosure in Preaching"을 보라.

큰 뜻을 품으라.

> 실패할지라도 포부가 큰 사람은, 오르막이 시작되는 지점에 멈춰서 정상에 오르기를 체념하고 빨리 포기해버리는 사람보다 더 높은 곳에 이를 것이다(1.pr.20).

"가능한 어떤 것에 대해 체념하는 것은 비겁한 것이다"(1.10.8).

은퇴하는 그날까지 연습하기를 절대 멈추지 말라.

"가장 훌륭한 형태의 훈련은 몇명의 청중을 놓고 매일 말하는 것이다"(10.7.24).

그런 환경을 만들 수 없다면, 조용히 집중한 상태로 당신의 주제들을 전체적으로 반복 시연하라(10.7.25).

화자가 유연한 상태를 유지하기 위해서는 계속 말해야만 한다.

만약 말할 수 없는 상황이라면 가능한 어느 때든 글을 쓰라.

만약 글을 쓸 수 없는 상황이라면 사색에 잠기라.

결코 마음이 당혹감에 사로잡히거나 동요되도록 내버려두지 말라(10.7.29).

> 단순히 웅변 뿐 아니라 삶의 모든 일 가운데 경험에서 얻은 지혜(프루덴티아, *prudentia*)보다 더 중요한 것은 없다. 지혜 없이는 모든 형식적인 가르침이 무의미하다. 배움이 뒷받침되지 않은 현명함이 현명함이 뒷받침되지 않은 배움보다 더 많은 것을 성취할 것이다(6.5.11).

단순히 다른 사람이 해 주는 노력으로 능변을 얻으려 하지 말라.

이를 위해서는 밤늦게 까지 불을 밝혀야 하며, 끝까지 인내해야 하고 공부하다가 얼굴이 창백해지기까지 되어야한다. 스스로의 능력과 경험과 방법을 길러야만 한다. …다른 누군가가 길을 알려주지는 모른다. 그러나 길을 가는 속도는 스스로에게 달렸다 (7.10.14-15).

퀸틸리아누스는 돌아서서 품위있게 멀어져 갔다. 그리고는 눈앞에서 사라졌다.

제5부 | 결론

제10장 • 맺는 말

제10장

맺는 말

내가 복음을 부끄러워하지 아니하노니 이 복음은 모든 믿는 자에게 구원을 주시는 하나님의 능력이 됨이라 먼저는 유대인에게요 그리고 헬라인에게로다.

사도 바울[1]

언어가 무엇이며 어떻게 작동하는지에 대한 어떠한 일관적인 이해라도…의미와 감정을 소통할 수 있는 인간 발화 능력에 대한 어떠한 일관적인 설명이라도 결국에는 하나님의 임재라는 가정이 있어야 가능하다. …언어에 대한 이해는 겉으로 드러나든 억압되어 있든, 가면 속에 위장하고 있든 명백하든, 실질적이든 은유적이든, 일종의 신학이다. 이러한 신학은 우리의 창조적인 추정을 보장해 준다. 글, 음악, 예술과의 대면 속에서 얻는 의미의 추정치를 보장해 준다.

---

[1] 롬 1:16.

> 의미에 대한 의미는 곧 초월성에 대한 상정이다.
>
> 조지 슈타이너(George Steiner)[2]

> 태초에 말씀이 계시니라. …그 안에 생명이 있었으니 이 생명은 사람들의 빛이라.
>
> 복음서 저자 요한[3]

제임스 터버(James Thurber)의 재미있는 회고록 『나의 삶과 역경』(*My Life and Hard Times*)에서 터버는 오하이오주립대학교에 다니던 시절 모든 과목을 통과했지만 식물학은 예외였음을 다음과 같이 상기한다.

> 그 이유는 식물학 과목을 듣는 모든 학생들은 일주일에 몇 시간을 연구실에서 현미경으로 식물 세포를 관찰하며 보내야했는데, 나는 단 한 번도 현미경을 통해 볼 수가 없었기 때문이다(어린 시절에 있었던 사고는 터버의 한쪽 눈 시력을 앗아갔다. 그가 66세로 세상을 떠날 때 그는 완전히 실명한 상태였다).

그 과목 교수는 현미경을 알맞게 조절할 줄 모르는 것이 이 학생의 문제라고 확신했다. 그래서 하는 말, "다시 한 번만 시도해 봐." 터버가 볼 수 있었던 최선은 "흐릿한 우유빛깔 물질"이었다. 그 외 대부분은 아무것도 볼 수 없었다.

---

2 Steiner, *Real Presences*, 3, 216.
3 요 1:1a, 3b-4.

> 그래서 우리는 현미경을 조작할 수 있는 모든 방법을 동원하여 시도했다. 그 중 단 한번 나는 결코 그냥 까맣거나 친숙한 우윳빛 불투명함이 아닌 무언가를 보았다. 그 때 내가 기쁨과 놀라움으로 본 것은 얼룩들과 입자들과 점들이 얼룩덜룩하게 모여 있는 집합체였다. 나는 보이는 대로 허둥지둥 그림을 그렸다. 선생님은 내가 무언가 하는 모습을 보고 입가에는 미소를 머금고 눈썹은 희망으로 한껏 치켜 올린 채 옆에 있는 책상에서부터 다가왔다. 그리고는 내가 그린 세포 그림을 지켜보았다. "이게 뭐니?" 약간의 쇳소리를 내며 그가 물었다. "제가 본 것입니다"라고 대답했다. "못봤어, 못봤어, **못봤다고!**" 순간적으로 치밀어 오르는 울화통을 제어하지 못하고 그가 소리를 질렀다. 그가 허리를 굽혀 눈을 가늘게 뜨고 현미경을 들여다보았다. 그의 머리가 이내 확 젖혀졌고 그가 소리쳤다. "네 눈이잖아! 렌즈가 반사되도록 고정했다고! 너는 네 눈을 그린 거라고!"[4]

어떤 비평가가 취하는 성경 해석에 대한 태도를 내게 보여 달라.

그러면 그 비평가가 이해하는 삶과 예술, 그가 이해하는 여자와 남자와 하나님을 당신에게 보여주겠다.

삶의 경이로운 패턴을 한껏 즐기고 있던 사람이라면 누구나 성경에 나타난 비유법(*trope*)이 절묘하다는 것을, 삶의 패턴을 담은 성경 서술(*narratio*)이 건장한 웅변가들을 눈물 흘리게 할 만큼 아주 절묘하다는 것을 발견할 것이다.

---

4 Thurber, *The Thurber Carnival*, 221, 223.

삶의 뾰족한 모서리에 찔렸던 사람이라면 누구나 성경에 나타난 수많은 난관(aporia), 즉 매 모퉁이마다 웅크리고 앉아 기다리고 있는 혼란을 한 눈에 발견할 것이다. 무지는 타파해야 하고, 정의는 구현되어야 한다. 야고보서의 저자 야고보가 율법은 천박한 사람에게는 태만히 흘낏 보는 거울이고 사려 깊은 사람에게는 행복감으로 응시하는 거울이라고 말할 때(약 1:22-25), 그는 아주 잘 존속되는 성경 해석법을 상정하고 있다.

마지막 날이 오기 전 이 세상에서는 우리 중 그 누구도 인간과 하나님의 가장 깊은 곳을 시력 2.0으로 볼 수 있는 사람은 없다(고전 13:12). 학생이든 교수든 근시안으로 고생하는 것은 마찬가지다. 때로는 근시가 너무 심해서 해석학적 렌즈를 아무리 조정해도 "친숙한 우윳빛 불투명함"이 없어지지 않을 정도다.

전혀 다르게 보이는 세 가지 줄기가 이 책의 여러 장에 걸쳐 퍼져 있다.

첫째, 수사 연구는 하나의 렌즈가 아니라 여러 렌즈의 집합체이다.

신약 해석에 적용되는 다른 모든 비평적 접근에 대해서도 아마 똑같이 말할 수 있을 것이다. 성경은 무궁무진한 복합체이다. 성경 해석 역사란 질문을 위한 우리의 계속된 노력이다. 본문으로부터 적절한 답을 도출해 내기 위해 우리는 끊임없이 가장 좋은 그리고 가장 포괄적인 질문들을 다듬고 답을 찾고자 노력한다.

어떤 답변도 돌아오지 않는다면, 혹은 긍정적으로 말하자면 성경에서 되돌아오는 것이 답이 아닌 질문이라면, 이는 분명 우리의 상상력이 더 확장되고 질문이 더 다듬어져야한다는 의미일 것이다. 좋은 안목을 위한 연습을 통해 우리는 시력을 강화하는 훈련을 할 수 있다.

둘째, 이것은 첫 번째와 중첩된다. 거트루드 슈타인(Gertrude Stein)의 켈리포니아 오클랜드에 대한 부정적 평가를 패러디하자면, 그곳 성경적 의미 안에는 '**그곳**'이 있다(there is a "there" there in scriptural meaning).[5]

성경적 의미는 단 한 가지 의미만 가지는가?

확정적인 본래 의미만이 존재하는가?

교도권(*magisterium*)을 가진 한 사람 혹은 여러 사람에 의해 한번 결정되면 변치 않는 한 가지 의미만 가지는가?

아니다.

이러한 주장들에 대해 아무것도 염려할 필요가 없다. 이들은 여러 입장들에 대한 테오프라스토스의 '캐리커쳐'와도 같다. 이 입장들은 학계와 교회에 의해(때로는 서투르게) 차용되다가, 후에 시대가 요구하는 신조에 의해 난데없이 바뀔 뿐이다.

그렇게 판을 치던 이데올로기적 비평이 이제는 포스트모던 문학계 내에서도 시들해졌다.『뉴욕타임즈 서평집』(*New York Times Book Review*) 에디터에게 전달된 아래 편지를 한번 읽어보라.

> "미국에서 문학 연구가 지금보다 더 나은 적이 없었다"는 말에⋯나는 동의하지 않는다. 뉴욕대학교(NYU) 대학원생으로서 결코 자유롭다고 느끼지 않는다. "이전 세대"의 문학 비평은 여성, 소수자, 가난한 사람 등의 입장을 배재했지만, (최근) 혁명가라는 이들은⋯그들이 타도한 사람들만큼이나 우쭐해져 있다. 비평의 최신 물결은 의미로서의 텍스트를 앗아가 버린 한편, 터무니없는 이론을 내세운 논문들은 명작들을 추상적인 여담 정도로 전락시켜버렸다. 저자의 중요성 혹은 의도된 의미를 파악할 가능성을

---

[5] 거트루드 슈타인 시구, "그곳엔 그곳이 없었다"(there is no there there)를 패러디함—역주.

부정함으로써 순전한 셰익스피어의 시에 자신들의 해석적 틀을 부과해왔으며, 이제 문학을 둘러싼 논의는 비평가들이 방 한가득 모여 각기 흥에 취해 추는 춤에 불과하게 되었다.[6]

말씀의 **더 충만한 의미**(sensus plenior), 더 깊은 의미를 알고자 하는 노력은 결코 역사 연구로 전락될 수 없다. 그러나 역사적 민감성을 내제하고 있는 몇 가지 형태의 수사 연구를 제외하면,[7] 역사를 심도 있게 건드리지 않고 성경을 독자 입장에서 충분히 이해하고자 하는 연구가 얼마나 성공할 수 있을지 의문스럽다.

복음서 저자들은 역사의 아이들이었다. 이윽고 또 다른 역사의 아이들이 역사 흐름에 응하여 그들의 작품에 말씀으로서의 권위를 부여하였다. 이 복음서의 정경화가 이루어지기 전이나 후, 어떤 독자도 시간과 공간을 벗어나서 복음서를 읽은 적이 없다. 따라서 본서에서 필자가 다룬 여러 수사 분석 방법들은 역사에 기반을 두고 있다.

이 글의 논거는 단순히 취향에만 기인하지 않고 몇 가지 도덕적 의무에도 기인한다. 그 의무 가운데 하나는 교회의 공인된 문서들을 통해 내가 원하는 목소리를 내 나름대로 끄집어 내는 대신 그 문서가 무엇을 어떻게 말하는지 교회가 듣게 해야 하는 책임이 포함된다. 서로 다른 해석가는 서로 다른 부분에 전념한다.

제1장에서 언급했듯, 여러 다른 해석가들의 작업을 나열하는 것은 필자가 목표하는 바가 아니다. 그들은 자기 상을 이미 받았다. 본서는 그와는 다른 방법으로 말씀에 접근하는 이들을 위한 것이다. 자신의 눈에 있

---

6   Griffith, "Death of the Critic," 2.
7   이에 대한 예로 Amador, *Academic Constraints*를 보라

는 얼룩과 입자와 점을 보기 위해 소중한 시간과 돈을 쓰기보다는 말씀 자체의 세포들을 더 잘 이해하기 위해 필자와 함께 눈을 가늘게 뜨고 있는 이들을 위한 책이다.[8]

셋째, 마지막으로, 본서가 지금까지 강조한 수사 기교는 심미적인 탁월성, 담백한 인도주의, 정치적인 동기 부여, 그 어느 것에 대한 것도 아님을 분명히 하고 싶다.

근본적으로 이 기교는 '신학적'이다.

왜 그런가?

복음서를 있는 그대로 받아들인다면, 그 저자들의 글 속에 녹아 있는 하나님에 대한 믿음을 벗어날 수 없기 때문에 그렇다. 그들의 글 속에는 하나님(호 페오스[ὁ θεὸς])이 예수 그리스도를 통해 모든 인류, 즉 모든 기교 및 정치를 포함한 인간 세계, 모든 창조 세계의 구원을 위해 몸소 일하고 계셨고 아직도 그러하다는 믿음이 녹아있다. 이러한 믿음 때문에 복음서 저자들은 "십자가의 도"에 분개한 이들이 여긴 것처럼(고전 1:18) 미련한 자들이었을지 모른다.

그러나 그들은 속이는 자들이 아니었다. 그들은 당시 수사법 관례를 예배를 위한 설교에 맞게 사용했고, 공동체 안팎을 가리지 않고 사람들의 믿음의 깊이를 가늠하고자 했으며, 장엄한 말씀을 듣기 위해, 또한 그 와중에 오는 좌절을 견디기 위해 안간힘을 썼다. 이 모두를 행했던 이유는 참 하나님이 참으로 그들에게 말씀하고 계시며 들은 것에 대해 그들이 참된 증언을 할 수 있도록 권한을 부여하고 계시다고 확신했기 때문이었다.

---

[8] 이와 유사하게 Vanhoozer, *Meaning in This Text?*, 29은 다음과 같이 말한다. "나의 논지는 윤리적 해석은 곧 영적인 활동이라는 것이며, 따라서 이해의 영은 능력의 영도, 기술의 영도 아닌 성령이다."

바울과 요한은 수사학이 가진 '재(再)창출'의 힘, 혹은 '통제로부터의 해제' 시키는 힘, 혹은 사회를 통합시키는 힘에 조금도 영향을 받지 않았을 뿐 더러, 미혹된 것은 더욱 아니었다. 그들은 자기-우월 의식은 망상이며, 십자가의 복음 외에 힘은 허위일 뿐이라는 사실을 알고 있었다. 그리스도 안에서 그들은 믿었다. 하나님의 지혜는 말의 아름다움에 있지 않고, 그들 자신을 철저하게 바꾸는 재창조에 있다고 말이다(요 1:12 - 13; 롬 12:1 - 2).

그렇다면 비평가의 의무는 무엇인가?

여기에 간단한 대답은 없다.

"성령이 임의대로 부는" 것처럼 말이다(참조. 요 3:8). 몇 해 전 헬렌 가드너(Helen Gardner)는 사무엘 존슨(Samuel Johnson)이 이야기 했던 '노력'과 '진실' 둘 사이에서 나온 장녀인 '비평'에 대한 풍자를 상기시켰다.

'비평'은 나면서부터 '정의'를 위해 살도록 성별(聖別)되었고 '지혜'의 궁전에서 자라나, "'공상'이라는 가정 교사에게 배웠고, '뮤즈'의 합창에 박자를 맞추는 권한을 부여받았다." '뮤즈'와 함께 이 땅에 내려오기 전, '정의'는 '비평'의 오른손에 홀(笏)을 쥐어 주었다.

'비평'은 그 홀을 가지고 어떤 것이든 불멸하도록 혹은 완전히 망각되도록 만들 수 있게 되었다.

> '비평'의 왼손에는 '노력'을 통해 만들어지고 '진실'에 의해 밝혀진 꺼지지 않는 횃불이 들렸다. 그 횃불은 특별한 능력이 있었는데, 그것은 어떤 속임수나 위장술이라도 그 진정한 형태를 즉각적으로 나타내주는 능력이었다.

하지만 '비평'은 이 세상에서 아름다움과 흠이 동일하게 혼합된 작품에 직면했다. 두 가지가 워낙 동일한 비율로 섞여있어서 "정의의 홀을 잘못 사용할 지도 모른다는 두려움 때문에, 비평은 홀의 사용 명분을 '시간'에게 지켜보도록 맡겼다." '시간'이 진행하는 절차는 "아주 미적거리며 진행된다는 점과 몇 가지 변덕을 제외하고는, 정의의 기준에 들어맞았다." 하늘로 돌아가기 전 비평은 들고 있던 홀을 두 동강 내버렸다. 그 중 한 쪽은 '아첨'의 손에 들어갔고, 다른 한 쪽은 '증오'의 손에 들어갔다.[9]

가드너와 마찬가지로 필자는 비평 작업을 위해 홀보다는 횃불을 선택한다. 가드너는 제약으로 들어차 있는 감상에 대해 우려를 표했다. "나름의 옳음으로 가득한…생각, 즉 받아들여지지 않을지도 모른다는 신경질적인 염려로 가득한 생각 및 판단하는 자리에 앉아서 정돈된 규칙의 잣대로 열정과 상상을 통해 태어난 작품을 평가하려는 생각"을 걱정스러워 했다.[10]

가드너는 일리가 있다. 그녀의 말은 신학적인 담금질을 요구한다. 신약성경 해석을 맡은 이들은 가시로 된 관을 쓴 메시아의 영을 의지하고 손에든 홀을 조심스럽게 휘둘러야 하며 비난의 곤봉을 들기를 주저해야 한다. 비평의 횃불은 적절히 통제될 때 그 빛을 말씀 위에 비춘다. 그 빛이 그저 빛이신 그분(요 1:8)으로부터 파생된 작은 불빛이 되길. 수사 비평이든 다른 어떤 비평이든 성경 비평이 복음의 진리와 조화를 이룰 때 비평은 카리타스(*caritas*, 자애)의 훈육 아래 놓여 사랑을 생산하게 된다.

그렇지 않다면, 비평에 신경을 써야할 하등의 이유가 있는가?

---

9 Gardner, *The Business of Criticism*, 11–12.
10 Ibid., 13.

참고 문헌

조지 A. 케네디(George A. Kennedy), *Classical Rhetoric and Its Christian and Secular Tradition from Ancient to Modern Times*(Chapel Hill: University of North Carolina Press, 1980)는 서구 문화 내 수사학 흐름에 대해 훌륭한 조망을 제공한다. *A New History of Classical Rhetoric*(Princeton: Princeton University Press, 1994)는 동일 저자가 B.C. 5세기부터 중세 초기까지 이르는 수사학 역사를 세 권(Princeton: Princeton University Press, 1963–1983)에 걸쳐 집필했던 내용을 한 권에 요약해 놓은 책이다. 그리고 스탠리 E. 포터가 편집한, Stanley E. Porter ed., *Handbook of Classical Rhetoric in the Hellenistic Period, 330 B.C.–A.D. 400*(Leiden, New York, and Cologne: E. J. Brill, 1997)는 신약을 둘러싸고 수세기 동안 이루어진 수사학적 실제의 중요한 차원을 탐구한다.

아리스토텔레스는 철학에 바탕을 둔 고전 수사학의 절정을 찍는다. George A. Kennedy, *Aristotle: On Rhetoric; A Theory of Civic Discourse*(New York and Oxford: Oxford University Press, 1991)는 그 글에 대한 훌륭한 번역본이다. Donald A. Russell and Michael Winterbottom, eds., *Ancient Literary Criticism: The Principal Texts in New Translations*(Oxford and New York: Oxford University Press, 1972)는 많은 수사학자들의 작품을 모아놓은 귀중한 도서이다. 이 책에는 드미트리우스, 키케로, 할리카

르낫소스의 디오니시우스, 퀸틸리아누스, '롱기누스,' 허모게네스, 메난드로스 등의 통찰이 아름답게 수놓아져 있다. 20세기에 와서 고전 수사학 내 철학적 줄기를 잇는 가장 강력한 주창자에는 하인리히 라우스버그(Heinrich Lausberg, 1912 - 1992)가 꼽힌다. 그의 대표작은 매튜 T. 블리스(Matthew T. Bliss), 안니미엑 젠슨(Annemiek Jansen), 데이비드 E. 오튼(David E. Orton)에 의해 번역된 *Handbook of Literary Rhetoric: A Foundation for Literary Study*, ed. David E. Orton and R. Dean Anderson(Leiden, Boston, and Cologne: E. J. Brill, 1998)이다. 읽기에 만만치 않은 이 작품을 따라가기에 David E. Aune, ed., *The Westminster Dictionary of New Testament and Early Christian Literature and Rhetoric*(Louisville, KY: WestminsterJohn Knox Press, 2003)이 유용하다. 라우스버그의 작품에 비해 덜 위협적인 도서에는 Edward P. J. Corbett and Robert J. Connors, *Classical Rhetoric for the Modern Student*, 4th ed.(New York: Oxford University Press, 1998)가 있다.

어거스틴의 가히 측정불가한 작품 *De doctrina christiana*의 신뢰할 만한 번역본은 손쉽게 구할 수 있다. *On Christian Doctrine*, trans. D. W. Robertson Jr., LLA 80(New York: Liberal Arts Press, 1958)과 and John E. Rotelle, ed., *Teaching Christianity: De doctrina christiana*, trans. Edmund Hill, WSA 1.11(Hyde Park, NY: New City Press, 1996) 등이 바로 그 것이다. 수사학 전통은 많은 현대 철학자들, I. A. 라차즈(I. A. Richards), 리차드 M. 위버(Richard M. Weaver), 스테판 툴민(Stephen Toulmin), 차임 페헬만(Chaïm Perelman), 에르네스토 그라시(Ernesto Grassi), 케네스 버크(Kenneth Burke), 미쉘 푸코(Michel Foucault), 위르겐 하버마스(Jürgen Habermas) 등의 생각의 기저를 이루기도 한다. Sonja K. Foss, Karen A. Foss, and

Robert Trapp, eds., *Contemporary Perspectives on Rhetoric*, 2nd ed.(Prospect Heights, IL: Waveland Press, 1991)는 수사학 전통에 대한 여러 문화의 도전과 함께 위 현대 철학자들의 이론에 대해 다룬다. 이들 이론가들 가운데 페헬만보다 최근 신약 해석에 더 많은 영향을 준 인물도 없다. 그가 루시 올브레시츠-타이테카(Lucie Olbrechts-Tyteca)와 공동 저술한 *A Treatise on Argumentation*, trans. John Wilkinson and Purcell Weaver(Notre Dame and London: University of Notre Dame Press, 1969)은 현대적 의미의 고전이다. 페헬만의 접근법에 대한 간략한 소개는 『수사학의 영역』(*The Realm of Rhetoric*, trans. William Kluback[Notre Dame, IN, and London: University of Notre Dame Press, 1982])에 나타나 있다.

내러티브 및 문학 인물 묘사에 대한 연구는 아주 풍부하다. 그러나 고전 이론과 잘 접목된 연구는 구하기가 어렵다. 여기에 중요한 예외로 꼽히는 연구는 Erich Auerbach, *Mimesis*: *The Representation of Reality in Western Literature*(Princeton: Princeton University Press, 1953)이다. 옥스포트 세계 고전 시리즈(the Oxford World's Classics)를 위해 D. A. 러셀(D. A. Russell)과 마이클 윈터바텀(Michael Winterbottom)은 *Classical Literary Criticism*(Oxford and New York: Oxford University Press, 1989)이라는 개요서를 엮었다. *The Nature of Narrative*(London: Oxford University Press, 1966)에서 로버트 스콜스(Robert Scholes)와 로버트 켈로그(Robert Kellogg)는 성경의 여러 내러티브를 포함한 현대 및 고대의 많은 내러티브를 분석하여 해석의 틀을 제공한다. 책 제목을 통해 보기에 자칫 좁은 영역을 다루는 것처럼 보이지만 반복해서 참고하게 되는 W. J. Harvey's *Character and the Novel*(London: Chatto & Windus, 1965)은 복음서를 포함한 독창적인 문학 내에 있는 인물 묘사에 대해 통찰력 있는 견해를 보여준다.

페퍼다인대학교(Pepperdine University)가 주로 후원하고, 2년에 한번 씩 그간 7회 동안 연이어 개최된 국제학술회는 신약 수사 비평의 너비를 잘 담아냈다. 쉐필드아카데믹출판사(Sheffield Academic Press)는 그 대부분의 진행상황을 책으로 출판했다(아래 참고 문헌 목록 가운데 스탠리 포터[Stanley E. Porter]와 토마스 올브레히트[Thomas H. Olbricht], 그리고 포터[Porter]와 데니스 스탬스[Dennis L. Stamps]가 엮은 책들을 보라). 여섯 번째 학회에서 발표된 소논문들은 Anders Eriksson, Thomas H. Olbricht, and Walter Übelacker, eds., *Rhetorical Argumentation in Biblical Texts: Essays from the Lund 2000 Conference*(Harrisburg, PA: Trinity Press International, 2002)에 실려 있으며, 일곱 번째 학회 발표물들은 Thomas H. Olbricht and Anders Eriksson, eds., *Rhetoric, Ethic, and Moral Persuasion in Biblical Discourse: Essays from the 2002 Heidelberg Conference*(New York: T&T Clark, 2005)에 있다. 바로 위 2002년 학회 논문 가운데 "From Heidelberg to Heidelberg: Rhetorical Interpretation of the Bible at Seven 'Pepperdine' Conferences from 1991–2002"(335–77)에는 버논 K. 로빈스(Vernon K. Robbins)가 학회에 대한 종합적인 평가를 내놓았다.

본서 각 장에 인용된 모든 연구는 아래 목록을 참고하라.

Abrams, M. H. *A Glossary of Literary Terms*. 3d ed. New York: Holt, Rinehart, & Winston, 1971.

Achtemeier, Paul J. "*Omne verbum sonat*: The New Testament and the Oral Environment of Late Western Antiquity." *JBL* 109 (1990): 3–27.

———. *The Quest for Unity in the New Testament Church: A Study in Paul and Acts*. Philadelphia: Fortress Press, 1987.

Ackroyd, P. R., and C. F. Evans, eds. *From the Beginnings to Jerome*. Vol. 1 of *The Cam-*

bridge History of the Bible. Cambridge: Cambridge University Press, 1970.

Allen, Fred. *"all the sincerity in hollywood . . .": Selections from the Writings of Radio's Legendary Comedian*. Edited by Stuart Hample. Golden, CO: Fulcrum, 2001.

Allison, Dale C., Jr. *The New Moses: A Matthean Typology*. Minneapolis: Fortress Press, 1993.

Alter, Robert. *The Art of Biblical Narrative*. New York: Basic Books, 1981.

Amador, J. David Hester. *Academic Constraints in Rhetorical Criticism of the New Testament: An Introduction to a Rhetoric of Power*. JSNTSup 174. Sheffield: Sheffield Academic Press, 1999.

Anderson, Graham. *The Second Sophistic: A Cultural Phenomenon in the Roman Empire*. London and New York: Routledge, 1993.

Anderson, R. Dean, Jr. *Ancient Rhetorical Theory and Paul*. Kampen: Kok Pharos, 1996. Rev. ed. Leuven: Peeters, 1999.

Arnold, Duane W. H., and Pamela Bright, eds. *De doctrina christiana: A Classic of Western Culture*. Notre Dame and London: University of Notre Dame Press, 1995.

Arthurs, Jeffrey, and Andrew Gurevich. "Theological and Rhetorical Perspectives on Self-Disclosure in Preaching." *BSac* 157 (2000): 215–26.

Ashton, John. *Studying John: Approaches to the Fourth Gospel*. Oxford: Clarendon Press, 1994.

———. *Understanding the Fourth Gospel*. Oxford: Clarendon Press, 1991.

Auerbach, Erich. *Mimesis: The Representation of Reality in Western Literature*. Princeton: Princeton University Press, 1953.

Aune, David E. *The Blackwell Companion to the New Testament*. Malden, MA, and Oxford: Wiley-Blackwell, 2010.

———, ed. "Literary Criticism." Pages 116–39 in *The Blackwell Companion to the New Testament*. Malden, MA, and Oxford: Wiley-Blackwell, 2010.

———. "Oral Tradition and the Aphorisms of Jesus." Pages 211–65 in *Jesus and the Oral Gospel Tradition*. Edited by Henry Wansbrough. JSNTSup 64. Sheffield: Sheffield Academic Press, 1991.

———. *Prophecy in Early Christianity and the Ancient Mediterranean World*. Grand Rapids: Wm. B. Eerdmans Publishing Co., 1983.

———. *The Westminster Dictionary of New Testament and Early Christian Literature and Rhetoric*. Louisville, KY: Westminster John Knox Press, 2003.

Babcock, William S. "*Caritas* and Signification in *De doctrina christiana* 1–3." Pages 145–63 in *De doctrina christiana: A Classic of Western Culture*. Edited by Duane W. H. Arnold and Pamela Bright. Notre Dame and London: University of Notre Dame Press, 1995.

Bacon, Benjamin W. *An Introduction to the New Testament*. NTH. New York: Macmillan, 1900.

Bailey, Kenneth E. *Poet and Peasant: A Literary-Cultural Approach to the Parables in Luke*. Grand Rapids: Wm. B. Eerdmans Publishing Co., 1976.

Balabanski, Vicky. *Eschatology in the Making: Mark, Matthew and the Didache*. SNTSMS 97. Cambridge: Cambridge University Press, 1997.

Balch, David L. "Two Apologetic Encomia: Dionysius on Rome and Josephus on the Jews." *JSJ* 13 (1982): 102–22.

Barclay, William. "A Comparison of Paul's Missionary Preaching and Preaching to the Church." Pages 165–75 in *Apostolic History and the Gospel: Biblical and Historical Essays Presented to F. F. Bruce on His Sixtieth Birthday*. Edited by W. Ward Gasque and Ralph P. Martin. Grand Rapids: Wm. B. Eerdmans Publishing Co., 1970.

Barnet, John A. *Not the Righteous but Sinners: M. M. Bakhtin's Theory of Aesthetics and the Problem of Reader-Character Interaction in Matthew's Gospel*. JSNTSup 246. London and New York: T&T Clark, 2003.

Barrett, C. K. *The Acts of the Apostles: A Shorter Commentary*. London and New York: T&T Clark, 2002.

———. *Biblical Problems and Biblical Preaching*. FBBS 6. Philadelphia: Fortress Press, 1964.

———. "Christocentric or Theocentric? Observations on the Theological Method of the Fourth Gospel." Pages 1–18 in *Essays in John*. Philadelphia: Westminster Press, 1982.

———. *Essays in John*. Philadelphia: Westminster Press, 1982.

———. *The Gospel according to St. John: An Introduction with Commentary and Notes on the Greek Text*. 2nd ed. Philadelphia: Westminster Press, 1978.

———. "Paradox and Dualism." Pages 98–115 in *Essays on John*. Philadelphia: Westminster Press, 1982.

Barth, Gerhard. "Matthew's Understanding of the Law." Pages 58–164 in *Tradition and Interpretation in Matthew*. By Günther Bornkamm, Gerhard Barth, and Heinz JoachimHeld. Philadelphia: Westminster Press, 1963.

Bass, Kenneth. "The Narrative and Rhetorical Use of Divine Necessity in Luke–Acts." *JBPR* 1 (2009): 48–68.

Bauckham, Richard. *The Theology of the Book of Revelation*. NTT. Cambridge: Cambridge University Press, 1993.

Bauer, David R., and Mark Allan Powell, eds. *Treasures New and Old: Recent Contributions to Matthean Studies*. SBLSymS 1. Atlanta: Scholars Press, 1996.

Baumlin, James S., and Tita French Baumlin, eds. *Ethos: New Essays in Rhetorical and Critical Theory*. Dallas: Southern Methodist University Press, 1994.

Beasley-Murray, George R. *Jesus and the Last Days: The Interpretation of the Olivet Discourse*. Peabody, MA: Hendrickson Publishers, 1993.

Beavis, Mary Ann. *Mark's Audience: The Literary and Social Setting of Mark 4.11–12*. JSNTSup 33. Sheffield: Sheffield Academic Press, 1989.

Beck, Brian K. *Christian Character in the Gospel of Luke*. London: Epworth, 1989.

Bede, the Venerable. "*De schematibus et tropis*: A Translation." Translated by G. H. Tannenhaus. *QJS* 48 (1962): 237–53. Repr. as "Concerning Figures and Tropes." Pages 96–122 in *Readings in Medieval Rhetoric*. Edited by Joseph M. Miller, Michael H. Proser, and Thomas W. Benson. Bloomington and London: Indiana University Press, 1973.

Bennema, Cornelis. "A Theory of Character in the Fourth Gospel with Reference to Ancient and Modern Literature." *BibInt* 17 (2009): 375–421.

Berge, Paul S. "The Word and Its Witness in John and 1 John: A Literary and Rhetorical Study." WWSup 3 (1997): 143–62.

Berger, Klaus. *Formgeschichte des Neuen Testaments*. Heidelberg: Quelle & Meyer, 1984.

Betz, Hans Dieter. *Galatians: A Commentary on Paul's Letter to the Churches in Galatia.* Hermeneia. Philadelphia: Fortress Press, 1979.

Bitzer, Lloyd F. "The Rhetorical Situation." *PR* 1 (1968): 1–14.

Black, C. Clifton. "Christian Ministry in Johannine Perspective." *Int* 44 (1990): 29–41.

———. *The Disciples according to Mark: Markan Redaction in Current Debate.* 2nd ed. Grand Rapids: Wm. B. Eerdmans Publishing Co., 2012.

———. "The First, Second, and Third Letters of John: Introduction, Commentary, and Reflections." Pages 363–469 in vol. 12 of *NIB*. Nashville: Abingdon Press, 1998.

———. *Mark.* ANTC. Nashville: Abingdon Press, 2011.

———. *Mark: Images of an Apostolic Interpreter.* SPNT. Columbia: University of South Carolina Press, 1994. Reissued, Minneapolis: Fortress Press; Edinburgh: T&T Clark, 2001.

———. "Ministry in Mystery: One Evangelist's Vision." *ChrMin* 22 (1991): 15–18.

———. Review of R. Dean Anderson Jr., *Ancient Rhetorical Theory and Paul. BMCR* 8 (1997): 408–11.

———. Review of *Sowing the Gospel: Mark's World in Literary-Historical Perspective,* by Mary Ann Tolbert. *CBQ* 54 (1992): 382–84.

———. "Rhetorical Questions: The New Testament, Classical Rhetoric, and Current Interpretations." *Di* 29 (1990): 62–70.

———. "Serving the Food of Full-Grown Adults: Augustine's Interpretation of Scripture and the Nurture of Christians." *Int* 52 (1998) 341–53.

———. "Trinity and Exegesis," *ProEcc* 10 (2010): 151–80.

———. "Was Mark a Roman Gospel?" *ExpTim* 104 (1993): 36–40.

Black, C. Clifton, and Duane F. Watson, eds. *Words Well Spoken: George Kennedy's Rhetoric of the New Testament.* SRR 8. Waco: Baylor University Press, 2008.

Black, Matthew. *An Aramaic Approach to the Gospels and Acts.* 2nd ed. Oxford: Clarendon Press, 1954.

Blair, E. P. "Mark, John." *IDB* 3 (1962): 277–78.

Blass, Friedrich Wilhelm, and Albert Debrunner. *A Greek Grammar of the New Testament.* Translated and edited by Robert W. Funk. Chicago and London: University of

Chicago Press, 1961.

Bloomquist, L. Gregory. "Rhetoric, Culture, and Ideology: Socio-rhetorical Analysis in the Reading of New Testament Texts." Pages 115–46 in *Rhetorics in the New Millennium: Promise and Fulfillment*. Edited by James D. Hester and J. David Hester. SAC. New York and London: T&T Clark, 2010.

Blount, Brian K. "Preaching the Kingdom: Mark's Call for Prophetic Engagement." PSBSup 3 (1994): 33–56.

Boer, Martinus C. de. "Narrative Criticism, Historical Criticism, and the Gospel of John." *JSNT* 47 (1992): 35–48.

Bonner, Gerald. "Augustine as Biblical Scholar." Pages 541–63 in *From the Beginnings to Jerome*. Vol. 1 of *The Cambridge History of the Bible*. Edited by P. R. Ackroyd and C. F. Evans. Cambridge: Cambridge University Press, 1970.

Bonner, Stanley F. *Education in Ancient Rome: From the Elder Cato to the Younger Pliny*. Berkeley and Los Angeles: University of California Press, 1977.

Booth, Wayne C. *The Rhetoric of Fiction*. 2nd ed. Chicago and London: University of Chicago Press, 1983.

Bornkamm, Günther, Gerhard Barth, and Heinz Joachim Held. *Tradition and Interpretation in Matthew*. Philadelphia: Westminster Press, 1963.

Botha, Jan. "On the 'Reinvention' of Rhetoric." *Scriptura* 31 (1989): 14–31.

Bowker, J. W. "Speeches in Acts: A Study in Proem and *Yelammedenu* Form." *NTS* 14 (1967): 96–111.

Boys, Mary C. "Parabolic Ways of Teaching." *BTB* 13 (1983): 82–89

Braaten, Carl E. "Scripture, Church, and Dogma." *Int* 50 (1996): 142–55.

Brandenburger, Egon. *Markus 13 und die Apokalyptik*. FRLANT 134. Göttingen: Vandenhoeck & Ruprecht, 1984.

Brawley, Robert L. *Text to Text Pours Forth Speech: Voices of Scripture in Luke–Acts*. Bloomington and Indianapolis: Indiana University Press, 1995.

Bright, Pamela, ed. and trans. *Augustine and the Bible*. Notre Dame, IN: University of Notre Dame Press, 1999.

Brinton, Alan. "Situation in the Theory of Rhetoric." *PR* 14 (1981): 234–48.

Brodie, Thomas L. *The Gospel according to John: A Literary and Theological Commentary.* New York and Oxford: Oxford University Press, 1993.

Brooks, Phillips. *On Preaching.* New York: Seabury Press, 1964.

Brown, Raymond E. *The Community of the Beloved Disciple.* New York and Ramsey, NJ: Paulist Press, 1979.

———. *The Epistles of John: Translated with Introduction, Notes, and Commentary.* AB 30. Garden City, NY: Doubleday, 1982.

———. *The Gospel according to John (xiii–xxi).* AB 29A. Garden City, NY: Doubleday, 1970.

Brown, Schuyler. "The Mission to Israel in Matthew's Central Section (Mt. 9:35–11:1)." *ZNW* 69 (1978): 73–90.

Browning, Don, ed. *Practical Theology.* San Francisco: Harper & Row, 1983.

Bruce, F. F. *The Acts of the Apostles: The Greek Text with Introduction and Commentary.* Grand Rapids: Wm. B. Eerdmans Publishing Co., 1951.

———. *Commentary on the Book of Acts.* NICNT. Grand Rapids: Wm. B. Eerdmans Publishing Co., 1954.

Bultmann, Rudolf. *Das Evangelium des Johannes.* Göttingen: Vandenhoeck & Ruprecht, 1966.

———. *Die Geschichte der synoptischen Tradition.* Göttingen: Vandenhoeck & Ruprecht, 1921. ET, *History of the Synoptic Tradition.* Translated by John Marsh. New York: Harper & Row, 1963.

———. *Der Stil der paulinischen Predigt und die kynisch-stoische Diatribe.* FRLANT 13. Göttingen: Vandenhoeck & Ruprecht, 1910.

Burke, Kenneth. *A Rhetoric of Motives.* New York: Prentice-Hall, 1950.

———. *The Rhetoric of Religion: Studies in Logology.* Berkeley, Los Angeles, and London: University of California Press, 1970.

Burnett, Fred W. "Characterization and Reader Construction of Characters in the Gospels." *Sem* 63 (1993): 3–28.

———. "Exposing the Anti-Jewish Ideology of Matthew's Implied Author: The Characterization of God as Father." *Sem* 59 (1992): 155–91.

Burney, C. F. *The Aramaic Origin of the Fourth Gospel*. London: Clarendon Press, 1922.

Burton-Christie, Douglas. *The Word in the Desert: Scripture and the Quest for Holiness in Early Christian Monasticism*. New York: Oxford University Press, 1993.

Buttrick, David. *Speaking Parables: A Homiletic Guide*. Louisville, KY: Westminster John Knox Press, 2000.

Cadbury, Henry Joel. *The Making of Luke–Acts*. New York: Macmillan, 1927.

Cadman, W. H. *The Open Heaven: The Revelation of God in the Johannine Sayings of Jesus*. Edited by G. B. Caird. New York: Herder & Herder, 1969.

Caird, G. B. *The Language and Imagery of the Bible*. Philadelphia: Westminster Press, 1980.

Carroll, John T. *The Gospel of Luke: A Commentary*. NTL. Louisville, KY: Westminster John Knox Press, 2012.

Case, Shirley Jackson. "John Mark." *ExpTim* 26 (1914–1915): 372–76.

Cassidy, Richard J. *Society and Politics in the Acts of the Apostles*. Maryknoll, NY: Orbis Books, 1987.

Cassiodorus Senator. *An Introduction to Divine and Human Readings*. Edited and translated by Leslie Webber Jones. New York: W. W. Norton, 1946. Repr. 1969.

Cavadini, John C. "The Sweetness of the Word: Salvation and Rhetoric in Augustine's *De doctrina christiana*." Pages 164–81 in *De doctrina christiana: A Classic of Western Culture*. Edited by Duane W. H. Arnold and Pamela Bright. Notre Dame, IN, and London: University of Notre Dame Press, 1995.

Cavalletti, Sofia. "The Parable Method and Catechesis." *AfER* 26 (1984): 88–91.

Charlesworth, James H., ed. *John and Qumran*. London: Chapman, 1972.

Chase, F. H. "Mark (John)." Pages 245–46 in vol. 3 of *Dictionary of the Bible*. Edited by James Hastings. Edinburgh: T&T Clark, 1909.

Chatman, Seymour. *Story and Discourse: Narrative Structure in Fiction and Film*. Ithaca, NY, and London: Cornell University Press, 1978.

Childers, Jana. *Performing the Word: Preaching as Theatre*. Nashville: Abingdon Press, 1998.

Clark, Donald L. *Rhetoric in Greco-Roman Education*. New York: Columbia University

Press, 1957.

Clarke, M. L. *Higher Education in the Ancient World*. London: Routledge & Kegan Paul, 1971.

———. *Rhetoric at Rome: A Historical Survey.* Revised by D. H. Berry. London and New York: Routledge, 1996.

Cohen, Ralph, ed. "Changing Views of Character." Special issue, *New Literary History* 5, no. 2 (1974).

Colani, Timothy. *Jésus Christ et les croyances messianiques de son temps*. 2nd ed. Strasbourg: Treuttel & Wurtz, 1864.

Collins, Adela Yarbro. "The Apocalyptic Rhetoric of Mark 13 in Historical Context." *BR* 41 (1996): 5–36.

———. *The Beginning of the Gospel: Probings of Mark in Context.* Minneapolis: Fortress Press, 1992.

Collins, John J. "Towards a Morphology of Genre." *Sem* 14 (1979): 2–20.

Conley, Thomas M. *Philo's Rhetoric: Studies in Style, Composition and Exegesis.* CHS 1. Berkeley: Center for Hermeneutical Studies, 1987.

Connor, W. Robert, ed. *Greek Orations, 4th Century B.C.: Lysias, Isocrates, Demosthenes, Aeschines, Hyperides, and Letter of Philip.* Prospect Heights, IL: Waveland Press, 1987.

Conzelmann, Hans. *Acts of the Apostles: A Commentary on the Acts of the Apostles.* Hermeneia. Philadelphia: Fortress Press, 1987.

Corbett, Edward P. J., and Robert J. Connors. *Classical Rhetoric for the Modern Student*. 4th ed. New York: Oxford University Press, 1998.

Coren, Alan. *Chocolate and Cuckoo Clocks: The Essential Alan Coren*. Edited by Giles Coren and Victoria Coren. Edinburgh and London: Canongate, 2008.

Cotter, Wendy J. *The Christ of the Miracle Stories: Portrait through Encounter*. Grand Rapids: Baker Academic, 2010.

Craddock, Fred B. *As One without Authority*. 3rd ed. Nashville: Abingdon Press, 1978.

———. *Preaching*. Nashville: Abingdon Press, 1985.

Crafton, Jeffrey A. "The Dancing of an Attitude: Burkean Rhetorical Criticism and the

Biblical Interpreter." Pages 429–42 in *Rhetoric and the New Testament: Essays from the 1992 Heidelberg Conference*. Edited by Stanley E. Porter and Thomas H. Olbricht. JSNTSup 90. Sheffield: Sheffield Academic Press, 1993.

Cross, F. L., and E. A. Livingstone, eds. *The Oxford Dictionary of the Christian Church*. 3rd ed. Oxford: Oxford University Press, 1997.

Culpepper, R. Alan. *Anatomy of the Fourth Gospel: A Study in Literary Design*. FF. Philadelphia: Fortress Press, 1983.

———. "Paul's Mission to the Gentile World: Acts 13–19." *RevExp* 71 (1974): 487–97.

Culpepper, R. Alan, and C. Clifton Black, eds. *Exploring the Gospel of John in Honor of D. Moody Smith*. Louisville, KY: Westminster John Knox Press, 1996.

Culpepper, R. Alan, and Fernando F. Segovia, eds. *The Fourth Gospel from a Literary Perspective*. SemeiaSt 53. Atlanta: Society of Biblical Literature, 1991.

Cunningham, Mary B., and Pauline Allen, eds. *Preacher and Audience: Studies in Early Christian and Byzantine Homiletics*. NHS 1. Leiden, Boston, and Cologne: E. J. Brill, 1998.

Cuppy, Will. *The Decline and Fall of Practically Everybody*. New York: Dorset Press, 1992.

Darr, John A. "Narrator as Character: Mapping a Reader-Oriented Approach to Narration in Luke–Acts." *Sem* 63 (1993): 43–60.

———. *On Character Building: The Reader and the Rhetoric of Characterization in Luke–Acts*. Louisville, KY: Westminster/John Knox Press, 1992.

Daube, David. *The New Testament and Rabbinic Judaism*. Salem, NH: Ayer, 1984.

———. "Rabbinic Methods of Interpretation and Hellenistic Rhetoric." *HUCA* 22 (1949): 239–64.

Davis, H. Grady. *Design for Preaching*. Philadelphia: Fortress Press, 1958.

Dawsey, James M. *The Lukan Voice: Confusion and Irony in the Gospel of Luke*. Macon, GA: Mercer University Press, 1986.

Dawson, David. *Allegorical Readers and Cultural Revision in Ancient Alexandria*. Berkeley: University of California Press, 1992.

Deed, Alexander, Walter Homolka, and Heinz-Günther Schöttler, eds. *Preaching in Judaism and Christianity: Encounters and Developments from Biblical Times to Moder-*

nity. Berlin: W. de Gruyter, 2008.

Derrett, J. Duncan M. *Law in the New Testament.* London: Darton, Longman & Todd, 1970.

Descamps, Albert, and André de Halleux, eds. *Mélanges bibliques en hommage au R. P. Béda Rigaux.* Duculot: Gembloux, 1970.

Dewey, Joanna. *Markan Public Debate: Literary Technique, Concentric Structure, and Theology in Mark 2:1–3:6.* SBLDS 48. Chico, CA: Scholars Press, 1980.

Diggel, James, ed. *Theophrastus: Characters.* Cambridge: Cambridge University Press, 2004.

Docherty, Thomas. *Reading (Absent) Character: Towards a Theory of Characterization in Fiction.* Oxford: Clarendon Press, 1983.

Dodd, C. H. "The First Epistle of John and the Fourth Gospel." *BJRL* 21 (1937): 129–56.

―――. *The Interpretation of the Fourth Gospel.* Cambridge: Cambridge University Press, 1953.

―――. *The Parables of the Kingdom.* Rev. ed. New York: Charles Scribner's Sons, 1961.

Donahue, John R. *The Gospel in Parable: Metaphor, Narrative, and Theology in the Synoptic Gospels.* Philadelphia: Fortress Press, 1988.

―――. "Windows and Mirrors: The Setting of Mark's Gospel." *CBQ* 57 (1995): 1–26.

Edwards, Richard A. "Characterization of the Disciples as a Feature of Matthew's Narrative." Pages 1305–23 in vol. 2 of *The Four Gospels, 1992: Festschrift Frans Neirynck.* Edited by F. van Segbroeck, C. M. Tuckett, G. van Belle, and J. Verheyden. BETL 100. Leuven: Leuven University Press / Peeters, 1992.

―――. "Uncertain Faith: Matthew's Portrait of the Disciples." Pages 47–61 in *Discipleship in the New Testament.* Edited by Fernando F. Segovia. Philadelphia: Fortress Press, 1985.

Einstein, Albert. *Mein Weltbild.* 2nd ed. Amsterdam: Querido, 1934.

English, E. E., ed. *Reading and Wisdom: The "De doctrina christiana" of Augustine in the Middle Ages.* Notre Dame, IN, and London: University of Notre Dame Press,

1995.

Epstein, E. L. *Language and Style*. London: Methuen, 1978.

Eriksson, Anders, Thomas H. Olbricht, and Walter Übelacker, eds. *Rhetorical Argumentation in Biblical Texts: Essays from the Lund 2000 Conference*. Harrisburg, PA: Trinity Press International, 2002.

Ervin, Sam. J., Jr. *Humor of a Country Lawyer*. Chapel Hill and London: University of North Carolina Press, 1983.

Evans, C. F. "'Speeches' in Acts." Pages 287–302 in *Mélanges bibliques en hommage au R. P. Béda Rigaux*. Edited by Albert Descamps and André de Halleux. Duculot: Gembloux, 1970.

———. *The Theology of Rhetoric: The Epistle to the Hebrews*. London: Dr. Williams's Trust, 1988.

Fant, Clyde E. *Preaching for Today*. New York: Harper & Row, 1975.

Festugière, A.-J. *Observations stylistiques sur l'Évangile de S. Jean*. ÉC 84. Paris: Éditions Klincksieck, 1974.

Finan, Thomas. "St Augustine on the 'mira profunditas' of Scripture: Texts and Contexts." Pages 163–99 in *Scriptural Interpretation in the Fathers: Letter and Spirit*. Edited by Thomas Finan and Vincent Twomey. Dublin: Four Courts Press, 1995.

Finan, Thomas, and Vincent Twomey, eds. *Scriptural Interpretation in the Fathers: Letter and Spirit*. Dublin: Four Courts Press, 1995.

Fishbane, Michael, ed. *The Midrashic Imagination: Jewish Exegesis, Thought, and History*. New York: State University of New York Press, 1993.

Fitzmyer, Joseph A. *The Gospel according to Luke (X–XXIV)*. AB 28A. Garden City, NY: Doubleday, 1985.

Flexner, Stuart Berg, et al., eds. *The Random House Dictionary of the English Language*. 2nd ed., unabridged. New York: Random House, 1987.

Forbes, Christopher. "Comparison, Self-Praise and Irony: Paul's Boasting and the Conventions of Hellenistic Rhetoric." *NTS* 32 (1986): 1–30.

Forster, E. M. *Aspects of the Novel*. San Diego, New York, and London: Harcourt Brace

Jovanovich, 1955.

Foss, Sonja K., Karen A. Foss, and Robert Trapp, eds. *Contemporary Perspectives on Rhetoric*. 2nd ed. Prospect Heights, IL: Waveland Press, 1991.

Fowl, Stephen E., ed. *The Theological Interpretation of Scripture: Classic and Contemporary Texts*. Malden, MA, and Oxford: Blackwell, 1997.

Frye, Northrop. *The Great Code: The Bible and Literature*. New York and London: Harcourt Brace Jovanovich, 1982.

Funk, Robert W. *Language, Hermeneutic, and Word of God: The Problem of Language in the New Testament and Contemporary Theology*. New York: Harper & Row, 1966.

Gardner, Helen. *The Business of Criticism*. Oxford: Clarendon Press, 1959.

Garland, David E. *The Intention of Matthew 23*. NovTSup 52. Leiden: E. J. Brill, 1979.

Gasque, W. Ward, and Ralph P. Martin, eds. *Apostolic History and the Gospel: Biblical and Historical Essays Presented to F. F. Bruce on His Sixtieth Birthday*. Grand Rapids: Wm. B. Eerdmans Publishing Co., 1970.

Gaventa, Beverly R. *The Acts of the Apostles*. ANTC. Nashville: Abingdon Press, 2003.

Geest, Hans van der. *Presence in the Pulpit: The Impact of Personality in Preaching*. Atlanta: John Knox Press, 1981.

Gerhardsson, Birger. "Illuminating the Kingdom: Narrative *Meshalim* in the Synoptic Gospels." Pages 266–309 in *Jesus and the Oral Gospel Tradition*. Edited by Henry Wansbrough. JSNTSup 64. Sheffield: Sheffield Academic Press, 1991.

Gitay, Yehoshua. *Prophecy and Persuasion: A Study of Isaiah 40–48*. Bonn: Linguistica Biblica, 1981.

Goosen, D. P. "The Rhetoric of the Scapegoat: A Deconstructive View on Postmodern Hermeneutics." Pages 383–92 in *Rhetoric, Scripture and Theology: Essays from the 1994 Pretoria Conference*. Edited by Stanley E. Porter and Thomas H. Olbricht. JSNTSup 131. Sheffield: Sheffield Academic Press, 1996.

Grant, Robert M. *The Earliest Lives of Jesus*. New York: Harper & Brothers, 1961.

Grayston, Kenneth. *The Johannine Epistles*. NCB. Grand Rapids: Wm. B. Eerdmans Publishing Co.; London: Marshall, Morgan & Scott, 1984.

———. "The Study of Mark XIII." *BJRL* 56 (1974): 371–87.

Green, Joel B. *The Gospel of Luke*. NICNT. Grand Rapids: Wm. B. Eerdmans Publishing Co., 1997.

Green, Jonathan, ed. *The Book of Political Quotes*. New York: McGraw Hill, 1982.

Green, R. P. H., ed. and trans. *Augustine: De doctrina christiana*. Oxford: Clarendon Press, 1995.

Greimas, A.-J. *Semantique structurale: Recherche de methode*. Paris: Larousse, 1966.

Griffith, Jennifer D. "The Death of the Critic." Page 2 of *The New York Times Book Review*. June 25, 2000.

Haenchen, Ernst. *The Acts of the Apostles: A Commentary*. Philadelphia: Westminster Press, 1971.

Haraguchi, Takaaki. "A Call for Repentance to the Whole Israel: A Rhetorical Study of Acts 3:12–26." *AsJT* 18 (2004): 267–82.

Harner, Philip B. *The "I Am" of the Fourth Gospel: A Study in Johannine Usage and Thought*. FBBS 26. Philadelphia: Fortress Press, 1970.

Harris, Edward M. "Law and Oratory." Pages 130–50 in *Persuasion: Greek Rhetoric in Action*. Edited by Ian Worthington. London and New York: Routledge, 1994.

Hartman, Lars. *Prophecy Interpreted: The Formation of Some Jewish Apocalyptic Texts and of the Eschatological Discourse Mark 13 Par.* ConBNT 1. Lund: Gleerup, 1966.

Harvey, W. J. *Character and the Novel*. London: Chatto & Windus, 1965.

Hastings, James, ed. *Dictionary of the Bible*. Edinburgh: T&T Clark, 1909.

Hatina, Thomas R., ed. *The Gospel of Matthew*. Vol. 2 of *Biblical Interpretation in Early Christian Gospels*. London: T&T Clark, 2008.

Hauerwas, Stanley. *A Community of Character: Toward a Constructive Christian Social Ethic*. Notre Dame and London: University of Notre Dame Press, 1981.

Hellholm, David, ed. *Apocalypticism in the Mediterranean World and the Near East*. 2nd ed. Tübingen: Mohr (Siebeck), 1989.

Hendrickx, Herman. *The Parables of Jesus*. Rev. ed. London: Geoffrey Chapman; San Francisco: Harper & Row, 1986.

Herbert, A. S. "The 'Parable' (*MĀŠĀL*) in the Old Testament." *SJT* 7 (1954): 180–96.

Herrick, James A. *The History and Theory of Rhetoric: An Introduction*. Boston: Allyn &

Bacon, 1998.

Hester, James D., and J. David Hester (Amador), eds. *Rhetorics and Hermeneutics: Wilhelm Wuellner and His Influence.* ESEC 9. New York: T&T Clark International, 2004.

Hilgert, Earle. "Speeches in Acts and Hellenistic Canons of Historiography and Rhetoric." Pages 83–109 in *Good News in History: Essays in Honor of Bo Reicke* [†]. Edited by Ed. L. Miller. Atlanta: Scholars Press, 1993.

Hill, David. "The Figure of Jesus in Matthew's Story: A Response to Professor Kingsbury's Literary-Critical Probe." *JSNT* 21 (1984): 37–52.

———. "Son and Servant: An Essay on Matthean Christology." *JSNT* 6 (1980): 2–16.

Hill, Edmund, trans. *Saint Augustine: The Trinity*. Edited by John E. Rotelle. WSA. Brooklyn: New City, 1991.

Hochman, Baruch. *Character in Literature*. Ithaca, NY, and London: Cornell University Press, 1985.

Hock, Ronald F., and Edward N. O'Neil, eds. *The Chreia and Ancient Rhetoric: Classroom Exercises*. WGRW 2. Leiden: E. J. Brill, 2002.

Hogan, Derek. "Paul's Defense: A Comparison of the Forensic Speeches in Acts, [*Chaereas and*] *Callirhoe*, and *Leucippe and Clitophon*." *PRSt* 29 (2002): 73–87.

Hoitenga, Dewey J., Jr. "Faith Seeks Understanding: Augustine's Alternative to Natural Theology." Pages 295–304 in *Augustine: Presbyter Factus Sum*. Edited by Joseph T. Lienhard, Earl C. Muller, and Roland J. Teske. Collectanea Augustiniana. New York: Peter Lang, 1993.

Holland, Glenn S. *The Tradition That You Received from Us: 2 Thessalonians in the Pauline Tradition*. HUT 24. Tübingen: Mohr (Siebeck), 1988.

Holmes, B. T. "Luke's Description of John Mark." *JBL* 54 (1935): 63–72.

Hooker, Morna D. "Trial and Tribulation in Mark XIII." *BJRL* 65 (1982): 78–99.

Horn, Friedrich Wilhelm, and Ruben Zimmermann, eds. *Jenseits von Indikativ und Imperativ: Kontexte und Normen neutestamentlicher Ethik*. Vol. 1. Tübingen: Mohr Siebeck, 2009.

Howard, Wilbert Francis. *The Fourth Gospel in Recent Criticism and Interpretation*. 4th ed. Revised by C. K. Barrett. London: Epworth, 1955.

Hultgren, Arland. *The Parables of Jesus: A Commentary*. Grand Rapids and Cambridge: Wm. B. Eerdmans Publishing Co., 2000.

Hyde, Michael J., and Craig R. Smith. "Hermeneutics and Rhetoric: A Seen but Unobserved Relationship." *QJS* 65 (1979): 347–63.

Irwin, Terence, ed. *Aristotle: Nicomachean Ethics*. Indianapolis: Hackett Publishing Co., 1985.

Jackson, F. J. Foakes, and Kirsopp Lake, eds. *The Acts of the Apostles*. Part 1 of vol. 4 of *The Beginnings of Christianity*. London: Macmillan, 1922.

Jackson, Jared J., and Martin Kessler, eds. *Rhetorical Criticism: Essays in Honor of James Muilenburg*. PTMS 1. Pittsburgh: Pickwick Press, 1974.

James, Henry. "The Art of Fiction." *Longman's Magazine* 4 (September 1884). Repr. in *Partial Portraits*. London: Macmillan, 1888. http://public.wsu.edu/~campbelld/ amlit/ artfiction.html.

———. *The Portrait of a Lady*. New York: Scribner, 1908. 2nd ed. Edited by Robert D. Bamberg. NCE. New York and London: W. W. Norton, 1995.

Jebb, R. C., ed. *The Characters of Theophrastus: An English Translation from a Revised Text, with Introduction and Notes*. London and Cambridge: Macmillan, 1870.

Jefford, Clayton N. "Mark, John." *ABD* 4 (1992): 557–58.

Jeremias, Joachim. *The Parables of Jesus*. 2nd rev. ed. New York: Charles Scribner's Sons, 1972.

Jervell, Jacob. *Luke and the People of God*. Minneapolis: Augsburg, 1972.

Jewett, Robert. *Romans: A Commentary*. Hermeneia. Minneapolis: Fortress Press, 2007.

———. *The Thessalonian Correspondence: Pauline Rhetoric and Millenarian Piety*. FF. Philadelphia: Fortress Press, 1986.

Johnson, Luke Timothy. *The Acts of the Apostles*. SP 5. Collegeville, MN: Liturgical Press, 1992.

———. *The Gospel of Luke*. SP 3. Collegeville, MN: Liturgical Press, 1991.

———. *The Literary Function of Possessions in Luke–Acts*. SBLDS 37. Missoula, MT: Scholars Press, 1977.

Jones, Leslie Webber, ed. and trans. *Cassiodorus Senator: An Introduction to Divine and Human Readings*. New York: W. W. Norton, 1969.

Juel, Donald H. *A Master of Surprise: Mark Interpreted*. Minneapolis: Fortress Press, 1994.

Jülicher, Adolf. *Die Gleichnisreden Jesu*. 2nd ed. 2 vols. Tübingen: Mohr (Siebeck) 1899. Repr. Darmstadt: Wissenchaftliche Buchgesellschaft, 1963.

Kafka, Franz. *Parables and Paradoxes: In German and English*. Translated by E. Kaiser and E. Wilkins. New York: Schocken Books, 1961.

Käsemann, Ernst. *The Testament of Jesus: A Study of the Gospel of John in the Light of Chapter 17*. London: SCM; Philadelphia: Fortress Press, 1968.

Keck, Leander E. *The Bible in the Pulpit: The Renewal of Biblical Preaching*. Nashville: Abingdon Press, 1978.

─────. "Toward a Theology of Rhetoric/Preaching." Pages 126–47 in *Practical Theology*. Edited by Don Browning. San Francisco: Harper & Row, 1983.

Keck, Leander E., and J. Louis Martyn, eds. *Studies in Luke–Acts: Essays Presented in Honor of Paul Schubert*. Nashville: Abingdon Press, 1966.

Kee, Howard Clark. *Good News to the Ends of the Earth: The Theology of Acts*. London: SCM; Philadelphia: Trinity Press International, 1990.

Keener, Craig S. "Some Rhetorical Techniques in Acts 24:2–21." Pages 221–51 in *Paul's World*. Edited by Stanley E. Porter. PS 4. Leiden and Boston: E. J. Brill, 2008.

Kellum, L. Scott. *The Unity of the Farewell Discourse: The Literary Technique of John 13:31–16:33*. JSNTSup 256. London and New York: T&T Clark, 2004.

Kennedy, George A. *Aristotle: On Rhetoric; A Theory of Civic Discourse*. New York and Oxford: Oxford University Press, 1991.

─────. *The Art of Persuasion in Greece*. Princeton: Princeton University Press, 1963.

─────. *The Art of Rhetoric in the Roman World, 300 B.C.–A.D. 300*. Princeton: Princeton University Press, 1972.

─────. *Classical Rhetoric and Its Christian and Secular Tradition from Ancient to Modern Times*. Chapel Hill: University of North Carolina Press, 1980.

─────. *Greek Rhetoric under Christian Emperors*. Princeton: Princeton University Press,

1983.

———. *A History of Rhetoric*. Princeton: Princeton University Press, 1963–83.

———, ed. *Invention and Method: Two Rhetorical Treatises from the Hermogenic Corpus*. WGRW 15. Atlanta: Society of Biblical Literature, 2005.

———. *A New History of Classical Rhetoric*. Princeton: Princeton University Press, 1994.

———. *New Testament Interpretation through Rhetorical Criticism*. Chapel Hill and London: University of North Carolina Press, 1984.

———, trans. *Progymnasmata: Greek Textbooks of Prose Composition and Rhetoric*. WGRW 10. Atlanta: Society of Biblical Literature, 2003.

———. *Quintilian*. TWAS. New York: Twayne Publishers, 1969.

———. "Theophrastus and Stylistic Distinctions." *HSCP* 62 (1957): 93–104.

Kingsbury, Jack Dean. "The Developing Conflict between Jesus and the Jewish Leaders in Matthew's Gospel: A Literary-Critical Study." *CBQ* 49 (1987): 57–73.

———. "The Figure of Jesus in Matthew's Story: A Literary-Critical Probe." *JSNT* 21 (1984): 3–36.

———. *Matthew*. 2nd rev. ed. PC. Philadelphia: Fortress Press, 1986.

———. *Matthew as Story*. 2nd rev. ed. Philadelphia: Fortress Press, 1988.

———. "On Following Jesus: The 'Eager' Scribe and the 'Reluctant' Disciple (Matthew 8.18–22)." *NTS* 34 (1988): 45–59.

———. "The Verb *Akolouthein* ('To Follow') as an Index of Matthew's View of His Community." *JBL* 97 (1978): 56–73.

Kinneavy, James L. *Greek Rhetorical Origins of Christian Faith: An Inquiry*. New York and Oxford: Oxford University Press, 1987.

Kloppenborg, John S. "The Dishonoured Master (Luke 16,1–8a)." *Bib* 70 (1989): 479–95.

Knowles, Michael P. "Plotting Jesus: Characterization, Identity and the Voice of God in Matthew's Gospel." Pages 119–32 in *The Gospel of Matthew*. Vol. 2 of *Biblical Interpretation in Early Christian Gospels*. Edited by Thomas R. Hatina. London: T&T Clark, 2008.

Kort, Wesley A. *Story, Text, and Scripture: Literary Interests in Biblical Narrative*. University Park and London: Pennsylvania State University Press, 1988.

Krentz, Edgar. "Community and Character: Matthew's Vision of the Church." *SBLSP* 26 (1987): 565–73.

Krodel, Gerhard A. *Acts*. ACNT. Minneapolis: Augsburg Publishing House, 1986.

Kurz, William S. *Farewell Addresses in the New Testament*. Collegeville, MN: Liturgical Press, 1990.

———. "Hellenistic Rhetoric in the Christological Proof of Luke–Acts." *CBQ* 42 (1980): 171–95.

Kustas, George L. *Studies in Byzantine Rhetoric*. AnVlad 17. Thessaloniki: Patriarchal Institute for Patristic Studies, 1973.

Kysar, Robert. "The Fourth Gospel: A Report on Recent Research." *ANRW* 2.25.3 (1985): 2389–2480.

Lambrecht, Jan. *Die Redaktion der Markus-Apokalypse: Literarische Analyse und Strukturuntersuchung*. AnBib 28. Rome: Pontifical Institute, 1967.

Landry, David, and Ben May. "Honor Restored: New Light on the Parable of the Prudent Steward (Luke 16:1–8a)." *JBL* 119 (2000): 287–309.

Lausberg, Heinrich. *Handbook of Literary Rhetoric: A Foundation for Literary Study*. Edited by David E. Orton and R. Dean Anderson. Translated by Matthew T. Bliss, Annemiek Jansen, and David E. Orton. Leiden, Boston, and Cologne: E. J. Brill, 1998.

———. "Der Johannes-Prolog: Rhetorische Befunde zu Form und Sinn des Textes." Pages 191–279 (= No. 5) in the series Nachrichten der Akademie der Wissenschaften in Göttingen, I, Philologisch-Historische Klasse, 1984. Göttingen: Vandenhoeck & Ruprecht, 1984.

Leon, Judah Messer. *The Book of the Honeycomb's Flow*. Ithaca, NY, and London: Cornell University Press, 1982.

Lerner, Alan Jay, and Frederick Loewe. *My Fair Lady: A Musical Play in Two Acts Based on "Pygmalion" by Bernard Shaw*. New York: Coward–McCann, 1956.

Lestang, François. "À la louange de dieu inconnu: Analyse rhétorique de Ac 17.22–31." *NTS* 52 (2006): 394–408.

Levine, Amy-Jill. *The Social and Ethnic Dimensions of Matthean Salvation History*. Lewistown, NY; Queenston, ON; and Lampeter: Edwin Mellen Press, 1988.

Levine, Lee I. *Ancient Jewish Synagogues: The First Thousand Years*. New Haven, CT: Yale University Press, 2000.

Lienhard, Joseph T., Earl C. Muller, and Roland J. Teske, eds. *Augustine: Presbyter Factus Sum*. Collectanea Augustiniana: New York: Peter Lang, 1993.

Lieu, Judith M. *The Theology of the Johannine Epistles*. NTT. Cambridge and New York: Cambridge University Press, 1991.

Lightfoot, R. H. *The Gospel Message of St. Mark*. Oxford: Clarendon Press, 1950.

Lischer, Richard. "The Limits of Story." *Int* 38 (1984): 26–38.

———. *A Theology of Preaching: The Dynamics of the Gospel*. Nashville: Abingdon Press, 1981.

Long, Thomas G. *Preaching and the Literary Forms of the Bible*. Philadelphia: Fortress Press, 1989.

———. *The Witness of Preaching*. Louisville, KY: Westminster John Knox Press, 1989.

Longenecker, Bruce W. "Evil at Odds with Itself (Matthew 12:22–29): Demonising Rhetoric and Deconstructive Potential in the Matthean Narrative." *BibInt* 11 (2003): 503–14.

———. "Lukan Aversion to Humps and Hollows: The Case of Acts 11:27–12:25." *NTS* 50 (2004): 185–204.

Louw, J. P. "On Johannine Style." *Neot* 20 (1986): 5–12.

Lowry, Eugene L. *The Homiletical Plot: The Sermon as Narrative Art Form*. Expanded ed. Louisville, KY: Westminster John Knox Press, 2001.

———. *How to Preach a Parable: Design for Narrative Sermons*. Nashville: Abingdon Press, 1989.

Lund, Nils W. *Chiasmus in the New Testament: A Study in Formgeschichte*. Chapel Hill: University of North Carolina Press, 1942. Repr. Peabody, MA: Hendrickson Publishers, 1992.

Luz, Ulrich. "Die Jünger im Matthausevangelium." *ZNW* 62 (1971): 141–71.

———. *The Theology of the Gospel of Matthew*. NTT. Cambridge: Cambridge University

Press, 1995.

MacIntyre, Alasdair. *After Virtue: A Study in Moral Theory*. 2nd ed. Notre Dame, IN: University of Notre Dame Press, 1984.

Mack, Burton L., and Vernon K. Robbins. *Patterns of Persuasion in the Gospels*. Sonoma, CA: Polebridge Press, 1989.

Malbon, Elizabeth Struthers, and Adele Berlin, eds. *Characterization in Biblical Literature*. SemeiaSt 63. Atlanta: Scholars Press, 1993.

Marcus, Joel. "The Jewish War and the *Sitz im Leben* of Mark." *JBL* 111 (1992): 441–62.

———. *The Mystery of the Kingdom of God*. SBLDS 90. Atlanta: Scholars Press, 1986.

Marrou, H. I. *A History of Education in Antiquity*. London and New York: Sheed & Ward, 1956.

Marshall, I. Howard. *The Gospel of Luke: A Commentary on the Greek Text*. NIGTC. Grand Rapids: Wm. B. Eerdmans Publishing Co., 1978.

Martin, Michael W. *Judas and the Rhetoric of Comparison in the Fourth Gospel*. Sheffield: Phoenix, 2010.

Martin, Wallace. *Recent Theories of Narrative*. Ithaca, NY, and London: Cornell University Press, 1986.

Marxsen, Willi. *Der Evangelist Markus: Studien zur Redaktionsgeschichte des Evangeliums*. Göttingen: Vandenhoeck & Ruprecht, 1956.

Maxwell, Kathy Reiko. "The Role of the Audience in Ancient Narrative: Acts as a Case Study." *ResQ* 48 (2006): 171–80.

McCracken, David. "Character in the Boundary: Bakhtin's Interdividuality in Biblical Narratives." *Sem* 63 (1993): 29–42.

Meer, Frederik van der. *Augustine the Bishop: The Life and Work of a Father of the Church*. London and New York: Sheed & Ward, 1961.

Meier, John P. *The Vision of Matthew: Christ, Church, and Morality in the First Gospel*. New York; Ramsey, NJ; and Toronto: Paulist, 1979.

Menoud, P. H., and Oscar Cullman, eds. *Aux sources de la tradition chrétienne: Mélanges offerts à M. Maurice Goguel*. Neuchâtel: Delachaux & Niestlé, 1950.

Metzger, Bruce M. *A Textual Commentary on the Greek New Testament*. 2nd ed. Stuttgart:

Deutsche Bibelgesellschaft / United Bible Societies, 1994.

Meyendorff, John. *St. Gregory Palamas and Orthodox Spirituality*. Crestwood, NY: St. Vladimir's Seminary Press, 1974.

Meyer, Paul W. Review of Hans Dieter Betz, *Galatians: A Commentary on Paul's Letter to the Churches in Galatia*. *RelSRev* 7 (1981): 318–23.

———. "The This-Worldliness of the New Testament." *PSB* 2 (1979): 219–31.

Miller, Ed. L., ed. *Good News in History: Essays in Honor of Bo Reicke* [†]. Atlanta: Scholars Press, 1993.

Miller, Joseph M., Michael H. Proser, and Thomas W. Benson, eds. *Readings in Medieval Rhetoric*. Bloomington and London: Indiana University Press, 1973.

Millett, Paul. *Theophrastus and His World*. CCJSV 33. Cambridge: Cambridge Philological Society, 2007.

Minear, Paul S. "The Disciples and the Crowds in the Gospel of Matthew." *AThR* Supplement 3 (1974): 28–44.

Mitchell, Margaret M. *The Heavenly Trumpet: John Chrysostom and the Art of Pauline Interpretation*. Louisville, KY: Westminster John Knox Press, 2002.

———. *Paul and the Rhetoric of Reconciliation: An Exegetical Investigation of the Language and Composition of 1 Corinthians*. Louisville, KY: Westminster/John Knox Press, 1991.

Moule, C. F. D. *An Idiom Book of New Testament Greek*. 2nd ed. Cambridge: Cambridge University Press, 1959.

Moulton, James Hope. *Prolegomena*. Vol. 1 of *A Grammar of New Testament Greek*. 3rd ed. Edinburgh: T&T Clark, 1957.

Moulton, James Hope, and Wilbert Francis Howard. *Accidence and Word Formation*. Vol. 2 of *A Grammar of New Testament Greek*. 3rd ed. Edinburgh: T&T Clark, 1929.

Moxnes, Halvor. *The Economy of the Kingdom: Social Conflict and Economic Relations in Luke's Gospel*. OBT. Philadelphia: Fortress Press, 1988.

Mrázek, Jirí, and Jan Roskovec, eds. *Testimony and Interpretation: Early Christology in Its Judaeo- Hellenistic Milieu; Studies in Honour of Petr Pokorný*. London and New York: T&T Clark International, 2004.

Muilenburg, James. "The Book of Isaiah, Chapters 40–66: Introduction and Exegesis." Pages 381–773 in vol. 5 of *IB*. New York: Abingdon Press, 1956.

———. "Form Criticism and Beyond." *JBL* 88 (1969): 1–18.

Munck, Johannes. "Discours d'adieu dans le Nouveau Testament et dans la littérature biblique." Pages 155–70 in *Aux sources de la tradition chrétienne: Mélanges offerts à M. Maurice Goguel*. Edited by P. H. Menoud and Oscar Cullman. Neuchâtel: Delachaux & Niestlé, 1950.

Murphy, James J. *Rhetoric in the Middle Ages: A History of Rhetorical Theory from St. Augustine to the Renaissance*. Berkeley, Los Angeles, and London: University of California Press, 1974.

Nadeau, Raymond, ed. and trans. "Hermogenes, *On Stases*: A Translation with an Introduction and Notes." *SM* 31 (1964): 361–424.

Nineham, Dennis E. *The Gospel of St. Mark*. PGC. Baltimore: Penguin Books, 1963.

Norden, Eduard. *Agnostos Theos: Untersuchungen zur Formgeschichte religiöser Rede*. Leipzig: Teubner, 1913.

———. *Die antike Kunstprosa vom VI. Jahrhunderts vor Christus in die Zeit der Renaissance*. Leipzig: Teubner, 1909.

O'Brien, Kelli S. "Written That You May Believe: John 20 and Narrative Rhetoric." *CBQ* 67 (2005): 284–302.

Okure, Teresa. *The Johannine Approach to Mission: A Contextual Study of John 4:1–42*. WUNT 2, no. 31. Tübingen: Mohr (Siebeck), 1988.

Olbricht, Thomas H., and Anders Eriksson, eds. *Rhetoric, Ethic, and Moral Persuasion in Biblical Discourse: Essays from the 2002 Heidelberg Conference*. New York: T&T Clark, 2005.

Olson, Elder. *Tragedy and the Theory of Drama*. Detroit: Wayne State University Press, 1961.

Oporto, Santiago Guijarro. "La articulación literaria del Libro de los Hechos." *EstBib* 62 (2004): 185–204.

Osborn, Ronald E. *Folly of God: The Rise of Christian Preaching*. HCP 1. St. Louis: Chalice, 1999.

Palamas, Gregory. *The Triads*. Edited by John Meyendorff. Translated by Nicholas Gendle. CWS. Mahwah, NJ: Paulist Press, 1983.

Parker, Pierson. "The Authorship of the Second Gospel." *PRSt* 5 (1978): 4–9.

Parsenios, George L. *Departure and Consolation: The Johannine Farewell Discourses in Light of Greco-Roman Literature*. NovTSup 117. Leiden and Boston: E. J. Brill, 2005.

Parsons, Mikeal C., and Richard I. Pervo. *Rethinking the Unity of Luke and Acts*. Minneapolis: Fortress Press, 1993.

Paul, G. J. *St. John's Gospel: A Commentary*. Madras: Christian Literature Society, 1965.

Pedersen, Sigfred, ed. *New Directions in Biblical Theology: Papers of the Aarhus [Århus] Conference, 16–19 September 1992*. NovTSup 76. Leiden, New York, and Cologne: E. J. Brill, 1994.

Pelikan, Jaroslav. *Divine Rhetoric: The Sermon on the Mount as Message and as Model in Augustine, Chrysostom, and Luther*. Crestwood, NY: St. Vladimir's Seminary Press, 2001.

Penner, Todd C. *In Praise of Christian Origins: Stephen and the Hellenists in Lukan Apologetic History*. New York and London: T&T Clark / Continuum, 2004.

———. "Reconfiguring the Rhetorical Study of Acts: Reflections on the Method in and Learning of a Progymnastic Poetics." *PRSt* 30 (2003): 425–39.

Perelman, Chaïm. *The Realm of Rhetoric*. Translated by William Kluback. Notre Dame, IN, and London: University of Notre Dame Press, 1982.

Perelman, Chaïm, and Lucie Olbrechts-Tyteca. *The : A Treatise on Argumentation*. Notre Dame, IN: University of Notre Dame Press, 1969.

Perkins, Pheme. *The Johannine Letters*. NTM 21. Wilmington, DE: Michael Glazier, 1979.

Pervo, Richard I. *Acts: A Commentary*. Edited by Harold W. Attridge. Hermeneia. Minneapolis: Fortress Press, 2009.

Pesch, Rudolf. *Das Markusevangelium*. 2nd ed. 2 vols. HTKNT. Freiberg, Basel, and Wien: Herder, 1980.

———. *Naherwartungen: Tradition und Redaktion in Mk 13*. KBANT. Düsseldorf: Patmos, 1968.

Phillips, Thomas. "Subtlety as a Literary Technique in Luke's Characterization of Jews and Judaism." Pages 313–26 in *Literary Studies in Luke–Acts: Essays in Honor of Joseph B. Tyson*. Edited by Richard P. Thompson and Thomas E. Phillips. Macon, GA: Mercer University Press, 1998.

Pilgaard, Aage. "Apokalyptik als bibeltheologisches Thema: Dargestellt an Dan 9 und Mark 13." Pages 180–200 in *New Directions in Biblical Theology: Papers of the Aarhus [Århus] Conference, 16–19 September 1992*. Edited by Sigfred Pedersen. NovTSup 76. Leiden, New York, and Cologne: E. J. Brill, 1994.

Popp, Thomas. *Grammatik des Geists: Literarische Kunst und theologische Konzeption in Johannes 3 and 6*. ABG 3. Leipzig: Evangelische Verlagsanstalt, 2001.

Porter, Stanley, ed. *Handbook of Classical Rhetoric in the Hellenistic Period, 330 B.C.–A.D. 400*. Leiden, New York, and Cologne: E. J. Brill, 1997.

———, ed. *Paul's World*. PS 4. Leiden and Boston: E. J. Brill, 2008.

Porter, Stanley, and Thomas H. Olbricht, eds. *Rhetoric and the New Testament: Essays from the 1992 Heidelberg Conference*. JSNTSup 90. Sheffield: Sheffield Academic Press, 1993.

———. *Rhetoric, Scripture and Theology: Essays from the 1994 Pretoria Conference*. JSNTSup 131. Sheffield: Sheffield Academic Press, 1996.

———. *The Rhetorical Analysis of Scripture: Essays from the 1995 London Conference*. JSNTSup 146. Sheffield: Sheffield Academic Press, 1997.

Porter, Stanley E., and Dennis L. Stamps, eds. *The Rhetorical Interpretation of Scripture: Essays from the 1996 Malibu Conference*. JSNTSup 180. Sheffield: Sheffield Academic Press, 1999.

Pregeant, Russell. "The Wisdom Passages in Matthew's Story." Pages 197–232 in *Treasures New and Old: Recent Contributions to Matthean Studies*. Edited by David R. Bauer and Mark Allan Powell. SBLSymS 1. Atlanta: Scholars Press, 1996.

Price, Martin. *Forms of Life: Character and Moral Imagination in the Novel*. New Haven, CT, and London: Yale University Press, 1983.

Rabe, Hugo, ed. *Hermogenes: Opera*. Leipzig: Teubner, 1913.

Reagan, Charles E., and David Stewart, eds. *The Philosophy of Paul Ricoeur: An Anthology of His Work*. Boston: Beacon Press, 1978.

Rhoads, David, and Donald Michie. *Mark as Story: An Introduction to the Narrative of a Gospel*. Philadelphia: Fortress Press, 1982. 2nd ed., coauthored with Joanna Dewey. Minneapolis: Fortress Press, 1999.

Riches, John, and David Sim, eds. *Matthew in Its Roman Imperial Context*. London: T&T Clark, 2005.

Ricoeur, Paul. "Listening to the Parables of Jesus." Pages 239–45 in *The Philosophy of Paul Ricoeur: An Anthology of His Work*. Edited by Charles E. Reagan and David Stewart. Boston: Beacon Press, 1978.

Robbins, Vernon K. *Exploring the Texture of Texts: A Guide to Socio-Rhetorical Interpretation*. Valley Forge, PA: Trinity Press International, 1996.

———. "From Heidelberg to Heidelberg: Rhetorical Interpretation of the Bible at Seven 'Pepperdine' Conferences from 1991–2002." Pages 335–77 in *Rhetoric, Ethic, and Moral Persuasion in Biblical Discourse: Essays from the 2002 Heidelberg Conference*. Edited by Thomas H. Olbricht and Anders Eriksson. New York: T&T Clark, 2005.

———. *Jesus the Teacher: A Socio-Rhetorical Interpretation of Mark*. Philadelphia: Fortress Press, 1984. Repr. with a new introduction, Minneapolis: Fortress Press, 1992.

———. *New Boundaries in Old Territory: Form and Social Rhetoric in Mark*. Edited by David B. Gowler. New York: Peter Lang, 1994.

———. *The Tapestry of Early Christian Discourse: Rhetoric, Society, and Ideology*. London: Routledge, 1996.

Robertson, D. W., Jr., trans. *Augustine: On Christian Doctrine*. LLA 80. New York: Liberal Arts Press, 1958.

Rorty, Amélie Oksenberg, ed. *Essays on Aristotle's Rhetoric*. Berkeley, Los Angeles, and London: University of California Press, 1996.

Rosen, Charles. Letter to *The New York Review of Books* 39 (April 9, 1992): 54.

Rotelle, John E., ed. *Saint Augustine: The Trinity*. Translated by Edmund Hill. WSA 1.11. Brooklyn, NY: New City Press, 1991. Repr. Hyde Park, NY: New City Press,

1996, 2007.

Rowland, Christopher. *The Open Heaven: A Study of Apocalyptic in Judaism and Early Christianity*. New York: Crossroad Publishing Co., 1982.

Russell, Donald A. *Criticism in Antiquity*. Berkeley and Los Angeles: University of California Press, 1981.

―――, ed. *"Longinus": On the Sublime*. Oxford: Clarendon Press, 1964.

Russell, Donald A., and Nigel G. Wilson, eds. *Menander Rhetor*. Oxford: Clarendon Press, 1981.

Russell, Donald A., and Michael Winterbottom, eds. *Ancient Literary Criticism: The Principal Texts in New Translations*. Oxford and New York: Oxford University Press / Clarendon Press, 1972.

―――. *Classical Literary Criticism*. Rev. ed. OWC. Oxford and New York: Oxford University Press, 1989.

Sanders, Jack T. *The Jews in Luke–Acts*. Philadelphia: Fortress Press, 1987.

Schipper, Jeremy. *Parables and Conflict in the Hebrew Bible*. New York: Cambridge University Press, 2009.

Schnackenburg, Rudolf. *The Gospel according to St. John*. Vol. l. New York: Crossroad Publishing Co., 1982.

―――. *The Johannine Epistles: Introduction and Commentary*. New York: Crossroad Publishing Co., 1992.

Schneiders, Sandra M. *The Revelatory Text: Interpreting the New Testament as Sacred Scripture*. San Francisco: HarperCollins, 1991.

Scholes, Robert, and Robert Kellogg. *The Nature of Narrative*. London: Oxford University Press, 1966.

Schüssler Fiorenza, Elisabeth. "Challenging the Rhetorical Half-Turn: Feminist and Rhetorical Biblical Criticism." Pages 28–53 in *Rhetoric, Scripture and Theology: Essays from the 1994 Pretoria Conference*. Edited by Stanley E. Porter and Thomas H. Olbricht. JSNTSup 131. Sheffield: Sheffield Academic Press, 1996.

―――. "The Ethics of Interpretation: De-Centering Biblical Scholarship." *JBL* 107 (1988): 3–17.

———. "The Phenomenon of Early Christian Apocalyptic: Some Reflections on Method." Pages 295–316 in *Apocalypticism in the Mediterranean World and the Near East*. Edited by David Hellholm. 2nd ed. Tübingen: Mohr (Siebeck), 1989.

———. "Rhetorical Situation and Historical Reconstruction in 1 Corinthians." *NTS* 33 (1987): 386–403.

———. *Rhetoric and Ethic: The Politics of Biblical Studies*. Minneapolis: Augsburg Fortress, 1999.

Schweizer, Eduard. "Concerning the Speeches in Acts." Pages 208–16 in *Studies in Luke– Acts: Essays Presented in Honor of Paul Schubert*. Edited by Leander E. Keck and J. Louis Martyn. Nashville: Abingdon Press, 1966.

———. *Egō Eimi: Die religionsgeschtliche Herkunft und theologische Bedeutung der johanneischen Bildreden, zugleich ein Beitrag zur Quellenfrage des vierten Evangeliums*. FRLANT, NF 38. Göttingen: Vandenhoeck & Ruprecht, 1939. 2nd ed. 1965.

———. "What about the Johannine 'Parables'?" Pages 208–19 in *Exploring the Gospel of John in Honor of D. Moody Smith*. Edited by R. Alan Culpepper and C. Clifton Black. Louisville, KY: Westminster John Knox Press, 1996.

Scott, Bernard Brandon. *Hear Then the Parable: A Commentary on the Parables of Jesus*. Minneapolis: Fortress Press, 1989.

Segbroeck, F., C. M. Tuckett, G. van Belle, and J. Verheyden, eds. *The Four Gospels, 1992: Festschrift Frans Neirynck*. Vol. 2. BETL 100. Leuven: Leuven University Press / Peeters, 1992.

Segovia, Fernando F., ed. *Discipleship in the New Testament*. Philadelphia: Fortress Press, 1985.

———. *The Farewell of the Word: The Johannine Call to Abide*. Minneapolis: Fortress Press, 1991.

Sensing, Timothy R. "Imitating the Genre of Parable in Today's Pulpit." *ResQ* 33 (1991): 193–207.

Shiner, Whitney. *Proclaiming the Gospel: First-Century Performance of Mark*. Harrisburg, London, and New York: Trinity Press International, 2003.

Sider, Ronald Dick. *Ancient Rhetoric and the Art of Tertullian*. Oxford: Oxford University

Press, 1971.

Siegert, Folker. *Argumentation bei Paulus: Gezeigt an Rom. 9–11*. WUNT 34. Tübingen: Mohr (Siebeck), 1985.

———. "Homily and Panegyrical Sermon." Pages 421–43 in *Handbook of Classical Rhetoric in the Hellenistic Period, 330 B.C.–A.D. 400*. Edited by Stanley E. Porter. Boston and Leiden: E. J. Brill, 2001.

Simmonds, Andrew R. "'Woe to You . . . Hypocrites!' Re-reading Matthew 23:13–36." *BSac* 166 (2009): 336–49.

Smith, Daniel Lynwood. *The Rhetoric of Interruption: Speech-Making, Turn-Taking, and Rule-Breaking in Luke–Acts and Ancient Greek Narrative*. BZNW 193. Berlin and Boston: W. de Gruyter, 2012.

Smith, D. Moody. *First, Second, and Third John*. IBC. Louisville, KY: John Knox Press, 1991.

———. *Johannine Christianity: Essays on Its Setting, Sources, and Theology*. Columbia: University of South Carolina Press, 1984.

———. *John*. 2nd ed. PC. Philadelphia: Fortress Press, 1986.

———. *The Theology of the Gospel of John*. NTT. Cambridge: Cambridge University Press, 1995.

Sondheim, Stephen. *Finishing the Hat: Collected Lyrics (1954–1981) with Attendant Comments, Principles, Heresies, Grudges, Whines and Anecdotes*. New York: Knopf, 2010.

Spencer, F. Scott. *Acts*. Readings. Sheffield: Sheffield Academic Press, 1997.

Spilka, Mark. "Character as a Lost Cause." *Novel: A Forum on Fiction* 11 (1978): 197–217.

Springer, Mary Doyle. *A Rhetoric of Literary Character: Some Women of Henry James*. Chicago and London: University of Chicago Press, 1978.

Staley, Jeffrey Lloyd. *The Print's First Kiss: A Rhetorical Investigation of the Implied Reader in the Fourth Gospel*. SBLDS 82. Atlanta: Scholars Press, 1988.

Stamps, Dennis L. "Rhetorical Criticism and the Rhetoric of New Testament Criticism." *JLT* 6 (1992): 268–79.

Standaert, B. H. M. G. M. *L'Évangile selon Marc: Composition et genre litteraire*. Nijmegen: Stichting Studentenpers, 1978.

Stanton, Graham N. *A Gospel for a New People: Studies in Matthew*. Edinburgh: T&T Clark; Louisville, KY: Westminster/John Knox Press, 1992.

———. "The Origin and Purpose of Matthew's Gospel: Matthean Scholarship from 1945 to 1980." *ANRW* 2.25.3 (1985): 1889–1951.

Stauffer, Ethelbert. "Abschiedsreden." *RAC* 1 (1950): 29–35.

Steiner, George. *Real Presences*. Chicago: University of Chicago Press, 1989.

Stemberger, Günter. "Response [to Folker Siegert]." Pages 45–48 in *Preaching in Judaism and Christianity: Encounters and Developments from Biblical Times to Modernity*. Edited by Alexander Deed, Walter Homolka, and Heinz-Günther Schöttler. Berlin: W. de Gruyter, 2008.

Stern, David. "The Rabbinic Parable and the Narrative of Interpretation." Pages 78–95 in *The Midrashic Imagination: Jewish Exegesis, Thought, and History*. Edited by Michael Fishbane. New York: State University of New York Press, 1993.

Sternberg, Meir. *The Poetics of Biblical Narrative: Ideological Literature and the Drama of Reading*. Bloomington: Indiana University Press, 1985.

Stevenson, J., ed. *A New Eusebius: Documents Illustrating the History of the Church to AD 337*. Revised by W. H. C. Frend. London: SPCK, 1987.

Stewart-Sykes, Alistair. *From Prophecy to Preaching: A Search for the Origins of the Christian Homily*. VCSup 59. Leiden, Boston, Cologne: E. J. Brill, 2001.

Stibbe, Mark W. G. "The Elusive Christ: A New Reading of the Fourth Gospel." Pages 231–47 in *The Gospel of John as Literature: An Anthology of Twentieth-Century Perspectives*. Edited by Mark W. G. Stibbe. NTTS 17. Leiden and New York: E. J. Brill, 1993.

———, ed. *The Gospel of John as Literature: An Anthology of Twentieth-Century Perspectives*. NTTS 17. Leiden and New York: E. J. Brill, 1993.

Stockhausen, Annette von. "Christian Perception of Jewish Preaching in Early Christianity?" Pages 49–70 in *Preaching in Judaism and Christianity: Encounters and Developments from Biblical Times to Modernity*. Edited by Alexander Deed, Walter

Homolka, and Heinz-Günther Schöttler. Berlin: W. de Gruyter, 2008.

Stowers, Stanley K. *The Diatribe and Paul's Letter to the Romans*. SBLDS 57. Missoula, MT: Scholars Press, 1981.

Stube, John Carlson. *A Greco-Roman Rhetorical Reading of the Farewell Discourse*. LNTS 309. London and New York: T&T Clark, 2006.

Swearingen, C. Jan. "*Ethos*: Imitation, Impersonation, and Voice." Pages 115–48 in *Ethos: New Essays in Rhetorical and Critical Theory*. Edited by James S. Baumlin and Tita French Baumlin. Dallas: Southern Methodist University Press, 1994.

Swete, Henry Barclay. *The Gospel according to St Mark*. 3rd ed. London: Macmillan, 1927.

Syreeni, Kari. "*Incarnatus est*? Christ and Community in the Johannine Farewell Discourse." Pages 247–64 in *Testimony and Interpretation: Early Christology in Its Judaeo-Hellenistic Milieu; Studies in Honour of Petr Pokorný*. Edited by Jiří Mrázek and Jan Roskovec. London and New York: T&T Clark, 2004.

Talbert, Charles H. *Reading John: A Literary and Theological Commentary on the Fourth Gospel and the Johannine Epistles*. New York: Crossroad Publishing Co., 1992.

———. *Reading Luke: A Literary and Theological Commentary on the Third Gospel*. New York: Crossroad Publishing Co., 1982.

Tannehill, Robert C. *The Acts of the Apostles*. Vol. 2 of *The Narrative Unity of Luke–Acts: A Literary Interpretation*. Minneapolis: Fortress Press, 1990.

———. "The Disciples in Mark: The Function of a Narrative Role." *JR* 57 (1977): 386–405.

———. "Israel in Luke–Acts: A Tragic Story." *JBL* 104 (1985): 69–85.

———. *Luke*. ANTC. Nashville: Abingdon Press, 1996.

Taylor, Barbara Brown. *The Preaching Life*. Cambridge, MA: Cowley Publications, 1993.

Taylor, Robert O. P. "The Ministry of Mark." *ExpTim* 54 (1942–43): 136–38.

Taylor, Vincent. *The Formation of the Gospel Tradition*. 2nd ed. London and New York: Macmillan, 1935.

———. *The Gospel according to St. Mark: The Greek Text with Introduction, Notes, and Indexes*. 2nd ed. New York: Macmillan, 1966.

Telford, William. R. *The Barren Temple and the Withered Tree*. JSNTSup 1. Sheffield: JSOT, 1980.

Thatcher, Tom. "John's Memory Theater: The Fourth Gospel and Ancient Mnemorhetoric." *CBQ* 69 (2007): 487–505.

Theissen, Gerd, and Annette Merz. *The Historical Jesus: A Comprehensive Guide*. Minneapolis: Fortress Press, 1998.

Thielicke, Helmut. *The Waiting Father*. New York: Harper & Row, 1959.

Thielman, Frank. "The Style of the Fourth Gospel and Ancient Literary Critical Concepts of Religious Discourse." Pages 169–83 in *Persuasive Artistry: Studies in New Testament Rhetoric in Honor of George A. Kennedy*. Edited by Duane F. Watson. JSNTSup 50. Sheffield: Sheffield Academic Press, 1991.

Thompson, Marianne Meye. "'God's Voice You Have Never Heard, God's Form You Have Never Seen': The Characterization of God in the Gospel of John." *Sem* 63 (1993): 177–208.

Thompson, Richard P. "Believers and Religious Leaders in Jerusalem: Contrasting Portraits of Jews in Acts 1–7." Pages 327–44 in *Literary Studies in Luke–Acts: Essays in Honor of Joseph B. Tyson*. Edited by Richard P. Thompson and Thomas E. Phillips. Macon, GA: Mercer University Press, 1998.

Thompson, Richard P., and Thomas E. Phillips, eds. *Literary Studies in Luke–Acts: Essays in Honor of Joseph B. Tyson*. Macon, GA: Mercer University Press, 1998.

Thurber, James. *The Thurber Carnival*. Modern Library. New York Random House, 1957.

Thurén, Lauri. *The Rhetorical Strategy of 1 Peter, with Special Regard to Ambiguous Expressions*. Åbo: Åbo Akademis Förlag, 1990.

Thyen, Hartwig. *Der Stil der jüdisch-hellenistischen Homilie*. FRLANT 65 = NF 47. Göttingen: Vandenhoeck & Ruprecht, 1955.

Tilborg, Sjef van. *The Jewish Leaders in Matthew*. Leiden: E. J. Brill, 1972.

Tolbert, Mary Ann. *Sowing the Gospel: Mark's World in Literary-Historical Perspective*. Minneapolis: Fortress Press, 1989.

Toohey, Peter. "Epic and Rhetoric." Pages 153–73 in *Persuasion: Greek Rhetoric in Action*.

Edited by Ian Worthington. London and New York; Routledge, 1994.

Trible, Phyllis. *Rhetorical Criticism: Context, Method, and the Book of Jonah*. GBSOT. Minneapolis: Fortress Press, 1994.

Tyson, Joseph B. *Images of Judaism in Luke–Acts*. Columbia: University of South Carolina Press, 1992.

———, ed. *Luke–Acts and the Jewish People: Eight Critical Perspectives*. Minneapolis: Augsburg Publishing House, 1988.

Vanhoozer, Kevin J. *Is There a Meaning in This Text? The Bible, the Reader, and the Morality of Literary Knowledge*. Grand Rapids: Zondervan Publishing House, 1998.

Vatz, Richard E. "The Myth of the Rhetorical Situation." *PR* 6 (1973): 154–61.

Via, Dan O., Jr. *Self-Deception and Wholeness in Paul and Matthew*. Minneapolis: Fortress Press, 1990.

Vickers, Brian. *In Defence of Rhetoric*. Oxford: Clarendon Press, 1988.

Wahlde, Urban C. von. *The Gospels and Letters of John*. 3 vols. ECC. Grand Rapids: Wm. B. Eerdmans Publishing Co., 2010.

———. *The Johannine Commandments: 1 John and the Struggle for the Johannine Tradition*. New York and Mahwah, NJ: Paulist Press, 1990.

Wailes, Stephen L. *Medieval Allegories of Jesus' Parables*. Berkeley: University of California Press, 1987.

Wainwright, Geoffrey. "Towards an Ecumenical Hermeneutic: How Can All Christians Read the Scriptures Together?" *Greg* 76 (1995): 639–62.

Walcutt, Charles Child. *Man's Changing Masks: Modes and Metaphors of Characterization in Fiction*. Minneapolis: University of Minnesota Press, 1966.

Wansbrough, Henry, ed. *Jesus and the Oral Gospel Tradition*. JSNTSup 64. Sheffield: Sheffield Academic Press, 1991.

Watson, Duane F. "Amplification Techniques in 1 John: The Interaction of Rhetorical Style and Invention." *JSNT* 51 (1993): 99–123.

———. *Invention, Arrangement, and Style: Rhetorical Criticism of Jude and 2 Peter*. SBLDS 104. Atlanta: Scholars Press, 1988.

———, ed. *Persuasive Artistry: Studies in New Testament Rhetoric in Honor of George A.*

Kennedy. JSNTSup 50. Sheffield: Sheffield Academic Press, 1991.

———. *The Rhetoric of the New Testament: A Bibliographic Survey*. TBS 8. Blandford Forum: Deo, 2006.

Watson, Duane F., and Alan J. Hauser. *Rhetorical Criticism of the Bible: A Comprehensive Bibliography with Notes on History and Method*. Biblical Interpretation Series 4. Leiden, New York, and Cologne: E. J. Brill, 1994.

Watt, Jan Gabriel van der. "Johannine Style: Some Initial Remarks on the Functional Use of Repetition in the Gospel according to John." *In die Skriflig / In Luce Verbi* 42 (2008): 75–99.

Weaver, Dorothy Jean. "'Thus You Will Know Them by Their Fruits': The Roman Characters of the Gospel of Matthew." Pages 107–27 in *Matthew in Its Roman Imperial Context*. Edited by John Riches and David Sim. London: T&T Clark, 2005.

Webb, Joseph M. *Preaching without Notes*. Nashville: Abingdon Press, 2001.

Weeden, Theodore J., Sr. *Mark—Traditions in Conflict*. Philadelphia: Fortress Press, 1971.

Weems, Mason Locke. *The Life and Memorable Actions of George Washington, General and Commander of the Armies of America*. New ed., corrected. Fredericktown, MD: printed by M. Bartgis, 1801.

Westermann, Claus. *The Parables of Jesus in the Light of the Old Testament*. Minneapolis: Fortress Press, 1990.

Wilckens, Ulrich. "u9pokri/nomai." *TDNT* 8 (1972): 566–68.

Wilder, Amos N. *Early Christian Rhetoric: The Language of the Gospel*. Cambridge, MA: Harvard University Press, 1964.

———. *Jesus' Parables and the War of Myths: Essays on Imagination in the Scriptures*. Edited by James Breech. Philadelphia: Fortress Press, 1982.

———. *The New Voice: Religion, Literature, Hermeneutics*. New York: Herder & Herder, 1969.

———. "Scholars, Theologians, and Ancient Rhetoric." *JBL* 75 (1956): 1–11.

Wiles, Maurice. *The Spiritual Gospel: The Interpretation of the Fourth Gospel in the Early Church*. Cambridge: Cambridge University Press, 1960.

Wills, Gary. *Lincoln at Gettysburg: The Words That Remade America*. New York: Simon & Schuster, 1992.

Wills, Lawrence M. "The Depiction of the Jews in Acts." *JBL* 110 (1991): 631–54.

———. "The Form of the Sermon in Hellenistic Judaism and Early Christianity." *HTR* 77 (1984): 277–99.

Wilson, Paul Scott. *The Practice of Preaching*. Nashville: Abingdon Press, 1995.

Wilson, Rawdon. "The Bright Chimera: Character as a Literary Term." *CritInq* 5 (1979): 725–49.

Wire, Antoinette Clark. *The Case for Mark Composed in Performance*. BPC. Eugene, OR: Cascade Books, 2011.

———. *The Corinthian Women Prophets: A Reconstruction through Paul's Rhetoric*. Minneapolis: Fortress Press, 1990.

Witten, Marsha G. *All Is Forgiven: The Secular Message in American Protestantism*. Princeton: Princeton University Press, 1993.

Woods, James. *How Fiction Works*. New York: Farrar, Straus & Giroux, 2008.

Wooten, Cecil W. *Hermogenes' On Types of Style*. Chapel Hill and London: University of North Carolina Press, 1987.

Worthington, Ian, ed. *Persuasion: Greek Rhetoric in Action*. London and New York: Routledge, 1994.

Wright, William M., IV. "Greco-Roman Character Typing and the Presentation of Judas in the Fourth Gospel." *CBQ* 71 (2009): 544–59.

Wudel, B. Diane. "Enticements to Community: Formal, Agonistic and Destabilizing Rhetoric in the Sermon on the Mount." *SR* 29 (2000): 275–85.

Wuellner, Wilhelm. "Biblical Exegesis in the Light of the History and Historicity of Rhetoric and the Nature of the Rhetoric of Religion." Pages 492–513 in *Rhetoric and the New Testament: Essays from the 1992 Heidelberg Conference*. Edited by Stanley E. Porter and Thomas H. Olbricht. JSNTSup 90. Sheffield: Sheffield Academic Press, 1993.

———. "Hermeneutics and Rhetorics: From 'Truth and Method' to 'Truth and Power.'" Special issue, *Scriptura* 3 (1989): 1–54.

———. "Where Is Rhetorical Criticism Taking Us?" *CBQ* 49 (1987): 448–63.

Yeago, David S. "The New Testament and the Nicene Dogma: A Contribution to the Recovery of Theological Exegesis." Pages 87–100 in *The Theological Interpretation of Scripture: Classic and Contemporary Texts*. Edited by Stephen E. Fowl. Malden, MA, and Oxford: Blackwell, 1997.

Young, Frances M. *Biblical Exegesis and the Formation of Christian Culture*. Cambridge: Cambridge University Press, 1997.

Zimmermann, Ruben. "Die Ethico-Ästhetik der Gleichnisse Jesu: Ethik durch literarische Ästhetik am Beispiel der Parabeln im Matthäus-Evangelium." Pages 235–65 in vol. 1 of *Jenseits von Indikativ und Imperativ: Kontexte und Normen neutestamentlicher Ethik*. Edited by Friedrich Wilhelm Horn and Ruben Zimmermann. Tübingen: Mohr Siebeck, 2009.

색인

로마자

C

C. H. 도드(C. H. Dodd) 229, 317

C. K. 베렛(C. K. Barrett) 334

E

E. M. 포스터(E. M. Forster) 80

M

M. H. 아브람스(M. H. Abrams) 80

R

R. O. P. 테일러(R. O. P. Taylor) 257

한국어

ㄱ

가이사랴의 바실리우스(Basil of Cae- sarea) 42

가혹함(asperity) 216

각운 158

감동 374

강건체(the forceful) 212

개리슨 케일러(Garrison Keillor) 319

거트루드 슈타인(Gertrude Stein) 385

격렬함(vehemence) 216

격언 185

결론(epilogue) 291

결론(peroratio) 167

경구 176

고르기아스(Gorgias) 41
고별사(Abschiedsrede) 128
『고상한 채 하는 사람들과 한 방 먹이는 공헌에 관한 책』(The Book of Snobs and Other Contributions to Punch) 175
고전 그리스어(Classical Greek) 260
고전 수사학(classical rhetoric) 73
공관복음의 묵시록(Synoptic apocalypse) 123
공백(gap) 262, 267
과장(magniloquence) 229
관대한 정신(megalopsychos) 202
교도권(magisterium) 386
교차대구법(chiasmus) 160, 168
구성(composition) 310
구술되는 구조(Oral Organization) 360
권고의 말씀(paraenesis) 243
권면의 말(로고스 파라클레새오스) 281, 287
그레고리 팔라마스(Gregory Palamas) 338
그리스도론(christology) 230
그리스-로마 수사학 169, 287
그리스-로마 헬레니즘 281
그리스 수사학 285
긍정법(kataphatic, via affirmativa) 337, 338
기쁨 374
『기독교 교리』(De doctrina Christiana) 43, 329

ㄴ

『나의 삶과 역경』(My Life and Hard Times) 383
나지안주스의 그레고리우스(Gregory of Nazianzus) 42
내포 저자(implied author) 86
논란 일으키기(controversia) 162, 166
논리성(logos) 310
『뉴욕타임즈 서평집』(New York Times Book Review) 386
니사의 그레고리우스(Gregory of Nyssa) 42
『니코마코스 윤리학』(Nicomachean Ethics) 202

ㄷ

담화의 성격 164
대구법(parallelism) 155
대위법 157
대조법(antithesis) 160, 222
데모스테네스(Demosthenes) 212, 373
데시데리우스 에라스무스(Desiderius Erasmus) 43
데이비드 로즈(David Rhoads) 80
『도마복음』(Gospel of Thomas) 186
돈절법 162
동격(appositive) 254
동격병치(apposition) 161
동음이의어/다의어 사용하기(Antanaclasis) 223
동적 평면성(kinetic flatness) 109
두운 158
듀안 왓슨(Duane Watson) 50
드미트리오스(Demetrius) 212
드브루너(Debrunner) 242
디오게네스 라에르티오스(Diogenes Laertius) 175

ㄹ

라스 하트만(Lars Hartman) 144
라틴 화법(Latinism) 151
락탄티우스(Lactantius) 42
『랜덤하우스 영어사전』(The Random House Dictionary of the English Language) 40
러셀 프레전트(Russell Pregeant) 103
레너드 번스타인(Leonard Bernstein) 319
로고스(logos) 50, 72, 148
로널드 레이건(Ronal Reagan) 319
로렌스 윌스(Lawrence Wills) 281
로렌초 발라(Lorenzo Valla) 43
로마 상원 의원 카시오도루스(Cassiodorus Senator) 43
로마 웅변술 151
로마 제국 41
로버트 알터(Robert Alter) 65
로버트 주윗(Robert Jewett) 50
로이드 빗저(Lloyd Bitzer) 126
롱기누스(Longinus) 59, 214, 229
루돌프 불트만(Rudolf Bultmann) 43
루시 올브레히츠-티테카(Lucie Olbrechts-Tyteca) 52

리차드 캐시디(Richard Cassidy) 270
리차드 퍼보(Richard Pervo) 252

ㅁ

마가렛 미첼(Margaret Michell) 51
마가 요한 247
마무리(peroratio) 136
마무리 연설(peroration) 291
마이스터 에크하르트(Meister Eckhart) 338
마이어 스턴버그(Meir Sternberg) 262
마커스 파비우스 퀸틸리아누스(Marcus Fabius Quintilianus) 343
매료(delectatio) 356
머리말(proem) 291
메난드로스(Menander) 183
『메넥세노스』(Menexenus) 286, 289
메리 도일 스프링어(Mary Doyle Springer) 87
메리 앤 톨버트(Mary Ann Tolbert) 171
메타-역사적 그리스도론 230
메타-역사적 수사법 230
메타-역사적인 가르침(metahistorical presentation) 234

메타-역사적인 수사법(metahitorical rhetoric) 234
명료성(clarity) 150, 368
명암법(chiaroscuro) 119
모방 236
모음운(assonance) 159
모호(obscurity) 59, 227
무디 스미스(Moody Smith) 208
묵시 종말론(apocalypticism) 172
문두문미 반복법(epanalepsis) 158
문체(elocutio) 150
『문체에 관하여』(On Style) 212
『문체의 유형에 관하여』(On Types of Style) 215
문학 비평(literary criticism) 44, 121
문학 비평적(literary-critical) 연구 79
문화-사회적 배경(Sitz im Leben) 48, 119, 288
미드라쉬 144
미메시스(mimēsis) 237, 377

ㅂ

『바나바서』(Barnabas) 284
바바라 브라운 테일러(Barbara Brown

Taylor) 280
반복법(*homoeoptoton*, Repetition) 156, 222, 371
발화 정황 164
배열(taxis) 49, 136
배우(actor) 98
배치(dispositio) 136
버논 로빈스(Vernon Robbins) 54
법정적 수사법(judicial rhetoric) 144
벤 시락(Ben Sirach) 324
병치 222
복음 선포 문체(kerygmatic style) 241
부스(Booth) 72
부연(amplification) 216, 220, 225, 306
부정법(*via negativa*) 338
분절 진행 165
블라스(Blass) 242
비교 185
비유(*hē parabolē*, parable) 185, 317, 370
비유적 표현 185
빌헬름 빌너(Wilhelm Wuellner) 39, 55
뼈대 구성인물(framing character) 98

ㅅ

사례-결론-권면 284
사무엘 존슨(Samuel Johnson) 389
사해 사본(Dead Sea Scrolls) 211
삼단 논법(enthymematic logic, syllogisms) 146, 302
『삼위일체론』(*The Trinity*) 328
삽입구(parenthesis) 161
상투어구(commonplaces) 146
상투적 인물(stock characters) 85
샘 J. 얼빈 주니어(Sam J. Ervin Jr.) 343
생략법(ellipsis) 161
생략 삼단 논법(enthymeme) 297, 302
서론(exordium, *prooemium*) 136, 167, 291
서술(*narratio*) 136, 305
설교학술원(Academy of Homiletics) 331
설득력 374
성경문서학회(Society of Biblical Literature) 331
성경문학학회(Society of Biblical Literature) 45
세이무어 체트먼(Seymour Chatman) 80
셈어 용법(semitism) 151
『소설의 다양한 차원』(*Aspects of the Novel*) 93

소요학파(Peripatetic school) 175, 205
수미쌍관법(inclusio) 48
수사법 356
수사 비평(rhetorical criticism) 44
『수사의 기술』(The Art of Rhetoric) 79, 323
수사적 융통성(rhetorical versatility) 170
『수사학』(Rhetoric) 299
순교자 저스틴(Justin Martyr) 320
『숭고에 관하여』(On Sublimity) 214
숭고함(sublimity) 237, 243
스캇 스팬서(Scott Spencer) 260
스테판 손다임(Stephen Sondheim) 173
스프링어(Springer) 96
신 비평(New Criticism) 46
신수사학(New Rhetoric) 52
신희극 183
심미성 154
심미성(ornamentation) 150
심의적(deliberative) 수사법 133

ㅇ

아돌프 쥘리허(Adolf Jülicher) 185
아들라이 스티븐슨 2세(Adlai Stevenson II) 200
아르노비우스(Arnobius) 42
아리스토텔레스(Aristotle) 41, 145, 167, 175, 211, 288, 299, 302, 391
아모스 니븐 와일더(Amos Niven Wilder) 45
아모스 와일더(Amos Wilder) 207
아사페이아 60
아카이로스(akairos) 178, 181
아테네 문학(Atticism) 151
안디옥의 빅터(Victor of Antioch) 138
알렉산더 대왕(Alexander the Great) 41
알렌 코랜 246
알버트 아인슈타인(Albert Einstein) 123
암브로시우스(Ambrose) 42
압운법 159
앨리스 스테버튼(Alice Staverton) 99
양식 분석(formal analysis) 281
양식 비평 45, 318
어거스틴(Augustine) 42, 328
어두동어반복법(epanaphora) 157
어미동어반복법(antistrophe) 157
엄숙함(solemnity) 59, 216
에드먼드 L. 엡스타인(Edmund L. Ep-

stein) 208
『에베소서신』(To the Ephesians) 284
에크프라시스(echphrasis) 162
에토스(ēthos) 50, 72 79, 148, 150, 168, 310, 375
엘더 올슨(Elder Olson) 78
엘리자베스 쉬슬러 피오렌자(Elisabeth Schüssler Fiorenza) 52
여담(digression) 307
여백(blank) 262, 266
역접 어감(adversative import) 260
예시 145
예화 185
『오디세이』(Odyssey) 215
오스카 해머스타인(Oscar Hammerstein) 205
와일더(Wilder) 72
요세푸스(Josephus) 229
요소 나열하기(Distribution) 224
용어법 163
용어 선택(diction) 310
우의적 경향성(allegorical tendencies) 227
우호성 374
운동성(kinesis) 109

운율(Rhythmic flow) 226
『웅변가』(Orator) 213
웅변가 메난드로스(Menander Rhetor) 132
『웅변교수론』(Institutio oratoria) 213, 299, 344
월레스 마틴(Wallace Martin) 94, 120
윌리엄 메익피스 태커레이(William Makepeace Thackeray) 175
윌스 289
유비법(via analogia) 338
은유법(translatio, metaphor) 154, 185, 227, 317, 371
이그나티우스 284
이데올로기 비평가(ideological critics) 330
이소크라테스(Isocrates) 41
『이야기로서의 마태복음』(Matthew as Story) 93
이음동의어 사용하기(Synonymy) 224
인물들 79
인물 묘사(characterization) 79, 80
인물 특성(trait) 81
『일리아드』(Iliad) 215
일반체(the plain) 212, 213

ㅈ

자크 데리다(Jacques Derrida) 55
장엄체 216, 220, 238
장엄체(the grand) 212, 213
장엄함 216
잭 딘 킹스베리(Jack Dean Kingsbury) 79
『저명한 철학자들』(Eminent Philosophers) 175
적절성(propriety) 150, 164
전승-역사(tradition-history) 169
전의법 156
전치법 160
전형-장면(type-scene) 64
절묘함(sublimity) 59
접속사 생략법(asyndeton) 158, 223
접속사 연속사용법(polysyndeton) 159, 223
정제하기(refinement) 223, 306
정체 지점(stasis) 48, 135, 309, 357
정체 지점 이론(stasis theory) 135
정확성(correctness) 150, 152
제롬(Jerome) 42
제안 296
제유법(intellectio) 155
제의적(epideictic) 217
제의적(epideictic) 발화 298
제의적(epideictic) 연설 132
제임스 뮐렌버그(James Muilenburg) 45
제임스 조이스(James Joyce) 202
제임스 터버(James Thurber) 383
조지 A. 케네디(George A. Kennedy) 47, 391
조지 슈타이너(George Steiner) 383
조지 케네디(George Kennedy) 124, 210, 324
존 도나휴(John Donahue) 120
존 칼빈(John Calvin) 43
존 콜린스(John Collins) 124
존 크리소스톰(John Chrysostom) 42
주제 수립(invention) 49
줄거리(plot) 79, 95
중도적 문체(the middle way) 164
중도체(the middle) 213
중복표현법 156
증명 296
증명부(probatio) 305
직유법(simile) 163, 227, 317

ㅊ

차임 페헬만(Chaïm Perelman) 52
청중의 분위기 164
초역사적(suprahistorical) 234
충만함(fullness) 216

ㅋ

카락테르(charaktēr) 174
카에킬리우스(Caecilius) 42
『캐릭터』(*Characters*) 175, 201
케네스 버크(Kenneth Burke) 53
케리그마(kerygma) 243
케오스의 시모니데스(Simonides of Ceos) 364
코넬리스 벤네마(Cornelis Bennema) 92
코락스(Corax) 41
코르니피키우스 299
콘젤만(Conzelmann) 256
퀸틸리아누스(Quintilian) 42, 73, 153, 168, 180, 213, 217, 290, 293, 299, 300, 302, 324
크레이아(*chreiai*) 50
크세노폰-위서 255
『클레멘트1서』(*1 Clement*) 284

키케로(Cicero) 42, 168, 180, 213
키프리아누스(Cyprian) 42

ㅌ

타르수스의 허모게네(Hermogenes of Tarsus) 215
타르수스의 허모게네(Hermogenes of Tarsus) 50, 59
탁월함(brilliance) 216
터툴리아누스(Tertullian) 42
테오프라스토스(Theophrastus) 150, 164, 175, 201
『테오프라스토스의 인상』(*Impressions of Theophrastus Such*) 175
텍시스(*taxis*) 169, 291
토마스 도커티(Thomas Docherty) 92
투키디데스(Thucydides) 255, 286, 289
티시아스(Tisias) 41

ㅍ

파토스(*pathos*) 50, 72, 168, 310, 375
파피아스(Papias) 171
페트라르카(Petrarch) 345

편집 비평(redaction criticism) 121, 247

평행소절법(isocolon) 221

포이티어의 힐라리우스(Hilary of Poitier) 42

폴 마이어(Paul Meyer) 339

풍성한 풍성함(abundant abundance) 216

풍성함(abundance) 216

풍자 185

프란츠 카프카(Franz Kafka) 315

프레드 알렌(Fred Allen) 204

프리드리히 빌헬름 블라스(Friedrich Wilhelm Blass) 43

플라톤(Plato) 41, 255, 286, 289

플루타크(Plutarch) 176

피쎌(Ficelle) 278

필로(Philo) 229

필립 멜란히톤(Philipp Melanchthon) 43

ㅎ

하위문화(subculture) 330

한스 디터 베츠(Hans Dieter Betz) 51

할리카르낫소스의 디오니시우스(Dionysius of Halicarnassus) 211

해리 에머슨 포스딕(Harry Emerson Fosdick) 323

해석적 난제(crux interpretum) 166

행위자(actant) 95

허모게네 227

『헤렌니우스를 위한 수사학』(Rhetorica ad Herennium) 299

헤로도토스(Herodotus) 174, 255

헨리 바클레이 스위트(Henry Barclay Swete) 251

헨리 제임스(Henry James) 95

헨리 필딩(Henry Fielding) 202

헨첸(Haenchen) 256

헬레니즘 시대 그리스어(Hellenistic Greek) 260

헬렌 가드너(Helen Gardner) 389

현수격 152

호머(Homer) 40

화려체(the elegant) 212, 213

화려함(florescense) 216

화자의 에토스 164

환기(arousal) 163

환유법(denominatio) 155

회생 대명사(resumptive pronoun) 152

후페래테스 254

복음서의 수사학

The Rhetoric of the Gospel

2017년 8월 11일 초판 발행

지 은 이 | C. 클리프턴 블랙
옮 긴 이 | 권오창

편   집 | 변길용, 곽진수
디 자 인 | 신봉규, 서민정
펴 낸 곳 | 사)기독교문서선교회
등   록 | 제16-25호(1980. 1. 18)
주   소 | 서울시 서초구 방배로 68
전   화 | 02) 586-8761~3(본사) 031) 942-8761(영업부)
팩   스 | 02) 523-0131(본사) 031) 942-8763(영업부)
홈페이지 | www.clcbook.com
이 메 일 | clckor@gmail.com
온 라 인 | 기업은행 073-000308-04-020, 국민은행 043-01-0379-646
           예금주: 사)기독교문서선교회

ISBN 978-89-341-1682-0 (93230)

* 낙장·파본은 교환해 드립니다.

이 도서의 국립중앙도서관 출판시 도서목록(CIP)은 서지정보유통지원시스템 홈페이지(http://seoji.nl.go.kr)와
국가자료공동목록시스템(http://www.nl.go.kr/kolisnet)에서 이용하실 수 있습니다.
(CIP제어번호: CIP2017014895)